东亚糖业史研究

赵国壮 ◎ 著

国家社科基金青年项目『东亚糖业格局的变迁与重构研究（1895–1937）』
（项目编号：14CZS056）
北京用友公益基金『明清时期中国糖业商事活动资料整理与研究』
（项目编号：2017–YX03）资助

科学出版社
北京

内 容 简 介

本书从糖品消费入手，将行业史与区域史研究有机结合起来，深入考察了明清以降东亚糖业经济发展情况，全面地展现了东亚糖业格局变迁及重构的历史过程。全书正文共计八章，可分为三个部分：第一到四章为第一部分，梳理了历史时期中国甘蔗糖业发展情况，剖析了中国甘蔗糖业经济式微的内在原因；第五到七章为第二部分，着重分析了爪哇、香港等糖业主体在东亚糖业格局变动中的地位及作用。第八章为第三部分，重点评述了东亚高寒纬度上甜菜糖业的崛起及发展情况。

本书可供中国史、世界史等专业的师生阅读和参考。

图书在版编目（CIP）数据

东亚糖业史研究 / 赵国壮著. —北京：科学出版社，2021.11

ISBN 978-7-03-068329-8

Ⅰ. ①东… Ⅱ. ①赵… Ⅲ. ①制糖工业-工业史-研究-东亚 Ⅳ. ①F431.068

中国版本图书馆 CIP 数据核字（2021）第 043841 号

责任编辑：任晓刚 / 责任校对：韩 杨

责任印制：师艳茹 / 封面设计：润一文化

科学出版社 出版

北京东黄城根北街 16 号

邮政编码：100717

http://www.sciencep.com

三河市春园印刷有限公司 印刷

科学出版社发行 各地新华书店经销

*

2021 年 11 月第 一 版 开本：787×1092 1/16

2021 年 11 月第一次印刷 印张：17 3/4

字数：400 000

定价：198.00 元

（如有印装质量问题，我社负责调换）

序

糖，想必大家都不陌生，它作为一种普通的日常生活必需品，充斥于市面，我们均有一定的食用或不同程度的接触，司空见惯而多见不怪。另外，它作为学术研究对象，学界有国学大师季羡林先生耗费 10 多年精力著成的 80 余万字皇皇巨著《糖史》（江西教育出版社，2009 年），该书梳理了先秦至清代的糖业史料，并就相关论题做出了极具重要价值的研判。不过，冷静观之，对于这个看似再熟悉不过的“物品”，其实我们对其了解并不深刻，相关通俗读物并不多，体验性的场馆亦付阙如，尤其在学术界，相对于盐、茶、丝等同类物品的研究状况而言，糖业史研究似乎是“冷门绝学”，从事该领域研究的学者少之又少，甚至可以毫不夸张地说目前仅有赵国壮团队在此领域不断地努力耕耘。

赵国壮从 2008 年跟随我攻读博士学位以来，一直从事中国（东亚）糖业史研究，不断拓宽这一冷门论题的研究边界。其博士学位论文以“从‘自由市场’到‘统制市场’：四川沱江流域蔗糖经济研究（1911—1949）”为题，2009 年到日本关西大学留学时开始关注近代日本糖业经济的发展情况，2011 年到西南大学工作后进而关注爪哇糖业、中国香港糖业、欧洲甜菜糖业的发展情况，10 多年来相继发表了 20 余篇东亚糖业史学术论文，对日本糖业在中国市场上拓殖、爪哇糖业与东亚糖业经济发展、太古洋行糖品营销等相关问题，均做了一定的探讨，并提出了自己独特的观点。

这部书稿是赵国壮 2014 年国家社科基金青年项目“东亚糖业格局的变迁及重构研究（1895—1937）”的结项成果。我曾于 2015 年 1 月 18 日作为专家组组长到西南大学参加了该项目的开题会，与会专家学者陈宝良、潘洵、郑家福、黄贤全、刘志英、张守广、邹芙都等教授对该项目予以高度肯定，但也不无担忧——该项目涉及日本、荷属爪哇、欧洲、中国香港等多个方面的论述，能否如期完成？尤其是当时香港太古、怡和两家糖厂资料情况并不明朗。不过，值得欣喜的是，经过不懈的努力，国壮如期完成了这一项目。2016 年春，他获得国家留学基金管理委员会资助，于同年12月到牛津大学中国中心访学，在中心主任米德（Rana Mitter）教授的指导及协助下，顺利完成了剑桥大学、伦敦大学亚非学院（SOAS）典藏的怡和、太古糖业档案资料的收集及整理工作。基于这些宝贵资料，他一方面完成了书稿的撰写，并于 2017 年 12 月顺利提交结项；另一方面他也以此资料为基础，于 2018 年获批国家社科基金重点项目："英国藏怡和、太古集团糖业档案资料整理与研究"，从而又开拓了一个新的分支研究领域。

该书总体上分为四个部分，第一部分是引言及第一章，以学术史回顾方式分析该论题的学术价值及现实意义；第二部分是历史时期的中国糖业，包括历史时期的中国糖品消费及明清时期的中国糖业经济两章内容，历史时期的东亚糖业主要指的是中国糖业，故而这部分内容既是历史回顾，又较为清晰地展现了近代以前东亚糖业经济运行的基本情况；第三部分是东亚糖业格局变动及重构，包括近代中国甘蔗糖业的式微、荷兰占据时期爪哇糖业与东亚糖业格局变迁、中国香港糖业与近代东亚机器制造糖业发展、日本糖业在东亚市场上的开拓与竞争、东亚高寒纬度上的甜菜糖业崛起及发展五章内容，全面呈现了变动中的东亚糖业经济的多重面相；第四部分是余论，从三个方面重点讨论东亚糖业经济新格局的形成。

总的来看，该书将部分糖业史研究话题引入了更深层次的论域之中。

其一，糖品消费。糖品消费是糖业史、食物史研究中一个趣味性较强的论题。在国内，李治寰编著的《中国食糖史稿》是一部从多个方面记述中国食糖历史的重要著作，该书辟出专章从糖类制成品角度分析了糕点、糖果的发展历史[①]；季羡林在《文化交流的轨迹——中华蔗糖史》一书中提出了"糖是文化载体"的论断。[②]在国外，西敏司（Sidney W. Mintz）认为，根据西方尤其是英国糖品消费的历史来看，糖品发展经历了一个"庶民化"的过程[③]。故而，该书第二章专章讨论历史时期中国糖品的消费问题，认为中国食糖历史同样经过了一个"庶民化"的进程，同时又特别指出了糖品消费的两个重要价值：一是糖品消费的象征意义，即个人（阶层）的身份及地位的象征，以及国家富裕程度的象征。二是糖品消费的经济价值随着糖品产量及消费数量的增加而日渐凸显。不过，对近代中国糖品消费理念的变化应有更多关注。因为近代以后，随着区域经济发展、东西互动频繁等因素的不断累

---

① 李治寰：《中国食糖史稿》，北京：农业出版社，1990 年。

② 季羡林：《文化交流的轨迹——中华蔗糖史》，北京：经济日报出版社，1997 年。

③ Sidney W. Mintz，*Sweetness and Power：The Place of Sugar in Modern History*，New York：Penguin Book，1985，pp.73-74. 中译本为（美）西敏司著，王超、朱健刚译：《甜与权力——糖在近代历史上的地位》，北京：商务印书馆，2010 年。

积，东亚地区国民生活方式中的现代性元素也日渐增多，糖品在医学上作为人体必要的营养物质亦被消费者所重视，在其“使用价值”受到广泛关注的同时，19 世纪中期以降的东亚市场对糖品质量要求亦不断增高，“营养”“时尚”“卫生”等多层消费诉求融合在一起，中国国民的糖品“精洁化”消费理念逐渐兴起。

其二，东亚糖业格局变动。近代以来，世界糖业经济处于一个大发展时期，一方面，古巴、爪哇等地的甘蔗糖业发展迅速；另一方面，欧洲甜菜糖业崛起，受其影响，东亚的糖业经济格局也发生了较大的变动。该书重点分析了其具体的变动情况：东亚传统甘蔗糖业大国——中国面临着严重的糖业危机，由中国主导的近代以前东亚糖业格局解体；明治维新后日本在殖产兴业的近代化过程中大力发展本国糖业经济，尤其是在侵占中国糖业重镇台湾之后，迅速发展成为东亚地区重要的糖业力量；在东亚糖品市场上，日本糖业、荷属爪哇糖业等四个市场主体激烈争夺市场糖品销售份额，其中以日本糖业及中国香港糖业较为强势，逐渐形成了两强主导的东亚糖业新格局。不可否认，东亚糖业格局的大变动是近代东亚社会经济发展变化的一个重要组成部分，亦可以从一个侧面加深我们对近代大变局中东亚的理解。但是，糖品毕竟是一种消费商品，所以近代糖品消费与东亚糖业经济发展等方面的关联话题，颇值得进一步予以重视。

其三，糖用甜菜引入东亚。东亚甜菜制糖业属于新兴产业，甜菜种植主要分布在日本东北、朝鲜半岛及中国东北等高寒纬度区域，这在地域上与东亚甘蔗种植形成了较为鲜明的对比。糖用甜菜是新引进的经济作物，虽然其引进所产生的影响无法到达明清时期从美洲引进玉米、甘薯等新型农作物而产生“食物革命”的高度，但是，它的广泛种植对农牧业及制糖工业均产生了重要影响：是农业中的重要经济作物；畜牧业的重要越冬储备物资；糖业经济中的重要制糖原料。很显然，东亚甜菜糖业研究领域是一个“富矿”，涉及作物史、制糖史、中外关系史等多个方面的域，其特点之一是日文资料极其丰富，同样有待进一步深挖。

可以说，该书开拓了糖业史研究的新领域，展示了近期糖业史研究的新论，表达了糖业史研究的新知。另外，在中文、日文、英文等多种文字史料的参酌使用下，一方面将行业史与区域史研究有机结合起来，将糖业置于整个东亚这个宏观区域中进行考察；另一方面，将经济史观、文化史观、消费史观相融合，从多个层面关照东亚糖业发展这个主题，梳理了东亚糖业变迁及重构的历史过程，加深了对近代东亚新秩序、新格局形成的认识。从该书的立论来看，其主要观点值得肯定。比如，糖业在手工行业、国民经济、饮食革命、文化交流中均扮演了重要角色；糖品生产、贸易是近代东亚的重要经贸活动；糖品消费及糖文化传播深深嵌入东亚社会生活当中；糖业格局的大变动是近代东亚社会经济发展变化的一个重要组成部分，也是世界糖业发展及东亚经济政治发展不平衡的真实写照，对其研究无疑能加深我们对近代大变局中东亚的理解。

不过，该书在回应所立论的观点时，仍有进一步深入探讨的空间。第一，在东亚糖文化总结、提炼，以及与学界的学术对话等方面着墨并不是太多。第二，虽论及日据时期台湾糖业的发展情况，但是，相对而言内容并不太丰富，且时段仅限于日据时期台湾的前期，对明清以来的台湾糖业发展情况的论述与其所居历史地位不太相符。第三，古巴是近代世界中的制糖巨无霸，虽然其消费市场主要在美国，但对东亚糖业经济的影响颇为巨深，但该书显然没有予以足够的关注。这些问题，有待于该书作者在今后的研究中挖掘相关史料进行深入探讨。

朱　英

2020 年 10 月 20 日

目　录

图表目录

引言：20世纪以来近代东亚糖业史的研究

糖业在国民经济、饮食、文化交流中均扮演了重要角色。糖品生产、贸易是近代东亚重要的经贸活动之一；糖品消费及糖文化传播深深嵌入东亚社会生活当中；糖业格局变迁及重构是东亚政治经济新格局、新秩序形成中的重要组成部分。

近代以来，世界糖业处于一个大发展、大繁荣时期。一方面，欧洲甜菜糖业崛起，逐渐占据世界糖品总产量的半壁江山，成为世界糖业发展中的重要组成部分①；另一方面，古巴②、荷属爪哇等地的糖业空前发展，直接左右着北美及东亚糖品市场

---

① 甜菜种植兴起于近代欧洲，“甜菜糖一项，近代隆盛异常，欧洲遍地皆是，北自俄罗斯，南暨意大利、西班牙，且远渡大西洋而发达于美国，甘蔗糖之市面几尽为所让”。参见杨志洵：《德意志甜菜糖业》，《商务官报》1908 年第 4 期。近代的德国、奥地利、法国、荷兰、比利时等国均为甜菜制糖大国。甜菜糖之制造始于德国，1747 年德国化学家马葛富（Marggraf）发现甜菜根含糖分 5%—7%；此种发现在当时并无人注意，而其门徒安奇（Achrad）一直从事此项工作，并在 1799 年设立一个小甜菜糖厂，年产甜菜糖 6 吨，德皇闻此新法制糖而予以褒奖；1801 年由政府提供资本，设立甜菜制糖厂。参见吴卓：《制糖新法及糖业》第一章，上海：商务印书馆，1934 年，第 1—2 页。1850 年以后，德国甜菜糖业“国内生产益滋，供过于求，乃定输出之策”。1913 年，德、奥、法、荷、比 5 国甜菜糖产额已达 624 万吨。参见《欧洲甜菜糖产额》，《时事新报》1913 年 10 月 29 日。自 1903 年起，因得各国政府奖励金之补助，欧洲甜菜糖产量累年激增，至 1914 年产额最盛，达 8 244 000 吨，占世界糖产的 44.5%。参见《欧洲甜菜糖之恢复》，《银行周报》1922 年第 15 号，第 18 页。

② 1506 年西班牙人将甘蔗引入古巴，古巴甘蔗种植开始起步。1760 年时产量仅 4392 吨，之后累年增加至 100 万吨。20 世纪以后，古巴携其自然条件之天惠，“他国所产甘蔗，犹如稻麦，皆系草本，必须每年播种栽培，而产于古巴之甘蔗，则无异树本，普通可历数年，甚有长至 20 年之老株”，依托其紧邻美国——世界第一大糖品消费市场的地域优势，在利用美国投入的巨资及特惠关税的保护下，其甘蔗糖业渐呈蓬勃发展之势。在甜菜糖产量因第一次世界大战而锐减时，古巴糖业却一日千里，成为世界糖产之巨无霸。从 1913 年到 1925 年古巴糖品产量增加 250 多万吨（1913—1914 年 2 597 732 吨，1914—1915 年 2 592 667 吨，1915—1916 年 3 007 915 吨、1916—1917 年 3 023 720 吨、1917—1918 年 3 446 083 吨、1918—1919 年 3 971 776 吨、1919—1920 年 3 730 077 吨、1920—1921 年 3 936 040 吨、1921—1922 年 3 996 387 吨、1922—1923 年 3 602 910 吨、1923—1924 年 4 066 642 吨、1924—1925 年 5 125 970 吨），而仅 1923—1925 年就增加 100 多万吨，1924—1925 年度古巴糖品产量达 5 125 970 吨，约占世界糖品总产量 23 589 560 吨的 1/5。参见《世界糖业之霸王——古巴糖》，《银行周报》1926 年第 12 号，第 11—12 页。

的走势，进而影响了世界糖业格局的演变。与此同时，糖品在近代完成了“商品化”和“庶民化”的发展历程，即从漫长的稀有品、奢侈品时代转入了普通商品、生活必需品时代。受其影响，东亚的糖业格局也发生了较大的变动：东亚传统甘蔗糖业大国——中国，正面临着严重的糖业危机，由中国主导的近代之前的东亚糖业格局解体；以日本糖业及中国香港糖业为主导，欧洲糖业、荷属爪哇糖业、古巴糖业等糖业主体竞相角逐的东亚糖业新格局逐渐形成。东亚糖业格局的变动是近代东亚社会经济发展变化的一个重要组成部分，可以从一个侧面加深我们对近代大变局中东亚的理解。

同茶业、丝业、棉业等行业相比，糖业似乎在近代东亚社会经济中扮演的角色并不重要，其关注度及相关研究成果数量均难以望其项背，不过，经过不完全梳理，近代东亚糖业史研究的相关成果倒是也不少，颇值得集中分析。

从具体研究成果来看，真正意义上东亚糖业史研究起步于20世纪初，到目前已经有100多年的历史，其发展历程大致可以分为三个阶段。

其一，东亚糖业史研究的初始阶段，具体时间跨度是20世纪10年代到20世纪40年代。此一阶段的研究多侧重于对日本、中国等相关主体糖业发展状况的整体性描述，这一特点可以从《日本的糖业》《台湾的糖业》《爪哇的糖业》《中国的糖业》《中国的糖业贸易》等书名中直观感受[①]。尽管，这些著述多以描述、介绍糖业发展状况为主，但是它们均有极高的学术价值，俨然成为当下研究20世纪东亚糖业史的重要参考资料。

其二，东亚糖业史研究的鼎盛阶段，具体时间段为20世纪70—90年代。这一时期，西敏司、李治寰、季羡林、植村正治、林满红、穆素洁（Sucheta Mazumdar）等一批东西方学者，不约而同地从事东亚糖业史研究，推出了一批具有标志性的研究成果，比如《中国食糖史稿》《文化交流的轨迹——中华蔗糖史》《近代日本糖业史》《日本制糖技术史：1700—1900》《茶、糖、樟脑业与

① （日）木村增太郎：《日本的糖业》，台北：台湾日日新报社，1911年；日本拓殖局：《台湾的糖业》，东京：内阁文库，1911年；（日）真室幸教：《爪哇的糖业》，台北：台湾总督府民政部殖产局，1912年；（日）梶原保人：《爪哇糖業の發達は自然乎人力乎》，东京：民友社，1913年；（日）木村增太郎：《中国的糖业贸易》，东京：东京糖业研究会，1914年；台湾总督官房调查课：《中国的糖业》，台北：盛文社，1922年；（日）梶原保人：《爪哇糖业的发达乃自然乎人力乎》，东京：民友社，1927年；郑尊法：《糖》，上海：商务印书馆，1930年；（日）杉野嘉助：《台湾糖业年鉴》，台北：台湾通讯社，1930年；（日）小野文英：《台湾糖业与糖业公司》，东京：东洋经济新报社，1930年；（日）大塚令三：《中国的制糖公司》，南京：中支建设资料整备事务所，1940年。

台湾之社会经济变迁（1860—1895）》等①。这些成果所讨论的问题从糖品贸易到甜食消费再到糖文化交流，视域宏阔，观点鲜明，比如“糖品消费的‘庶民化’”与“糖——中西文化交流的载体”等论断，影响颇深，初步奠定了东亚糖业史研究在国际历史学界的地位。

其三，东亚糖业史研究的新动向，具体时间为21世纪以来的20年。在此一阶段，相关研究成果虽然不如上一个阶段那么宏阔，但是，仍有一些明显的新动向，颇值得予以梳理。21 世纪以来，随着糖业史资料的进一步多元化，学界尤其注重对中国、日本等糖业主体之间的关联研究。在持续关注东亚糖品贸易的基础上，也进一步细化了糖品消费、制糖技术等方面的研究。②

回顾 20 世纪以来近代东亚糖业史的研究状况，可以从以下四个方面进行简要的总结：

---

① 台湾总督府殖产局：《台湾的糖业》，东京：明治文献资料刊行会，1971 年；Sidney W. Mintz, *Sweetness and Power: The Place of Sugar in Modern History*, New York: Penguin Book, 1986；（日）永积洋子：《中国船输出入品数量一览（1637—1883 年）——复原中国船进口货物清册·返航所购货物清册》，东京：创文社，1987 年；李治寰：《中国食糖史稿》，北京：农业出版社，1990 年；习五一：《1895—1931 年台湾食糖贸易研究——台湾、日本、大陆三角贸易考察》，《近代史研究》1995 年第 5 期；台糖株式会社：《台糖 90 年通史》，东京：日经事业出版社，1990 年；季羡林：《文化交流的轨迹——中华蔗糖史》，北京：经济日报出版社，1997 年；社团法人糖业协会：《近代日本糖业史》，东京：劲草书房，1997 年；（日）植村正治：《日本制糖技术史：1700—1900》，东京：清文堂，1998 年；宇佐美尚穗：《幕末期砂糖生产地区的农业结构——以大内郡引田村为案例》，《史窗》1998 年第 55 号；八百启介：《十八世纪后半期长崎贸易中的盈物砂糖流通》，《九州史学》1998 年第 121 号；林满红：《茶、糖、樟脑业与台湾之社会经济变迁（1860—1895）》，台北：联经出版事业公司，1997 年；Sucheta Mazumdar, *Sugar and Society in China: Peasants, Technology and the World Market*, Cambridge: Harvard University Press, 1998.

② 落合功：《近世砂糖贸易的发展与砂糖国产化》,《修道商学》2001 年第 1 号；柴田英树：《甜菜糖工业的集中化过程与砂糖市场的结构变化——外国人流动劳动力需求的前提》，《中央大学经济研究所年报》2001 年第 32 号；荒尾美代：《宝历年间（1751—1763）长府藩的砂糖生产：以“覆土法”为中心》，《化学史研究》2003 年第 4 号；荒尾美代：《田村元雄（1718—1776）的白砂糖生产：以“覆土法”为中心》，《化学史研究》2004 年第4 号；荒尾美代：《宽政年间池上太郎左卫门幸丰的白砂糖生产法：以精制技“分蜜法”为中心》，《科学史研究》2005 年第 2 号；姜抮亚：《20 世纪初的东亚市场与中国制糖业》，朱荫贵、戴鞍钢主编：《近代中国：经济与社会研究》，上海：复旦大学出版社，2006 年；周正庆：《中国糖业的发展与社会生活研究——16 世纪中叶至 20 世纪 30 年代》，上海：上海古籍出版社，2006 年；（日）佐藤次高：《砂糖的伊斯兰生活史》，东京：岩波书店，2008 年；（日）伊藤汎监：《砂糖的文化志：日本人与砂糖》，东京：八坂书房，2008 年；（日）久保文克：《近代制糖业的发展与糖业联合会：基于竞争的合作之道》，东京：日本经济评论社，2009 年；冈部史：《日本砂糖的故乡——中国福建省》，《糖业资报季刊》2009 年第 182 期；Emily M. Hill, *Smokeless Sugar: The Death of a Provincial Bureaucrat and the Construction of China's National Economy*, Berkeley: University of California Press, 2010；松浦章：《江户时期唐船带来的砂糖与国内消费的展开》，《东亚文化交流研究》2010 年第 3 号；（日）八百启介：《砂糖之路：点心所见的社会史》，福冈：弦书房，2011 年；赵国壮：《日本调查资料中清末民初的中国砂糖业——以〈中国省别全志〉及〈领事报告资料〉为中心》，《中国经济史研究》2011 年第 1 期；赵国壮：《日本糖业在中国市场上的开拓及竞争（1903—1937）》《中国经济史研究》2012 年第 4 期；赵国壮、乔南：《近代东亚糖业格局的变动（1895—1937）——以中日糖业竞争为中心》，《历史教学》2013 年第 8 期；（日）久保文克：《近代糖业的经营史研究》，东京：文真堂，2016 年；赵国壮：《爪哇糖业发展与近代东亚糖业格局变动》，《历史研究》2017 年第 3 期等。

其一，纵向视角考察糖业发展及危机。台湾总督官房调查课编辑的《中国的糖业》一书，从中国北部甜菜制糖、边疆制糖、南部甘蔗制糖、中国三大糖品市场、抵制日货对日糖的影响，以及第一次世界大战前后糖业情况等方面论述20世纪初中国糖业发展情况①。郑尊法的《糖》一书，从糖的性状、制造原料、制造方法、中国糖业概况、世界糖业概况等方面论述中国及世界糖业的发展情况②。李治寰的《中国食糖史稿》一书从糖起源、种类、生产及其影响等几个方面梳理了中国从古至今的食糖演变历史③。陈初尧、范毅军、胡刚、陈祥云等学者，分别考察了四川、广东、福建等地糖业的发展情况④。《台湾的糖业》《台糖90年通史》等著作梳理了近代台湾糖业发展的历史⑤；《日本的糖业》《近代日本糖业史》《日本制糖技术史：1700—1900》等著作梳理了日本糖业发展的历史⑥。

其二，糖品贸易视角分析东亚经贸关系。日本糖业专家木村增太郎所著的《中国的糖业贸易》一书从中国砂糖的消费、生产、贸易、发展和外国砂糖输入状况等方面分析了19世纪末20世纪初中国糖业贸易情况⑦；落合功、鬼头宏等日本学者着力关注近代以前日本糖品输入及其影响⑧。中国学者习五一在《1895—1931年台湾食糖贸易研究——台湾、日本、大陆三角贸易考察》一文中，认为1895—1931年中国台湾、日本、中国内地之间的食糖贸易，是以日本为主导的三角贸易⑨。美国学者丹尼尔斯（Christian Daniels）在《中国砂糖的国际地位：论清末传统砂糖市场》（《中国砂糖の国際的位置：清末における在来砂糖市場について》）一文

① 台湾总督官房调查课：《中国的糖业》，台北：盛文社，1922年。

② 郑尊法：《糖》，上海：商务印书馆，1930年。

③ 李治寰：《中国食糖史稿》，北京：农业出版社，1990年。

④ 陈初尧、袁幼菊：《四川土法制糖工艺》，北京：轻工业出版社，1958年；范毅军：《广东韩梅流域的糖业经济（1861—1931）》，《"中央研究院"近代史研究所集刊》第12期，台北："中央研究院"近代史研究所，1983年；胡刚：《二十世纪初闽南蔗糖业的衰落及其原因探析》，《厦门大学学报》（哲学社会科学版）1988年第2期；季羡林：《白糖问题》，《历史研究》1995年第1期；冷东：《潮汕地区的制糖业》，《中国农史》1999年第4期；陈祥云：《近代四川商品农业的经营：以甘蔗生产为例》，《辅仁历史学报》1998年第9期；陈祥云：《蔗糖经济与地域社会：四川糖帮的研究（1929—1949）》，《辅仁历史学报》2008年第21期等。

⑤ 日本拓殖局：《台湾的糖业》，东京：内阁文库，1911年；台糖株式会社：《台糖90年通史》，东京：日经事业出版社，1990年。

⑥（日）木村增太郎：《日本的糖业》，台北：台湾日日新报社，1911年；社团法人糖业协会：《近代日本糖业史》，东京：劲草书房，1997年；（日）植村正治：《日本制糖技术史：1700—1900》，大阪：清文堂，1998年；冈部史：《日本砂糖的故乡——中国福建省》，《糖业资报季刊》2009年第182号。

⑦（日）木村增太郎：《中国的糖业贸易》，东京：东京糖业研究会，1914年。

⑧ 落合功：《近世砂糖贸易的发展与砂糖国产化》，《修道商学》2001年第1号；鬼头宏：《日本甜味社会的成立——前近代的砂糖供给》，《上智经济论集》2008年第1—2号，第45—61页；平井健介：《1900—1920年代东亚砂糖贸易与台湾糖》，《社会经济史学》2007年第1号。

⑨ 习五一：《1895—1931年台湾食糖贸易研究——台湾、日本、大陆三角贸易考察》，《近代史研究》1995年第5期。

中，按时间先后顺序把1870—1930年的中国糖品贸易分为四个阶段[①]。荷兰学者陈绍刚《十七世纪上半期的中国糖业及对外蔗糖贸易》一文把中国蔗糖业及其贸易置于当时世界糖业发展及贸易的范围内进行考察[②]。

其三，区域社会史视角分析糖业与东亚政治及经济现代化之间的关联。J.H.加洛韦（J. H. Galloway）在《蔗糖工业：从其起源到1914年的历史地理演变》（*The Sugar Cane Industry: An Historical Geography from Its Origins to 1914*）一书中强调，从1750—1914年亚洲糖业的发展历程来看，政府的支持，抑或控制，是糖业发展的关键因素[③]。约翰·拉金（John A. Larkin）在《菲律宾制糖工业的国际形象：1836—1920》（The International Face of the Philippine Sugar Industry, 1836-1920）一文中强调，1836—1920年，国际贸易在菲律宾糖业发展中扮演了不可或缺的重要角色[④]。韩国学者姜抮亚在《1930年代广东陈济棠政权的制糖业建设》等系列论文中，通过对20世纪初中国制糖业的探讨，分析了中国乃至东亚的近代化历程[⑤]。林满红通过对茶、糖及樟脑业的考察，分析了近代台湾社会经济的变迁问题[⑥]。

其四，文化史、消费史视角探讨糖在文化交流、社会生活中的作用。季羡林在《文化交流的轨迹——中华蔗糖史》一书中提出了“糖是文化载体”的观点[⑦]。周正庆在《中国糖业的发展与社会生活研究——16世纪中叶至20世纪30年代》一书中，提出糖文化的三层面观点：糖的物质性、共性的民间习惯用糖行为、糖的精神文化理念[⑧]。美国学者穆素洁在《中国：糖与社会——农民、技术和世界市场》一书中，论述了蔗糖对中国人民社会经济和生活功能方面的影响和作用[⑨]。日本学者松浦章分析了江户时代中国糖品输入日本及其国内糖品消费发展情况[⑩]。

---

① 丹尼尔斯：《中国砂糖的国际位置：清末本土的砂糖市场》，《社会经济史学》1985年第4号。

② 陈绍刚：《十七世纪上半期的中国糖业及对外蔗糖贸易》，《中国社会经济史研究》1994年第2期。

③ J. H. Galloway, *The Sugar Cane Industry: An Historical Geography from Its Origins to 1914*, Cambridge: Cambridge University Press, 1989.

④ John A. Larkin, The International Face of the Philippine Sugar Industry, 1836-1920, *Philippine Review of Economics and Business*, Vol.21, No.1&2, 1984.

⑤ 姜抮亚：《1930年代广东陈济棠政权的制糖业建设》，《近邻》1996年第30号；姜抮亚：《20世纪初的东亚市场与中国制糖业》，朱荫贵、戴鞍钢主编：《近代中国：经济与社会研究》，上海：复旦大学出版社，2006年。

⑥ 林满红：《茶、糖、樟脑业与台湾之社会经济变迁（1860—1895）》，台北：联经出版事业公司，1997年。

⑦ 季羡林：《文化交流的轨迹——中华蔗糖史》，北京：经济日报出版社，1997年。

⑧ 周正庆：《中国糖业的发展与社会生活研究——16世纪中叶至20世纪30年代》，上海：上海古籍出版社，2006年。

⑨（美）穆素洁著、叶篱译：《中国：糖与社会——农民、技术和世界市场》，广州：广东人民出版社，2009年。

⑩ 松浦章：《江户时期唐船带来的砂糖与国内消费的展开》，《东亚文化交流研究》2010年第3号，第335—357页。

上述代表性成果，让我们对东亚各国糖业发展状况、糖品贸易、糖品消费等方面均有一定的了解。不过，东亚甜菜糖业的兴起及发展、东亚各糖业主体之间的关联与互动、东亚糖业格局重构等问题均有待进一步研究。

基于此，本书的第一部分着重分析历史时期中国甘蔗糖业发展情况，析出甘蔗糖业经济式微的这一经济现象。近代以前，中国甘蔗糖业是东亚糖业经济中的主导产业，不仅左右着东亚糖业的发展方向，而且影响着世界糖业经济的发展趋势。故而，该部分从学术史回顾、糖品消费问题、近代以前糖业经济发展、近代甘蔗糖业式微四个方面来分析整个中国糖业发展情况。第二部分，分析爪哇、香港等糖业主体在东亚糖业格局变动中的地位及作用。荷属爪哇的甘蔗糖业、中国香港的精制糖业、日本（含日据时期台湾）的精制糖业等均为东亚糖业经济中的重要糖业主体，它们深度参与了东亚糖业格局的变迁与重构，并成为新格局的重要组成部分。第三部分，关注东亚高寒纬度上甜菜糖业的崛起及发展。近代甜菜制糖业兴起于欧洲，明治维新初期，日本从欧洲引入甜菜制糖，其种植区域主要分布在东亚高寒纬度上，与甘蔗糖业的分布在地理上形成二元格局。东亚甜菜糖业作为甘蔗制糖业的重要竞争者，它既是东亚糖业新格局的重要组成部分，亦在东亚地缘政治经济新格局形成中扮演了重要角色。第四部分，探讨东亚糖业新格局的形成。20 世纪二三十年代，东亚糖业新格局逐渐形成，主要特点为：多元主体竞相发展、“甘菜二糖”的地理二元分布、糖业经济深深嵌入东亚区域政治经济当中。

第一章　困境与出路：中国糖业史研究的新开拓

中国糖业史研究至今尚无法打开新局面，与其存在较多困境正相关。在古代糖业史方面，比如中国甘蔗种植地位、中国制糖初始时间、白糖制造具体开始时代、宋代市井糖品消费等问题，至今尚未有论著能够给出令人信服的释证；在近代糖业史研究方面，又陷入了甘蔗糖业危机、中外糖品贸易等问题的同质化论证当中，并无太多新意。同时，在中国糖品价格变动问题上的认识误区，以及东西方在糖品消费扩张动力上的认识差异也不失为其重要因素。中国糖业史研究的出路在于：向内深耕，向外拓展，在全球范围内挖掘新资料；转换视角，放宽视域，仅将中国作为东亚区域内的一个糖业竞争主体来进行考察；交流融合，开拓新域，重视糖业地理及糖品消费等方面的研究。

中国食糖历史源远流长，早在先秦时期就有用糖记载，《楚辞集注》卷 7《招魂》载："胹鳖炮羔，有柘浆些。"[①]《千金要方》《千金翼方》《外台秘要》等一大批本草类医书较早描述了甘蔗、蔗糖（石蜜）的药用功效，如治疗舌头肿胀、身心虚弱、异物卡喉、肺寒损伤、咳嗽感冒等。7—16 世纪（唐代到明代），在药用之外，糖品大多为皇族、大臣、高僧等上层社会群体所消费。清代中期以后，中国糖品消费呈现出较大的扩张趋势，糖品消费逐渐融入了日常生活及社会风俗当中，其消费群体由上层王公贵族扩大到下层普通民众，初步实现了"商品化"及"庶民化"，这是中国糖品消费的重要转折时期。近代以来，糖品消费的象征意义日渐退却，其经济价值则渐趋凸显。比如，戴国辉、林满红均认为糖业经济在近代

① （宋）朱熹撰、蒋立甫校点：《楚辞集注》卷 7《招魂》，上海、合肥：上海古籍出版社、安徽教育出版社，2001 年，第 136 页。

台湾社会经济发展过程中扮演了重要角色①。在1895—1937年的中日贸易中，日本对中国糖品贸易高居前列②。20世纪二三十年代，中国糖品贸易的累年巨额逆差，严重影响了国民经济的正常发展，迫使国民政府于1931年、1935年先后两次试图借助外国糖业势力来实施“制糖国营计划”③。

糖业经济在国民经济中占据着重要地位，由糖品贸易及制糖技术交流而形成的糖文化是人类文明史的重要组成部分，糖品批量使用而带来的“甜食革命”深刻地改变着人类的饮食及风俗习惯。④然而，作为传统甘蔗糖业大国的中国，糖业史研究与其历史地位是极不相称的，至今尚无享誉国际学界的糖业史专著。在中国行业史研究中，无论是相对于盐业、茶业、丝业等传统行业的研究而言，还是与机器棉纺、机制面粉、卷烟等近代新兴行业的研究相比较，中国糖业史研究，无论是其成果数量，还是学术影响力，均极为有限。在世界糖业史研究板块中，无论是欧洲糖品消费历史的研究，还是殖民地甘蔗种植园经济历史的探讨，均受到西方学界的持续关注，而在中国糖业史研究方面，仅有1998年穆素洁对糖与社会关系的讨论，以及2010年艾米莉·希尔（Emily M. Hill）对20世纪30年代广东糖业复兴问题的探讨⑤；即使是制糖业发展较晚的日本，糖业史研究亦蔚为大观，尤其是在制糖技

① 戴国辉：《中国甘蔗糖业之发展》，封德屏主编：《戴国辉全集》第10册，台北：文讯杂志社，2011年；林满红：《茶、糖、樟脑业与台湾之社会经济变迁（1860—1895）》，台北：联经出版事业公司，1997年。

② 赵国壮：《日本糖业在中国市场上的开拓及竞争（1903—1937）》，《中国经济史研究》2012年第4期。

③ 赵国壮：《抗日战争时期大后方糖业统制研究——基于四川糖业经济的考察》，北京：科学出版社，2015年，第53页。

④ 季羡林提出“糖是文化载体”的观点；周正庆认为糖文化具有三重性特点，即糖的物质性、共性的民间习惯用糖行为和糖的精神文化理念；穆素洁讨论了糖品对中国社会经济生活的影响；松浦章分析了江户时代中国糖品输入日本及日本国内糖品消费演变概况。参见季羡林：《糖史（一）》，《季羡林文集》第9卷，南昌：江西教育出版社，1998年；周正庆：《中国糖业的发展与社会生活研究——16世纪中叶至20世纪30年代》，上海：上海古籍出版社，2006年；（美）穆素洁著、叶篱译：《中国：糖与社会——农民、技术和世界市场》，广州：广东人民出版社，2009年；松浦章：《江户时期唐船带来的砂糖与国内消费的展开》，《东亚文化交流研究》2010年第3号，第335—357页。

⑤ 主要论著有Bill Albert and Adrian Graves，*The World Sugar Economy in War and Depression 1914—1940*，London：Routledge，1988；Robert Louis Stein，*The French Sugar Business in the Eighteenth Century*，Baton Rouge：Louisiana State University Press，1988；Arthur L. Stinchcombe，*Sugar Island Slavery in the Age of Enlightenment：The Political Economy of the Caribbean World*，Princeton：Princeton University Press，1995；David Genesove and Wallace P. Mullin，*Validating the Conjectural Variation Method：The Sugar Industry，1890—1914*，Cambridge：National Bureau of Economic Research，1995；Oscar Zanetti，Alejandro García，Trans. Franklin W. Knight and Mary Todd，*Sugar & Railroads：A Cuban History，1837—1959*，Chapel Hill：University of North Carolina Press，1998；Sucheta Mazumdar，*Sugar and Society in China：Peasants，Technology and the World Market*，Cambridge：Harvard University Press，1998等。

术传播、国内糖品消费等方面的研究，对我们颇具启发性①。放宽视距来审视中国糖业史研究，其在学理及方法运用上的滞后性、相关研究成果的同质化倾向，以及无突破性成果等种种不足之处，格外明显。那么，中国糖业史研究遇到的最大困境是什么，以及如何突破这些困境进而打开研究新局面等问题，颇值得予以关注和释析。

第一节　古代糖业史研究中尚无定论的“棘手”问题

研读中国古代糖业史研究论著，无论是李治寰的《中国食糖史稿》、季羡林的《糖史》、穆素洁的《中国：糖与社会——农民、技术和世界市场》等著作，还是翻看吉敦谕、吴德铎、陈广胜、徐东升等人的论文，总让人有意犹未尽之处，也会被一连串尚无定论的“棘手”问题所萦绕而不能释怀。比如中国甘蔗种植产地、中国制糖初始时间、白糖制造肇始年代、宋代市井用糖等问题，至今尚未有论著做出令人信服的释证。

首先，中国甘蔗种植地位。相对于19世纪崛起的甜菜糖品（Beet Sugar）、20世纪兴起的椰子糖品（Coconut Sugar），对于甘蔗糖品（Cane Sugar）的历史最为悠久，它是唐宋以降人们获得甜味的主要来源。但是，对于甘蔗的原产地在哪儿，国内外学界争议较大，有东南亚海岛、印度、中国起源等多种说法。其中，最具代表性的是生物学家阿茨瓦格（Artschwager）、布朗德斯（Brandes）和李治寰的观点。阿茨瓦格和布朗德斯认为，甘蔗最早出现在远古时期的新几内亚，并有三次向外传播的过程，第一次发生在公元前8000年，第二次大约在公元前6000年（这时才传入菲律宾、印度、印度尼西亚等地），第三次发生在公元500—1100年左右。②李治寰根据近代调查资料，坚持认为中国是甘蔗的原产地之一，中国本土（岭南、华东、华西等地）出现不少野生甘蔗原种，其中最著名的是“割手密（篾）”和“草鞋密（篾）”等品种，它们被统称为“中国种”或“中国竹蔗型种”，也是

① （日）永积洋子：《中国船输出入品数量一览（1637—1883年）——复原中国船进口货物清册·返航所购货物清册》，东京：创文社，1987年；社团法人糖业协会：《近代日本糖业史》，东京：劲草书房，1997年；（日）植村正治：《日本制糖技术史：1700—1900》，大阪：清文堂，1998年；（日）佐藤次高：《砂糖的伊斯兰生活史》，东京：岩波书店，2008年；（日）久保文克：《近代制糖业的发展与糖业联合会：基于竞争的合作之道》，东京：日本经济评论社，2009年；（日）八百启介：《砂糖之路：点心所见的社会史》，福冈：弦书房，2011年等。

② Ernst Artschwager and Elmer Walker Brandes，*Sugarcane（Saccharum Officinarum L.）：Origin，Classification，Characteristics，and Description of Representative Clones*，Washington，D.C.：Agricultural Research Service，United States Department of Agriculture，1958.

科学家公认的世界四个原生蔗种之一。[①]但是，中国甘蔗种植到底在世界糖业发展历史上处于什么地位，学界至今未能予以准确研判。

其次，中国制糖初始时间。中国在唐代向印度学习熬糖法的史实基本被公认，但这是否就意味着中国蔗糖制造的初始时期是唐代，学界对此莫衷一是。吉敦谕在《江汉学报》（1962 年第 9 期）上发表了《糖和蔗糖的制造在中国起于何时》一文，他主张蔗糖制造开始于汉代；吴德铎在《江汉学报》（1962 年第 11 期）上发表的《关于“蔗糖的制造在中国起于何时”——与吉敦谕先生商榷》一文推翻了吉敦谕的“汉代说”，主张“唐代说”。20 世纪 80 年代，他们再次发文进行论争，吉敦谕在《社会科学战线》（1980年第4期）上发表了《糖辨》一文维持其原持的“汉代说”，吴德铎在《社会科学战线》（1981 年第 2 期）上发表了《答〈糖辨〉——再与吉敦谕先生商榷》一文，与吉文针锋相对，仍然坚持“唐代说”。季羡林则持调和论，即“汉唐之间说”，他认为汉唐之间有长达几百年时间，制糖很可能是在此期间开始的。[②]很显然，这些时间跨度极大的解释是无法让读者感到满足的。

再次，白糖制造的肇始年代。北宋王灼的《糖霜谱》记载了四川遂宁生产“糖霜”一事，明代宋应星的《天工开物》也描述了明代“黄泥水淋糖法”制造白糖技术，这是迄今所能见到的证明古代中国制造白糖的最直接文献。不过，前者所描述的“糖霜”有别于白糖，后者又系集大成性质，故而学界有五代说、宋代说、元代说、明代说等多种说法。徐东升持五代说，措辞较为谨慎、委婉。[③]季羡林、陈广胜持宋代说，季羡林认为：“到了宋代，白砂糖（白糖形状似砂粒，又称为白砂糖）这个词儿开始出现”“多半同大食或南洋的什么地方相联系”；陈广胜认为：“宋代已经开始生产白砂糖。”李治寰持明代说，他认为：“明宣德、正统年间，我国引进白砂糖制法，开始生产白砂糖。”[④]那么到底中国是什么时候开始制造白砂糖的？至今仍未能揭开这个谜。

最后，宋代市井糖品消费。有宋一代，糖品除供应上层社会群体消费外，开

---

① 李治寰：《中国食糖史稿》，北京：农业出版社，1990 年，第 64—65 页。

② 季羡林：《糖史（一）》，《季羡林文集》第 9 卷，南昌：江西教育出版社，1998 年，第 52 页。

③ 白砂糖一词五代时已出现，并非传统观点认为的始自宋代，五代时白砂糖作为湖南上供中原王朝的贡品，应是当地土产，但白砂糖在中国的生产还应更早，其技术可能是在唐代传入中国的印度煞割令制作法的基础上发展而来的，和煞割令相比，其品质应更为纯净，颜色应更白。徐东升：《中国白沙糖生产起源新探》，《中国经济史研究》2010 年第 1 期。

④ 吉敦谕：《糖和蔗糖的制造在中国起于何时》，《江汉学报》1962 年第 9 期；吴德铎：《关于“蔗糖的制造在中国起于何时”——与吉敦谕先生商榷》，《江汉学报》1962 年第 11 期；季羡林：《白糖问题》，《历史研究》1995 年第 1 期；季羡林：《文化交流的轨迹——中华蔗糖史》，北京：经济日报出版社，1997 年，第 355、358 页；陈广胜：《宋代已经开始生产白沙糖》，《史学月刊》1991 年第 3 期；李治寰：《从制糖史谈石蜜和冰糖》，《历史研究》1981 年第 2 期。

封、杭州两个都城的市肆上出现了为数不少的糖制小食品。据《东京梦华录》记载，开封街市上出现了香糖果子、散糖果子、糖饼等糖制小食品①。据《梦粱录》记载，杭州店肆、铺席、夜市里有糖面蒸糕、糖煎、糖蜜糕等糖制小食品出售②。据《武林旧事》记载，杭州的节令食品与作坊中有糖蜜枣儿、糖叶子、香糖果子、糖粥、糖糕点等不同种类的糖制食品③。另外，用糖腌制的蜜饯在宋代也颇为流行。日本学者篠田统认为制成蜜饯的水果如此受欢迎，以至于杭州和开封的大街小巷的小贩肩挑背负地叫卖；装满蜜饯的精巧瓷瓶，成为城区名流富户之间的时髦礼物。④那么，这一用糖现象是否意味着宋代糖品消费已经“庶民化”了？日本学者斯波义信认为宋代产糖地方的农家可能已食用一些糖，更有可能是咀嚼蔗梗，但是，食用是有限的。⑤穆素洁认为宋代蔗糖较少直接用于制作糖果和蛋糕，多是制作蜜饯，尽管蔗糖消费量显著地增加，但是只有富裕者得以时常品尝，对大多数人来说，蔗糖仍是珍稀食品，生活在蔗糖产地以外的农民，一生中甚至从未尝过糖。⑥这些有限的并带有很大不确定性的推断，仍然不足解释“宋代市井糖品消费”这一经济现象。

研究中国古代糖业史最大的困境是可资利用的资料匮乏，这就致使诸多公布出来的观点均存有论证不足的遗憾。例如，杨孚《异物志》、宋膺《凉州异物志》、嵇含《南方草木状》、陶弘景《神农本草经集注》等存世文献，价值很大，但是其版本问题却未能得到学界确认，即无法确认这些文献是作者自己编撰，还是后世学者托其名而编辑。同时，中国古代糖业史研究力量过于单薄、资料交流不足、观点沟通不畅等问题，亦日益凸显出来。在季羡林于 1998 年推出《糖史》资料汇编之后，至今尚无人系统整理中国古代糖业历史资料，因此根本无法同有稳定研究队伍的其他行业史研究相比。另外，也没有遗传学、植物学、考古学、历史地理学等学科背景的学者参与中国古代糖业史研究，所以，仅仅利用有限的一点儿存世文献资料所得出结论，就难免成了各抒己见。

---

①（宋）孟元老：《东京梦华录》卷 3，北京：中华书局，1982 年，第 112 页；（宋）孟元老：《东京梦华录》卷 4，北京：中华书局，1982 年，第 129 页；（宋）孟元老：《东京梦华录》卷 8，北京：中华书局，1982 年，第 204 页。

②（宋）吴自牧：《梦粱录》卷 13，杭州：浙江人民出版社，1980 年，第 116—120 页。

③（宋）周密：《武林旧事》卷 3，杭州：浙江人民出版社，1984 年，第 42、45 页；（宋）周密：《武林旧事》卷 6，杭州：浙江人民出版社，1984 年，第 98—100 页。

④（日）篠田统著，高桂林、薛来运、孙音译：《中国食物史研究》，北京：中国商业出版社，1987 年，第 161—162 页。

⑤（日）斯波义信著、庄景辉译：《宋代商业史研究》 台北：稻禾出版社，1997 年，第 482 页。

⑥ Sucheta Mazumdar, *Sugar and Society in China: Peasants, Technology and the World Market*, Cambridge: Harvard University Press, 1998.

第二节　近代糖业史研究中的同质化倾向

近代以来，世界糖业处于大发展、大繁荣时代，无论是制糖技术，还是糖品产量，均达到了新的巅峰时期。一方面，欧洲甜菜糖业迅速崛起，在 20 世纪初已占据世界糖品生产总量的半壁江山[①]；另一方面，古巴、爪哇等国家和地区的甘蔗糖业空前发展，直接左右着北美及东亚糖品市场的走势，进而影响了世界糖业格局的演变。[②]受其影响，东亚传统甘蔗糖业大国——中国主导的近代之前东亚糖业旧格局解体，而以日本及中国香港精制糖业为主导，欧洲甜菜糖业、爪哇甘蔗糖业、古巴甘蔗糖业等糖业主体竞相角逐的东亚糖业新格局逐渐形成。在新局势来临之际，中国政府和糖业界应对乏力，甘蔗糖业出现严重的生存危机。“茶也，丝也，棉也，矿也，并吾国其他之大种实业，受外商之压迫，无一不颓落不滞钝，将来且无不危险，吾固已言之矣。然以彼各项每岁多少，总尚有若干之输出可以稍作抵制，有现成之基础可以立图改良。未有如糖业有入无出，安受浸灌者，百道横流，万派冲激，而曾无拳石束藁之具，足以稍资捍卫，此坐毙之势也”[③]。

一、中国甘蔗糖业危机问题

这是研究近代中国糖业史无法绕过去的问题，学者们多从手工制糖技术落后、市场萧条、外糖入侵等几个方面对所关注的区域进行分析。如范毅军认为韩山、梅州地区（广东）的糖业在清末民初递嬗之际呈陷落疲态，到全面抗战前夕更濒于瓦解境地；观察韩山、梅州地域糖业兴落过程，表面上是受制于加工技术的未能及时更新，但更进一步的原因则在于农业部门未能在工业发展初期适当地配合，具体表现在生产成本提高、传统生产关系限制及政府产业政策不当；而外在原因主要在于洋糖（爪哇糖及日本糖）的快速发展，抢占了汕糖的国内外市场[④]。胡刚认为

---

① 《欧洲甜菜糖产额》，《时事新报》1913 年 10 月 29 日；《欧洲甜菜糖之恢复》，《银行周报》1922 年第 15 号。

② 《世界糖业之霸王——古巴糖》，《银行周报》1926年第 12 号；《世界糖业之概况》，《上海商业储蓄银行有关糖业调查资料》，上海市档案馆藏，档案号：Q275-1-1990。

③ 《袁文钦关于振兴全国糖业意见书》，中国第二历史档案馆：《中华民国史档案资料汇编》第 3 辑《工矿业》，南京：江苏古籍出版社，1991 年，第 265 页。

④ 范毅军：《广东韩梅流域的糖业经济（1861—1931）》，《“中央研究院”近代史研究所集刊》第12期，台北：“中央研究院”近代史研究所，1983 年。

20世纪初闽南蔗糖业呈现出糖品出口数量锐减、手工制糖技术滞后、机器制糖发展缓慢等明显的衰退现象，其衰落的原因为：质优价廉的洋糖的倾销、挤压，不合理的关税及厘金制度的滞碍，洋糖的排挤竞争和国内封建势力的剥削造成了生产技术落后，产品市场价格的影响，带有高利贷性质的所谓“糖银”或“糖金”的剥削，交易环节烦琐而增加成本等方面。①冷东认为潮汕地区砂糖业衰落的原因在于种植及制造技术的落后、落后的生产关系及洋糖的打击。②张兆金、石嘉认为江西糖业在洋糖的冲击下，自身劣势全部暴露，如糖品质量低劣、制糖技术落后等，因此，不仅失去外部市场，而且本地市场也遭到洋糖蚕食。③美国学者丹尼尔斯按时间先后顺序把1870—1930年的中国糖业发展分为四个阶段，认为中国糖品之所以会出现这样的变化，应归因于中国自给自足的自然经济及其糖品质量低劣而不适应市场需要，自给自足的自然经济阻碍了制糖技术的更新，品质低劣削弱了中国糖品同爪哇及欧洲机制糖的竞争力。④不难发现，上述学者对广东、福建、江西等地糖业衰败的分析有较强的同质化倾向，我们认同这些阻碍近代中国糖业发展的不利因素，但如果未能将中国甘蔗糖业衰败纳入东亚精制糖业的成功，以及欧洲甜菜糖业、古巴甘蔗糖业、爪哇甘蔗糖业等迅猛发展中去考虑的话，陷入单向维度的分析也就在所难免了。

二、中国糖品贸易问题

19世纪末至20世纪初，中国由糖品输出大国转变为糖品输入大国，每年均有巨额资财流失。例如，民国时期北京政府农商总长张謇指出1914年进口糖品价值达3000万两⑤；糖业专家吴卓根据调查指出1930年进口糖品价值1.33多亿元，高居中国进口商品的第二位⑥；国民政府实业部长孔祥熙在“制糖国营案”提案中指出糖、蚕丝、茶一向为中国的大宗输出品，1931年糖品在输入洋货中仅次于棉布，排在第二位，价值突破1亿元⑦。中外糖品贸易是中国近代糖业史研究的重要议题之一，中国学者对此有较多的关注，但较多使用了海关进出口数据来论证

① 胡刚：《二十世纪初闽南蔗糖业的衰落及其原因探析》，《厦门大学学报》（哲学社会科学版）1988年第2期。

② 冷东：《潮汕地区的制糖业》，《中国农史》1999年第4期。

③ 张兆金：《清末民国时期洋糖冲击与赣南糖业应对措施分析》，《南昌高专学报》2010年第3期；石嘉：《清末民初江西省的砂糖业》，《中国农史》2015年第1期。

④ 丹尼尔斯：《中国砂糖的国际位置：清末本土的砂糖市场》，《社会经济史学》1985年第4期，第411—444、532—530页。

⑤ 《中国糖业奖励：农商总长为抵制输入的训话》，《时事新报》1914年3月6日。

⑥ 吴卓：《振兴中国糖业之先决问题》，《工商半月刊》1932年第1期，第5页。

⑦ 《引人注目的中国制糖国有政策》，《大阪朝日新闻》1931年7月12—14日。

“中国成为糖品输入大国”的观点，却未能从消费史角度来分析中国市场上的糖品消费为何如此强劲，何以能够吸纳数量如此庞大的糖品①。相较而言，日本学者在这方面做出了较多的有益尝试，如分析了近代以前输入日本国内市场糖品的消费情况及其影响等。尽管这些分析仍有一些缺憾，但是这种细化研究模式值得借鉴②。

学界在研究中国近代糖业史时，首先要解决上述两个问题。从目前的研究情况来看，已有的成果对此进行了反复的论证。不过，较为遗憾的是这些结论有较为严重的同质化倾向，并未能凸显糖业经济自身独特之处，即中国甘蔗糖业式微的主因论断也完全适用于对丝、茶、棉纺织等行业近代衰败原因的分析，以至于让我们无法明了中国糖业自身的发展逻辑，难免会产生以为了解丝、茶等行业没落原因之后糖业的情况也大概同质的错觉。实际上，前期研究成果所用资料大多为官方资料，并未全面检视不同种类的资料，也较少站在普通消费者的角度去看待这些问题，是故，所得结论不免落入“俗套”。如果我们能够少一些主观情绪性的分析，而多从实用主义心理去体验的话，对于普通的糖品消费者，让他们在物美价廉的精制白糖和质次价高的土糖两者之间做出选择，这是一个很简单的事。民众消费外国糖品是一种经济学上的理性消费行为，这是否恰恰说明了传统甘蔗糖业式微是中国糖业现代化过程中的一种阵痛？因此，我们不仅无须为之隐晦，而且有必要予以全方位考察。

第三节　中国糖品价格变动问题的认识误区

从世界各国糖业发展历史演进过程来看，随着制糖技术的进步，糖品产量逐渐增加，民众消费糖品的数量亦呈递增趋势，中国糖品产量与此趋同，那么，这

---

① 习五一：《1895—1931年台湾食糖贸易研究——台湾、日本、大陆三角贸易考察》，《近代史研究》1995年第5期；冷东：《中国制糖业在日本》，《学术研究》1999年第1期；赵国壮：《日本调查资料中清末民初的中国砂糖业——以〈中国省别全志〉及〈领事报告资料〉为中心》，《中国经济史研究》2011年第1期；赵国壮：《日本糖业在中国市场上的开拓及竞争（1903—1937）》，《中国经济史研究》2012年第4期；赵国壮、乔南：《近代东亚糖业格局的变动（1895—1937）——以中日糖业发展竞争为中心》，《历史教学》2013年第8期。

② 岩生成一：《江户时期的砂糖贸易》，《日本学士院纪要》1973年第1号；（日）永积洋子：《中国船输出入品数量一览（1637—1883年）——复原中国船进口货物清册·返航所购货物清册》，东京：创文社，1987年；落合功：《近世砂糖贸易的发展与砂糖国产化》，《修道商学》2001年第1号；鬼头宏：《日本甜味社会的成立——前近代的砂糖供给》，《上智经济论集》2008年第1—2号，第45—61页；平井健介：《1900—1920年代东亚的砂糖贸易与台湾糖》，《社会经济史学》2007年第1期。

一趋势是否就如季羡林所提出的“产量越来越多，价钱越来越低，药用越来越少，食用越来越增”的“中国糖业发展的总趋势”观点呢？[①]颇值得细细地考察。遗憾的是，相关资料显示，中国糖品价格变动趋势与此观点相左，并非“越来越低”，而是“持续走高”。

在明代中期以前，糖品作为贡品（奢侈品）供应上层社会群体消费[②]，对其价格问题进行讨论意义并不大；之后，糖品贸易逐渐趋于频繁，糖品价格问题则颇值得关注。1637—1832 年，英属东印度公司运销中国商品的连续性记录，具有极高的参考价值，这一记录较为清晰显现了近 200 年间中国糖品价格的变动情况[③]，参见表 1-1。

表 1-1　1637—1832 年东印度公司记录的糖品[④]价格一览表

时间	具体记录	糖价（两/担）	资料来源
1637 年 12 月 20 日	“凯瑟琳号”从中国广州、澳门购买糖 12 086 担、冰糖 500 担	无	《东印度公司对华贸易编年史（1635—1834 年）》1、2 合卷，第 27 页
1644—1664 年	从 1644 年威得尔第一次到澳门贸易投机到 1664 年第四次贸易投机，糖的市价由每担 3.5 八单位里亚尔[⑤]涨到 4.5—6 八单位里亚尔	糖价从 2.52 涨到 3.24—4.32	《东印度公司对华贸易编年史（1635—1834 年）》1、2 合卷，第 35 页
1699—1700 年	“麦士里菲尔德号”在广州采购货物，但仅记录了一些商品如生丝、丝织品、麝香、干姜、糖、茶叶等价格	糖 1.20—2.30，出口税 0.1	《东印度公司对华贸易编年史（1635—1834 年）》1、2 合卷，第 104 页
1705 年 1 月 1 日	“凯瑟琳号”在厦门，购得糖 2500 担、冰糖 800 担	糖 2.50、冰糖 4.00	《东印度公司对华贸易编年史（1635—1834 年）》1、2 合卷，第 131 页
1722 年	开赴孟买的“艾尔斯”，载糖 2500 担、冰糖 500 担	糖 3.00、冰糖 6.00	《东印度公司对华贸易编年史（1635—1834 年）》1、2 合卷，第 170 页
1723 年	东印度公司 4 艘船到广州，购得糖 4000 担、冰糖 1800 担	糖 2.90、冰糖 5.90	《东印度公司对华贸易编年史（1635—1834 年）》1、2 合卷，第 175 页

① 季羡林：《糖史（一）》，《季羡林文集》第 9 卷，南昌：江西教育出版社，1998 年，第 521 页。

② 据 1587 年成书的《明会典》记载，最迟到 1587 年时，糖品仍作为贡品及贵重赏赐品供给上层社会群体消费。明代申时行等奉敕撰《明会典》，共 228 卷，成书于 1587 年。张居正官居尚书满 12 年，皇帝“寻遣司礼监太监张诚赐银三百两、蟒衣一袭、纻丝四十表里、羊十只、酒六十瓶、钞十万贯、酒饭五卓（桌）、鸡十只、鹅五只、猪肉一百五十斤、汤五品、白面一百二十斤、香油三百二十斤、白糖一百斤、黑糖一百四十斤、蜜二十五斤……”（明）王世贞撰、魏连科点校：《弇山堂别集》卷十三，北京：中华书局，1985 年，第 236 页。

③ 糖品贸易涉及中国、印度、英国、美国、瑞典、丹麦、荷兰、日本、越南、墨西哥、葡萄牙等 14 个国家，涉及的中国城市有广州、澳门、厦门、宁波、东莞、泉州等 7 个。参见（美）马士著、区宗华译：《东印度公司对华贸易编年史（1635—1834 年）》，广州：中山大学出版社，1991 年。

④ 从商船记录来看，所列糖品类型有糖与冰糖两种，显然糖是冰糖之外的糖类品种，如白糖、红糖、黑糖等，但遗憾的是，该记录中并未说明。另外，1825 年后进而用笼统的“食糖”一词来记述。

⑤ 八单位里亚尔（pieces of eight），西班牙银币，也是世界上最早的银币，1597 年后在西班牙及其殖民地流通，1600 年，一个八单位里亚尔的购买力大约相当于现在的 50 英镑。

续表

时间	具体记录	糖价（两/担）	资料来源
1724 年	“麦士里菲尔德号”在澳门购得糖 1000 担、冰糖 25 担	糖 3.00、冰糖 5.80	《东印度公司对华贸易编年史（1635—1834 年）》1、2 合卷，第 179 页
1732 年 9 月	东印度公司大班特纳投资购买中国商品价值总计将近 20 万两，这些商品包括糖、茶叶等，列出了每担价格	白糖 2.35、冰糖 4.45	《东印度公司对华贸易编年史（1635—1834 年）》1、2 合卷，第 211 页
1732 年 10 月 15 日	东印度公司“康普顿号”从澳门出发前往孟买，载白糖 1999 担，价值 4773 两；冰糖 847 担，价值 3782 两	白糖 2.39、冰糖 4.47	《东印度公司对华贸易编年史（1635—1834 年）》1、2 合卷，第 212 页
1751 年	广州平均物价	糖 3.05、冰糖 5.05	《东印度公司对华贸易编年史（1635—1834 年）》1、2 合卷，第 293 页
1792 年	广州出口货物：东印度公司船（20 艘），糖 593 担，价值 2965 两；冰糖 47 担，价值 470 两。散商船（20 艘），冰糖 10 749 担，价值 107 490 两；糖 26 098 担，价值 130 490 两。法国船（2 艘），糖 1969 担，价值 9845 两；冰糖 1006 担，10 060 两。瑞典船（1 艘），糖 4 担，价值 20 两。丹麦船（1 艘），糖 3985 担，价值 19 925 两；冰糖 598 担，价值 5980 两。荷兰船（4 艘），糖 4814 担，价值 2070 两。美国船（4 艘），糖 4576 担，价值 22 880 两。英国人的热那亚船（1 艘），糖 3930 担，价值 19 650 两；冰糖 115 担，价值 1150 两。英国人的托斯卡纳船（1 艘），糖 3930 担，价值 19 650 两；冰糖 2000 担，价值 20 000 两	糖 5.00、冰糖 10.00	《东印度公司对华贸易编年史（1635—1834 年）》1、2 合卷，第 521—523 页
1825 年	美国船运广东出口货，运往美国食糖 18 510 担，价值 157 335 元，每担 8.50 元；运往欧洲食糖 2545 担，价值 21 472 元，每担约 8.44 元	运往美国食糖约 6.12，运往欧洲食糖约 6.07（1 两约合 1.39 元）	《东印度公司对华贸易编年史（1635—1834 年）》卷 4，第 125 页
1826 年	美国船运货物，运往美国食糖 2664 担，价值 22 664 元，每担约 8.51 元；运往南美洲和桑威奇群岛食糖 1850 担，价值 15 900 元，每担约 8.59 元	运往美国食糖约 6.12，运往南美食糖约 6.18	《东印度公司对华贸易编年史（1635—1834 年）》卷 4，第 149 页
1827 年	美国船运广东出口货，运往美国食糖 2140 担，价值 19 260 元，每担 9 元	运往美国食糖约 6.47	《东印度公司对华贸易编年史（1635—1834 年）》卷 4，第 170 页
1828 年	美国船运广东出口货，运往美国食糖 2243 担，价值 20 187 元，每担 9 元；运往欧洲食糖 2400 担，价值 21 600 元，每担 9 元	运往美国食糖约 6.47，运往欧洲食糖约 6.47	《东印度公司对华贸易编年史（1635—1834 年）》卷 4，第 192 页
1829 年	美国船运广东出口货，运往美国食糖 2623 担，价值 23 607 元，每担 9 元；运往南美洲等食糖 2302 担，价值 20 718 元，每担 9 元	运往美国食糖约 6.47，运往欧洲食糖约 6.47	《东印度公司对华贸易编年史（1635—1834 年）》卷 4，第 210 页
1830 年	美国船运广东出口货，运往美国食糖 3000 担，价值 27 000 元，每担 9 元；英国散商购运食糖价值 952 520 元	运往美国食糖约 6.47	《东印度公司对华贸易编年史（1635—1834 年）》卷 4，第 259 页
1832 年	美国在广州的出口贸易分配，运往美国食糖 4000 担，价值 36 000 元；运往欧洲 700 担，价值 6300 元	运往美国食糖约 6.47，运往欧洲食糖约 6.47	《东印度公司对华贸易编年史（1635—1834 年）》卷 4，第 350 页

注：在当时广州，中国银两与英镑的比值为每两价值 6 先令 8 便士（1 镑 = 3 两）；西班牙银圆，每元 = 0.72 两，实际重量为 100 两 = 120.8 盎司，1619—1814 年，西班牙银圆在发票上每元值 5 先令（1 镑 = 4 元）；1815 年发票上实值（包括保险费和运费）一盎司

资料来源：（美）马士著、区宗华译：《东印度公司对华贸易编年史（1635—1834 年）》，广州：中山大学出版社，1991 年

从表 1-1 来看，1637—1832 年，中国糖品价格持续攀升，17 世纪中期，基本维持在每担 2.50 两左右，1722 年则略涨到每担 3 两，这个价格一直维持到 1751 年；而据 1792 年各国商船的记载，糖的价格已经增至每担 5 两，冰糖增至每担 10 两；1825 年，糖的价格又增至每担 6.12 两；1827—1832 年一直维持在每担 6.5 两左右。从银两的购买力来看，1637—1680 年，中国 1 两银子可以兑换 1000 枚铜钱，1870—1890 年，1 两银子可以兑换 2000 枚铜钱，银两有所增值。可见，在 17 世纪 30 年代到 19 世纪 30 年代，白糖价格增加了许多。

另据部分地区的县志资料记载，其所描述的相关地区的糖品价格演变趋势与东印度公司商船贸易记录极为吻合，即在明末至清代前期，糖品价格较低，清代中期之后，糖品价格持续攀升。1590 年，时任顺天府（今北京地区）宛平县知县沈榜记录了当时的物价：在食用方面，每斤大米 2 厘 8 毫，面粉 7 厘，糯米 6 厘，绿豆 10 厘，饭豆 10 厘，菜油 50 厘，麻油 56 厘，猪肉 20 厘，牛肉 15 厘，羊肉 15 厘，鲜鱼 20 厘，大鱼 24 厘，银耳 144 厘，花椒 48 厘，茴香 64 厘，蜂蜜 62 厘，白糖 40 厘，细茶 90 厘，干枣 50 厘，板栗 20 厘，核桃 25 厘，干笋 50 厘；在穿的方面，棉花斤 60 厘，白粗布尺 3 厘，生绢尺 10 厘，红绫尺 22 厘，黄绫尺 22 厘；在工资方面，清洁工每人每天 20 厘，轿夫每天 60 厘，搬运工每天 50 厘，裁缝工每天 80 厘，建筑工每天 50 厘，印刷工每天 70 厘。①从沈榜记录的情况来看，每斤糖价值 40 厘，每担白糖价值 4 两白银，是每斤米价的 14 倍多、每斤面粉的近 6 倍和每斤猪肉的 2 倍，清洁工两天工资才可以购买 1 斤糖，因此，糖品价格较贵是肯定的，但是，它又略低于菜油、麻油、花椒、干枣等物品，可见糖价并非高不可及，普通民众也可以购买一些食用。1638 年，长宁（今上海地区）每斤白糖价格为 4 钱，每担白糖价值 40 两白银（明末社会动荡引起的价格变化）；1681 年，长宁每斤白糖为 2—3 分，每担白糖价值 2—3 两，糖品价格恢复正常。“白糖，旧价上白者每斤三四分。顺治初年间，价至每斤纹银四钱，后递减。至康熙中，复旧。今稍长至五六分。康熙二十年癸亥冬，递减至三分、二分，黄黑者一分上下耳。”② 1764 年，中国产糖重镇台湾白糖百斤，值银一两三四钱③。在内陆四川地区，1830—1860 年，南溪每斤白糖为 5 分，每担白糖价值 5 两；1870 年，南溪每斤白糖为 48 文，

① （明）沈榜：《宛署杂记》卷 14，北京：北京古籍出版社，1982 年，第 123 页。

② （清）叶梦珠撰、来新夏点校：《阅世编》卷 7《食货六》，上海：上海古籍出版社，1981 年，第 160—161 页。

③ （清）余文仪：《续修台湾府志》卷 17《物产（一）》，台北：大通书局，1984 年，第 592—593 页载：“台人植蔗为糖，岁产二三十万；商船购之，以贸日本、吕宋诸国。……三县每岁所出蔗糖约六十余万篓，每篓一百七八十斤。乌糖百斤，价银八九钱；白糖百斤，价银一两三四钱，全台仰望资生，四方奔走图息，莫此为甚。”

每担白糖价值 4.8 两；1880 年，南溪每斤白糖为 72 文，每担白糖价值 7.2 两；1890 年，南溪每斤白糖为 70 文，每担白糖价值 7.0 两；1900 年，南溪每斤白糖为 70 文，每担白糖价值 7.0 两；1910 年，南溪每斤白糖为 90 文，每担白糖价值 9.0 两。[①]清末，根据傅崇矩《成都通览》所记述的四川部分糖品产地[②]、销售地的价格情况来看，糖品价格仍较高（白糖价格通常为红糖的两倍）：在糖品产地，红糖（未经加工的原料糖）每担均不超过 2 两，白糖每担 4 两左右；在四川省内的销售地区，根据距离产地远近，价格略有不等，但是，该区域的糖价最少也是产地糖价的两倍，多则三倍有余。[③]另外，1924 年，袁文钦在《关于振兴全国糖业意见书》的提案中指出："据最近海关统计之册报，每年外糖输入，为数实达八亿九千万斤，估核价值约在一万万三千万元以上"[④]，每斤糖约合 0.15 元（银圆），每百斤糖价约为 15 元。另外，根据中国制糖公司（China Sugar Refinery Company）职工的回忆，1878—1927 年，精制糖价格从每担 4 美元猛然上涨到 40 美元。[⑤]

从上述资料来看，糖品价格并未如一般设想那样，随着产量不断递增价格持续走低，而是价格持续走高，这俨然成了一个"悖论"。不过，如果从糖品消费"庶民化"发展趋势来看，这并不矛盾，清代中期以后中国人口急剧膨胀[⑥]，致使糖品消费量的增速超过了糖品生产量的增速。同时期的英国糖品消费情况也是一个很好的佐证，在 1650 年到 1800 年的 150 年内，其糖品消费数量增长了近 25 倍。[⑦]可见"产量越来越多，价钱越来越低"的观点是一种主观性推断，而事实恰恰与之相

① 民国《南溪县志》卷 2《食货》，1937 年铅印本，第 28 页。

② 近代以来四川沱江流域是中国重要的产糖经济区，该流域简阳、资中、内江、富顺等县产量最多。参见赵国壮：《沱江流域与潮汕地区的糖业比较（1865—1938）》，《或问》2009 年第 17 号，第 113—135 页。

③ 傅崇矩《成都通览》记载，产地如简州（今简阳）水糖（又称红糖），每百斤值银一两七八钱；金堂红糖，每桶值银二两；资阳蔗糖，每百斤值银一两五六钱，资州白糖，每百斤值银四两，红糖二两余；四川省内销售地，江津白糖，百斤值银四两；荣昌蔗糖，百斤四五两；永川白糖，百斤值银四两，红糖减半；南溪白糖，每百斤值银五两，红糖二两余；纳溪白糖，每百斤值银六两六七钱；江安县黄糖，每百斤值银三两；南川黄白糖，每担值银五两；涪州（今涪陵）白糖，百斤值银五两七八钱。傅崇矩：《成都通览》下册，成都：巴蜀书社，1987 年，第 139、141、175、183、185、189、190、191、193 页。

④《袁文钦关于振兴全国糖业意见书》，中国第二历史档案馆：《中华民国史档案资料汇编》第 3 辑《工矿业》，南京：江苏古籍出版社，1991 年，第 265 页。

⑤ *Memoranda by F. M .P. de Graca*，Papers on Company History（1938-1939），Reference MS JM/L11/13，Archives of Jardine，Matheson Co. Ltd，Presented in Cambridge University Library Manuscripts Room.

⑥ 有清一代，中国人口急剧膨胀。1651 年，人丁数为 10 633 326；1660 年，猛增到 19 087 572；1684 年，人丁数突破 2000 万；1719 年，人丁数突破 2500 万。1741 年，清朝人口总数达到了 1.4 亿多人；1762 年，20 年间增加 6000 多万人，突破了 2 亿；1790 年，30 年时间又增加了 1 亿人，达到 3 亿；到 1834 年，人口突破了 4 亿大关。梁方仲：《中国历代户口、田地、田赋统计》，上海：上海人民出版社，1980 年，248—253 页。

⑦ Sidney W. Mintz，*Sweetness and Power：The Place of Sugar in Modern History*，New York：Penguin Book，1985，pp.73-74.

左。清代中期一直到 20 世纪 20 年代，糖品产量越来越多，但是由于消费量大于供给量（即供不应求），其价格呈逐渐增高之势。

第四节 东西方对糖品消费扩张动力的迥异认知

西敏司“庶民化”糖品消费发展趋向论为研究糖品消费演变动向提供了颇具启发性的解释路径，不过其建立在殖民地种植园经济基础上的西方经济理论的局限性也较为明显[①]，他着重强调了欧洲糖品消费“庶民化”的动力在于殖民地甘蔗种植园经济的扩大规模生产，并认为这是一种“普世模式”。很明显，他未能考虑到东亚，尤其是中国糖品消费扩张的动力问题，中国的糖品消费扩张显然不能用这一模式去解答，那么中国糖品消费趋向“庶民化”的基本动力是什么呢？从目前的中国糖业史研究中找不到确切的答案。

西敏司认为 1650—1850 年欧洲大陆糖品消费扩张的动力，并不在于制糖技术的持续更新，而是源于殖民地种植园经济规模的持续扩大。18 世纪是英法奴隶制蔗糖种植园发展的最高峰时期，种植园的利润都是通过扩大产业规模的方式来提高，规模扩大一倍，效益就增加一倍（也可能多一些），只在非常有限的情况下才会通过技术发展或生产率的提高来达成。因此，种植园既是一种投机性的产业，同时也是保守的行业：人们押宝于能够制造金钱的蔗糖生产；而生产糖的方式，包括对劳力的强制使用，在几个世纪里却没有实质上的改变。在数个世纪里，技术革新上的不求上进俨然成为蔗糖工业史上的一项特征。19 世纪中期奴隶制废除之后（古巴较晚），前殖民地甘蔗种植园的甘蔗种类、病虫控制、种植工具、榨汁能力才开始有巨大发展，机械使用也才日渐普及[②]。

与西敏司论述的欧洲（尤其是英国）糖品消费演变情况相同，中国糖品消费同样经历了“食糖革命”—“商品化”—“庶民化”的发展历程，但是，中国糖品消费扩张的动力首先应归功于手工制糖技术的不断革新，这一革新涵盖了蔗种、压榨、熬煮和滴漏等整个制糖环节。中国机器制糖技术相对较为滞后，直到 20 世纪 30 年代，广东地区经过糖业专家冯锐的努力才建成了 6 个小型机制糖厂，但是其规模及影响均有限，机器制糖技术真正的推广、运用是在全面抗战时期由

① 王铭铭：《糖粒上的历史》，《南方文物》2005 年第 3 期。

② Sidney W. Mintz, *Sweetness and Power: The Place of Sugar in Modern History*, New York: Penguin Book, 1985, p.60, p.61, p.69.

四川地区来完成的，故而从手工制糖技术到机器制糖技术的转变可以不纳入讨论范围。[①]在中国手工制糖技术的演进过程中，也伴随着中外制糖技术的交流，比如印度及阿拉伯地区的制糖法对 7—14 世纪中国制糖技术发展有过较大的影响，当然，明清时期中国的制糖技术亦反哺印度[②]，并惠及东亚（主要是日本）[③]及东南亚地区[④]。

明代是中国制糖技术革新的重要时代，制糖各个环节上的革新对后来的制糖技术演进产生了极大的影响。首先，就蔗作技术而言，从汉唐到明清，甘蔗作为名贵植物的象征意义已经完全退去，而其经济价值则日渐凸显，在比较利益直接驱动下，甘蔗种植面积呈几何倍数增加，出现了专业种植区，甘蔗和棉花、烟叶等作物一样成为各产区重要的经济作物。与此同时，甘蔗种植方式的日渐规范，并趋于程式化，甘蔗育种、种植期限、蔗田管理等方面均有成熟经验可资借鉴。明代的《竹屿山房杂部》《天工开物》《农政全书》等书，清代《广东新语》《台海使槎录》等文献，对甘蔗种植经验总结得更加系统、完备。[⑤]其次，从宋应星《天工开物》记载的压蔗、熬糖、漏糖等具体制糖工序来看，明代已广泛使用了一牛驱动立式双木辊压蔗（两木辊并排竖立，中间送蔗口为鸭嘴，带有出榫的木棍为主动辊，出榫上装置担犁，担犁上套一耕牛）、品字形三铁锅煎熬蔗汁、黄泥水淋瓦溜中糖清漏糖（以瓦溜置缸上，其溜上宽下尖，底有一小孔，将草塞住，倾桶中黑沙于内，待黑沙结定，然后去孔中塞草，用黄泥水淋下）[⑥]，这奠定了清代手工制糖技术的基本模型。清代制糖技术在此基础上进行了改良、优化：一牛驱动立式双木辊演变成三牛驱动立式双石辊，品字形三铁锅发展到孔明灶（广东）、花灶（四川）、枪灶（四川），黄泥水淋瓦溜漏糖演化为压泥滴漏法（即覆土法）。总的来看，明清时期，在四川、广东、福建等中国重要产糖地区，手工制糖技艺已达到了相当高的水平：在压榨环节上，使用了三牛拖动的立式双石辊压榨方法；在熬煮环节上，广东

① 赵国壮：《抗日战争时期大后方糖业统制研究——基于四川糖业经济的考察》，北京：科学出版社，2015 年，第 177—182 页。

② 明代中国的白砂糖由海路输入印度。参见季羡林：《cīnī 问题——中印文化交流的一个例证》，《社会科学战线》1987 年第 4 期。

③ 明治初期，日本在砂糖业中使用三辊立式压蔗器、品字形唐人灶、赞岐式分蜜法，与近代中国砂糖制造技术相比有传承也有改进，但是两者的差距并不大。（日）植村正治：《日本制糖技术史：1700—1900》，大阪：清文堂，1998 年；冈部史：《日本砂糖的故乡——中国福建省》，《糖业资报季刊》2009 年第 182 号。

④ 17 世纪中国的蔗糖精制方法核心技术传入爪哇，是“中国人雇工”将中国蔗糖业的精制方法和技术传入爪哇，参见（新西兰）尼古拉斯·塔林主编、贺圣达等译：《剑桥东南亚史》第一卷，昆明：云南人民出版社，2003 年，第 385 页。

⑤ 戴国辉：《中国甘蔗糖业之发展》，封德屏主编：《戴国辉全集》第 10 册，台北：文讯杂志社，2011 年，第 217—252 页。

⑥（明）宋应星著、钟广言注释：《天工开物》，广州：广东人民出版社，1976 年，第 169—170 页。

使用了孔明灶，灶上有 6 口糖锅，四川广泛使用了花灶、枪灶两种熬糖灶，枪灶上可放置 12 口糖锅；在漏糖环节上，各蔗糖区的漏制水平大致相同，漏制器具均为用泥土烧制的土钵，其方法也同为压泥滴漏法，漏制时间均需时月余；就制糖组织而言，在广东、福建及四川等省的蔗糖经济区内，手工工场性质的制糖组织则普遍存在。①

制糖技术革新是中国"食糖消费革命"的主要动力。从暴晒法到印度熬糖法（加入牛乳、米粉混合物），到宋元的煎煮法（树灰的使用），到明代黄泥水淋制漏糖法，再到清代中期以后，手工制糖工艺的各个环节已高度成熟。手工制糖技术不断革新，使糖品批量生产具有了一定的可能性，这就极大地驱动着从业者种蔗制糖致富。清代松江府（今上海地区），"糖蔗，取其浆为糖，产于江右、岭南诸郡，此地从未有也。康熙十五年丙辰春二月，广东兵叛，江西吉安道梗，糖价骤贵。吾邑滨浦，有人携得蔗种，归植成林，依法轧浆，煎成白糖，甚获其利；但糖色不能上白，想亦地气使然。其后平藩归正，广糖大至，然种蔗煎于此地，价犹贱于贩卖，故至今种者不辍，浦东六里桥、周渡一方最盛"②。在四川地区，咸丰《简州志》记载，在乾隆年间，简阳一带"沿江之民植蔗作糖，州人多以此致富，其品甚多，《糖霜谱》不能尽"③。《内江县志要》记载，在嘉庆、道光年间，内江县所属沱江沿岸居民，"尤以艺蔗为务"，并且"入冬辘轳煎煮，昼夜轮更"，种蔗利润极为丰厚，故"其壅资工值十倍于平农"④。在广东地区，"大抵广人饮馔多用糖，糖户家家晒糖，以漏滴去水，仓囤贮之。春以糖本分与种蔗之农，冬而收其糖利。旧糖未消，新糖复积。开糖房者，多以是致富"⑤。在种蔗制糖致富的经济利益的刺激下，甘蔗种植面积成倍增加，清末"糖之利甚丰。番禺、东莞、增城，糖居十之四，其蔗田几与禾田等"⑥；糖品产量猛增，远超历代产糖纪录，四川"内江糖业之极盛时代，当推清末民初，每年产糖清达一万万斤以上，白糖达三千四百万斤以上，桔糖三千六百万斤以上，水糖二千五百万斤以上，冰糖四百万斤以上，煮货三百万斤以上，糖房一千二百家以上，漏棚一千家以上，糖铺一百六十家以上，诚可谓极一时之盛"⑦。中外糖品消费循着相同的路径演变（从奢侈品到

① 赵国壮：《日本调查资料中清末民初的中国砂糖业——以〈中国省别全志〉及〈领事报告资料〉为中心》，《中国经济史研究》2011 年第 1 期。

② （清）叶梦珠撰、来新夏点校：《阅世编》卷 7《种植》，上海：上海古籍出版社，1981 年，第 167 页。

③ 咸丰《简州志》卷十二《食货志・土产》，清咸丰三年（1853 年）刻本。

④ （清）王果：《内江县志要》卷一，清光绪十三年（1887 年）补刻本。

⑤ （清）李调元：《南越笔记》卷 16《草语・蔗》，北京：中华书局，1985 年，第 205—206 页。

⑥ 宣统《东莞县志》，清宣统三年（1911 年）铅印本。

⑦ 张肖梅：《四川经济参考资料》第 20 章，上海：中国国民经济研究所，1939 年，第 117 页。

普通商品、象征意义退去而经济价值隆盛），但是它们背后的推动力却大相径庭，在机器制糖普及之前，中国依靠着手工制糖技术的不断革新来推动糖品消费“庶民化”的进程，而西方则依赖于几乎未有技术更新的种植园经济的规模扩张来增加糖品供应，满足糖品消费的“庶民化”需求。因此，我们不能因为两者有相同的糖品消费“庶民化”历史而误认为两者背后的推手同质。

第五节　新资料、新视角、新领域：拓展中国糖业史研究

尽管学界对傅斯年提出的“史学即是史料学”论断有较多讨论[①]，不过，重视第一手史料的运用是受到学界普遍认可的。纵观整个研究现状，糖业史研究之所以无法比肩于盐业史、茶业史等其他同类行业史研究，其中最大的制约因素是其存世资料远无法与后者相比拟。因此，可以肯定，中国糖业史研究同样重视原始资料使用，新资料是打开糖业史研究新局面的最大捷径。我们有理由相信，新资料的挖掘，加之新视角的转换及新领域的开拓，不难拓展中国糖业史研究的新局面。

一、新资料的挖掘

新资料的搜集是有一定难处的，古代历史研究资料极其有限，而近代历史研究资料却又难以穷尽。从目前的资料使用情况来看，在中国糖业史研究当中，存世文献、地方志、民国档案及报刊等资料，是较易获得而利用率最高的资料，不过除此之外，仍有较多新资料有待挖掘。

（1）古代糖业史资料难有较大突破，需要另辟蹊径。季羡林在古代糖业资料整理方面做出了巨大贡献，他逐一翻检了典藏在北京大学图书馆的“四库全书”“中华文化论丛”等几套大型丛书，摘录了其中有关糖业的记述（部分摘录有内容不全、错漏之处，很有必要进行修订），整理出版了70余万字的《糖史》，这一基础性工作为开展中国古代糖业史研究奠定了坚实的资料基础。学界如若再做类似大部头的中国古代糖业史资料整理，颇难一蹴而就，有必要另辟蹊径，广开资料源头。比如，重视各地出土的实物资料的梳理；扩大收集范围，重视各地方保存的稀

① 桑兵：《傅斯年“史学只是史料学”再析》，《近代史研究》2007年第5期；王晴佳：《科学史学乎？“科学古学”乎？——傅斯年“史学便是史料学”之思想渊源新探》，《史学史研究》2007年第4期；张太原：《发现史料之外的历史——以傅斯年研究为例》，《近代史研究》2010年第2期等。

有文献、碑刻资料，尤其是四川、广东、福建等产糖区域的稀有文献收集；加强交流，搜集保存于海外各个收藏机构的中国古文献资料。

（2）近代糖业史资料仍有极大拓展空间，需要不遗余力。相对于古代糖业史研究而言，近代糖业史研究具有较大的资料优势，不过，就其使用情况来看仍有一些明显的不足之处。比如，已有出版资料的利用率不高、资料较分散而不易穷尽，这些不足之处需要学界共同努力去克服。

其一，充分利用已经公布出来的电子资源。除了亚洲历史资料中心（アジア歴史資料センター）的线上资料较为学界所熟知外，仍有其他一些宝贵的线上资料，颇值得予以重视。例如，神户大学附属图书馆新闻记事文库（神戸大学附属図書館新聞記事文庫）、新加坡的《叻报》（*Lat Pau*）等。到 2020 年为止，仍很遗憾，这些线上资料并未被充分利用。神户大学附属图书馆新闻记事文库由神户大学经济经营研究所建成，该文库选择了明治末年到昭和四十五年（1970 年）共计 3200 册、50 万件的新闻资料，不仅扫描了原件，并且将其做成 Word 版本一并上传到网络。该文库收集的报纸有大阪的主要报纸《大阪朝日新闻》《大阪每日新闻》《大阪时事新报》《中外商业新报》，神户的《神户新闻》《神户又新新闻》，爱知的《新爱知新闻》，福冈的《福冈日日新闻》，以及当时日本殖民统治区报纸《台湾日日新闻》《京城日报》等。这批新闻资料以经济类为主，同时也包括社会、政治、外交、教育等方面的内容，是研究 20 世纪上半叶日本、中国、爪哇等国家和地区甘蔗糖业和东亚甜菜糖业发展情况的宝贵资料。《叻报》是由新加坡富商薛有礼（祖籍福建漳州）创办的，该报从 1881 年 12 月创刊到 1932 年 3 月停办为止，总共刊行了 52 年，是二战前新加坡出版和行销最久的中文日报。这个时期（遗憾的是 1881—1886 年的资料丢失）恰恰是东亚糖业格局变动的关键时期，这一资料有助于我们了解东南亚与东亚地区之间的糖业互动历史。另外，美国、英国、澳大利亚等域外国家公开的电子数据库亦藏有丰富的糖业资料，颇值得挖掘，其中又以美国电子资源为最多。

其二，重视已经出版的新资料。《中国省别全志》共 18 卷，包括广东、广西、云南、山东、甘肃（附新疆）、陕西、河南、湖北、湖南、江西、安徽、浙江、福建、江苏、贵州、江西、直隶等 18 个省。这是在 1907—1918 年 12 年间，由被有计划地派往中国各省份的东亚同文书院毕业班学生从事实地调查整理而成的。其内容涉及政治、社会、经济、地理等诸多方面，对中国各省的糖业情况有专章记载，较为突出地关注了各省的糖品产地、甘蔗种植、糖品制造等方面的情况。[①]该

① 东亚同文会：《中国省别全志》卷首语，台北：南天书局，1988 年。

资料已由中国国家图书馆于 2015 年影印出版。另一个重要资料是近代日本政府定期刊发的《领事报告资料》，1881—1943 年的 63 年间从未间断刊行，以提供海外经济情报而著称于世，不可否认其有较强的政治目的，但毕竟较为真实地反映了领事所在地的商贸情况。其中，以涉及中国方面的记述为最多，它成为了解当时中国各港口城市市场状况的宝贵素材。与《中国省别全志》所记述的糖业生产情况相比，它较多侧重各地糖品贸易的介绍，这恰恰与前者形成互补关系。日本关西大学图书馆存有该资料的缩微胶片，近年来，武汉大学购买了该缩微胶片的复制品，由该校的李少军组织人力选译了其中部分内容，并由社会科学文献出版社于 2016 年以《晚清日本驻华领事报告编译》为名出版 6 卷。

其三，继续收集新的资料。在近代中国市场上活跃的糖业主体有日本、古巴等甘蔗糖业主体，以及德国、比利时等欧洲甜菜糖业主体，与这些糖业主体相关的糖业资料多分散于各个国家及地区的档案馆及图书馆内。是故，要厘清近代中国糖业发展历史，很有必要了解、掌握这些分散于世界各地的糖业资料。

在这些资料中，以英属香港怡和洋行（Jardine Matheson & Co., Ltd.）、太古洋行（Butterfield & Swire）保留下来的系统性的公司档案资料最为重要。这两个集团均于 1832 年成立，一直发展到现在，有大量丰富的资料存世。怡和集团（Jardine Matheson）档案资料存放于剑桥大学图书馆；太古洋行资料典藏于伦敦大学亚非学院图书馆。

怡和洋行成立于 1832 年，1844 年迁到香港，早期主要从事中国进口贸易。例如，鸦片、煤炭、金属及机械等商品的进口贸易。1855年，其开通了印度加尔各答（Calcutta）到中国的蒸汽船航线，并在日本的横滨、神户、长崎建立办事处。19 世纪 60 年代，因进口贸易业务不景气，而扩大其在金融及保险业等行业的业务，并在香港投资基础设施建设。1876 年，其修筑了上海到武汉的第一条铁路。1880 年底，其在中国业务已扩展到码头、仓储、棉纺工厂、矿务工程等领域，并相继成立印中蒸汽轮船公司（Indo-China Steam Navigation Company，1882）、香港地产公司（Hong Kong Land，1889）、查顿纺织公司（Jardine Spinning and Weaving Company，1897）等。1912年，因其主要业务在上海，遂将总部迁到上海。20世纪前 20 年，其业务持续扩展，1921 年改组怡和棉纺工厂为中国棉纺工厂（China Cotton Mills）。1923 年，成立中国工程公司（China Engineering Company）。1941 年，日本占领香港，其公司总部被迫迁到伦敦。怡和洋行档案资料的内容极其丰富，涵盖了其成立到 20 世纪 70 年代之间公司各种业务活动。怡和洋行是香港精制糖制糖业的开拓者，1878 年成立了中国制糖公司。中国制糖公司档案全宗资料为近半世纪的连续性、系统性的记录（从 19 世纪 70 年代开始，一直持续到 20 世纪

30 年代），其时间断限恰恰横跨近代东亚糖业格局变动的整个过程，该资料记载了东亚糖品价格变动情况、日本机制精制糖业在东亚市场上的竞争手段、糖品贸易与世界（东亚）政治局势密切关系等方面的内容，尤其可贵的是记录了中国市场对精制糖品需求的不断增长情况。因此，这批资料不仅可供后人鸟瞰近代香港制糖业的历史全貌，也是窥视近代东亚糖业格局变动的最佳视角。

太古洋行成立于 1832 年，最初主要从事美国、澳大利亚等地区的贸易业务。1867 年，太古洋行在上海设立第一办事处，其远东地区的业务真正开始。1872 年，太古洋行成立中国轮船公司（China Navigation Company），进军航运业。1881 年，受怡和洋行精制糖厂获得厚利的影响，太古洋行成立太古车糖公司（Tai Koo Sugar Refinery Limited）。1899 年，约翰·斯科特（John Scott）成为太古车糖公司董事会主席，他先后于 1901 年成立太古船坞工程公司（Tai Koo Dockyard and Engineering Company）及 1904 年成立天津驳船公司（The Tientsin Lighter Company）。20 世纪初，尽管中国政局动荡，但是太古洋行业务仍在拓展。1930 年，太古洋行成立太古兴记轮船公司。1934 年，太古洋行在上海成立了永光油漆公司（The Orient Paint，Color and Varnish Company）。1941 年，日军侵占中国香港，太古洋行将部分业务转移到澳大利亚和印度，并在中国昆明设立办事处。二战后，收回被日军侵占的工厂，并着手重建。太古洋行档案中的糖业资料集中于太古车糖公司全宗，这一全宗包括 1922 年、1929—1942 年太古车糖公司各种往来函件（Tai Koo Sugar Refinery General Letters，其中 1923—1928 年因战争原因缺失）；1928—1937 年太古车糖公司资产（Tai Koo Sugar Refinery Property）；1932—1942 年太古车糖公司账户信函（Tai Koo Sugar Refinery Accounts Letters）；1883—1941 年太古车糖公司账户（Tai Koo Sugar Refinery Accounts）；1940 年太古车糖公司职员（Tai Koo Sugar Refinery Staff）；1905—1941 年太古车糖公司法律及组织文件（Tai Koo Sugar Refinery Company Legal and Organization Papers）；1882—1973 年太古车糖公司年度公司业务报告（Tai Koo Sugar Refinery Minutes）；1934—1956 年太古车糖公司股权登记（Tai Koo Sugar Refinery Share Registers）等 9 个子目录，该资料涉及太古车糖公司运营的各个方面情况，尤其 1882—1973 年不间断的公司业务报告以及 1922 年、1929—1942 年太古车糖公司各种往来函件，系统性地展现了近代中国香港机器制糖业、中国内地市场糖品消费及东亚区域糖品贸易等方面的发展情况，颇为可贵。

二、新视角的转换

一是“由中心到边缘”向“从边缘到中心”转换。在研究明清宗藩及周边关系时，学界强调重视朝鲜、琉球、越南等国使者的出使中国记录（如朝鲜使者《燕行录》）的使用，从“边缘到中心”视角重新解读一些历史事件。这一视角转换同样适用于明清时期中国糖业史研究，不可否认，在19世纪中叶之前，中国甘蔗糖业主导着东亚糖业格局，是东亚地区的糖品及制糖技术的输出大国，是故，在研究近代以前中国糖业史时，学者们多以中国糖业为“中心”，充分利用中文资料，分析中国对日本、东南亚地区糖业经济的影响。因此，现在我们很有必要转换研究视角，收集、利用“边缘”地区的存世资料，并运用“从边缘到中心”的角度重新审视近代以前中国糖业的发展历史及其影响。

二是“从中国看东亚”向“从东亚看中国”和“从世界看东亚”转换。19世纪末至20世纪初，与世界糖业大发展、大繁荣正相反，中国甘蔗糖业则日渐没落，中国也成为糖品输入大国，是故，以往学界在研究这段糖业史时，一方面对中国手工制糖技术诟病不断；另一方面痛斥外糖恃不平等条约优势抢占中国市场份额。显然，这些过往的研究不免为中国糖业传统优势所累，从而让中国糖业处于一个“被同情的弱者地位”。事实上，我们应该少一些先入为主的主观感情判断，而从东亚糖业格局变动、世界糖业大发展角度来观察中国糖业，并客观地将它作为一个在东亚范围内（抑或在世界范围内）与其他糖业主体（如日本、古巴、印度等）一样的糖业竞争主体进行比较分析，确定其在近代东亚糖业格局变动过程中所扮演的角色及所处的历史地位。此类研究成果，较易与国外相关研究进行学术交流，这样反过来能够较好地推动中国糖业史研究进一步向前发展。

三、新领域的拓展

受存世资料及研究视角的限制，中国糖业史研究仍有较多盲点、盲区。比如糖业地理、糖品消费、东亚市场上的糖品竞争、机器制糖等方面的研究均有待进一步厘清，其中问题最多、价值最大、关注极少的领域是糖业地理及糖品消费两个方面的研究。

（1）糖业地理研究。有意识地运用历史地理学的相关研究方法，将糖业经济置于具体的地理空间中去考量，追踪其发展演变的轨迹。

其一，区域间的糖品及技术流动。在唐代至元代时期，印度制糖技术传入中国、西亚地区，阿拉伯人进一步把糖品及制糖技术传入欧洲；明清时期，中国糖品进入日本、欧洲市场，中国制糖技术输入日本、东南亚地区；近代以来，爪哇粗糖（Raw Sugar）推动日本等地区精制糖业发展，爪哇原料糖品在日本等地加工成精制糖（Refined Sugar）后，行销日本、中国、印度、马来西亚等市场。

其二，东亚糖业经济的二元格局。甘蔗多分布于热带、亚热带，甜菜多生长在高寒纬度区域，日本在明治时期殖产兴业过程中将欧洲甜菜种植引进东亚。由19世纪末的日本北海道种植，到20世纪初的日据时期朝鲜种植、中国东北种植，再到20世纪三四十年代的中国山东、甘肃等地甜菜种植，东亚高寒纬度区域甜菜糖业日渐兴起并持续发展，推动形成了东亚糖业经济的二元格局。

其三，福建糖业地理的独特位置。一方面，福建地区在对日贸易中具有一定的地理优势，福建被称为日本砂糖的故乡①；另一方面，有清一代，福建蔗种及制糖技术向广东、浙江、四川等地区流动。据《植物名实图考》记载："闽粤河畔，砂砾不谷，种之弥望。行者拔以疗渴，不较也。章贡间，闽人侨居者业之，就其地置灶与磨以煎糖。必主人先芟刈，而后邻里得取其遗秉滞穗焉，否则罚，利重故稍吝之矣，而邑人亦以擅其邑利为嫉。余尝以讯其邑子，皆以不善植为词，颇诧之。"②据雍正《广东通志》卷五十二记载："《南中八郡志》，按粤东蔗糖行四方，《肇庆志》云始于闽人浮连种蔗为之，今利侔于闽矣。"③据康熙《浙江通志》卷一〇五载："甘蔗，《赤城志》有竹、荻二种，出黄岩、亢山等处；《台州府志》近世闽人教以栽蔗，秋熟，压其浆煎之。惟不能取霜，故其利薄。"康熙《浙江通志》卷一〇六记述了衢州地区，"蔗，西安县志，有紫、白二种，紫者产龙游，供咀嚼；白者种自闽中来，可碾汁炼糖，但土人不知以糖为霜耳"④。据《沱江流域蔗糖业调查报告》记载："（四川）内江植蔗事业，始于前清康熙十年时，有福建丁周府人名曾达一者，来到四川内江经商（卖珠宝），九月（古历）见菊花开放，深以为此地气候与其故乡略同，因起植蔗之心，越数年曾君贸易获得厚利，欲于此久居，遂藉返里迎亲之机，顺便输入福建蔗种，嗣后年复一年，造成现今之繁荣。"⑤

（2）糖品消费研究。从消费史视角审视中国糖业史研究，其空间极为广阔。

其一，清代中期以后的糖品消费大为扩张，民俗用糖日渐普遍。清代中期以后，中国糖品消费呈现出较大的扩张趋势，糖品消费融入了日常生活及社会风俗当中，平民饮食用糖日渐丰富，以节令用糖（集中于"元宵节""二月二""中秋节""重阳节""腊八"等传统节日中）、社交用糖（生子馈赠、结婚喜物等）为代表的民俗用糖日渐普遍。时人著作和画卷中对其均有所反映。屈大均在《广东新语》中描述了广东产糖地区的特色糖产品，"广中市肆卖者有茧糖，窠丝糖也。其炼成条子而玲珑者，曰糖通。吹之使空者，曰吹糖。实心者小曰糖粒，大曰糖瓜。

① 冈部史：《日本砂糖的故乡——中国福建省》，《糖业资报季刊》2009年第182号。

② （清）吴其濬：《植物名实图考》卷32《甘蔗》，北京：中华书局，1963年，第755页。

③ 雍正《广东通志》卷52《物产志·果》，清雍正九年（1731年）刻本，第21页。

④ 康熙《浙江通志》卷105《物产五·台州府》，清康熙五十年（1711年）刻本，第11页；康熙《浙江通志》卷106《物产六·金华府》，清康熙五十年（1711年）刻本，第30页。

⑤ 四川省甘蔗试验场：《沱江流域蔗糖业调查报告》，1938年，第7页。

铸成番塔人物鸟兽形者，曰向（响）糖，凶吉之礼多用之，祀灶则以糖砖，燕客以糖果。其芝麻糖、牛皮糖、秀糖、葱糖、乌糖等，以为杂食。葱糖称潮阳，极白无滓，入口酥融如沃雪。秀糖称东莞，糖通称广州”[①]。乾隆年间杨米人《都门竹技词》描述了京师的风味小吃情况[②]，清代徐扬绘制《盛世滋生图》及清代佚名绘制《北京民间风俗百图》（打糖锣图、抽糖人图、卖糖瓜糖饼图）以图画形式反映同光年间民间风俗用糖。糖品消费群体由上层王公贵族扩大到下层普通民众，可以认为中国糖品消费于此时初步实现了“商品化”及“庶民化”。

其二，近代精制糖消费主张的兴起。20 世纪以后，中国市场对糖品的质量要求（即精制糖需求）不断增高，“国人（中国）对于糖之消费，渐趋于精洁化，所嗜之糖，品质渐高，因此，输入值价值方面，增加更速”[③]。从中国精制糖制造公司及太古车糖公司的历年公司业务报告来看，中国市场对机制精制糖的需求量呈持续迅猛增加势头。精制糖消费的兴起，在东亚地区引起了糖业一系列革命性变动，如制糖技术革命、区域糖品流动的变向、消费认知转型等。国民消费糖品数量也一度成为衡量一个国家发达与否的标准之一。

其三，糖品是如何被消费的和由此引起的政治、社会问题。近代以来洋货对中国城乡民众的消费产生较大影响[④]，糖品也不例外，由其引起的“甜食革命”颇值得关注。比如，不同种类糖品其销售情况亦千差万别，各个糖业主体有不同营销手段（糖品广告策略等），中国有黑糖、白糖、红糖、黄糖、冰糖、糖蜜之分，爪哇有“荷兰标本糖色”厘定的不同号数糖品，太古有绵白糖（Soft Sugar）、方糖（Cube Sugar）、冰糖（Crystal Sugar）、糖浆（Syrup）等多品牌糖品，等级不同的糖品有迥异的消费群体和消费流向，都市里的蛋糕店、糖果加工厂、普通民众的餐桌等均应纳入研究的视野。同时，糖品消费引起的政治、社会问题也颇值得关注[⑤]。

---

① （清）屈大均：《广东新语》卷 14《食语·糖》，北京：中华书局，1985 年，第 389 页。

② （清）杨米人：《都门竹枝词》，《清代北京竹枝词（十三种）》，北京：北京古籍出版社，1982 年，第 22 页。

③ 上海商业储蓄银行调查部：《上海之糖与糖业》，上海：上海商业储蓄银行信托部，1932 年，第 24 页。

④ 李长莉：《大变局下的生活世界：洋货流行与生活启蒙》，王建朗、黄克武主编：《两岸新编中国近代史·晚清卷》下册，北京：社会科学文献出版社，2016 年，第 719—737 页。

⑤ 学界已有一些颇具启发性的近代商品消费影响方面的研究成果，值得借鉴。例如，陈慈玉：《近代中国茶叶之发展》，北京：中国人民大学出版社，2013 年；钟建姗：《〈良友〉香烟广告与消费文化渗透》，《传播与版权》2013 年第 1 期；吴冠中：《现代消费社会的起源：17、18 世纪英国消费问题研究》，南京大学 2014 年博士学位论文；侯铁军：《“茶杯中的风波”：瓷器与 18 世纪大英帝国话语政治》，《外国文学评论》2016 年第 2 期等。

其四，上海糖品消费市场的地位。作为东亚最大的糖品集散地和消费市场，上海糖品消费有其独特的历史地位。“大宗糖类，几无不以上海为最大输入埠头，迥非他埠所可比拟。抑此尚限于净输入而已，若合转口贸易计之，上海输入之糖，估计可占全国输入半数以上，因汉口、九江、芜湖、南京、镇江之糖，类多由上海转运也。故上海之糖业，实执全国糖业之牛耳。在昔汉口、镇江、南京等均自有糖市，直接向本地洋行订货，今则自形（行）消灭，一切买卖，均以上海糖市为准。”[①]上海云集着多家中外糖商，外商有藿劳中国贸易公司（Hollow China Trading Co.）、梅尔彻特兄弟商会（Melchert Brothers）、沃尔克特兄弟商会（Voelkert Brothers）、中国爪哇贸易公司（China Java Export Co.）、太古洋行、怡和洋行、日清贸易商会、三井洋行、日信洋行、铃木洋行及大仓洋行 11 家；中国糖商则分属南北两市，一并经办外糖与国糖交易，在南市糖商有元生、华和、惠□；在北市为泰记、恒和、鼎新及宝丰。[②]毋庸置疑，上海当之无愧成为了解近代中国糖品消费动向及东亚糖品贸易走势的一个极佳的切入点。

四、新动向的关注

近年来，就东亚糖业史研究而言，中国学界较为平淡、沉寂，而日本学界则持续推出一些较有分量的糖业史论著，平井健介的《砂糖帝国：日本殖民地与亚洲市场》[③]一书就是其中的代表之一。该书通过对日据时期台湾糖业经济的分析，来明确 19 世纪末及 20 世纪上半期在亚洲区域中形成的日本殖民统治地区经济的“国际契机”。该书所具体讨论的“爪哇糖问题”、“过剩糖问题”、“肥料革命”、糖品包装袋等问题，均为以往糖业史学界极少关注的研究领域，内容颇具新意，观点亦较鲜明，可谓东亚糖业史研究的新动向。

平井健介，1980 年生，日本兵库县人，一直就读于日本庆应义塾大学，获得经济学博士学位，现为日本甲南大学经济学部副教授，是东亚糖业史学界中较为活跃的学者之一。从 2005 年以来，他一直在研究日据时期台湾的社会经济问题，尤其是糖业问题，并围绕台湾砂糖贸易、肥料事业、包装袋、制糖技术改进等方面发表了一系列糖业史学术论文。2017 年 9 月，平井健介集十余年之研究心得，由东京大学出版会出版了《砂糖帝国：日本殖民地与亚洲市场》一书，该书在一定程度上

① 上海商业储蓄银行调查部：《上海之糖与糖业》，上海：上海商业储蓄银行信托部，1932 年，第 30 页。
② 上海东亚同文书院：《中国经济全书》第 8 辑，上海：东亚同文会，1908 年，第 481—482 页。
③（日）平井健介：《砂糖帝国：日本殖民地与亚洲市场》，东京：东京大学出版会，2017 年。

代表了东亚糖业史研究，尤其是日据时期台湾糖业史研究的最新成果。①

（1）“爪哇糖问题”。研究东亚糖业经济史，爪哇糖品是一个不可逾越的首要的研究对象。爪哇糖业的销售市场自19世纪末从欧洲转向亚洲后，其对20世纪上半叶东亚糖业经济发展产生了至深且巨的影响。拙文《爪哇糖业发展与近代东亚糖业格局转变》（《历史研究》2017年第3期）与平井健介的《砂糖帝国：日本殖民地与亚洲市场》（第一、二两章）同时关注19世纪末到20世纪30年代爪哇糖业与东亚糖业经济之间的关联问题，两项研究系同时问世，作者之间没有沟通，但是，各自对此问题的关注点颇值得释解。

《爪哇糖业发展与近代东亚糖业格局转变》一文侧重爪哇糖业对东亚糖业格局转变影响的分析，该文认为其影响主要集中于以下四个方面：一是爪哇糖业推动了东亚区域间的糖品流动，并迎合了东亚市场上兴起的精制糖消费主张。二是爪哇糖品涌入东亚市场，加剧了东亚市场上糖业主体之间的竞争。三是爪哇优良蔗种及蔗作技术引进东亚，影响了日据时期台湾及中国内地的甘蔗种植。四是爪哇糖品分类标准成为在采用糖品旋光度验糖标准之前东亚糖品税收的统一标准。“爪哇糖业与东亚各糖业主体的交流，并非仅是单项维度地向东亚市场输送原料糖品而已，而是与东亚各糖业主体之间存有较高的关联度，是一种多维度的复杂关系，并且这种关系在极大程度上是良性的，双向互利的。”

日本自明治维新起就着力发展制糖业，但是，甘蔗种植并不理想，甜菜种植亦多遭挫折，受制糖原料限制，日本制糖业发展不得不采用来料加工方式，即输入爪哇原料糖品，将其加工成精制糖，一方面供给本土消费；另一方面借此抢占东亚糖品市场。“爪哇糖问题”根源起于19世纪末日本政府施行的糖品进口替代政策。“爪哇糖问题”，一开始主要是精制糖品原料替代问题，即用中国台湾原料糖品取代供应日本本土精制糖业的爪哇原料糖品。

在很长一段时间内，爪哇糖品确实对日本精制糖业发展起到重要的推动作用，不过，日本方面较早有意识地规避“爪哇糖问题”的副作用，《砂糖帝国：日本殖民地与亚洲市场》一书指出20世纪初日本方面已采取相关对策应付该问题：一

---

① 平井健介：《1900—1920年代东亚砂糖贸易与台湾糖》，《社会经济史学》2007年第1号；平井健介：《台湾稻作中的农会肥料事业（1902—1937）》，《日本殖民地研究》2010年第22号；平井健介：《第一次世界大战期间——1920年代东亚精糖市场：以中国市场上日本精制糖销售为中心的考察》，《社会经济史学》2010年第2号；平井健介：《1910—1930年代台湾肥料市场展开与机器装备买卖》，《社会经济史学》2010年第3号；平井健介：《台湾在日本殖民地时期甘蔗肥料供求结构之变化（1895—1929）》，《三田学会杂志》2012年第1号；平井健介：《蔗作〈施肥高度化〉与殖产政策》，（日）须水德武：《殖民地台湾的基础与产业》，东京：日本经济评论社，2015年；平井健介：《日本殖民地的产业化与技术者：以台湾糖业为例（1900—1910年代）》，《甲南经济学论集》2017年第3—4号；平井健介：《日本帝国内部的分工与相克：以制糖业为例》，《社会经济史学》2017年第1号等。

是台湾总督府对台湾原料糖进行补助，从 1902 年一直到 1911 年，使台湾原料糖品与爪哇原料糖品价格持平。二是修订关税削弱爪哇糖品的竞争力。三是台湾制糖公司于 1910 年成立销售联合组织“糖业联合会”，主要职能是“协定产糖分配”及“协定原料糖销售”等事宜。四是“精粗兼营化”，强化中国台湾制糖公司与日本本土精制糖业之间的渗透。①不过，“爪哇糖问题”产生的问题还是于 20 世纪 20 年代爆发。该书的第二章分析了其发生的原因：20 世纪 20 年代日本糖品进口替代战略完成，随即因其殖民统治区域产糖数量大幅度增加（冲绳等），日本本土市场出现了糖品过剩现象，为了解决殖民统治区域糖品销售问题，必须处理“爪哇糖”进口事宜。

就爪哇糖品对日输出的研究而言，以往学界有相当多的关注，《砂糖帝国：日本殖民地与亚洲市场》一书在此基础上挖掘了一批新资料，比如川岛浦次郎编辑的《爪哇糖取引事情》（铃木商店大阪支店，1924 年）及横滨正金银行编辑的《爪哇砂糖市場におけると邦商の地位砂糖トラスト》（1925 年）等资料，分析了爪哇市场的各类糖商，比如对爪哇最大的销售组织爪哇糖业商人协会（Vereeningde Java Suiker Producenten）的描述，该组织掌握了爪哇 90%的糖品，它对各国商人采取了平等销售策略，日本糖商一开始受益于此种政策。②因此，“爪哇糖问题”在很大程度上与日本本土糖商利益（国家利益）与殖民统治区域政府利益（地域利益）之间瓜葛纠缠在一起，变得非常复杂，该书在此方面的分析颇为深刻。

不过，仍需注意的是对“爪哇糖问题”的研究似应从更加宽泛的角度去论述。爪哇糖品对日本糖业经济的贡献主要集中于以下几点：其一，增加糖品供应，满足日本国内市场日益增加的糖品消费需求。其二，推动日本机制糖业发展，帮助日本政府完成糖品进口替代战略。其三，不仅在日本糖商与太古洋行、怡和洋行的竞争中扮演了重要角色，而且在日本糖业在中国市场拓殖过程中发挥了一定作用③。是故，论述该问题时应该关注其根源及流变。

（2）“过剩糖问题”。在近代日本机制糖业发展过程中，进口替代战略意图非常显著，为此，日本殖民统治区域产业发展以实际发挥这些进口替代职能为首要目标。1929 年，日本实现了糖品进口替代化战略计划，不过，其市场上随即出现了“过剩糖问题”。《砂糖帝国：日本殖民地与亚洲市场》一书的第三、四章集中考察了“过剩糖问题”与日本各殖民统治区域对此的因应。

---

① （日）平井健介：《砂糖帝国：日本殖民地与亚洲市场》，东京：东京大学出版会，2017 年，第 37—39 页。

② （日）平井健介：《砂糖帝国：日本殖民地与亚洲市场》，东京：东京大学出版会，2017 年，第 70 页。

③ 赵国壮：《日本糖业在中国市场上的开拓与竞争（1903—1937）》，《中国经济史研究》2012 年第 4 期。

第一，“过剩糖问题”与日据时期台湾。20世纪30年代日本市场上80%糖品供给来自日据时期台湾，故而日本糖业联合会首先采取限制日据时期台湾糖品生产办法，比如要求会员公司压低甘蔗收购价格（从1930—1931年的4.0—4.8日元压低到1931—1932年的3.0—3.2日元），迫使蔗农考虑种植甘蔗以外的农作物，不过，生产限制办法因1933年实施的“米谷统制法”而失败。另外，为了推动所有日本殖民统治区域糖品限产，日本糖业联合会于1933年9月成立包括台湾制糖公司、明治制糖公司、大日本制糖公司、盐水港制糖公司、新兴制糖公司 5 家制糖股份公司在内的“糖业政策关系者委员会”①。

第二，新兴产糖地域的“地域利害”。1921年，日本受国际联盟委托以委任统制方式代管南洋群岛，为了开发其资源并促使其发展，1922年设置的南洋厅着力发展甘蔗制糖业。20世纪20年代后半期，南洋群岛的糖品产量以每年17.7%的幅度增加，随着南洋糖业的发展，南洋厅的财政状况得到改善，糖业税收在其财政税收中占据较大比重。比如，在货物出口税收中，1930年的糖品出口税收为24%，1935年达到44%。②是故，糖品限产对南洋群岛影响极大，故而其反制较强。

第三，北海道甜菜糖业与“过剩糖问题”。《砂糖帝国：日本殖民地与亚洲市场》一书并未追溯北海道甜菜种植与制糖的缘起，以及其第一次失败情况，而是直接从第二次尝试种植开始论述，即从1922年北海道厅积极推动其甜菜糖业发展开始。1923年，北海道厅在产业部新设糖务课具体执行1922年颁布的“甜菜耕作补助规程”，对购买甜菜种子、肥料、耕牛等进行补助，并协助祛除病虫害及经营苗圃等。1923—1926年实施了第一次拓殖计划，1927年实施了第二次拓殖计划。③与南洋群岛不同，“过剩糖问题”发生与北海道甜菜糖业隆盛是同时期的，北海道厅方面认为“过剩糖问题”是暂时的，而北海道甜菜糖业的发展对地方社会经济起到至关重要的作用。④

在日本糖品进口替代战略指导下，日据时期台湾、南洋群岛、北海道，甚至日据时期朝鲜均着力发展糖业，并均获得较大成就，糖业成为日据时期台湾、南洋群岛、北海道等地的支柱产业，故而“过剩糖问题”发生后，糖品限产一策的实施效用受限较大，即这一问题无法在日本本土及殖民统治区域之间解决，故而，向中

① （日）平井健介：《砂糖帝国：日本殖民地与亚洲市场》，东京：东京大学出版会，2017年，第91页。

② （日）平井健介：《砂糖帝国：日本殖民地与亚洲市场》，东京：东京大学出版会，2017 年，第 95—96页。

③ （日）平井健介：《砂糖帝国：日本殖民地与亚洲市场》，东京：东京大学出版会，2017年，第98页。

④ （日）平井健介：《砂糖帝国：日本殖民地与亚洲市场》，东京：东京大学出版会，2017年，第99页。

国市场倾销过剩糖品成为必选之策。中国市场上的糖品销售异常激烈，同时，受抵制日货运动影响，其过剩糖品倾销并不顺利；日本占领中国东北后，希望在伪满洲国内消化掉过剩糖品，不过，并未成功。①遗憾的是该书并未分析其未能成功的具体原因，想要弄清楚其原因，有必要梳理中国东北的甜菜糖业发展历史。

《砂糖帝国：日本殖民地与亚洲市场》一书对“过剩糖问题”的评价较为中肯，在糖品进口替代政策指导下，“帝国利益”（日本）与“地域利益”（殖民统治区域）较为一致，两者共同推动糖业经济发展，于1929年完成了糖品输入替代任务。接踵而至的是20世纪30年代“过剩糖问题”发生，“帝国利益”（日本）与“地域利益”（殖民地）产生了冲突，日本大藏省推行的限产政策未能得到顺利执行，其深层次原因在于经过多年发展之后制糖业已成为日据时期台湾、南洋群岛、冲绳等地的主干产业，而甜菜制糖业则是北海道、库页岛、伪满洲国集约化农业生产的主导产业。②

“过剩糖问题”既然无法在日本帝国内部砂糖贸易圈内解决，拓展中国市场也就成为首选之策，于是日本殖民统治区域糖业与东亚糖品贸易直接对峙，有鉴于此，《砂糖帝国：日本殖民地与亚洲市场》的第四章集中考察了“过剩糖问题”的国际环境，包括20世纪30年代东亚糖品贸易（中国沿海的糖品走私）缩小、日荷会商与中国市场、广东省营糖业统制、1935年国民政府食糖专卖等内容。该书第四章挖掘了不少的日文新资料，比如日本糖业联合会派遣中村诚司同食糖运销管理委员会主席梁敬錞的会谈记录、上海日本糖商行信件等资料，借助这些新资料详细论述1935年南京国民政府食糖专卖一事，指出：“日本方面的业糖者均认为国民政府食糖专卖并非自卫政策，实则是建源集团爪哇糖品独占中国市场之举措”，并较为详细地分析了日本糖商反对中国糖业公司成立（食糖专卖）的整个过程。③可见该书在处理解决“过剩糖问题”的国际背景时，准确地抓住了20世纪30年代中国糖品市场的主要变化元素，“过剩糖问题”发生时中国糖品市场从自由贸易转入有限统制贸易格局。

（3）“肥料革命”。就东亚地区蔗田肥料使用问题，明清时期的中国已有较为详细的记载。为了提高甘蔗的出芽率，并保证其茁壮成长，明清时期中国甘蔗种植已开始注重蔗田施肥问题，并且有一定的变化。比如，相对于明代“粪秽”施肥法，清代则多用“菜饼为肥料”和“粪以麻油之麸”，很明显，菜饼、麻油之麸等

① （日）平井健介：《砂糖帝国：日本殖民地与亚洲市场》，东京：东京大学出版会，2017年，第104—105页。
② （日）平井健介：《砂糖帝国：日本殖民地与亚洲市场》，东京：东京大学出版会，2017年，第106页。
③ （日）平井健介：《砂糖帝国：日本殖民地与亚洲市场》，东京：东京大学出版会，2017年，第122—133页。

肥料多通过市场交易来获得，具有较强的经济属性。①

农业发展的路径，主要有外延性扩展（栽培面积的增加）与内涵性深化（通过品种、肥料、灌溉等手段改良土地生产性）两种途径。日据时期台湾糖业在 20 世纪 20 年代时因“米糖相克”（日本米价上扬致使稻作收益增加）的原因终结了外延性发展阶段。《砂糖帝国：日本殖民地与亚洲市场》一书的第五、六两章集中分析肥料革命与甘蔗栽培技术的发展。该书第五章第一、二节首先着重分析了内涵深化发展阶段前的两个准备期：1902—1911 年台湾总督府主导甘蔗栽培技术输入，1912—1918 年制糖公司主导甘蔗栽培技术输入；第三节考察 20 世纪 20 年代台湾糖业内涵深化发展阶段。②

台湾总督府以新渡户稻造的《糖业改良意见书》为蓝本，以 1902 年实施的《糖业奖励规则》为起点，给予台湾糖业各种补助金，着力扶植其快速发展。其肥料事业主要包括：一是设置模范蔗园，模范蔗园系糖务局用特定的技术法指导甘蔗栽培的蔗园。1906—1914 年日据时期台湾各制糖公司在原料采购区遴选农户，筹建模范蔗园，1 甲（0.97 公顷）资助蔗苗费 30 日元、肥料费 50 日元。二是实施共同购买事业，蔗农希望购买肥料，就与糖务局及农会一起完成肥料的购买、检查、搬运等事宜。1904—1916 年对该事业予以补助金，1 甲蔗田资助 10 日元。1910 年，日据时期台湾总督府指定的肥料，1 甲应施肥大豆粕 180 贯、过磷酸石灰 30 贯。从肥料政策实施以后，日据时期台湾总督府 1902 年的资助额度为 2 万日元，到 1911 年时已达到 170 万日元，施肥的蔗田面积占甘蔗总栽培田面积的 80%③。

1911—1912 年，日据时期台湾遭受暴风雨袭击，甘蔗产量锐减，一时间“台湾糖业放弃论”甚嚣尘上。日据时期台湾总督府高度关注栽培技术的改良问题，扩充研究机构，于 1911 年将糖务局改组并入殖产局糖务课，糖业试验场亦从糖务局移交给殖产局管理，耕种试验及蔗苗养成归入农务系，甘蔗、肥料分析试验归入农艺化学系，有关病虫害事宜归入昆虫系；1912 年在打狗街成立以鉴定砂糖及肥料的

① 明代王象晋所著《二如亭群芳谱·亨部·果谱四》云：“甘蔗，丛生，茎似竹，内实，直理，有节无枝。长者六七尺，短者三四尺，根下节密，以渐而疏。叶如芦而大，聚顶上，扶疏四垂，八九月收茎，可留至来年夏秋。……种植。谷雨内于沃土横种之，节间生苗，去其繁冗。至七月，取土封壅其根，加以粪秽。俟长成收取，虽常灌水，但俾水势流满润湿则已，不宜久蓄”。明代王象晋所著《二如亭群芳谱》又载：“因取平日所涉历咨询者，类而著之于编，而又冠以天时岁令，以便从事。历十余寒暑，始克就绪，题曰《二如亭群芳谱》。”清代屈大均《广东新语》载：“凡蔗以岁二月必斜其根种之，根斜而后蔗多庶出。根旧者以土培壅，新者以水久浸之，俟出萌芽乃种。种至一月，粪以麻油之麸。……增城白蔗尤美，冬至而榨，榨至清明而毕。其蔗无宿根，悉是当年，故美。”（清）屈大均：《广东新语》卷 27《草语·蔗》，北京：中华书局，1985 年，第 689—690 页。

② （日）平井健介：《砂糖帝国：日本殖民地与亚洲市场》，东京：东京大学出版会，2017 年，第 139 页。

③ （日）平井健介：《砂糖帝国：日本殖民地与亚洲市场》，东京：东京大学出版会，2017 年，第 143—144 页。

品质为目的的打狗检糖所；1913 年、1914 年分别在台中厅大南、后里设立蔗苗养成所[①]。另外，日据时期台湾总督府注重制糖技术人才的培养和聘用，日据时期台湾总督府和制糖公司从高校聘请制糖技术人才从事糖业技术改良工作；1911 年，为了加强与制糖公司的交流，日据时期台湾总督府与制糖公司共同成立“台湾蔗作研究会”；1921 年，日据时期台湾总督府改组糖业试验场并入中央研究所农业部糖业科，将高产的爪哇大茎种输入台湾，1920 年大茎种的栽培面积达到 75%，同时，所需肥料数量增大。[②]与此同时，制糖公司也深刻体会到改进甘蔗栽培技术的紧迫性，努力研发甘蔗栽培技术。

随着制糖技术的发展，制糖业所需能源亦随之增加。该书较为详细地分析了大豆粕、硫铵、过磷酸石灰、合成肥料等的贸易数额及年代起落情况，一方面认为随着日据时期台湾糖业技术发展，日本以其本土为中心，逐渐形成了包括日本本土、中国东北、库页岛、日据时期朝鲜、日据时期台湾等地在内的肥料贸易网络；另一方面指出随着高产的爪哇大茎种引入及适合土壤多样性的各种肥料使用，栽培技术（包括肥料的使用）的效能于 20 世纪 20 年代已经体现出来，在此期间，蔗田的生产数量增加了 2.5 倍。[③]

传统制糖业的主要工具为木棍、石棍、铁锅、陶瓷瓮等器具，使用动力源主要为人力、畜力、水力，热源为薪炭林；近代制糖业的工具为压榨机、多重效用缶、真空结晶缶、离心机，动力源为蒸汽力、电力，热源为煤炭。《砂糖帝国：日本殖民地与亚洲市场》一书的第六章围绕“制糖技术提高与能源供应危机”问题展开论述，第一节分析台湾糖业史上最大的技术进步，即从传统制糖业到近代制糖业的转型；第二节首先关注近代制糖业的技术进步，其次考察能源供应情况；第三节探讨制糖公司如何保证能源供应。

日本侵占台湾之后，日据时期台湾总督府实施“改良糖廍”计划，即借助压榨动力机械化来增加糖品生产量。1904 年，购入压榨能力 40 吨的纽莱卡式压榨机（石油动力）；同年 4 月，在凤山厅设立首个改良糖廍——振祥制糖所。到 1908 年时，已经成立 53 家改良糖廍，其中 22 家使用石油发动机，压榨总能力为 1040 吨；29 家使用蒸汽机，压榨总能力为 2336 吨；2 家使用电气，压榨总能力为 160 吨。[④]

从传统制糖业到近代制糖业的转变，单位能源消耗数量呈递减趋势，按照制糖 1 吨的能源消耗数量而言，1900 年初约为 2100 万卡路里，1910 年前后已减少到

① （日）平井健介：《砂糖帝国：日本殖民地与亚洲市场》，东京：东京大学出版会，2017 年，第 147 页。
② （日）平井健介：《砂糖帝国：日本殖民地与亚洲市场》，东京：东京大学出版会，2017 年，第 163 页。
③ （日）平井健介：《砂糖帝国：日本殖民地与亚洲市场》，东京：东京大学出版会，2017 年，第 171 页。
④ （日）平井健介：《砂糖帝国：日本殖民地与亚洲市场》，东京：东京大学出版会，2017 年，第 179 页。

1000 万卡路里；不过，因制糖量不断增大，所消耗的能源总数也随之增大。台湾糖业的最大“课题”是努力增产并降低成本，以期达到驱逐日本市场上爪哇糖品的目的。砂糖的产量在很大程度上是由其原料甘蔗的产量来决定的，相较而言，台湾每亩蔗田的甘蔗产量远低于爪哇，为此各制糖公司不得不积极开发、引入新的制糖技术。1915年，各制糖公司的技术者成立了“制糖研究会”，其重要职能就是改进台湾制糖技术，根据研究会章程，每年召开三次例会，入会的技术者分享各自的技术试验结果，以期选择最优的技术，到 1937 年左右，台湾制糖技术已达到世界先进水平。①

随着砂糖生产量的增大及制糖技术的提高，制糖所需要的能源数量亦随之增多，该书指出制糖公司一度面临能源供给不足的危机。最初的危机是薪柴的不足，在 1908 年木薪危机之前，制糖公司热能主要来自薪柴，之后，森林资源枯竭，薪柴获得成本增加，而煤炭则随着铁路铺设而较易获得，制糖公司所需热能开始从木薪向煤炭的转变。②1918 年，因运力不足而出现了第一次煤炭危机，日据时期台湾总督府铁道部增加运力，煤矿公司成立煤炭运输组合，合力部分化解危机；20 世纪 20 年代下半期，因日本食米不足，需要运送蓬莱米入日本，导致运米与运煤炭之间的冲突，进而诱发第二次煤炭危机。③

从能源供应角度来分析近代东亚制糖业的发展，该书这一研究视角同样颇为独特。以往不少的糖业史研究关注了糖业技术演进情况，但很少探讨其与能源供给之间的关系。比如，在分析近代手工制糖技术不如机器制糖技术时，学界多从生产效能角度予以分析，较少阐释机器制糖业发展背后的能源供给问题。该书的这一研究视角为糖业史学界拓展糖业技术发展史提供了新的思路。

（4）糖品包装袋。包装糖品是糖品运输、销售中的重要环节之一，至于这些包装袋由什么材料做成，其间有何种变化等问题，以往糖业史学界对此极少关注。《砂糖帝国：日本殖民地与亚洲市场》一书的第七章聚焦于砂糖运输过程中不可或缺的包装袋问题，从砂糖产量增加角度考察包装袋供需变化，并借此了解台湾糖业成长过程中哪些地方和哪些关系发挥了重要的作用。

该书认为中国台湾糖品惯用的包装袋主要有黄麻袋（印度、日本等地生产）、包席（中国内地生产）两种，两者使用比率随着时代发展而有所变化，分水岭在

---

①（日）平井健介：《砂糖帝国：日本殖民地与亚洲市场》，东京：东京大学出版会，2017 年，第 181 页。

②（日）平井健介：《砂糖帝国：日本殖民地与亚洲市场》，东京：东京大学出版会，2017 年，第 188 页。

③（日）平井健介：《砂糖帝国：日本殖民地与亚洲市场》，东京：东京大学出版会，2017 年，第 193—195 页。

1916年和1924年，尤其是1924年，基本实现了从包席到黄麻袋的转变。①1913年，中国产的包席对亚洲输出量为1900万袋，印度产的黄麻袋对亚洲的输出量为7000万袋，黄麻袋占亚洲地区包装袋供应量的80%；其中，75%的黄麻袋输入东南亚，东亚地区的黄麻袋供应量大概限制在1880万袋，东亚地区的包席需求较高。1920年，包席的输出量减少至1700万袋，而黄麻袋的输出量增加到9700万袋；此一时期黄麻袋的输出特征为：东亚地区大增至4880万袋，而东南亚地区则趋于停滞或减少。②1925年，相对于包席的990万袋输出量而言，黄麻袋的输出量已超过1亿袋。东亚地区主要包装袋从包席到黄麻袋的转变，对砂糖包装产生了较大影响。③

就台湾而言，因黄麻袋的用途及规格未能明显区分，故而该书认为对其作用的评价有较大的难度。1931年，台湾制麻（株式会社）、小泉制麻（株式会社）、大阪制麻（株式会社）、东洋麻丝纺织（株式会社）等股份公司结盟成立了台湾制麻组合的加盟会社。其结果是20世纪30年代前半期直销糖包装用的是印度产的新品，原料糖包装是日本产的中古品。④

《砂糖帝国：日本殖民地与亚洲市场》一书把日据时期台湾糖业使用包装袋的情况分为三个阶段。1910—1915年为第一期，台湾平均每年输出2980万日元的砂糖，其包装袋均使用中国内地所产的包席，20世纪10年代台湾地区包席的输入告别了香港经销商昌隆的独占时期，三井物产、铃木商店、大泽洋行、汤浅洋行等纷纷加入包席贸易行列。⑤1916—1923年为第二期，台湾平均年输出砂糖数量增加到8374万日元，在砂糖包装率上，包席占了64%，黄麻袋占了36%。⑥1924—1936年为第三期，台湾平均年输出砂糖数量增加到1亿日元，在砂糖包装占有率上，包席占有量锐减到16%，黄麻袋的占有量达到84%。包席自给失败后，仍主要依赖中国内地输入；黄麻袋的具体来源为：48%为印度产、32%为日本产、4%为台湾产。

该书也分析了日据时期台湾方面曾努力尝试包装袋的替代化、自给化。1902年，日据时期台湾总督府实施糖业政策时就考虑到包席的输入量会增加，就计划调查中国蔺草栽培情况；1910年，前田吉次郎到雷州考察并向台湾输入蔺草，在嘉义地区进行试种，日据时期台湾总督府又委派嘉义厅技师古川末太郎赴雷州考察；1912年，日据时期台湾总督府委托在海南岛居住的腾间田善藏向台湾输入8000株蔺

① （日）平井健介：《砂糖帝国：日本殖民地与亚洲市场》，东京：东京大学出版会，2017年，第203页。
② （日）平井健介：《砂糖帝国：日本殖民地与亚洲市场》，东京：东京大学出版会，2017年，第207页。
③ （日）平井健介：《砂糖帝国：日本殖民地与亚洲市场》，东京：东京大学出版会，2017年，第209页。
④ （日）平井健介：《砂糖帝国：日本殖民地与亚洲市场》，东京：东京大学出版会，2017年，第217页。
⑤ （日）平井健介：《砂糖帝国：日本殖民地与亚洲市场》，东京：东京大学出版会，2017年，第210—211页。
⑥ （日）平井健介：《砂糖帝国：日本殖民地与亚洲市场》，东京：东京大学出版会，2017年，第212页。

草种苗，分配给 9 个地方进行试种。[1]根据 1914—1917 年的试种结果，日据时期台湾总督府认为可以通过蔺草栽培来达到包席自给，于是将台中、嘉义、台南、阿缑厅等地的米作田地更换为蔺草地，并向农民供给种苗来种植蔺草。1919 年，日据时期台湾总督府实施了包席种苗养成费制度，并从日本本土聘请技师。1922 年，第一次世界大战造成的米价高腾冲击了蔺草种植，包席种苗养成费制度被迫废止，另外，疫病导致蔺草产量下降，总之，多重因素导致包席输入替代化政策失败。相较而言，黄麻袋的自给努力取得了一定成效。1905 年，日据时期台湾总督府在台中厅丰原设立资本为 20 万日元的黄麻纺织工场，此为台湾制麻工业的开端。1912 年，日据时期台湾总督府改组该工场，成立资本为 200 万日元的台湾制麻株式会社，所用原料黄麻由印度输入，在 1912—1915 年平均每年产量为 60 万袋。据统计，1933 年，在台湾全部黄麻袋的产量中，用于砂糖包装的还不到 13%，1935—1940 年刚刚超过 13%。[2]

与蔺草纤维（包席原料）相比较，黄麻有自身的不足，比如黄麻会慢慢变色，并且滋生毛屑，用黄麻袋装稻米没有问题，因为稻米要脱壳，可以不必计较染色及毛屑，但是，包装糖品则产生了毛屑附着糖品及染色等问题，故而，黄麻袋在包装糖品上不如包席那么受欢迎。[3]但是，糖品产量剧增，包装袋的供应成为糖商关注的棘手问题之一。1922 年台湾糖品产量相比较 1910 年的 10 万吨而增加到 35 吨，1924 年增加到 45 万吨，而供应地广东则因 1922 年香港海员大罢工及广东政局动荡等因素，使包席供应受到重大影响。[4]

该书通过对包装袋来源及演变的分析，来透视日据时期台湾糖业发展变化情况，颇值得称道，这一研究路径在一定程度上也颇具推广意义。其一，四川的糖品运输多用竹篓，具体情况为内衬草纸，封口撒一些树灰或者石灰进行防潮而已，学界并未关注其具体包装问题。其二，近代太古洋行的精制糖畅销亚洲、非洲等地，但是学界对太古洋行的研究并未深入分析其糖品包装问题，因此，这一研究路径对于拓展四川糖业经济、太古洋行糖品行销等方面研究具有一定的借鉴意义。

20 世纪 70 年代，日本的殖民统治地区经济研究强调日本殖民统治地区经济发展的“国内契机”，即从“支配与抵抗”到“侵略与开发”视角进行分析，随后，堀和生提出“帝国分业论”，分析殖民统治地区生产在日本帝国输入替代战略中的作用，强调帝国与殖民统治地区在分业问题上的主次关系。平井健介《砂糖帝国：日本殖民地与亚洲市场》一书则从日本殖民统治地区经济发展的“国际契机”视角

① （日）平井健介：《砂糖帝国：日本殖民地与亚洲市场》，东京：东京大学出版会，2017 年，第 211 页。
② （日）平井健介：《砂糖帝国：日本殖民地与亚洲市场》，东京：东京大学出版会，2017 年，第 212—213 页。
③ （日）平井健介：《砂糖帝国：日本殖民地与亚洲市场》，东京：东京大学出版会，2017 年，第 221 页。
④ （日）平井健介：《砂糖帝国：日本殖民地与亚洲市场》，东京：东京大学出版会，2017 年，第 226 页。

出发，通过对“爪哇糖问题”、“过剩糖问题”、“肥料革命”、糖品包装袋等几个方面的论述，来分析殖民统治地区之间的多样动态关系及其与东亚的关系，颇值得称赞。

很显然，平井健介《砂糖帝国：日本殖民地与亚洲市场》一书在日本殖民地经济史、东亚糖业史研究等方面均有一定的新意。循着此种思路，东亚糖业史研究的新动向颇值得进一步拓展。

其一，古巴与东亚糖业发展的关联。在论及爪哇糖品与东亚糖业经济关系时，我们不能忽略当时世界的产糖巨无霸——古巴。1913—1925 年，古巴糖品产量增加了250多万吨，到1924—1925年时，已达5 125 970吨，约占世界糖品总产量23 589 560吨的 1/5，成为世界糖业中的巨无霸，“伦敦之期糖市场及爪哇之爪哇糖市，其所及于世界糖市之影响，终不敌古巴糖之深切，而古巴糖之一喜一惧，能直接使纽约定期市场随之转移，间接使世界糖价为所左右”[①]。

其二，香港机器制糖业的发展及其影响。在东亚机制精制糖产业方面，英属香港怡和、太古两大集团无疑走在最前列。怡和集团于 1878 年在香港建立东亚第一个机器制糖厂——中国制糖公司，1881年太古集团在香港成立太古车糖公司，开启了东亚机器制糖的先河，两大集团很快成为东亚地区精制糖制造业的双雄。受其影响，日中两个东亚糖业主体积极发展机制糖业。1895 年，日本占领东亚重要产糖地中国台湾以后，利用中国台湾的种植甘蔗基础，大力扶植中国台湾甘蔗种植，并投入巨资在中国台湾建立起一大批机器制糖厂，从而达到日本国内糖品供需平衡；与此同时，利用爪哇大批量廉价原料糖品，大力发展本土的机制精制糖业，1896 年日本制糖有限公司成立，资本 30 万日元；随后，神户、新高及盐水港等机器制糖公司相继成立；在第一次世界大战以前，日本有制糖厂 5 家，每日约能炼制精制糖 17 800 担；在第一次世界大战以后，制糖厂增为13家，炼制能力增为每日 36 200 担[②]。20世纪初，中国产糖大省四川有过多次筹建机器制糖厂的努力，但因局势动荡均告失败；20 世纪 30 年代，冯锐主持广东省农林局工作，实施广东糖业复兴计划，建立了 6 个小型机器制糖厂，但陈济棠倒台后其复兴计划搁置；全面抗日战争时期，以四川地区新建的华农糖厂、中国联合炼糖股份有限公司、四川华原糖厂等机器制糖厂为代表，中国才真正开启机器制糖时代。[③]

① 《世界糖业之霸王——古巴糖》，《银行周报》1926年第12号，第11页；Brian Pollitt，The Cuban Sugar Economy in the 1930s，Bill Albert and Adrian Graves，*The World Sugar Economy in War and Depression, 1914—1940*，London：Routledge，1988，pp.97-109.

② 《日本糖业经过情形述要》，《中外经济周刊》1925年第123号，第22页。

③ 赵国壮：《抗日战争时期大后方糖业统制研究——基于四川糖业经济的考察》，北京：科学出版社，2015年，第177—182页。

其三，糖业人物研究。目前学界在糖业人物方面的研究仍较为有限，一方面，集中于南洋的业糖者，包括中国人雇工与富可敌国的华侨糖商[①]；另一方面，集中于太古集团的斯怀尔家族和太古洋行买办[②]。显然，对东亚糖业发展起到重要作用的人物仍有待进一步挖掘及研究。比如，中国广东籍、四川籍糖商，日本方面对糖业发展有重大贡献的新渡户稻造、松方正熊等人。

继往开来，开拓中国糖业史研究的新局面。糖品较早作为非竞争性的地方特产参与国际商品流动和商品贸易之中，并发挥了不可替代的重要作用，18 世纪的糖品犹如 19 世纪的钢铁和 20 世纪的石油，成为当时世界上最重要的商品。[③]时下，糖品是我们最喜欢的消费品之一，也是我们生活中的必需品之一。[④]糖业经济仍在国民经济、文化交流、世界贸易中扮演着重要角色，世界糖业史研究方兴未艾，中国糖业史研究也正当其时，中国学界有必要整合相关研究力量，集聚、共享糖业资料，加强中外学术交流，努力走出目前中国糖业史研究所处的困境，开拓新的研究局面。

① 长冈新治郎：《十七、十八世纪巴达维亚的糖业与华侨》，《南洋资料译丛》1983 年第 3 期，第 101—109 页；伦纳德·鲍乐史：《荷兰东印度公司时期中国对巴达维亚的贸易》，《南洋资料译丛》1984 年第 4 期，第 67—80 页；韩振华：《荷兰东印度公司时代巴达维亚蔗糖业的中国人雇工》，《南洋问题》1982 年第 2 期；蔡仁龙：《黄仲涵家族与建源公司》，《南洋问题》1983 年第 1 期；赵德馨：《黄奕住传》，长沙：湖南人民出版社，1998 年。

② 莫应溎：《英商太古洋行在华南的活动与莫氏家族》，中国人民政治协商会议全国委员会文史资料研究委员会《文史资料选辑》编辑部：《文史资料选辑》第 14 辑，北京：中国文史出版社，1988 年；张仲礼、陈曾年、姚欣荣：《太古洋行在旧中国》，上海：上海人民出版社，1991 年；唐金淦：《从洋行买办到民族资本家》，1995 年；Sheila Marriner and Francis E. Hyde, *The Senior John Samuel Swire 1825-98: Management in Far Eastern Shipping Trades*, Liverpool: Liverpool University Press, 1967; Howard Cox, Huang Biao and Stuart Metcalfe, Compradors, Firm Architecture and the "Reinvention" of British Trading Companies: John Swire & Sons'Operation in Early Twentieth-Century China, *Business History*, Vol.45, No.2, 2003, pp.15-34; G. Roger Knight, Exogenous Colonialism: Java Sugar Between Nippon and Taikoo Before and During the Interwar Depression, 1920-1940, *Modern Asian Studies*, Vol.44, No.3, 2010, pp.477-515.

③ Matthew Parket, *The Sugar Barons: Family, Corruption, Empire and War*, London: Windmill Books, 2012, introduction, p.2.

④ Andrew F. Smith, *Sugar: A Global History*, London: Reaktion Books, 2015.

第二章　历史时期的中国糖品消费

人类许多极其不显眼的日用生活品和极常见的动物、植物、矿物的背后均隐藏着一部十分复杂、生动的历史。糖是其中较具代表性的物品之一，历史时期的中国糖品消费就是一部复杂而又生动的文明发展史。中国食糖历史经历了一个“革命性”的历程，即经历了从药用品到贡品，再到奢侈品（贵重商品），最终到普通商品（日常生活用品），以及消费理念日益趋向糖品精制化（精细化）的过程。在这个“革命性”的过程中，糖品消费的象征意义渐次式微，经济价值则日渐凸显，为中国政府所重视，并成了国民消费的新动向。

糖品消费是糖业史、食物史中一个趣味性较强的论题，国内外学界对此均有一些极具启发性的论述。李治寰从食糖制成品角度，分析了糕点、糖果的发展历史。①季羡林认为：“中国糖史的总趋势是产量越来越多，价钱越来越低，药用越来越少，食用越来越增，到后来，糖列于盐、茶之后，成为第三大国税来源。”②周正庆认为随着饮食用糖领域的广阔，糖在点心类方面使用有所创新且日益精细化，民众在饮食中的用糖已经在理论上得到总结。③ 西敏司认为，根据西方，尤其是英国糖品消费的历史来看，糖品消费经历了一个“庶民化”的过程④。英国学者帕克认为17世纪后40年间，英国进口糖品数量增加了4倍；1700—1740年又增加了3倍，到1770年又增加了两倍。此时，糖品消费已在英国引起了消费习惯上的革命，糖品在咖啡、茶、可可、果酱、巧克力、糖果类产品等一系列食

---

① 李治寰：《中国食糖史稿》，北京：农业出版社，1990年。

② 季羡林：《文化交流的轨迹——中华糖史》，北京：经济日报出版社，1997年。

③ 周正庆：《中国糖业的发展与社会生活研究——16世纪中叶至20世纪30年代》，上海：上海古籍出版社，2006年，第135—137页。

④ Sidney W. Mintz, *Sweetness and Power: The Place of Sugar in Modern History*. New York: Penguin Book, 1985, p.60.

品中得到广泛使用①；穆素洁论述了蔗糖对中国人民社会经济生活和生活功能方面的影响和作用②。日本学者永积洋子、落合功、松浦章分析了江户时代中国糖品输入日本及其国内糖品消费发展情况③；日本学者川北稔以较为通俗的语言描述了糖品消费的世界历史④。

第一节　历史时期的中国对甜味的认知及获得

用“甜”字来表达幸福和喜悦的感受，这是人类的共同用糖习俗。在中国文化里，对味觉和味道的感知，即酸、甜、苦、辣、咸五味的感知，多源于饮食，《尚书·洪范》首次提出五味，“润下作咸，炎上作苦，曲直作酸，从革作辛，稼穑作甘”。因食药同源，故而甜味多载于医药著作中。《周礼·天官》记载：“凡药以酸养骨，以辛养筋，以苦养气，以甘养肉，以滑养窍”；《褚氏遗书》记载：“酸通骨，甘解毒，苦去热，咸导下，辛发滞”；《黄帝内经》提出了“辛散、酸收、甘缓、苦坚、咸软”，以人体五脏为中心，确定了五味和五脏、五色等人与自然相对应的关系，反复阐发了“五味所入”“五味各有喜好”的认识。

古代对“甜”这一味觉的理解或者解释，大多是通过语言文字来表达的。在段玉裁的《说文解字注》中，表示“甜”的含义的字中最为重要的是甘、甜、旨、美。《说文解字注》曰：“羊部曰：美，甘也。甘为五味之一，而五味可口者，皆曰甘。”“从口含一，一，道也”。“甛，美也。”《说文解字注》云：“《周礼》注恬酒，恬即甛字。从甘舌，舌知甘也。”“旨，美也。”《说文解字注》载：“叠韵，今字以为意恉字。”“从甘，匕声。”⑤“美，甘也。”《说文解字

① 糖酱涂在面包上，并放入粥中，早餐因此逐渐变甜而非过去的偏咸味或辣味。糖品的消费可以在同时代的君王肥胖的面容中得到最好的诠释。根据 1774 年的报道，伴随每一磅茶的消费就有 12—16 磅的糖品消费。到 18 世纪末，英国的典型穷人家庭的至少 6%的收入用于糖品消费。Matthew Parker，*The Sugar Barons: Family, Corruption*，*Empire and War*，London：Windmill Books，2012，pp.296-297.

② （美）穆素洁著、叶篱译：《中国：糖与社会——农民、技术和世界市场》，广州：广东人民出版社，2009 年。

③（日）永积洋子：《中国船输出入品数量一览（1637—1883 年）——复原中国船进口货物清册·返航所购货物清册》，东京：创文社，1987 年；落合功：《近世砂糖贸易的发展与砂糖国产化》，《修道商学》2001 年第 1 号；松浦章：《江户时期唐船带来的砂糖与国内消费的展开》，《东亚文化交流研究》2010 年第 3 号，第 335—357 页。

④（日）川北稔著、郑渠译：《砂糖的世界史》，天津：百花文艺出版社，2007 年。

⑤（汉）许慎撰、（清）段玉裁注：《说文解字注》，上海：上海古籍出版社，1981 年，第 378 页。

注》说："甘部曰：美也，甘者，五味之一，而五味之美皆曰甘。"①

甜味的获得途径，大致上是沿着果实、饴、蜂蜜再到蔗糖的发展路径展开的。其一，从果实中获取甜味。果实是人类较早从自然界中获取甜味的途径。《诗经》中记载的植物品种有131种，其中果实有桃、李、梅等19种；《庄子》记述的有橘、柚；《管子》记述的有杏；《孟子》记述的有羊枣等。②其二，从蜂蜜中获取甜味。这也是一种较为古老、传统的获取甜味的途径，一开始从野生蜜蜂那儿获取蜂蜜，到唐代以后，可以通过驯养的家蜜蜂获得蜂蜜。其三，从米、麦等谷物中获取甜味。这也是一个非常重要的获取途径，先秦时期，一些古籍中已记述了"饴"的一些使用情况。如《诗经·大雅·绵》载："周原膴膴，堇荼如饴。"③《礼记》卷 27《内则》云："子事父母……枣、栗、饴、蜜以甘之。"④《释名》卷四《释饮食》载："饧，洋也。煮米消烂，洋洋然也。饴，小弱于饧，形怡怡然也。"⑤季羡林认为，先秦时期，"人民群众的方言最初只有音的。两者都是开头用米，特别是糯米……后来（其中也可能包括一些地域的原因），也用小麦和大麦。这样制作出来的东西，清者也就是软一点、湿一点、稀一点的叫 yi。yi 这个音写法有分歧，有的写作飴，有的写作餳。稠的，也就是硬一点、干一点的叫 tang"⑥。其四，从甘蔗及其制成品中获取甜味，一方面和果实一样，通过直接咀嚼获取甜味；另一方面，也就是主要方面，是通过榨汁熬糖，从而获得甜味。

甜味是对味蕾的刺激，它来源于一种物质——糖。糖既满足人类味蕾对甜味的嗜求，也是人体得以正常运转的必要条件。人体生长、活动，需要不断补充适量的物质作为能量。人们通常是以糖、脂肪、蛋白质 3 种基本物质作为能量。糖类所提供的能量占人类食物所提供的总能量的 60%—70%。糖是人体主要的功能物质，它对人类维持生存非常重要。

历史时期，随着甘蔗种植面积的不断扩大⑦和制糖技术的持续革新，从甘蔗中

---

① （汉）许慎撰、（清）段玉裁注：《说文解字注》，上海：上海古籍出版社，1981 年，第 238 页。

② 李治寰：《中国食糖史稿》，北京：农业出版社，1990 年，第 21 页。

③ 余冠英：《诗经选译·大雅》，北京：人民文学出版社，1985 年，第 144 页。

④ （清）孙希旦撰，沈啸寰、王星贤点校：《礼记集解》卷 27《内则》，北京：中华书局，1989 年，第 725—729 页。

⑤ （汉）刘熙：《释名》卷四《释饮食》，北京：中华书局，2016 年，第 60 页。

⑥ 季羡林：《糖史（一）》，《季羡林文集》第 9 卷，南昌：江西教育出版社，1998 年，第 6 页。

⑦ 关于甘蔗的起源问题，国内外学界有较多争论。西敏司认为："甘蔗最早在远古时期的新几内亚开始人工种植。生物学家阿茨瓦格和布朗德斯相信甘蔗从新几内亚曾有三次向外传播的过程。其中第一次发生在公元前 8000 年；大约过了两千年，它传入菲律宾、印度，很可能包括印度尼西亚。"Sidney W. Mintz, *Sweetness and Power: The Place of Sugar in Modern History*, New York: Penguin Book, 1985, p.31。李治寰则认为中国是甘蔗的原产地之一。李治寰：《中国食糖史稿》，北京：农业出版社，1990 年，第 64 页。

获取糖料成为中国获得“甜味”的最主要途径之一。先秦时期，仅有《楚辞》卷 7《招魂》对甘蔗做了记载：“胹鳖炮羔，有柘浆些。”[①]三国时期，甘蔗仍相当名贵，仅种植于庭院当中。例如，据魏文帝《感物赋》记载：“南征荆州，还过乡里，种诸蔗于中庭，涉夏历秋，先盛后衰。悟兴废之无常，慨然永叹，乃作斯赋。”[②]到宋代时，根据王灼《糖霜谱》和唐慎微《证类本草》[③]记载，甘蔗已经广植于江苏、浙江、江西、四川、湖南、湖北、广州、云南、福建 9 省，其种类有荻蔗、竹蔗、杜蔗、西蔗、艻蔗、红蔗、夹苗蔗、青灰蔗、桄榔蔗、子母蔗、三节蔗、扶南蔗等多个品种。到明代时，甘蔗种植技术在过去的经验基础上，更加系统、完备。同时，文献记载也经历了一个从无到有、从少到多的演变过程。比如，唐代时无文献可考，宋代《糖霜谱》对此有了一定的记述，元代《农桑辑要》也有相对较为细致的记载，而到了明代，《竹屿山房杂部》《天工开物》《农政全书》等文献对甘蔗种植经验总结得更加系统、完备。例如，《天工开物》记载：“凡种荻蔗，冬初霜将至，将蔗砍伐，去梢与根，埋藏土内（土忌洼聚水湿处）。雨水前五六日，天色晴明，即开出，去外壳，砍断约五六寸长，以两个节为率。密布地上，微以土掩之，头尾相枕，若鱼鳞然。”[④]

在甘蔗种植面积逐渐扩大的同时，中国制糖技术在吸收、融合西方先进经验的基础上，历经了暴晒法、熬糖法（糖水、牛乳、米粉混合物）、煎煮法（树灰的使用）、黄泥水淋制漏糖法等不断的技术革新，到清代中期以后，中国手工制糖工艺到达了较高水平。技术的革新推动了历史时期中国的“食糖革命”，食糖历史经历了从药用之糖到贡品（奢侈品、贵重物品），再到普通商品的演变过程[⑤]。

第二节　药物类书中所见糖品之药用

在中国医学史上，研究药物功能的书被称为“本草”，其内容包括动物、植物、矿物质等名目。在历代的本草类医书中，甘蔗、蔗糖（石蜜）均被记述有一定

---

① 王逸注：“柘，诸蔗也。言复以饴蜜，胹鳖炮羔，令之烂熟，取诸蔗之汁，为浆饮也。”

② （魏）曹丕原著、易健贤注：《魏文帝集全译》修订版，贵阳：贵州人民出版社，2009 年。

③ （宋）唐慎微：《证类本草》卷二十三，上海：上海古籍出版社，1991 年，第 565 页载：“甘蔗，旧不著所出州土。陶隐居云：今江东者为胜。庐陵亦有好者。广州一种数年生，如大竹，长丈余。今江、浙、闽、广、川所生，大者高丈许。”

④ （明）宋应星著、钟广言注释：《天工开物》第六卷《甘嗜》，广州：广东人民出版社，1976 年，第 163 页。

⑤ Sidney W. Mintz，*Sweetness and Power：The Place of Sugar in Modern History*，New York：Penguin Book，1985, p.84.

的药用功效。这类记述尽管数量极少，但信息量却是很大。例如，早期极为著名的《千金要方》《千金翼方》《外台秘要》等药书，均记载了糖品的药用功效：治疗舌头肿胀、身心虚弱、异物卡喉、肺寒损伤、咳嗽感冒等。

孙思邈在《千金要方》[①]中记述多种用糖治病的方子。《千金要方》卷五下云："治舌肿强满方，满口含糖醋良。"《千金要方》卷六载："治舌肿强满方，满口含糖酢少许，时热通即止。"《千金要方》卷一二云："前胡建中汤，白糖六两。"《千金要方》卷一二云："坚中汤，糖三斤。"《千金要方》卷一三云："大补心汤，粘糖一斤。"《千金要方》卷一四云："补心汤，又方，糖一两。"《千金要方》卷一六云："治鱼骨哽方，服沙糖水；治骨鲠在喉众治不出方：取粘糖丸如鸡子黄大，吞之；治吞金银镮及钗等，白糖二斤，一顿渐渐食之，多食益佳。"《千金要方》一七云："治肺寒损伤、气嗽及涕唾塞方，白糖。"《千金要方》卷一八云："治咳嗽上气方，白糖五分。"《千金要方》卷一九云："前胡建中汤，白糖六两，人参汤，白糖。"《千金要方》卷二三云："小槐实汤，白糖一斤。"另外，他在《千金翼方》[②]中又对糖品药用做了补充记载，《千金翼方》卷四云："石蜜，可作饼块，黄白色。"

王焘[③]所编著的《外台秘要》，其糖品药用记述既有对孙思邈《千金翼方》的传承，也有一些新发现。《外台秘要》卷八载："治误吞银钗等，白糖。"《外台秘要》卷九云："治卒咳嗽方，白糖一斤；疗气嗽煎方，白糖五合。"《外台秘要》卷二六云："《千金》小槐实丸，白糖二斤。"《外台秘要》卷三一云："深师疗癣秘方……白糖一两"等多属于继承，而他提出的疗毒、下乳、治疗口干小便涩等方法，则属于新的发现。《外台秘要》卷三一云："药所生州土，剑南道益州沙糖。疗腹内诸毒方，合罂中，密封以糖，岭南将熟食米及生食甘蔗巴蕉之属。"《外台秘要》卷三四云："下乳漏芦散方，粆糖水下。"《外台秘要》卷三八云："又若发口干小便涩方，取甘蔗去皮尽，吃之，咽汁；若口痛，捣取汁服之。"

孟诜和张鼎所撰的《食疗本草》，一方面，扩大了糖品的药用范围，如缓解心

① 孙思邈，生于581年，卒于682年，京兆华原人（今陕西铜川市耀州区），《千金要方》成书于652年，共30卷，总计232门，合方论5300首，有方有论，内容异常丰富。

② 孙思邈《千金翼方》，成书于682年，又著成30卷，是对《千金要方》的补充。

③（唐）王焘，陕西眉县人，约生于670年，卒于755年，唐朝医学家。是名医王珪的孙子，曾任给事中、邺郡太守等职。勤奋好学，博览古医书，多方求教名医，尤以治疗妇科和儿科病见长。于752年辑有《外台秘要》一书，书中记载了很多古医方和各种传染病，并特立妇科和儿科专章。

腹胀热、祛除眼中热膜、津润肺气等，“石蜜[①]，寒，主心腹胀热。波斯者良。注少许于目中，除去热膜，明目。蜀川者为次。今东吴亦有，并不如波斯。此皆是煎甘蔗汁及牛乳，煎则细白耳。又和枣肉及巨胜仁，作末为丸，每食后含一丸，如李核大，咽之，津润肺气，助五藏津”。另一方面，也首次对糖品的副作用做了描述，例如，砂糖，寒，“（一）右功体与石蜜同也。多食令人心痛。养三虫，消肌肉，损牙齿……不可多服之。（二）又，不可与鲫鱼同食，成疳虫。……（四）又，不可共笋食之，（使）笋不消……心腹痛。（身）重不能行履”[②]。颇具有开创性，比如多食养浊、损伤牙齿，一直行之至今。

在唐代，甘蔗也被记载有补脾气和利大肠的功效。据《唐·新修本草》记载：“甘蔗，味甘，平，无毒。主下气，和中，补脾气，利大肠。”[③]李颀在《送山阴姚丞携妓之任兼寄苏少府》一诗中，也提及甘蔗的此种功效。“才子风流苏伯玉，同官晓暮应相逐。加餐共爱鲈鱼肥，酒醒仍怜甘蔗熟。知君练思本清新，季子如今得为邻。他日知寻始宁野，题诗早晚寄西人。”[④]

在宋代，糖的药用功效得到进一步的发展。《寿亲养老新书》记述了以糖入药，可以治疗寿亲风热、头目赤痛、咳嗽、燥热、呕吐、腹胀、虚弱等症状。“食治老人膈上风热，头目赤痛，目赤䀮䀮竹叶粥方：竹叶（五十片，洗净），石膏（三两），沙糖（一两），浙粳米（三合），右以水三大盏煎石膏等二味，取二盏去滓澄清，用煮粥熟，入沙糖食之。”[⑤]“食治老人上气咳嗽喘急烦热不下食食即吐逆腹胀满糖煎方：生姜汁五合，沙糖四两。”“食治老人咳嗽虚弱口舌干燥涕唾浓粘甘蔗粥方：甘蔗汁一升半，青粱米四合、净淘”“食治老人上气热咳嗽引心腹痛满闷桃仁煎方：桃仁二两去皮尖熬末，赤饧四合”[⑥]。《圣济总录》则记述了以糖入药可以疗治失音不语、大便不畅、结阴便血等症状，《圣济总录》卷三二载：“伤寒后忽暴嗽失音，语不出，杏仁煎方：杏仁（二两）、木通、贝母（去心）、紫菀（去苗土）、五味子、桑根白皮（一两）、百合（一两）、生姜汁

① 石蜜，原义为山崖上的野蜂蜜，又名石饴（《神农本草经》）。因甘蔗糖浆似蜜，后称“蔗饧为石蜜”（《广志》）。西域商人在凉州销售饼块糖，用原名 kandi，消费者不懂，便借用石蜜一词，称“饼块石蜜”，说它“非蜂（蜜）之类，假石（蜜）之名”。“石蜜非石类，假石之名也。实乃甘蔗汁煎而曝之，则凝如石而体甚轻，故谓之石蜜也。”参见《凉州异物志》，作者无考，大约成书于汉晋之际，一卷，已佚。从佚文看，所记内容并不仅限于凉州，也涉及凉州以外的广大地区，如大秦、高昌、罗刹、丁零等。

②（唐）孟诜、张鼎：《食疗本草》卷上《沙糖》，北京：人民卫生出版社，1984 年，第 45 页。

③（唐）苏敬等撰、尚志钧辑校：《唐·新修本草》卷十七《果中》，合肥：安徽科学技术出版社，1981 年，第 447 页。

④（清）彭定求等编：《全唐诗》卷 133《送山阴姚丞携妓之任兼寄苏少府》，北京：中华书局，1960 年，第 1358 页。

⑤（宋）陈直：《寿亲养老新书》卷 1《食治老人诸疾方》，上海：上海人民出版社，2005 年，第 49 页。

⑥（宋）陈直：《寿亲养老新书》卷 1《食治喘嗽诸方》，上海：上海人民出版社，2005 年，第 68 页。

（半两）、沙糖（四两）、蜜（四两）。”《圣济总录》卷九七云：“治大肠壅结不通粉糖丸方：腻粉（秤半钱）、沙糖（如弹丸大一块）。”《圣济总录》卷九七云：“治结阴便血地黄煎丸方：生地黄（汁一升）、小蓟（汁一升）、沙糖（一两同上二味熬成膏）、地榆根、阿胶（炙令燥二两），侧柏（二两）。”《圣济总录》卷一〇三云：“治眼目暴赤碜涩疼痛点眼黄连煎方：甘蔗（汁二合），黄连（捣碎半两）。”①

在明代，仍有较多药物类医书记载了蔗糖的药用。如《普济方》所记述的大补心汤，粘糖一斤；人参汤，饴糖半匙；建中汤；但是，最具代表性的当属李时珍编纂的《本草纲目》，该书较为全面地梳理了甘蔗、蔗糖的药用功效，例如在第六册卷三中，记述了疗治湿热火郁、酒毒、痰热、积滞、虚寒、暑热、调中补虚等用途；在第七册卷三中，记述清镇、降火清金、清上泄火、养血润燥、眼目赤肿、口臭、风痰、灸疮等用途；在第八册卷四中记述了解决“竹木哽”等用途②。

从较早编著的《神农本草经》到《新修本草》再到明代的《本草纲目》，汉唐以来的历代记述药物的医书均记载了甘蔗、蔗糖的药用功效，其功效也由最初的几种，逐渐发展到明代的几十种，内容涉及清热解毒、补心养肺、生津止咳等多个方面。清末，傅崇矩在《成都通览》中记述：“成都之药品糖汁：蜂蜜，在大药铺内买，不甚贵；麻糖清，在南门大街及麻糖铺买。梨膏，大药铺可买，总府街亦有，须防用烂梨造成者。”③

季羡林认为：“中国糖史的总趋势是产量越来越多，价钱越来越低，药用越来越少，食用越来越增。”④西敏司也认为从 13 世纪到 18 世纪，糖品在欧洲的医疗实践中已经不可或缺（10 世纪糖品药用由阿拉伯人传入欧洲），以至于人们用“就像一家断了糖的药店”来表达极端的绝望和无助；18 世纪到 19 世纪，糖品已不那么不受争议地被开列为处方药，伴随着它日益转化为甜味剂和防腐剂，其药用性也就逐渐消失。糖品之前作为药物的功能正被它的一种新功能，即作为热量（卡路里）之源的功能所同化。⑤

随着糖品产量的逐渐增加，糖品食用数量也日渐增多，这个总趋势我们并不否认，但是食用增多是否意味着药用减少则值得商榷。纵观中国糖品药用的发展趋势，相对于唐宋两代而言，明清时期其药用功能是在不断扩大。另外，可以肯定，

① （宋）赵佶：《圣济总录》，北京：人民卫生出版社，1962 年，第 671、1700、1703、1180 页。

② （明）李时珍：《本草纲目》，上海：商务印书馆，1930 年影印本。

③ （清）傅崇矩：《成都通览》下册，成都：巴蜀书社，1987 年，第 282 页。

④ 季羡林：《文化交流的轨迹——中华蔗糖史》，北京：经济日报出版社，1997 年。

⑤ Sidney W. Mintz，*Sweetness and Power：The Place of Sugar in Modern History*，New York：Penguin Book，1985，p.106，p.112.

随着医学的发展，糖品直接药用的数量会相对变少，但是，以糖入药的药品数量，比如糖衣药丸、药用糖浆等，则会随之递增。

第三节　糖品之供给上层社会群体消费

在7世纪到16世纪之间（唐代到明代），除了药用之外，糖品还进入了上层社会的消费清单，多为皇族、大臣、高僧等上层社会群体所消费。不过，可以肯定的是，糖品并未在市场上广泛流通，甘蔗及其制成品蔗糖均极其贵重。

糖品为高僧所用，在高僧的膳食食谱中有相当多的记载。玄奘讲述印度高僧日常饮食情况，“至于乳酪、膏酥、沙糖、石蜜、芥子油、诸饼麨，常所膳也”①。唐代大慈恩寺供应玄奘的饮食称：“别营净食进法师，具有饼饭、酥乳、石蜜、刺蜜、蒲（葡）萄等。”②义净讲述了印度及东南亚地区僧人的受斋轨则，“次授干粳米饭并稠豆臛，浇以热酥，手搅令和，投诸助味，食用右手。才可半腹，方行饼果，后行乳酪及以沙糖。渴饮冷水，无问冬夏。此乃众僧常食，并设斋供，大略皆尔”③。公元743年，鉴真再次东渡日本，在他旅行的记述中，糖品是其日常膳食中必不可少的物品，“胡椒、阿魏、石蜜、蔗糖等五百余斤，蜂蜜十斛，甘蔗八十束”④。773年10月，不空法师在《上谢恩表》中列出了皇帝的赏赐物品清单：“其文殊阁先奉恩命，取今月十四日上梁。天泽曲临，特赐千僧斋饭，上梁赤钱二百贯，蒸饼二千颗，胡饼二千枚，茶二百串，香列汤十瓮，苏蜜食十合槃，甘橘子十五个，甘蔗四十茎。中使相继于道路，饭食盈溢于街衢。御膳珍馐悉饱大会，天厨汤茗普洽士庶，圣恩过甚。”⑤

糖品为王公贵族所用，在皇帝赏赐清单及王公贵族日常饮食中也多有记载。唐

① （唐）释玄奘译、释辩机撰：《宋思溪藏本大唐西域记》卷2，北京：国家图书馆出版社，2017年，第77页。

② （唐）惠立、彦悰著，孙毓棠、谢方点校：《大慈恩寺三藏法师传》卷2，北京：中华书局，2000年，第28页。

③ （唐）义净原著、王邦维校注：《南海寄归内法传校注》卷1《受斋轨则》，北京：中华书局，1995年，第55页。

④ 天宝二年（743年），鉴真再一次尝试东渡时，他备办了许多东西，要随船带往日本，其中有船上食用的干胡饼、干蒸饼等，有佛像、佛经等，有铜瓶、袈裟等，有大小铜盘等，有麝香、沉香等各种香料，最后提到胡椒、阿魏、石蜜、蔗糖等五百余斤，蜂蜜十斛，甘蔗八十束。参见（日）真人元开著、汪向荣校注：《唐大和上东征传》，北京：中华书局，1979年，第47—48页。

⑤ 圆照：《代宗朝赠司空大辩正广智三藏和上表制集》大历八年十月十八日特进试鸿胪卿三藏沙门大广智不空上表（恩赐文殊阁上梁蒸饼见钱等物谢表一首），http://hant.wen.incasedo.cn/d_1_15667_1（2017-12-12）。

代宗赏赐郭子仪甘蔗20根[①]，“郭汾阳在汾上，代宗赐甘蔗二十条”[②]，“甘蔗只生于南方，北人嗜之而不可得。魏太武至彭城，遣人于武陵王处求酒及甘蔗。郭汾阳在汾上，代宗赐甘蔗二十条。”[③]郭子仪对国家有再造之恩，位极人臣，皇帝赏赐他甘蔗，可见当时甘蔗并非普通寻常物品，其制品糖品同属极其贵重物品。9世纪中叶及10世纪初，由阿拉伯人撰写的《中国印度见闻录》记述中国人的日常食物，“中国人的粮食是大米，有时，也把菜肴放入米饭再吃。王公们则吃上等好面包和各种动物的肉，甚至猪肉和其他肉类。水果有苹果、桃子、枸橼果实、百籽石榴、榅桲、丫梨、香蕉、甘蔗、西瓜、无花果、葡萄、黄瓜、睡莲、核桃仁、扁桃、榛子、黄连木、李子、黄杏、花楸核，还有甘露、椰子果。……在中国，人们用米造醋、酿酒、制糖以及其他类似的东西”[④]。由此可见，唐宋时期，甘蔗作为水果被王公们所消费。

糖品还广见于各类进贡清单中。宋初，三佛齐国于开宝七年（974年）、大食国于雍熙元年（984年）和至道元年（995年）进贡白砂糖[⑤]。雍熙二年（985年），大食国进贡白砂糖，“国人花茶复来，献花锦、越诺、拣香、白龙脑、白沙糖、蔷薇水、琉璃器。……至道元年，其国舶主蒲押陁黎齐蒲希密表献白龙脑、腽肭脐、龙盐、眼药、白沙糖、千年枣、五味子、偏桃、蔷薇水、乳香山子、蕃锦、驼毛褥面、白越诺”[⑥]。宋太宗太平兴国年间（976—984年），福州贡“干白沙糖”[⑦]。景德三年（1006年）十月己卯，宋真宗曰：“昨园陵修奉已来，朕虑掌事者因缘扰民，屡降条约。如闻郑州顿递，所索名件至多，寻令取到文字，乃转运司所差忠武节度推官杜保，又潜配民户，令供折米、芜荑、白沙糖、生鱼、筚拨等。且外方州县，安能尽备此物？”[⑧]治平四年（1067年）二月二十六日，宋神宗令罢诸州所贡物，所罢贡物包括“处州：（今浙江丽水）白沙糖七百斤”[⑨]。

---

① 郭子仪（697—781年），唐华州郑县人。757年，平定安史之乱，封代国公。762年，平定太原、绛州兵变，封汾阳王。763年、765年，抵御吐蕃、回纥入侵。780年，被唐代宗尊为“尚父”，进位太尉、中书令。

② （清）陈梦雷编纂、蒋廷锡校订：《古今图书集成·博物汇篇·草木典》卷113《甘蔗部》，北京、成都：中华书局、巴蜀书社，1985年。

③ （宋）洪迈撰、孔凡礼点校：《容斋随笔》，北京：中华书局，2005年，第655页。

④ 穆根来、汶江、黄倬汉译：《中国印度见闻录》，北京：中华书局，1983年，第11页。

⑤ （元）脱脱等：《宋史》卷489，北京：中华书局，1977年，第14089页；（元）脱脱等：《宋史》卷490，北京：中华书局，1977年，第14188—14189页。

⑥ （宋）马端临著，上海师范大学古籍研究所、华东师范大学古籍研究所点校：《文献通考》卷339《四裔考十六》，北京：中华书局，2011年，9395页。

⑦ （宋）乐史撰、王文楚等点校：《太平寰宇记》卷100《江南东道·福州》，北京：中华书局，2007年，第1992页。

⑧ （宋）李焘：《续资治通鉴长编》卷64景德三年十月己卯条，北京：中华书局，1980年，第1429页。

⑨ 刘琳等校点：《宋会要辑稿·崇儒七·罢贡》，上海：上海古籍出版社，2014年，第2915页。

宋代以降，到明末，中国出现了一个颇有意思的用糖现象，即“宋至明市井之糖品消费”，除了上层社会消费糖品外，在诸多文献中可以看到在都城的市肆上出现为数不少的糖制小食品。据《东京梦华录》记载，宋代开封街市上出现了香糖果子、散糖果子、糖饼等糖制小食品。据《梦粱录》记载，都城杭州店肆、铺席、夜市里有糖面蒸糕、糖煎、糖蜜糕等糖制小食品出卖。据《武林旧事》记载，都城杭州的节令食品以及作坊中有糖蜜枣儿、糖叶子、香糖果子、糖粥、糖糕点等不同种类的糖制食品。13 世纪中叶，有记述糖品用于烹调的文献，一本认为在饮食中有 16.9%的食谱使用了甜料，另一本则认为这一比例达 25%。[①]林洪在《山家清供》中将 17%的用糖食谱视为“清供”[②]，表明在平常食谱使用糖和甜料变得十分普遍。《吴氏中馈录》是中国妇女所著第一部烹饪书，记述了普通的糖、白糖、红糖、精制糖、白糖粉和糖面粉等使用情况。明代的《竹屿山房杂部》更是记述了几十种糖制小食品[③]。另外，用糖腌制的蜜饯在宋代以后也颇为流行。美国学者穆素洁认为宋代蔗糖消费量的主要增长，较少直接用于糖果和蛋糕，多是制作蜜饯[④]。日本学者篠田统认为制成蜜饯的水果如此受欢迎，以至于杭州和开封的大街小巷的小贩肩挑背负地叫卖；装满蜜饯的精巧瓷瓶，成为城区名流富户间的时髦礼物。[⑤]在元代，元杂剧中也有糖制蜜饯的记载[⑥]。

就上述材料而言，是否意味着糖品在市面上广泛流通以及糖品消费群体扩大了呢？仅仅宋代以降糖品种类日渐增多、消费数量有所增加，不能直接证明此时糖品消费已经“庶民化”。其一，从上述资料来看，糖品的消费区域仅仅限于开封、杭州两个都城，根据日本学者斯波义信的研究，有宋一代，产糖的地方，农家可能已食用一些糖，更有可能是咀嚼蔗秆。但是，食用是有限的。在福建吴村，即使在春节期间，糖也是作为特殊的款待品使用，另外，他对当时长江下游地区中国经济最发达地区的 34 个乡村市镇的详细研究表明，这些市镇都不售糖[⑦]。美国学者穆素洁认为，糖虽不至于昂贵到令人不敢问津，却是相当贵重。宋代尽管蔗糖消费量显

---

① Francoise Sabban，Sucre Candi et Confiseries de Quinsai：l’essor de Sucre de Canne dans la Chine des Song，*Journald’ Agriculture Traditionnelle et de Botanique Appliquee*，Vol.35，No.1，1988，pp.195-214.

②（宋）林洪撰、乌克注释：《山家清供》，北京：中国商业出版社，1985 年。

③ 如蜜酥饼（白砂糖）、酥油饼（糖）、糖面饼（赤砂糖）、香露饼（白砂糖）、透糖（赤砂糖）、香花（白砂糖）、糖花（赤砂糖）、猪耳（赤砂糖）、馓子（赤砂糖）、水磨丸（白砂糖）、水浮丸（糖）等。

④（美）穆素洁著、叶篱译：《中国：糖与社会——农民、技术和世界市场》，广州：广东人民出版社，2009 年。

⑤（日）篠田统著，高桂林、薛来运、孙音译：《中国食物史研究》，北京：中国商业出版社，1987 年，第 161—162 页。

⑥ 杨家骆：《全元杂剧三编》第五册《逞风流王焕百花亭》第三折，台北：世界书局，2009 年。

⑦（日）斯波义信著、庄景辉译：《宋代商业史研究》，台北：稻禾出版社，1997 年。

著地增加，只有富裕者得以时常品尝。对大多数人来说，蔗糖仍是珍稀食品。生活在蔗糖产地以外的农民，一生中甚至从未尝过糖①。其二，从另外一些文献资料来看，糖品的消费并未普及且仍极其珍贵。南宋时期，杭州普通人家的必备生活品中并未有糖品，“杭州……盖人家每日不可阙者：柴、米、油、盐、酱、醋、茶”②。

在明代，据史料记载，糖品仍作为贡品及贵重赏赐品。“主客，清吏司：凡直隶宁国府宣城县雪梨、苏州府吴县柑桔、浙江杭州钱塘仁和二县甘蔗，俱本部收送南京太常寺供荐。”③“榜葛剌国贡物（东印度）：马、马鞍（金银事件）、戗金琉璃器皿、青白花磁、撒哈喇、者抹黑荅立布、洗白苾布、兜罗绵、糖霜、鹤顶、犀角、翠毛、莺哥、乳香、鹿黄、熟香等等。”④“给赐三，外夷下四，西域、哈蜜（密）：使臣进贡至京者，每人许买茶叶五十斤，青花瓷器五十副……果品、沙糖、干姜各三十斤”⑤；“筵宴食品中有：响糖”⑥；“饮赐下程食品中有糖饼二十个；王国下程食品中有黑沙糖十斤，糖茄一百五十个”⑦；“膳羞二，下程，王国下程：凡亲王之国，永乐间，厨料酱一百斤……黑沙糖十斤……糖茄一百五十个。”⑧张居正担任尚书年满 12 年，皇帝“寻遣司礼太监张诚赐银三百两、蟒衣一袭、纻丝四十表里、羊十只、酒六十瓶、钞十万贯、酒饭五卓（桌）、鸡十只、鹅五只、猪肉一百五十斤、汤五品、白面一百二十斤、香油三百二十斤、白糖一百斤、黑糖一百四十斤、蜜二十五斤……”⑨。明代中期以后，随着商业经济的发展，糖品消费已有较大进展。在皇宫内，设有甜食房，专制甜食，造法器具，均由太监经手，不令人见，所以所制甜食，被外廷视为珍品。此类甜食，有丝窝虎眼糖等。⑩据《如梦录》一书记载，在开封城内，响糖铺所制的品种有连十、连五、连三合桌等各样糖果。响糖为喜丧、年节所用的糖供。有人物、鸟兽、果类等，数品为一桌，论桌而卖。开封城内周王府所制的藕丝糖及其他糖果，远近驰名，号称第一。从明代北京民间的俗对中可以知道如琥珀糖、九瑰灌香糖之类，都是当时京城

---

①（美）穆素洁著、叶篱译：《中国：糖与社会——农民、技术和世界市场》，广州：广东人民出版社，2009 年。

②（宋）吴自牧：《梦粱录》卷 16，杭州：浙江人民出版社，1980 年。

③（明）申时行等：《明会典》卷 105《礼部六十三》，北京：中华书局，1989 年，第 571 页。

④（明）申时行等：《明会典》卷 106《礼部六十四》，北京：中华书局，1989 年，第 575 页

⑤（明）申时行等：《明会典》卷 112《礼部七十》，北京：中华书局，1989 年，第 595 页。

⑥（明）申时行等：《明会典》卷 114《礼部七十二》，北京：中华书局，1989 年，第 600 页。

⑦（明）申时行等：《明会典》卷 115《礼部七十三》，北京：中华书局，1989 年，第 604 页。

⑧（明）申时行等：《明会典》卷 115《礼部七十三》，北京：中华书局，1989 年，第 604 页。

⑨（明）王世贞撰、魏连科点校：《弇山堂别集》卷十三，北京：中华书局，1985 年，第 236 页。

⑩ 陈宝良：《明代社会生活史》，北京：中国社会科学出版社，2004 年，第 862 页。

著名的糖食[①]。广东市肆所卖糖果称“茧糖”。由于形状及用途的不同，可分为以下几种：糖通，炼成条子，形状玲珑；吹糖，吹之使空；糖粒，实心，大的称糖瓜；飨糖（即开封的响糖），做成番塔、人物、鸟兽的形状，吉凶礼节时所用；糖砖，祀灶时用；宴客时所用的糖果，有芝麻糖、牛皮糖、秀糖、葱糖、乌糖。在一些城市中，还有专门买卖糖食的店铺。比如在南京城中，糖食铺户就有 30 余家。[②]陈宝良在《明代社会生活史》一书中认为明代“糖食已很普及，而且花样很多”[③]，不可否认，明末中国糖品消费有较大进展，不过，相对于清代中期以后的糖品消费情况而言，这时仅为消费转型的开端，真正意义上的糖品消费大扩张时间应在清代中期以后。

唐至明代，除了药用之外，糖品多为上层社会群体所消费。从唐代的赏赐甘蔗数条到明代赏赐蔗糖百斤来看，糖品消费数量呈递增趋势是毫无疑问的，尽管出现了“宋至明市井之糖品消费”现象，不过，可以肯定这一时期糖品仍然极其贵重，并未进入寻常百姓家，而其真正发展成为“普通商品”是在清代中期以后，尤其是在 20 世纪初（即清末民初）。

第四节　转折时期：清代中期以后糖品消费的大扩张

清代中期以后，中国糖品消费呈现出较大扩张趋势，糖品消费融入了日常生活及社会风俗当中，其消费群体由上层群体扩大到普通下层民众，初步实现了“商品化”及“庶民化”，是中国糖品消费的重要转折时期。

在日常生活用糖方面，清代中期以后，平民饮食用糖日渐丰富，时人著作和画卷中均有所反映。乾隆年间杨米人《都门竹技词》，描述了京师的风味小吃情况[④]，《盛世滋生图》及《北京民间风俗百图》以图画形式反映同光年间民间风俗用糖。产地区域的糖制品成为地方特色产品，“广中市肆卖者有茧糖，窠丝糖也。其炼成条子而玲珑者，曰糖通。吹之使空者，曰吹糖。实心者小曰糖粒，大曰糖瓜。铸成番塔人物鸟兽形者，曰向（响）糖，凶吉之礼多用之，祀灶则以糖砖，燕客以糖果。其芝麻糖、牛皮糖、秀糖、葱糖、乌糖等，以为杂食。葱糖称潮阳，极白无

① （明）沈德符：《万历野获编》卷 24《京城俗对》，北京：中华书局，1959 年，第 613—614 页。
② （明）何良俊：《四友斋丛说》卷 12，北京：中华书局，1959 年，第 99 页。
③ 陈宝良：《明代社会生活史》，北京：中国社会科学出版社，2004 年，第 914 页。
④ （清）杨米人：《都门竹枝词》，《清代北京竹枝词（十三种）》，北京：北京古籍出版社，1982 年。

滓，入口酥融如沃雪。秀糖称东莞，糖通称广州”①。另外，也初步形成了南甜北咸的饮食格局，“食品之有专嗜者，食性不同，由于习尚也。兹举其尤，则北人嗜葱蒜，滇、黔、湘、蜀人则嗜辛辣品，粤人嗜淡食，苏人嗜糖。即以浙江言之，宁波嗜腥味，皆海鲜。绍兴嗜有恶臭之物，必俟其腐烂发酵而后食也”。“苏人以讲求饮食闻于时，凡中流社会以上人家，正餐、小食，无不力求精美，尤喜食多脂肪品，乡人亦然。至其烹调之法，概皆五味调和，惟多用糖。”②清末，傅崇矩的《成都通览》成都七十二行现相图中记述和甘蔗、糖制品有关的图像就有卖甘蔗摊贩、捏糖人、糖饼摊子、卖粘米花糖、卖白麻糖 5 种③；成都各类糖食多达几十种④。

在社会风俗用糖方面，清代中后期以来，以节令用糖、社交用糖（生子馈赠、结婚喜物）为代表的民俗用糖日渐普遍。节令用糖比较普通，集中在“元宵节”“二月二”“中秋节”“重阳节”“腊八”等传统节日中。在西北地区，八月十五日用月饼、九月重阳用枣糕，广见于雍正《陕西通志》、光绪《永寿县志》、乾隆《富平县志》、乾隆《临潼县志》、乾隆《同州县志》、光绪《蒲城县志》、道光《榆林县志》、嘉庆《定边县志》、道光《清涧县志》、嘉庆《洛川县志》、乾隆《甘州县志》等⑤。在华北地区，以糯米粉作丸，实以糖，煮食之，曰“元宵”；重阳日，女家邀女眷，用糖、栗、枣和面作花糕，大尺余，送婿家，谓之“追花糕”。在西南地区，道光《遵义府志》载：“（遵义府）士民以正月十五、七月十五为大节，陈祭馔，焚包楮，祀其祖先。元旦荐汤圆、粉饼，端午荐粽子，除夕荐年饭。”在中南地区，清同治年间，广西浔州府民众以糖制小食作为拜年招待客人的主要食品。同治《浔州府志》云：“正月，贺朔款客，以糖糕、肉粽、油果、寒具、炒米饼为小食”，光绪年间广西郁林地区年前作花糖和糕饼，除了用于祭祀祖先外，也当作互相拜年和馈赠的礼物。光绪《郁林州志》载：“亲戚相馈遗，或有添造蛟米散糖、光薄脆、酥角脆子、油团、大笼糍等饽，各随意好，皆用糖油之物。”

社交用糖，这里多指民间在生子、结婚、宴会时用作礼物或招待宾客时的糖品使用情况。在西北地区，宴会除了肉类外，《西域见闻录》还记载尚有“各色瓜果、冰糖、塔儿糖、回子香油”等物，丰富多彩。在西南地区，嘉庆年间，四川金堂县糖成为招呼亲友必备的食品，新婚第二天，嘉庆《金堂县志》载：“新妇出陪

---

①（清）屈大均：《广东新语》卷 14《食语·糖》，北京：中华书局，1985 年，第 389 页。

②（清）徐珂：《清稗类钞》第 13 册，北京：中华书局，1986 年。

③（清）傅崇矩：《成都通览》上册，成都：巴蜀书社，1987 年，第 413、418、443、448、457 页。

④（清）傅崇矩：《成都通览》下册，成都：巴蜀书社，1987 年，第 287—288 页。

⑤ 该部分县志均选自丁世良、赵放编辑的《中国地方志民俗资料汇编》（北京：图家图书馆出版社，2014 年），故不做一一说明。

奁所携咸菜、糖食，遍待亲友，曰摆茶宴。”在中南地区，道光年间河南淮宁县，结婚的礼糖是不能少的，道光《淮宁县志》载：“至期，请大宾、媒红，礼用糖果、羊酒，或四，或八，或十二，衣服、被褥如之，金珠首饰其类不一。”同治《长阳县志》载：“（长阳县）产子，亲友相遗以鸡、鹅、米蛋、糕、糖之类，谓之送粥米。”

在广东地区，打糖梅和饮姜酒成为重要的民俗社交用糖活动。打糖梅，“东粤故嗜梅，嫁女者无论贫富，必以糖梅为舅姑之贽，多者至数十百罂，广召亲串，为糖梅宴会。其有不速者，皆曰‘打糖梅’。糖梅以甜为贵。谚曰：‘糖梅甜，新妇甜，糖梅生子味还甜；糖梅酸，新妇酸，糖梅生子味还酸。’糖榄亦然。有糖梅必有糖榄，榄贵其有雌雄，雄者花而雌者实也。凡女既入门，诸媵妗相与唱歌，其歌曰‘解’。解糖梅者，词美新妇。解糖榄者，词美新郎”[①]。嘉庆《新安县志》载：“嫁女不以妆奁相夸耀，犹尚糖梅，亲友造新婚家索饮曰打糖梅，其家速客曰梅酌”；婚礼，旧俗有打糖梅之习，子弟年少者，聚戏于新婚之房，今日其风稍息；娶后，每夜戚属造门索饮，谓之打糖梅。“饮姜酒”，姜酒有祛风作用，糖尤其是煮姜酒的红糖，有去瘀血、通经脉、除恶露、补产妇失血的作用。生子送姜酒，成为清代广东人的一种时尚民俗，后来“饮姜酒”发展成为生子报喜和请生子酒的代名词。“粤俗，凡妇娠，先以老醋煮姜，或以蔗糖芝麻煮，以坛贮之。既产，则以姜醋荐祖饷亲戚，妇之外家亦或以姜酒来助，名曰姜酒之会，故问人生子，辄曰姜酒香未？”[②]生子，邀亲友欢饮必以姜，谓之“姜酒”；生子女，亲朋聚饮，以片姜送酒，谓之“饮姜酒”；生子弥月，聚亲朋、宗族以饮，必设醋姜，谓之“饮姜酒”。

民国时期，一方面日常生活用糖和社会习俗用糖更加普遍。在民国时期的青海，饼干、红枣、糖果、萝卜为蒙、藏人民旅行西宁时所必须购之食品，为返里归乡时馈赠之必需礼物。在藏传佛教寺庙前，每天早晨于门前高处置炭炉一具，民国《青海县志》载：“略加炒面粉、柏叶、酥油、糖果混合物于火炭上”，吹贝螺三声作为敬神之礼。东北地区的时令用糖：八月十五日，陈瓜果、月饼于庭，焚香叩拜；八月十五日，“陈月饼、瓜果于庭”，以“供月”；八月十五，陈月饼、瓜果于庭拜月。是夜家人团集，儿女分甘，故或谓此节为“团圆节”；中秋食月饼，用月饼供月；八月十五有中秋食月饼、祭月；正月十五，有用元宵供神；八月十五，有以月饼供月。东北地区的民俗用糖：生子以豚蹄、面、糖、鸡卵等物馈遗，俗谓

① （清）屈大均：《广东新语》卷14《食语·糖梅》，北京：中华书局，1985年，第390页。
② （清）屈大均：《广东新语》卷27《草语·姜》，北京：中华书局，1985年，第706页。

“下奶”；产子，母家得信，于第五日送鸡卵、红糖、白面、豚蹄等物，曰“下奶”；亲友以面、糖、豚蹄、鸡卵等物敬相馈遗，俗谓“下奶”；生育，月内有亲友送糖给产妇；生育：贺者“亦有遗糖、面、鸡卵数色者，曰下奶”；贺生子，多以红糖、鸡子、白面等物，俗名“下奶”；歌谣云：“小麻雀，尾巴长，娶了媳妇忘了娘。爹娘送到东山上，媳妇坐在炕中央。油酥饼，加白糖，媳妇媳妇你尝尝。”民国《农安县志》载，汉族婚礼有“新郎新娘偕坐帐中（俗曰坐帐），家人以糖水交饮之，意谓使夫妇情义甜蜜也”。回族婚礼，聘礼有稞子（和面以糖、酥、芝麻等物油炸而成）四十斤。在西北地区，结婚以后，初生第一胎小孩，生男曰“弄璋”；生女曰“弄瓦”。降生以后，各亲友均赠送礼物，如红糖、面条之类；及其生子，外祖家馈以大米、红糖、鸡子、芝麻四物，以食产妇；宴会，以专请为正客，席前有看桌，树簇盘，列牲、果、糖食，或用花币，务为盛典。在西南地区，民国时期遵义府，媒礼中糖仍是必备的物品。民国《遵义府志》载，结婚男方的聘礼“鸡一、羊一、糖一包、米一斗、盐茶各三斤六两，无庚贴，奉之女家；无力者各以糖、茶一包，盐数两，米数升而已”。在中南地区，河南封丘县春节亲友之间相互赠送糖果；湖南嘉禾县，新婚有闹洞房吃糖茶习俗，民国《嘉禾县图志》载：“夜中闹洞房，无老少环集，名曰吃糖茶”；民国时期《偃师县风土志略》载，河南偃师县，“凡子初生三天，其父携酒肉亲往岳家见妇之父母，谓之报喜。再候三五日，妇之父母备小米、沙糖、干粉、芝麻、盐与小褥前来探亲，谓之送小米面”。

另一方面，糖品消费有新的倾向。民国时期，国民消费糖品数量成为衡量一国发达与否的标准之一。“国之贫富视糖之消费多寡为准，人民生计渐裕，则糖之消费亦渐增，我国消费糖年约1100万担（约550 000吨）。”[①]20世纪20年代以降，国民用糖数量急剧攀升。据统计，1922年左右，中国砂糖年消费额为1200万—1300万担，其中500万—600万担是中国糖品，600万—700万担是外国糖品[②]。1924年，袁文钦指出：

> 据最近海关统计之册报，每年外糖输入，为数实达八亿九千万斤，估核价值约在一万万三千万元以上。而比来各国食糖之消耗日益增进，盖甘、咸二味同一为人类日用必需之品，百凡食物皆资搀（掺）和。故糖与盐两物势略相敌，而盐性主消下，糖性主滋补，所以生活程度愈高愈上，则费糖必渐加多。一时经济学者，至谓世界各国人口平均食糖数量多寡之比较，足以判定其国文化之

① 朱嘉□：《糖》，上海：上海商业储蓄银行，无出版时间，第13页。

② 《中国砂糖与日本（上·中·下）》，《朝日新闻》1921年5月18—20日。

等差高下与其进步之迟速。循是而言，则将来消耗之总额必愈推而愈广。然则外糖输入之日增月益，盖已必至之势，排山倒海之量，宁复有底止耶。①

另据记载：

据近年海关统计，（输入糖品）已达八百万担之巨，以现在市价计算，已达一万万二千万元之多，而回观每年每人之消耗，仅二斤有四，较之美国仅三十分之一、欧洲仅二十分之一，即较之日本，亦仅五分之一。洋糖色味优良，价值低廉，故国产之糖，遂为其排挤，加以兵祸连年，士荒于学、农辍于野、工辍于厂、商罢于市，制造耕种方法，既无所改良，新式糖厂之组织，尤视为畏途，消耗与文化成正比例，已成为不易之论，数载之后，中国文化日高，糖之消耗必多。②

1930 年，吴卓在《振兴中国糖业之先决问题》一文中指出："（中国）糖品进口值一万三千三百余万元，居中国进口货之第二位……现在中国人每人所消耗之糖量，为世界各国之最低者，故在未来十年之中（民国廿九年）所需之糖量，或再加倍，亦在意料之中，是时每年糖品（进口）之价值可达二亿七千万元之巨数。"③

另外，在糖品的"商品化"和"庶民化"过程中，东亚市场对糖品的质量要求不断增高，精制糖品的需求持续不断提升。"国人对于糖之消费，渐趋于精洁化，所嗜之糖，品质渐高，因此，输入价值方面，增加更快"，1928 年和 1929 年，中国外糖进口分别约值 9800 万海关两、9900 万海关两，进口糖品的来源分别为：赤糖以爪哇为首，中国香港次之，其余为菲律宾、日本等，均占少数；白糖亦以爪哇为最，日本等次之；车白糖则向来以日本居首位；冰糖、糖浆以中国香港来者较多，次为新加坡、日本等；白方块糖前以日货最多，晚近以中国香港货为多。④东亚消费市场的喜好，直接推动了世界糖业的发展，即生产精制白糖，运销东亚市场，爪哇原料糖品输出成功转向，爪哇原料糖品推动了日本精制糖业及中国香港糖业的发展，间接地影响了东亚糖品销售格局的变动。面对东亚糖品市场的海量需求和巨大利益，本非产糖重地的日本与中国香港地区，加快了发展精制糖业的步伐⑤。

---

① 《袁文钦关于振兴全国糖业意见书》，《中华民国史档案资料汇编》第 3 辑《工矿业》，南京：江苏古籍出版社，1991 年，第 265 页。

② 陆宝愈：《甜菜糖》，《中华化学工业会会志》1927 年第 1 期，第 39—40 页。

③ 吴卓：《振兴中国糖业之先决问题》，《工商半月刊》1932 年第 1 期，第 5 页。

④ 上海商业储蓄银行调查部：《上海之糖与糖业》，上海：上海商业储蓄银行信托部，1932 年，第 24 页。

⑤ 赵国壮：《日本糖业在中国市场上的开拓及竞争（1903—1937）》，《中国经济史研究》2012 年第 4 期。

清代中期以后，中国糖品消费量呈持续递增趋势。日常生活用糖，以及以节令用糖、社交用糖（生子馈赠、结婚喜物）为代表的民俗用糖日渐普遍。糖品从漫长的稀有品（药品、贡品）、奢侈品时代转入了普通商品、生活必需品时代（“商品化”和“庶民化”）。这一巨大变化与人口数量急剧膨胀紧密相关，也与人民生活水平逐渐提高分不开。这一过程的推动力量，是制糖技术的不断更新。

小结：重视历史时期糖品消费的内在价值

揆诸各种“本草”类药书，甘蔗与其制成品（糖品）多与“本草”类药书所载的其他植物、动物、矿物一样，是一种具有一定疗效的药用物品，其药用价值并未有某种倾向性。同时，历史时期的糖制药品并未获得大批量生产，故而糖品药用仅仅存在于药用疗效意义上，这一使用功能并未带有象征意义和经济价值的倾向性。但是，在药用之外，历史时期中国糖品消费却不仅仅停留在甘甜味道的享受上，其经历了从象征意义到经济价值（抑或二者并重）的重大变化。

（1）糖品消费的象征意义。糖品消费的象征意义主要体现在两个方面：一是个人（阶层）的身份及地位的象征；二是国家富裕程度的象征。就个人（阶层）的身份及地位的象征而言，在汉唐时期，甘蔗、糖品仅供给皇族、尊贵大臣、高僧等上层特权阶层消费；在宋元时期，糖品多为富人追逐的奢侈品对象；在明代，糖品仍为宫廷宴请、赏赐大臣必备的贵重物品。因此，在一定程度上可以认为，7 世纪到 16 世纪，中国糖品消费行为，除了享受糖品带来的甜美味觉之外，更多的是个人（阶层）身份和地位的象征。到了 17 世纪，英国的情况与此比较类似，到 1650 年时，英格兰贵族和富翁们变得嗜糖成癖，而蔗糖则频频现身于他们的药品、文学想象以及社会等级的炫耀过程中。[①]就国家富裕程度的象征而言，19 世纪末 20 世纪初，在第二次工业革命的影响下，各国民众的消费能力有较大提高，糖品的消费量呈快速递增趋势，中国也不例外，每年有巨量外糖输入中国[②]，使用精制糖品、消费制作精良的糖类食品成为新的消费动向和新的消费理念，随之，在一些国际舆论中，一个国家的人均糖品消费数量成为体现一个国家富裕程度的象征或指标。

（2）糖品消费的经济价值。糖品消费的经济价值随着糖品产量及消费数量的

① （美）西敏司著，王超、朱健刚译：《甜与权力——糖在近代历史上的地位》，北京：商务印书馆，2010 年，第 17 页。

② 丹尼尔斯：《中国砂糖的国际位置：清末本土的砂糖市场》，《社会经济史学》1985 年第 4 号。

增加而日渐凸显，体现在糖品税收、对外经贸、产业致富、种植园经济及收回利权等方面。在宋元时期，政府开始征课糖税，宋朝曾把糖作为一种特殊税，在福建、四川、广东、湖南和南方其他产糖地开征，宣和初年，宰相王黼设立专官，管理四川主要产糖区遂宁县出产的糖品，该县年进贡了几千担糖。[①]元代继承了宋代开设的沙糖局，要求产蔗各县，将所产甘蔗送至沙糖局制糖，呈贡朝廷使用。[②]清初，中国与日本进行糖品换铜贸易，康熙年间，每年从日本输入铜 1200 吨，每年输出日本的糖品达 3.5 万—4 万吨[③]。清代中期以后，广东、四川、福建等产糖区域，业糖者可以通过种蔗制糖致富。1750—1914 年，台湾（日本）、爪哇（荷兰）、马来半岛（英国）、菲律宾（美国）等受殖民国对糖业经济利益追求的影响，制糖业快速发展起来。[④] 1860—1895 年，糖业经济在近代台湾社会经济变迁中扮演了重要角色[⑤]。1895—1937 年，日本占领台湾以后，依托爪哇及台湾的原料糖品大力发展日本本土精制糖业，在此阶段的中日贸易中，日本糖品贸易高居第二位[⑥]。中外糖品贸易累年的巨额逆差，给予中国政府以巨大冲击，迫使它在政策上做出调整，以应付危局。1931 年，南京国民政府试图借助古巴糖业势力来完成“制糖国营计划”。1935 年，南京国民政府拟以上海市商会成立上海糖业合作股份有限公司为契机，再一次借助外糖势力实施糖业统制计划。[⑦]

历史时期的中国，在糖品的全球流动、消费以及糖文化的交流、传播中，扮演了重要角色，但是，蔗糖并非中国独享的特产，从全球范围来看，糖品药用在历史时期的中国最有成就，糖品食用最早出现在印度，其次是阿拉伯世界，不过，可以肯定历史时期的中国在糖品消费方面也最有成绩。17 世纪以后，在经济全球化和之后的工业革命推动下，欧洲（尤其是英国）的糖品消费力量日渐凸显。19 世纪以来，在欧洲甜菜制糖崛起、古巴与爪哇的甘蔗糖业快速发展的新形势下，糖品成为大宗贸易品、普通消费品，其经济价值为各国所重视，糖品消费成为世界性话题。

---

① （日）斯波义信著、庄景辉译：《宋代商业史研究》 台北：稻禾出版社，1997 年。

② 李治寰：《中国食糖史稿》，北京：农业出版社，1990 年，第 175 页

③ 李治寰：《中国食糖史稿》，北京：农业出版社，1990 年，第 189—190 页。

④ J. H. Galloway，*The Sugar Cane Industry：An Historical Geography from Its Origins to 1914*，Cambridge：Cambridge University Press，1989，p14.

⑤ 林满红：《茶、糖、樟脑业与台湾之社会经济变迁（1860—1895）》，台北：联经出版事业公司，1997 年。

⑥ 赵国壮：《日本糖业在中国市场上的开拓及竞争（1903—1937）》，《中国经济史研究》2012 年第 4 期。

⑦ 赵国壮：《抗日战争时期大后方糖业统制研究——基于四川糖业经济的考察》，北京：科学出版社，2015 年，第 53 页。

第三章 明清时期的中国糖业经济

明清时期是东亚地区糖品生产、消费的大扩张时代，在一定程度上可以认为是糖品全球化时代的开端。这一时期，中国在甘蔗种植、制糖技术、中外交流、糖品贸易、糖品消费等方面均在东亚处于领先地位，是当之无愧的东亚糖业格局的绝对主导者，在东亚地区及世界上均有极其重要地位。明清时期亦是东亚地区糖品“庶民化”与“商品化”形成的重要时期，在此时期内，以中国为代表的东亚糖业经济亦发生了一系列的革命性变革：甘蔗种植从名贵植物发展到普通经济作物、福建发展成为东亚蔗糖故乡、手工制糖技术基本定型、东亚糖品在全球范围内流动等。

第一节 从名贵植物到经济作物

历史时期，中国关于甘蔗的记载可以追溯到先秦时期的典籍，《楚辞》卷 7《招魂》载：“胹鳖炮羔，有柘浆些。”①国内外学界关于甘蔗原生地问题分歧较大，有印度原种说②、南太平洋原种说③、中国原种说④等最为典型的几种源流

---

① 王逸注：“柘，诸蔗也。言复以饴蜜，胹鳖炮羔，令之烂熟，取诸蔗之汁，为浆饮也。”

② E. O. von Lipmann，*Geschichte des Zuckers：Seiner Darstellung Und Verwendung，Seit Den Ältesten Zeiten Bis Zum Beginne Der Rübenzuckerfabrikation*，Dresden：Fachbuchverlag，2016。利普曼（E. O. von Lipmann）征引拉森（Lassen）的意见，说印度种植甘蔗已有极长的历史，甘蔗以印度为故乡，印度人早就知道饮用浓蔗汁。一些印度著作就持此观点。

③ Nöel Deerr，*The History of Sugar*，London：Chapman and Hall Ltd.，1949。诺埃尔·迪尔（Nöel Deerr）举出了帕斯托尔·威尔海姆·施密特（Pastor Wilhelm Schmidt）的学说。帕斯托尔·威尔海姆·施密特主张南太平洋地区诸语言同高棉语和印度的蒙达语，以及马达加斯加的霍瓦语是一致的。它们共同形成了南岛（Austral）语族。据此诺埃尔·迪尔提出了一个假设：甘蔗是被游荡漂泊的民族从南太平洋地区携带至那些地方去的，桥梁是亚洲和澳大利亚之间的众多岛屿。

④ 李治寰：《中国食糖史稿》，农业出版社，1990 年。

说，至今仍未能达成共识。[①]不过，可以肯定的是，历史时期中国甘蔗种植经历了从名贵植物到经济作物的转变，并且这一重大转变过程就是在明末至清代中期完成的。

汉魏之际，甘蔗属于名贵植物，种植于圃及庭院当中。西汉扬雄所著《蜀都赋》描述了甘蔗作为珍稀植物种植于圃中的情况，“罗诸圃巨缘珍（果木繁盛四围之畛域），黄甘、诸柘（甘蔗）、柿、桃、杏、李、枇杷……”[②]。魏文帝曹丕“悟兴废之无常，慨然永叹”，乃作《感物赋》，亦明确记述此一时期甘蔗的种植情况，“南征荆州，还过乡里，种诸蔗于中庭，涉夏历秋，先盛后衰”[③]。唐代直到宋初，甘蔗仍属于水果类名贵植物。唐代宗李豫曾赏赐重臣郭子仪 20 根甘蔗，“甘蔗只生于南方，北人嗜之而不可得。魏太武至彭城，遣人于武陵王处求酒及甘蔗。郭汾阳在汾上，代宗赐甘蔗二十条”[④]。郭子仪多次平定边疆叛乱，对大唐王朝有再造之恩，可谓位极人臣，而皇帝将甘蔗作为贵重礼物赏赐给他，物以稀为贵，可见当时甘蔗并非普通寻常物品，尤其是在中国北方区域是极其少见的。

从明末到清代中期，甘蔗种植情况历经宋代中期以后的不断发展演变，其作为名贵植物的身份象征意义完全退去，而作为经济作物的实用价值日益凸显，随之在大范围内进行推广种植。主要表现在以下两个方面：

其一，甘蔗种植的专业化及种植区域的连片化。甘蔗在浙江、福建、四川、广东、江西等省得到广泛的专业种植，形成连片化经济效益。明代张天复所辑《皇舆考》记述，潼川州所辖之遂宁县产蔗霜；福州府（辖 10 县，附郭为闽县）城西有甘蔗州；泉州府（辖 7 县，附郭为晋江）产甘蔗；广州府（辖 1 州 15 县）产糖霜。[⑤]《三才图会》记载：“甘蔗，生江东者为胜。广州一种数年生者，如大竹，长丈余。叶有二种，一种似荻，节疏而细短，谓之荻蔗。一种似竹，麄长，笮其汁以为沙糖，炼沙糖和牛乳为石蜜，即乳糖也。味甘平，主下气和中，助脾气，利大肠。”[⑥]明代何乔远所辑《闽书》卷 150《南产志》称：“（甘蔗）出福州以上，皮节红而淡，出泉、漳者皮节绿而甘。其干小而长者名菅蔗，又名蓬蔗。居民研汁煮

① 季羡林则认为这个问题异常复杂，以我们目前的科学研究水平还无法解决这个问题，距离最后的解决，还有极长的路程。季羡林：《甘蔗原生问题》，《糖史》，南昌：江西教育出版社，2009 年。

② （宋）章樵注：《古文苑》卷 4《扬雄赋三首·蜀都赋》，清道光二十四年（1844 年）刻本，第 8 页。

③ 魏宏灿：《曹丕集校注》，合肥：安徽大学出版社，2009 年，第 104 页。

④ （宋）洪迈撰、孔凡礼点校：《容斋随笔》，北京：中华书局，2005 年，第 655 页。

⑤ （明）张天复：《皇舆考·匏集》四川卷，1941 年，第 16 页；（明）张天复：《皇舆考·匏集》福建卷，1941 年，第 5—6 页；（明）张天复：《皇舆考·匏集》广东卷，1941 年，第 5 页。

⑥ （明）王圻、王思义：《三才图会》下册，上海：上海古籍出版社，1988 年，第 2252 页。

糖，泛海鬻吴越间。”[1]弘治《八闽通志》中记录了福建省各府植蔗制糖情况，福州府“（货之属）糖，煮蔗为之，侯官甘蔗洲为盛”；建宁府“（货之属）糖，出建阳、崇安二县”，然而“（果之属）蔗”；泉州府“（货之属）糖，具出晋江、南安、同安、惠安四县”，然而“（果之属）蔗”；漳州府（货之属）“糖”，然而“（果之属）蔗”；汀州府“（货之属）糖”，然而“（果之属）蔗”；邵武府“（果之属）甘蔗”；兴化府“（货之属）糖，水糖，鲁师建闽中记，荻蔗节疏而细短，可为稀糖，即水糖也”，“（果之属）甘蔗”；福宁府（货之属）“糖”，“（果之属）蔗”。屈大均《广东新语》描述了甘蔗的广植情况，在内陆四川地区的遂宁县，县北十五里，山形圆耸如伞，环山之民，以甘蔗种植凝糖为业；在福建福州府，府西北二十五里甘蔗洲，横亘江心，居民皆种蔗为业，税课甚丰；在广东地区，“糖之利甚溥，粤人开糖房者多以致富。盖番禺、东莞、增城糖居十之四，阳春糖居十之六；而蔗田几与稻田等矣”[2]。

其二，甘蔗种植经验得到了系统的总结，整套甘蔗种植技术更加系统、完备。宋代以前，甘蔗种植情况并无文献可考，宋代王灼所著《糖霜谱》是我国第一部介绍甘蔗种植情况的专著。此后，相关记述日渐增多，元代的《农桑辑要》对此有较为细致的记载，到明清时期，多种传世文献记述了不同区域的甘蔗种植情况。如明代的《竹屿山房杂部》《天工开物》《农政全书》等文献，清代的《广东新语》《台海使槎录》等文献，对甘蔗的种植经验总结得更加系统、完备。

明代宋应星所著《天工开物》详细记述了明代甘蔗的种植技术：

> 凡甘蔗有二种，产繁闽广间，他方合并得其十一而已。似竹而大者为果蔗，截断生啖，取汁适口，不可以造糖。似荻而小者为糖蔗，口啖即棘伤唇舌，人不敢食，白霜、红砂皆从此出。……凡种荻蔗，冬初霜将至，将蔗砍伐，去梢与根，埋藏土内（土忌洼聚水湿处）。雨水前五六日，天色晴明，即开出，去外壳，砍断约五六寸长，以两个节为率。密布地上，微以土掩之，头尾相枕，若鱼鳞然。[3]

明代徐光启所著《农政全书》卷10《农事·授时》的记载情况为：

> 正月初二日，栽种甘蔗；季春之月，栽种甘蔗；九月，收藏甘蔗。卷三十，

---

①（明）何乔远编撰，厦门大学古籍整理研究所、历史系古籍整理研究室《闽书》校点组校点：《闽书》卷150《南产志》，福州：福建人民出版社，1994年，第4456页。

②（清）屈大均：《广东新语》卷27《草语·蔗》，北京：中华书局，1985年，第689页。

③（明）宋应星著、钟广言注释：《天工开物》，广州：广东人民出版社，1976年，第162—163页。

树艺，果部下：甘蔗，今江浙闽广蜀川湖南所生，大者围数寸，高丈许……八九月收茎，可留至来年春夏。《农桑辑要》种法……煎煮法……。①

明代王象晋所著《二如亭群芳谱》的描述情况为：

甘蔗，丛生，茎似竹，内实，直理，有节无枝。长者六七尺，短者三四尺，根下节密，以渐而疏。叶如芦而大，聚顶上，扶疏四垂，八九月收茎，可留至来年夏秋。……种植。谷雨内于沃土横种之，节间生苗，去其繁（烦）冗。至七月，取土封壅其根，加以粪秽。俟长成收取，虽常灌水，但俾水势流满润湿则已，不宜久蓄。②

从上面史料来看，明代中国种植甘蔗技术的大致情况为：（1）种植甘蔗经验。传统文人形象的士大夫宋应星系统总结了明代种植甘蔗经验。③（2）种植时间。基本形成了春植、秋收的基本种植时段，春植时间在正月至雨水前，收获季节在八九月至霜降，甘蔗的成长周期约为 8 个月。（3）甘蔗育种。甘蔗种植无宿根，均采取冬留蔗种、春植新芽的留种方式，这在一定程度上可以保障甘蔗的出芽率，从源头提高每亩甘蔗产量。（4）田间管理。甘蔗种植的田间管理成为常态，封土、施肥、浇水，重视甘蔗生长的各个环节的管理，借此保障甘蔗的茁壮成长，从而保证所植甘蔗含有较高的糖分。

清代屈大均《广东新语》卷 27《草语・蔗》载：

凡蔗以岁二月必斜其根种之，根斜而后蔗多庶出。根旧者以土培壅，新者以水久浸之，俟出萌芽乃种。种至一月，粪以麻油之麸。……增城白蔗尤美，冬至而榨，榨至清明而毕。其蔗无宿根，悉是当年，故美。④

清代黄叔璥《台海使槎录》记述：

蔗苗，种于五六月，首年则嫌其嫩，三年又嫌其老，惟两年者为上。……插蔗之园，必沙土相兼，高下适中，乃宜。每甲栽蔗，上园六七千，中园七八千，下园八九千或至万（地薄蔗瘦，多栽冀可多硖糖斤）。三春得雨，易于栽

---

①（明）徐光启撰、石声汉校注、西北农学院古农学研究室整理：《农政全书》卷 10《农事・授时》，上海：上海古籍出版社，1979 年，第 9 页。

②（明）王象晋：《二如亭群芳谱・亨部・果谱》，明天启元年（1621 年）刻本。

③（德）薛凤著，吴秀杰、白岚玲译：《工开万物：17 世纪中国的知识与技术》，南京：江苏人民出版社，2015 年，第 51 页。

④（清）屈大均：《广东新语》卷 27《草语・蔗》，北京：中华书局，1985 年，第 689—690 页。

插。无雨亦犁种，但戽水灌溉，为力颇艰。①

清代徐珂《清稗类钞》载：

出义乌城而西，至佛堂镇，迤逦三十里，弥望皆糖秆也。糖秆为甘蔗之别种，茎干较细，水分亦多，其所含糖分不及唐楼及广东之所产者。惟土人种作殊勤，四月下种，十月刈之，以菜饼为肥料。其地以溪流近旁为适，盖土多沙质，轻松柔软，地下茎易于发育也。②

《广群芳谱》曰：

谷雨内于沃土横种之，节间生苗，去其繁（烦）冗。至七月，取土封壅其根，加以粪秽，俟长成收取。虽常灌水，但俾水势流满润湿则已，不宜久蓄。③

《植物名实图考》称：

甘蔗，邑人种时，取蔗尾断截二三寸许，二月于吉贝中种之，拔吉贝时，蔗已长数尺。又至十月，取以榨汁，煮为糖。④

光绪《广州府志》云：

凡蔗以岁二月必斜其根种之。根斜而后蔗多庶出。根旧者以土培壅，新者以水浸之，俟出芽乃种。种至一月，粪以麻油之麸。⑤

从上面史料可见，清代种植甘蔗技术在明代的基础上有继承，亦有发展。（1）在继承方面主要表现在种植时期、甘蔗育种、田间管理等环节上。清代甘蔗栽种、收获时间变化不大，二三月份栽种、九十月份收获，最长的成长周期约为 8 个月；清代同样采取甘蔗留种方法，以期保证甘蔗出芽率及幼苗质量；清代同样重视蔗田管理，浇水、施肥常态化。（2）在发展方面则主要表现在甘蔗栽种方法及施肥种类等方面。其一，相比较于明代的首尾相接的“横排”法，清代采用了“斜植”法，以期“根斜而后蔗多庶出”，提高了甘蔗的出芽率，相对于明代的“粪秽”施肥法，清代则多用“菜饼为肥料”“粪以麻油之麸”，很明显，菜饼、麻油

①（清）黄叔璥：《台海使槎录》卷3《赤嵌笔谈》，沈云龙：《近代中国史料丛刊续编》第501册，台北：文海出版社，1978年，第56页。

②（清）徐珂：《清稗类钞》第5册《工艺类五》，北京：中华书局，1984年，第2366页。

③ 清圣祖敕撰：《广群芳谱》卷66《果谱十三》，上海：商务印书馆，1935年，第1654页。

④（清）吴其濬：《植物名实图考》卷15《果类·甘蔗》，上海：商务印书馆，1959年，第864页。

⑤ 光绪《广州府志》卷16《舆地略八·果品》，清光绪五年（1879年）刻本，第9页。

之麸等肥料多通过市场交易来获得，具有较强的经济属性，这就在很大程度上超越了自然属性较强的人畜粪秽，从一个侧面反映了清代甘蔗种植的市场化。

种植方式的程式化是甘蔗种植经济作物化的最大表征。很显然，从汉唐到明清，甘蔗作为名贵植物的象征意义已经完全退去，而其经济价值则日渐凸显，在比较利益直接推动下，甘蔗种植面积呈几何倍数增加，出现了专业种植区，甘蔗和棉花、烟叶等作物一样成为各产区重要的经济作物。同时，甘蔗种植方式日渐规范，并趋于程式化，甘蔗育种、种植期限、蔗田管理等方面均有成熟经验可资借鉴。甘蔗身份认同的演变是中国糖品生产“商品化”与“庶民化”的重要特征之一，当然，这一演变的形成与明清时期的甘蔗种植技术，尤其是制糖技术的革命性变革离不开。在甘蔗种植面积逐渐扩大的同时，中国制糖技术在吸收、融合印度、伊朗等国先进经验的基础上，历经了暴晒法、熬糖法（糖水、牛乳、米粉混合物）、煎煮法（树灰的使用）、黄泥水淋制漏糖法等不断的技术革新，到清代中期以后，中国手工制糖工艺到达了峰值。

第二节　制糖技术革命——《天工开物》

7—14 世纪，中国制糖技术持续革新，其中伴随着中外制糖技术的交流，比如印度及阿拉伯地区的制糖法对中国制糖技术发展有较大的影响，当然，明清时期中国制糖技术亦反哺印度①，并惠及东亚（日本）②及东南亚地区③。目前学界关注的重点在于中国蔗糖制糖的起始时间及白砂糖制造的起源等问题，未能从技术演变角度分析中国制糖技术的发展问题。④

据史料记载，唐代之前的制糖法多为暴晒法。晋代魏完所撰《南中八郡志》与

① 季羡林：《cīnī 问题——中印文化交流的一个例证》，《社会科学战线》1987 年第 4 期。

② （日）植村正治：《日本制糖技术史：1700—1900》，大阪：清文堂，1998 年；冈部史：《日本砂糖的故乡——中国福建省》，《糖业资报季刊》2009 年第 182 号。

③ （新西兰）尼古拉斯·塔林主编、贺圣达等译：《剑桥东南亚史》第一卷，昆明：云南人民出版社，2003 年，第 385 页。

④ 吉敦谕：《糖和蔗糖的制造在中国起于何时》，《江汉学报》1962 年第 9 期；吴德铎：《关于“蔗糖的制造在中国起于何时”——与吉敦谕先生商榷》，《江汉学报》1962 年第 11 期；吉敦谕：《糖辨》，《社会科学战线》1980 年第 4 期；吴德铎：《答〈糖辨〉——再与吉敦谕先生商榷》，《社会科学战线》1981 年第 2 期；徐东升：《中国白沙糖生产起源新探》，《中国经济史研究》2010 年第 1 期；季羡林：《白糖问题》，《历史研究》1995 年第 1 期；季羡林：《文化交流的轨迹——中华糖史》，北京：经济日报出版社，1997 年，第 355、358 页；陈广胜：《宋代已经开始生产白沙糖》，《史学月刊》1991 年第 3 期；李治寰：《从制糖史谈石蜜和冰糖》，《历史研究》1981 年第 2 期。

嵇含所著《南方草木状》均记载："交趾有甘蔗，围数寸，长丈余，颇似竹，断而食之甚甘。榨取汁，曝数日成饴，入口消释，彼人谓之石蜜。"①到了唐代，中国开始有计划地从印度学习熬糖法。第一次是贞观二十一年（627年）唐太宗李世民派人到摩揭陀取熬糖法，"始遣使者自通于天子，献波罗树，树类白杨。太宗遣使取熬糖法，即诏扬州上诸蔗，拃沈如其剂，色味愈西域甚远"②。第二次是唐高宗李治派王玄策到摩揭陀取熬糖法，"戒日及僧各遣中使，赍诸经宝，远献东夏。是则天竺信命自奘而通，宣述皇猷之所致也。使既西返，又敕王玄策等二十余人，随往大夏，并赠绫帛千有余段。王及僧等数各有差。并就菩提寺僧召石蜜匠。乃遣匠二人，僧八人，俱到东夏。寻敕往越州，就甘蔗造之，皆得成就"③。不过，此时的沙糖（石蜜）多系糖水、牛乳、米粉合成物。据唐代苏敬《唐·新修本草》记载："石蜜用糖水、牛乳、米粉和煎成块，作饼坚重。西域来者佳。江左亦有，殆胜于蜀。"④

宋元时期是中国制糖技术革新的重要的过渡时期。就文献记载的情况来看，宋代王灼的《糖霜谱》是有史以来较为详细地描述甘蔗种植、糖品制造的文献，其第四部分记述了制糖的过程：

> 凡治蔗，用十月至十一月，先削去皮，次锉如钱，上户削锉至一二十人。两人削供一人锉。次入碾，碾缺则舂。碾讫，号曰泊。次烝泊，烝透出甑入榨，取尽糖水投釜煎，仍上烝生泊，约糖水七分熟，权入瓮，则所烝泊亦堪榨。如是煎烝相接。事竟，歇三日（过期则酿），再取所寄收糖水煎，又候九分熟，稠如饧（十分太稠，则成沙脚。沙音□）。插竹遍瓮中，始正入瓮，簸箕覆之。此造糖霜法也。⑤

造糖霜的具体流程可以做如下总结：第一步，削去甘蔗外皮。第二步，将去皮的甘蔗锉成如铜钱大小的形状。第三步，将锉好的甘蔗片加入碾中，未能碾碎的甘蔗片则予以捣碎。第四步，将捣碎的甘蔗在甑中蒸泊。第五步，蒸透之后榨取糖水（蔗汁）。第六步，将糖水放入锅中煎煮。第七步，待糖水七分熟时，盛入瓮中。第八步，歇三日再煎煮瓮中糖水至九分熟形成黏稠状。第九步，放入竹编瓮中，上

① （晋）魏完：《南中八郡志》，方国瑜主编：《云南史料丛刊》第1卷，昆明：云南大学出版社，1998年，第205页；（晋）嵇含：《南方草木状》卷上《诸蔗》，清雍正三年（1725年）刻本，第8页。

② （宋）宋祁、欧阳修：《新唐书》卷221上《西域传上》，北京：中华书局，1975年，第6239页。

③ （唐）道宣撰、郭绍林点校：《续高僧传》卷4"唐京师大慈恩寺释玄奘传一"，北京：中华书局，2014年，第95页。

④ （唐）苏敬等撰、尚志钧辑校：《唐·新修本草》，合肥：安徽科技学技术版社，1981年，第447—448页。

⑤ （宋）王灼：《糖霜谱》，《景印文渊阁四库全书·子部·谱录类二十六》，台北：商务印书馆，1986年，第842—843页。

盖簸箕，让其自然结晶。榨蔗时间为每年的十月到十一月，上户仅削锉用人达一二十人；所用器具有削蔗、锉蔗之利器——碾、舂、甑、釜、瓮等；另外，煎泊相接，持续进行。

元代司农司撰的《农桑辑要》，详细记述了元代制糖法。

> 若刈倒放十许日，即不中煎熬。将初刈倒秸秆去梢叶，截长二寸，碓捣碎，用密筐或布袋盛顿，压挤取汁，即用铜锅内，斟酌多寡，以文武火煎熬。其锅隔墙安置，墙外烧火，无令烟火近锅，专一令人看视。熬至稠粘似黑枣合色，用瓦盆一只，底上钻箸头大窍眼一个，盆下用瓮承接。将熬成汁用瓢盛，倾于盆内。极好者澄于盆流于瓮内者，止可调水饮用。将好者即用有窍眼盆盛顿，或倒在瓦罂内亦可，以物覆盖之，食则从便。慎勿置于热炕上，恐热开化。大抵煎熬者止取下截肥好者，有力糖多。若连上截用之，亦得。①

《农桑辑要》记述的元代制糖法可以做如下分析。制糖的步骤为：第一步，去甘蔗梢、叶，将其截成两寸长的甘蔗节。第二步，用碓将其捣碎，装入密筐或布袋中，压挤获取蔗汁。第三步，将蔗倒入铜锅中，根据锅中蔗汁数量，用文武火煎熬。第四步，将熬至黑枣色的黏稠糖水，装入一个下面有孔的瓦盆中。所用器具有去梢叶、截蔗之利器——碓、密筐、布袋、铜锅、瓦盆、瓦瓮等。煎熬蔗汁的用火方面较为讲究，即锅与火之间有一墙相隔，避免火过大而锅内糖水变焦糊。与宋代相比，元代的制糖法有很大的技术进步，其一，制糖的步骤减少一半，这样可以节省一半的劳力。其二，宋代是蒸后再榨取蔗汁，元代则是直接榨取蔗汁，然后进行熬糖。另外，根据《马可波罗行记》关于"Unguem"（温敢）城制糖的一段记载，在元代制糖中，有树灰的使用，"此处制糖甚多，运至汗八里城，以充上供。温敢城未降顺大汗前，其居民不知制糖，仅知煮浆，冷后成黑渣。降顺大汗以后，时朝中有巴比伦（Babylonie，指埃及）地方之人，大汉遣之至此城，授民以制糖术，用一种树灰制造"②。与唐代用牛乳来除去糖水（甘蔗汁熬煮后成黏稠状糖水）中杂质的方法相比，在糖汁澄清的工程中，木灰的利用对制糖技术的历史性发展过程有十分重大的意义③，此法更接近明清时期的黄泥水淋糖法，是制糖技术革

---

①（元）司农司撰：《农桑辑要》，《景印文渊阁四库全书·子部·农家类》第 703 册，台北：商务印书馆，1986 年，第 279 页。此书共七卷，包括典训、耕垦、播种、栽桑、养蚕、瓜菜、果实、竹木、药草、岁用杂事等内容，主要服务于黄河流域农业。

②（法）沙海昂注、冯承钧译：《马可波罗行纪》卷 2 第 154 章，上海：上海古籍出版社，2014 年，第 318 页。

③ 戴国辉：《中国甘蔗糖业之发展》，封德屏主编：《戴国辉全集》第 10 册，台北：文讯杂志社，2011 年，第 277 页。

新的重要过渡时期。

明清时期是一个制糖技术革新的重要时代，一方面，在制糖各个环节上继承唐宋以来制糖程式，压榨取蔗汁、熬煮取糖清、滴漏取砂糖；另一方面，对各个环节进行了革新，并加以总结，大致规制了之后制糖技术的基本规模。

在压榨方面，使用力牛带动木质立式双辊压榨整只甘蔗，“凡造糖车，制用横板二片，长五尺，厚五寸，阔二尺，两头凿眼安柱……上板中凿二眼，并列巨轴两根（木用至坚重者）……其长者出笋安犁担。担用屈木，长一丈五尺，以便驾牛团转走。轴上凿齿分配雌雄，其合缝处须直而圆，圆而缝合。夹蔗于中，一轧而过，与棉花赶车同义。”① 在熬煮方面，先用石灰澄清蔗汁，然后用品字形铁锅熬煮，并采用肉眼看“水花测火候”、徒手“捻试糖色”等熬糖技艺。“凡汁浆流板有槽，枧汁入于缸内。每汁一石下石灰五合于中。凡取汁煎糖，并列三锅如品字，先将稠汁聚入一锅，然后逐加稀汁两锅之内。……榨汁入缸，看水花为火色。其花煎至细嫩，如煮羹沸，以手捻试，粘手则信来矣。”② 在漏制方面，采用加入黄泥水自然结晶、提纯方法。“此时尚黄黑色，将桶盛贮，凝成黑沙。然后以瓦溜（教陶家烧造）置缸上。其溜上宽下尖，底有一小孔，将草塞住，倾桶中黑沙于内，待黑沙结定，然后去孔中塞草，用黄泥水淋下。”③

从宋应星《天工开物》记述的制糖具体工序来看，明代中国手工制糖业较为普遍使用了一牛驱动立式双木辊压蔗、品字形三铁锅煎熬蔗汁、黄泥水淋瓦溜中糖清漏糖。在压榨环节，从宋元的甘蔗切片、捣碎之后才能榨取蔗汁来看，明代的“一牛驱动立式双木辊压蔗”是重大的甘蔗压榨技术革新，两木辊并排竖立，中间送蔗口为鸭嘴，带有出榫的木棍为主动辊，出榫上装置担犁，担犁上套一耕牛，这样可以压榨整只甘蔗而不用将其切片、捣碎，并用畜力来替代人力，是故极大地节省了压榨环节上的劳力、时间的投入；在熬煮环节，澄清蔗汁方法为每石蔗汁中加入石灰五合，熬煮蔗汁采用品字形三铁锅进一步避免糖液焦煳；在漏糖环节，将熬成黏稠的黄黑色糖清盛入桶中，待其凝成黑沙，然后，以瓦溜置缸上，其溜上宽下尖，底有一小孔，将草塞住，倾桶中黑沙于内，待黑沙结定后，去孔中塞草，用黄泥水淋下。总的来看，在压榨环节上，增加压力，减少劳力输出，在熬煮及漏糖环节，采用新的技术加上相关程序，并提高效率，另外，值得称道的是，创制了“水花测火候”“捻试糖色”等熬糖技艺。

明代的制糖技术模式基本规制了之后制糖技术发展方向。比如，清代手工制糖

① （明）宋应星著、钟广言注释：《天工开物》，广州：广东人民出版社，1976 年，第 167 页。
② （明）宋应星著、钟广言注释：《天工开物》，广州：广东人民出版社，1976 年，第 167—169 页。
③ （明）宋应星著、钟广言注释：《天工开物》，广州：广东人民出版社，1976 年，第 169—170 页。

技术在此基础上进行了完善，一牛驱动立式双木辊演变成三牛驱动立式双石辊，品字形三铁锅发展到孔明灶（广东，六锅）、花灶（四川，九锅）、枪灶（四川，十二锅），黄泥水淋瓦溜漏糖演化为压泥滴漏法。[①]清代屈大均编撰的《广东新语》对此种演进做了一定的记述：

榨时，上农一人一寮，中农五之，下农八之十之。以荔支（枝）木为两辘，辘辘相比若磨然，长大各三四尺，辘中余一空隙，投蔗其中，驾以三牛之牯，辘旋转则蔗汁洋溢。辘在盘上，汁流槽中，然后煮炼成饴。其浊而黑者曰黑片糖，清而黄者曰黄片糖。一清者曰赤沙（砂）糖，双清者曰白沙（砂）糖，次清而近黑者曰瀵尾。最白者以日曝之，细若粉雪，售于东西二洋，曰洋糖。次白者售于天下，其凝结成大块者，坚而莹，黄白相间，曰冰糖，亦曰糖霜。[②]

另外，在明清制糖技术演变过程中，不难发现，制糖技术的程式化，一方面，可资证明传统手工制糖技艺到了峰值；另一方面，在一定程度上，有“去技能化”发展的倾向，比如，力牛、石碾、铁锅、石灰、黄泥水、瓦罐等手工制糖技术的必备品并非难求，且制糖工序进一步简化，有利于在较大范围内进行推广。制糖技术程式化发展，直接带来了实际经济效益。有清一代，业糖者多种蔗制糖致富。清代松江府（今上海地区），“糖蔗，取其浆为糖，产于江右、岭南诸郡，此地从未有也。康熙十五年丙辰春二月，广东兵叛，江西吉安道梗阻，糖价骤贵。吾邑滨浦，有人携得蔗种，归植成林，依法轧浆，煎成白糖，甚获其利；但糖色不能上白，想亦地气使然。其后平藩归正，广糖大至，然种蔗煎于此地，价犹贱于贩卖，故至今种者不辍，浦东六里桥、周渡一方最盛”[③]。在广东地区，“大抵广人饮馔多用糖，糖户家家晒糖，以漏滴去水，仓囤贮之。春以糖本分与种蔗之农，冬而收其糖利。旧糖未消，新糖复积。开糖房者多以是致富”[④]。

总的来看，《天工开物》是一部集大成性的总结性文献，它记载的前近代糖品制造程序及技艺（用一牛驱动立式双木辊压蔗、用品字形三铁锅煎熬蔗汁、“水花测火候”及“捻试糖色”熬糖技艺、用黄泥水淋瓦溜中糖清漏糖）基本上代表了明代中国制糖技术的总体水平，同时，也奠定了同时期东亚区域手工制糖技术的基本模型。有清一代，手工制糖技术在此基础上进一步完善。比如，在压榨方面，广东

---

① 具体论述参见赵国壮：《日本调查资料中清末民初的中国砂糖业——以〈中国省别全志〉及〈领事报告资料〉为中心》，《中国经济史研究》2011 年第 1 期。

② （清）屈大均：《广东新语》卷 27《草语·蔗》，北京：中华书局，1985 年，第 690 页。

③ （清）叶梦珠撰、来新夏点校：《阅世编》卷 7《食货六》，北京：中华书局，2007 年，第 167 页。

④ （清）屈大均：《广东新语》卷 14《食语·糖》，北京：中华书局，1985 年，第 389 页。

潮汕地区与四川沱江流域均使用立式双石辊，且每班使用2—3头牛，提高了单位时间内压蔗的数量及压榨的强度；在糖清熬煮方面，四川省的沱江流域，普遍使用上置12口糖锅的枪灶，几乎将传统熬煮工艺发挥到极致。故而，在一定程度上，可以认为在明清时期，中国甘蔗糖业制造技术发生了革命性的变革，达到了传统手工制糖技术的最高峰。

第三节　东亚蔗糖的故乡——福建

清代甘蔗种植区域，遍布沿海及内陆等多个省份，但是，从目前的相关资料来看，各省的种蔗制糖，甚至近代以前日本的制糖技术，均与福建有较大的关联，因此，在一定程度上，可以认为福建是清代东亚蔗糖的故乡。

就中国国内而言，明清时期的四川、广东、浙江的制糖技术多来自福建。清代四川种蔗制糖的起源一直是一个谜，不过，从多种存世资料以及相关考证来看，学界多持“福建源流说”。康熙五十五年（1716年），福建长汀人曾达一，受清政府湖广填四川政策感召，举家迁居四川沱江流域的内江（古称汉安），将甘蔗带到四川，开启了清代四川种蔗制糖的历史。[①]1938年，四川省甘蔗试验场的《沱江流域蔗糖调查报告》记载了此事：

> 四川植蔗之起源，尚未考证确实，唐代宗时，有邹和尚于南充开始蔗业。据内江白马庙历代业糖之曾晓尧先生言（此人年六十余，曾在赵尔逊（巽）时代，当糖代表赴资中请愿。此段历史，伊亦得之于伊祖辈）内江植蔗事业，始于前清康熙十年时。有福建丁周府人，名曾达一者，来到内江经商（卖珠宝），九月（古历）见菊花开放，深以为此地气候与其故乡略同，因起植蔗之心。越数年曾君贸易获厚利，欲于此久居，遂籍返里迎亲之机，顺便输入福建蔗种，嗣后年复一年，造成现今之繁荣。[②]

据文献记载，广东、浙江等地种蔗制糖技术亦来自福建。清代吴其濬《植物名实图考》记述：“甘蔗，别录中品。……雩娄农曰：甘蔗，南产也。闽粤河畔，砂

---

① 赵国壮：《从“自由市场”到“统制市场”：四川沱江流域蔗糖经济研究（1911—1949）》，华中师范大学2011年博士学位论文；叶自明：《珍贵的历史片段——〈曾达一墓碑拓片〉考》，《内江日报》2012年2月12日。

② 四川甘蔗试验场：《沱江流域蔗糖调查报告》，1938年，第7页。

砾不谷，种之弥望。行者拔以疗渴，不较也。章贡间闽人侨居者业之，就地置灶与磨以煎糖。必主人先芟刈，而后邻里得取其遗秉滞穗焉，否则重罚，故稍吝之矣。”① 雍正《广东通志》卷 52《物产志》记载：“按粤东蔗糖行四方。《肇庆志》云：始于闽人浮连种蔗为之，今利侔于闽矣。”②在浙江台州府地区，康熙《浙江通志》卷 105《物产五·台州府》记述：“近世闽人教以栽蔗。秋熟，压其浆，煎之。惟不能取霜，故其利薄。”③金华府地区，康熙《浙江通志》卷 106《物产六·金华府》载：“白者种自闽中来，可碾汁炼糖，但土人不知以糖为霜耳。”④

日本甘蔗糖业兴起及发展亦多得益于中国福建。1880 年，在大阪举行的棉糖竞赛会上，明治政府追赏了已故的种植甘蔗、制糖创始者直川智。直川智在庆长年间去琉球途中遭遇台风漂流到福建，随后在闽滞留一年，学得黑糖（红糖）制造技术，并将其传入日本，自此开启了近代以前日本引进中国制糖技术的快速发展时代。江户时代初期，仪间真常从中国学习石灰制糖法，制造出黑糖。宽文二年（1662 年），日本政府派使节到福州学习白糖、冰糖制造技术。延享年间，日本政府派人购回《天工开物》，并从中国府志及县志收集制糖资料，另外，还从来长崎的中国商人李大衡、游龙顺那里学习制糖法。宝历年间，又从在长崎的清人那里学习白糖制造法。⑤ 明治初期，日本在砂糖业中使用三辊立式压蔗器、品字形唐人灶等，与近代中国砂糖制造技术相比有传承也有改进，但是两者的差距并不大。⑥ 同时，日本仍有计划从清国福建地区移植优良甘蔗。明治九年（1876 年）1—2 月，日本劝业寮委托日本厦门领事福岛九成购买福建省产的甘蔗根 2000 株，福岛在回复信件中写道：“福建所产的甘蔗，茎秆巨大，含糖分是清国最多的，在制造方面有较大利润”；1877 年 4 月，劝业局将经由上海送达的甘蔗储存在内藤新宿试验场及三田育种场；1878 年春，交付各地种植。后因存储的甘蔗有所腐烂，又委托日本驻香港领事在广东东莞购得甘蔗 3000 株，分配和歌山、爱媛两县种植。⑦

明清时期的中国是东南亚地区糖品、制糖技术、制糖劳力的最大输出国家。爪哇糖业与中国甘蔗糖业的关系源远流长，爪哇自 13 世纪由中国引进甘蔗种植后，两者之间关系从未中断。例如，在荷属东印度公司近 200 年统治时间内，爪哇巴达

---

① （清）吴其濬：《植物名实图考》卷 32《甘蔗》，北京：中华书局，1963 年，第 755 页。
② 雍正《广东通志》卷 52《物产志》，清雍正九年（1731 年）刻本。
③ 康熙《浙江通志》卷 105《物产五·台州府》，清康熙五十年（1711 年）刻本，第 11 页。
④ 康熙《浙江通志》卷 106《物产六·金华府》，清康熙五十年（1711 年）刻本，第 30 页。
⑤ 社团法人糖业协会：《近代日本糖業史》上卷，东京：劲草书房，1997 年，第 10—15 页。
⑥ 冈部史：《日本砂糖的故乡——中国福建省》，《糖业资报季刊》2009 年第 182 号。
⑦ 社团法人糖业协会：《近代日本糖业史》，东京：劲草书房，1997 年，第 147 页。

维亚（即雅加达）地区蔗廍使用了大量的“中国人雇工”[①]，这些“中国人雇工”将中国蔗糖业的精制方法和技术传入爪哇[②]；在17世纪20—30年代，中国糖品从福建输出爪哇巴达维亚地区[③]，糖的加工都掌握在华人手中，当地土人向他们供应甘蔗，但是土人也生产一种粗糖，供他们自己食用，叫作“粗沙糖”（jaggery）。由中国出口的糖主要是结晶状态的糖，所以通常叫作冰糖。本品大量输出印度，其纯净美观长期以来得到公正的好评。[④]

明清时期，福建在中国，乃至东亚、东南亚地区糖业地理上有较为独特的位置。明清时期甘蔗种植区域，遍布沿海及内陆等多个省份，从目前的相关资料来看，中国主要省份种植甘蔗、制糖，以及近代以前日本、爪哇制糖业的兴起与发展，均与中国福建有密切的联系。就明清时期的中国境内情况而言，福建蔗种及制糖技术向广东、浙江、四川等地区流动；就日本而言，中国福建地区在对日贸易中具有一定的地理优势，被称为日本砂糖的故乡；就东南亚地区而言，福建籍华侨在当地甘蔗糖业发展过程中做出了杰出的贡献。[⑤]是故，在一定程度上可以认为福建是明清时期东亚蔗糖的故乡。

第四节　中国糖品在全球范围内流动

在中国国内，糖品流动呈南糖北销格局。明清以降，一直到19世纪末，中国北部需求的糖品均由中国南部的广东、福建等地供应。据上海东亚同文书院调查，

---

① 从巴达维亚蔗廍所用植蔗榨糖的劳动者来看，荷属东印度公司近200年统治下爪哇糖业雇工的发展演变情况为：第一阶段（1637—1658年）是全部以中国人雇工为主；第二阶段（1658—1683年）是以中国人雇工为主并包括一部分的种植奴隶；第三阶段（1683—1740年）是以中国人雇工占第一位，种植奴隶占第二位；第四阶段（1740—1799年），前期以中国人雇工为主，后期中国人雇工占75%，种植奴隶占25%。韩振华：《荷兰东印度公司时代巴达维亚蔗糖业的中国人雇工》，《南洋问题》1982年第2期，第33—73页。

② （新西兰）尼古拉斯·塔林主编、贺圣达等译：《剑桥东南亚史》第1卷，昆明：云南人民出版社，2003年，第385页。

③ 荷兰东印度公司与中国帆船贸易往来，由中国运往爪哇货物主要有糖、粗瓷器、铁锅、铁钉、针、水果和大量的粗纺织品，而从巴达维亚输出中国的货物主要有胡椒、檀香木、牛角、象牙、香料、食用燕窝、海参和大量白银。参见伦纳德·鲍乐史：《荷兰东印度公司时期中国对巴达维亚的贸易》，《南洋资料译丛》1984年第4期，第67—80页。

④ Samuel W. Williams，Articles of Import and Export of Canton 1834，*Chinese Repository*，Vol. Ⅱ，1833—1834，p.471.

⑤ John Daniels and Christian Daniels，The Origin of the Sugar Cane Roller Mill，*Technology and Culture*，Vol.29，No.2，1988，pp.493-535；G. Roger Knight，*Sugar, Steam and Steel: The Industrial Project in Colonial Java, 1830-1885*，Adelaide：University of Adelaide Press，2014，p.21.

自古中国北部所需糖品皆由福建、广东及台湾三地供应，天津港为其集散市场[①]。糖品贸易的基本格局为包括广糖、闽糖、台糖在内的中国南部糖品通过海路运销天津，再由天津转销中国北部其他区域。

1777年间，李调元视学粤东，据其所见，广东手工制糖业颇为发达，粤糖行销海内外，“糖之利甚溥，粤人开糖房者多以致富。盖番禺、东莞、增城糖居十之四，阳春糖居十之六，而蔗田几与禾田等矣”。所产白糖，“最白者以日曝之，细若粉雪，售于东西二洋，曰洋糖；次白者，售于天下”[②]。嘉庆《雷州府志》记述，嘉庆时期广东雷州地区“糖名颇繁，不外乌白二种，乌者糖块，白者糖霜。霜有三，曰结粉，曰洋，曰水［冰］。赤块有厚有薄，雷人婚嫁之礼，必须用糖，故糖价与米价等。雷之乌糖，其行不远。白糖则货至苏州、天津等处”[③]。嘉庆《澄海县志》叙述，嘉庆年间澄海县的富商巨贾多是通过与苏州、天津等地进行“糖品—棉花、布匹”交换贸易获得厚利而由此发家致富的，“邑之富商巨贾，当糖盛熟时，持重赀往各乡买糖，或先放账糖寮，至期收之；有自行货者，有居以待价者，候三四月好南风，租舶艚船装所货糖包，由海道上苏州、天津；至秋东北风起，贩棉花、色布回邑，下通雷琼等府，一往一来，获息几倍，以此起家者甚多”[④]。道光《琼州府志》记载，道光时期广州琼州地区生产乌白赤三种糖品，“糖名颇繁，不外乌白赤三种。乌者糖块，白者糖霜。霜有三，曰结粉，曰贡粉，曰上洋”；其所产白糖亦行销至天津，“琼之糖，其行至远，白糖则货至苏州、天津等处”[⑤]。《东西商报》描述了福建漳州糖品商贸情形，该城内有精制糖制造所31户，每户年产冰糖44万—55万斤，白糖2万—3万斤，“其所精制者，一搬出厦门，更输送上海、天津、牛庄等”[⑥]。连雅堂《台湾通史》亦载，乾隆嘉庆年间，台湾所产糖品，“贸易绝盛，北至京津，东贩日本，几为独揽”[⑦]。另据林满红研究，声名显赫的汕糖基本上以北部、中部中国为其国内主要销场，“汕糖市场分布，基本上以国内为主，其中又以北方牛庄、天津、芝罘和长江流域之上海、镇江和汉口较为重要”[⑧]。

在中国以外区域，中国糖品辐射全球消费市场。糖品是较早参与全球性商品流

---

① 上海东亚同文书院：《中国经济全书》第8辑，东京：东亚同文会，1908年，第459页。

② （清）李调元：《南越笔记》卷14，北京：中华书局，1985年，第178—179页。

③ 嘉庆《雷州府志》卷2《地理》，清嘉庆十六年（1811年）刊本，第50页。

④ 嘉庆《澄海县志》卷6《风俗·生业》，清嘉庆二十年（1815年）刊本，第8页。

⑤ 道光《琼州府志》卷5《地理·物产》，清光绪十六年（1890年）补刊本，第73页。

⑥ 《福建漳州情形》译东二月通商汇纂，《东西商报》1900年，商七十，第10—11、116页。

⑦ 连雅堂：《台湾通史》卷27《农业志》，台北：台湾通史社，1920年，第734页。

⑧ 林满红：《茶、糖、樟脑业与台湾之社会经济变迁（1860—1895）》，台北：联经出版事业公司，1997年，第24页。

动及商品贸易的重要商品之一①。明末至清代中期以前，中国糖品贸易已横跨亚、欧、美等几大洲的市场，并且尤其以东亚的中日糖品贸易最为突出。简单梳理1635年至1832年长达200年的英属东印度公司的整个历史，不难发现，商船运糖记载贯穿其中，中国糖品贸易涉及的国家有印度、英国、美国、瑞典、丹麦、荷兰、日本、越南、墨西哥、葡萄牙等14个国家；就中国而言，涉及广州、澳门、厦门、宁波、东莞、泉州等 7 个沿海城市。②有清一代，中国是日本的最大糖品输出国家。在江户时代，从中国输入长崎的糖品数量，最高年份达 118.5 万千克，最少年份也达35万千克以上③；1868—1878年（明治维新初期），日本输入糖品共约2.825 亿千克，价值 2000 余万日元，其中，“自中国输入者十之九，他国输入者十之一”④。根据日本学者永积洋子《中国船输出入品数量一览（1637—1883 年）——复原中国船进口货物清册·返航所购货物清册》⑤及落合功《近世砂糖贸易的发展与砂糖国产化》等研究来看，1641—1832年，近两百年间，中国不间断向日本输出糖品。在宽永到享保年间，半数以上的中国船装运了糖品，之后，几乎所有去日本的中国船只均装载了糖品。输出的糖品种类有黑砂糖、白砂糖、冰糖及三盆砂糖（上等白砂糖）四种。一般而言，作为一般消费对象的黑砂糖和白砂糖呈扩大趋势，冰糖及三盆砂糖主要被武士家族及政府用于答谢、馈赠的礼品，属于近世奢侈品，没有见到此两类糖品的销售记录。就输入数量而言，近世前期，每年 2 万千克，天保以后，每年超过 5 万千克，宝历至明和时期达到每年 10 万千克。其中，近世前期黑砂糖、白砂糖占主流，18 世纪中期以后，几乎没有了黑砂糖输入记录，白砂糖成为主要的输入品；同时，18 世纪以后，冰糖的输入数量逐渐增加。18 世纪中期，日本国内黑砂糖和白砂糖试制成功，并努力进行推广。⑥

清代中期以后，在中西方商贸往来日益频繁的情形下，中国对外糖品贸易力度也

① 在公元1000年时，还很少有欧洲人知道蔗糖的存在；不过在这之后，他们逐渐了解蔗糖；到1650年时，英格兰贵族和富翁们变得嗜糖成癖，而蔗糖则频频现身于他们的药品、文学想象以及社会等级的炫耀过程中。最迟到 1800 年，在每一个英格兰人的日常饮食中，蔗糖已经成了一种必需品——虽然仍是价格不菲的稀缺品；到1900年时，蔗糖在英国人的日常饮食里提供了近1/5的热量。（美）西敏司著，王超、朱健刚译：《甜与权力——糖在近代历史上的地位》，北京：商务印书馆，2010 年，第 17 页。

②（美）马士著、区宗华译：《东印度公司对华贸易编年史（1635—1934 年）》卷 1、卷 2，广州：中山大学出版社，1991 年，第 27、35、104、131、170、176、179、211、212、293、521—523 页。

③ 松浦章：《江户时期的唐船带来的砂糖与国内消费的展开》，《东亚文化交流研究》2010 年第 3 号；落合功：《近世砂糖贸易的发展与砂糖国产化》，《修道商学》2001 年第 1 号。

④ 黄遵宪：《日本国志》卷 38《物产志》，沈云龙主编：《近代中国史料丛刊续编》第 10 辑，台北：文海出版社，1973 年，930 页。

⑤（日）永积洋子：《中国船输出入品数量一览（1637—1883 年）——复原中国船进口货物清册·返航所购货物清册》，东京：创文社，1987 年。

⑥ 落合功：《近世砂糖贸易的发展与砂糖国产化》，《修道商学》2001 年第 1 号。

随之增大。从潮汕糖的国外市场来看，在 1868 年汕头开埠初期以日本最为重要，其后英国和美国的市场逐渐被开拓，从 1870 年起，英属香港成为进口汕头糖品最多的地区，据历年海关年报的统计数字，1870—1875 年，一度是国外出口的黄金时代，出口额在 1877 年曾高达输出总额的 36.07%。从出口数量来看，最高为 1884 年的 436 236 担[①]。就台糖而言，清初，台湾糖品，有黑白两种。“台人植蔗为糖，岁产二三十万。商船购之，以贸日本、吕宋诸国。”[②]“台糖自开港后，中外市场并重，进而演变成为以行销国外为主。”1860—1895 年，中国台湾出口的糖品分红白两种，其中以红糖为主。白糖主要供给华北食用，仅有小部分输入日本；红糖供应中国内地、日本食用及制糖果用，或供应欧美各国制造精制糖，不过，总的来看，在此期间，中国内地及日本一直是台糖的主要市场。台糖向国外输出则以日本为主，1868—1895 年，台糖输入日本的总额约占同时期日本外糖进口总额的 69.55%，达 619 万担，与同期台糖输入中国大陆的 718 万担总额仅差约 100 万担[③]。

中国糖业经济在形成及发展过程中一直呈现出包容、开放的姿态。其一，中国制糖技术在唐宋以来不断的革新发展历程中，广泛吸收了印度、伊朗等国先进制糖方法及经验。其二，明清时期，中国传统的手工制糖技术已在东亚，甚至在全球处于领先地位，在此种基本格局形成后，中国制糖技术跃出国门，惠及东亚的日本、南亚的印度及东南亚的马来西亚、印度尼西亚等地区。与此同时，作为区域性特产，明清时期的中国糖品在世界范围内广泛流动，是中国参与国际商贸活动的重要商品之一。到目前为止，根据现有的资料，尽管仍无法计算出其具体规模，但是可以想见，糖品与同时期的茶叶、丝绸、瓷器一样，是中外商贸活动中的一个重要经贸品。

小结：中国糖业经济发展中的“明清变革”

明清时期，中国糖业经济虽然仍为农业经济与手工业经济的结合体，不过，无论是在生产力方面，还是在生产关系层面，均有较大程度的变革，可以将其总结为中国糖业经济发展历程中的“明清变革”。这一变革，上承宋元的中国制糖业初始

---

① 范毅军：《广东韩梅流域的糖业经济（1861—1931）》，《“中央研究院”近代史研究所集刊》第 12 期，台北：“中央研究院”近代史研究所，1983 年。

② （清）余文仪：《续修台湾府志》卷 17《物产（一）》，台北：大通书局，1984 年，第 592—593 页。

③ 林满红：《茶、糖、樟脑业与台湾之社会经济变迁（1860—1895）》，台北：联经出版事业公司，1997 年，第 23—26 页。

探索，下启近代中国糖业经济的规模发展。

“明清变革”的第一层意思是相对于唐宋以来的中国糖业经济的巨大变革。这一变革由一些典型的变革元素组成，比如甘蔗成为重要的经济作物，制糖经验得到系统总结，手工制糖技术日渐程式化，民俗用糖日益普遍化，糖品贸易全球化。这一变革的周期颇长，始于16世纪，一直持续到19世纪中期，同时，更难能可贵的是，与同时期西方以农奴劳动为基础、忽略技术投入的甘蔗种植园糖业经济模式相比，“明清变革”的动力则属于内生性的。

从生产力层面来看，手工制糖技术水平达到峰值，是明清时期中国甘蔗糖业内生性发展的重要特征之一。制糖技术的程式化，畜力带动立式辊子压榨甘蔗、石灰澄清蔗汁提纯、多铁锅熬煮糖液、黄泥水淋糖浆等，为制糖技术的大规模推广使用提供了可能。明清时期中国糖业发展的动力多来自中国自身需求，没有外部的殖民地种植园经济的补充，也没有植入性的西方制糖技术引进，对糖业经济发展过程中的“明清变革”的分析，相信有助于对“1800年前后中国与西方分流的论争”的历史复杂性多一些理解和认知[①]。17世纪时，当葡萄牙人和西班牙人前往他们所控制的大西洋属岛建立制糖业时，蔗糖在西欧还是一种奢侈品、药材和香料；当蔗糖在地中海的生产开始衰落时，欧洲对蔗糖的认识却与日俱增，制糖业重心在转移到大西洋诸岛的同时，欧洲人对蔗糖的需求也在不断地扩大。商人得到支持，在大西洋诸岛上建立甘蔗种植园，使用非洲奴隶作为劳力，为葡萄牙和其他欧洲市场生产糖品。18世纪，英法奴隶制甘蔗种植园发展到最高峰。不过，在奴隶制度废除之前，甘蔗种植园的利润都是通过扩大产业规模的方式来提高，规模扩大一倍，效益就增加一倍（也可能会多一些），只在非常有限的情况下才会通过技术发展或生产率的提高来达成。因此，种植园既是一种投机性的产业，同时也是保守的行业：人们押宝于能够制造金钱的蔗糖生产；而生产糖的方式，包括对劳动力的强制使用，在几个世纪里却没有实质上的改变。在数个世纪里，技术革新上的不求上进俨然成为蔗糖工业史上的一项特征。奴隶制废除之后，榨汁能力、甘蔗种类、病虫控制、种植工具开始有巨大发展，机械使用也有所增长。[②]

---

① 关于1800年前后中国与西方分流问题，一直是国内外学界激烈论争的重要议题之一，伊懋可（Mark Elvin）的“高水平发展均衡陷阱”理论、彭穆兰的《大分流：欧洲、中国及现代世界经济的发展》、李伯重的“江南早期工业化”论、王国斌的“转变中国”代表了相关讨论的较高水准，归纳起来，主要从人口压力、土地关系、制度设计、资源禀赋、技术革新5个层面对大区域的中西差异和小区域的内部异同进行了比较，“欧洲中心论”观点得到一定纠正，“中国中心论”观点得到了较多肯定。

② 种植园系统与资本主义后期高生产率和工业化的阶段有着相当大的区别，1850年前的种植园生产模式，其基础在于奴隶劳动（在一个非人格化的市场上购买劳动力），但是，无视其对资本积累所做的贡献同样不对。Sidney W. Mintz, *Sweetness and Power: The Place of Sugar in Modern History*, New York: Penguin Book, 1985, p.31, p.38, p.60, p.61, p.69.

从生产关系层面来看，明清时期，中国糖业经济手工工场性质制糖组织的普遍存在为中国蔗糖业自身发展的积累，从家庭副业制糖①到手工工场性制糖，也是明清时期中国甘蔗糖业内生性发展的重要特征之一。明清时期，福建、台湾、广东、江西及四川则出现了专业种植区。②种植甘蔗、制糖已在较大范围内超出农家副业范畴，进入了资本主义手工工场阶段，纵观广东、福建、江西、四川等主要产糖区，在制糖生产方面，均出现了付费的制糖工人、细致的制糖分工。③工人伙食由糖房、漏棚供给，工资由雇主以现金方式支付。如糖房工人 1 日工价（洋元）：过搞匠 2 人，各 3.5—8 角；检搞匠 2 人，各 1.7—2 角；吆牛匠 4 人，各 0.8—1 角；辊子匠 1 人，约 1.8 角；牛牌子 1 人，约 1.5 角；熬糖师 1 人，5 角至 1 元；副手 1 人，2—3 角；下手 1 人，约 1.8 角；打泡匠 1 人，1—1.4 角；烧火匠 2 人，约 1.2 角。④

“明清变革”的第二层意思是明清时期中国糖业持续向前发展。“明清变革”的典型元素是共生和相互促进的。中国内部市场糖品消费的“庶民化”“商品化”发展和对外糖品贸易的全球化，均与中国糖业经济内部的生产力、生产关系的变革同步，并相互配合，进而推动明清中国糖业经济持续向前发展。手工工场性质的制糖组织的普遍存在，在一定程度上变革了旧的生产关系，解放了部分生产力；手工制糖技术的发展也为近代糖业的产业化、规模化发展积累技术条件和生产经验。中国国内市场糖品消费的“庶民化”及全球糖品贸易的展开，提供强劲的驱动力量，进一步刺激糖业经济生产关系的变革及制糖技术的变革。

18—19 世纪中西分流是历史史实，欧洲的内生发展优势及中国的内在发展逻辑两种分析路径是历史解释，中国糖业经济的“明清变革”可为学界提供一种新的探讨思路或案例。相对于殖民体系下的甘蔗种植园经济，中国糖业经济优势一直持

---

① 家庭副业性制糖，是指植蔗为农家经济作物种植的一部分，榨糖也仅是农家副业的一种，因此，制糖并未成为家庭生活的主要部分。在这种形式下，植蔗、熬糖仅为补贴粮食作物不足，种植甘蔗的农民并不能称为蔗农。

② 李文治、魏金玉、经君健：《明清时代的农业资本主义萌芽问题》，北京：中国社会科学出版社，1983 年，第 28 页。

③ 在广东，制糖所糖寮有驱牛工 2 人、送蔗入压榨器工 2 人、煮糖师 3 人、烧火工 2 人、运蔗工 5—6 人、除根去叶 5—6 人、晒蔗渣者 5—6 人，共计 22—23 人；牛则由自己提供，工人工资为日薪 0.25 盾；在福建，一个糖廍平均需要 15 个工人，糖师傅（监督技师）2 人、原料搬运工 8 人、压榨部 1 人、烧火工 2 人、糖挂锅工 1 人，如果制糖丸，还需另加 2 人。东亚同文会：《中国省别全志》第一卷《广东省（附香港澳门）》，台北：南天书局，1988 年，第 876、721 页。在四川，糖房、漏棚多采用雇工经营，且内部分工趋于专业化，如糖房工作，根据工作性质不同而分为多个工种“糖灶房 4 人、火把搂 2 人、搞盘 3 人、樱牛老幺 3 人、牛棍子 1 人、辊子匠 1 人、挑湿柴 1 人、饭头 1 人、砍蔗 8—18 人、看山 1 人”。《甘蔗实验场各县蔗糖产量及甘蔗生产情况调查》，内江市档案馆藏，四川省甘蔗实验场全宗号：15-1-16，第 39 页。

④ 彭泽益：《中国近代手工业史资料 1840—1949》第 3 卷，北京：生活·读书·新知三联书店，1957 年，第 585 页。

续到 19 世纪末；相对于江南地区的早期工业化，中国糖业经济在明清时期一直在持续均衡向前发展，福建、广东、四川等重要蔗糖经济区的发展在一定程度上是持平的。广泛意义上的中西糖业经济的分流，肇始于欧洲甜菜制糖业的兴起，具体而言，开始于 19 世纪 30 年代左右欧洲甜菜育种的成功，甜菜糖品呈规模化生产之势，完成于 19 世纪末至 20 世纪初，此时以德国、比利时、法国等国为主的欧洲甜菜糖品产量占据世界糖品生产总额的半壁江山，俨然与中国、爪哇、印度、古巴等国家和地区甘蔗糖品生产平分秋色。以机器制糖技术为支撑的甜菜制糖业迅速崛起，与甘蔗制糖业形成了竞争性发展态势，一起构筑起 20 世纪世界糖业经济的二元格局。

第四章　旧格局的解体：近代中国甘蔗糖业的式微

清代中期以后，糖品消费进入了大扩张时代，糖品逐渐成为日常消费品之一。但是，面对这样一个极具潜力的市场前景，清末民初，中国糖业却未得到长足的发展，反而不断从外国输入糖品，甚至制糖技术，其生存危机日益严重。从向外输出糖品及技术到从外向内输入糖品及技术，中国甘蔗糖业自清末民初又经历了一个较大的转变。在对此转变的描述中，以往学界争论较大。一种观点认为清末民初中国糖业普遍“衰退”①，而另一种观点则认为在糖业中“危”与“机”是并存的②。两种观点均有其一定价值，就沿海地区的糖业而言，在优质外糖的侵逼下，国糖在质量、技术、市场方面的“短板”一一暴露出来，面临着较为严重的生存危机，这是不争的史实。根据区域糖业经济发展不平衡的具体事实，还应考虑到不同糖业经济区域所面临糖业危机的时间差异及程度高低之分。另外，就“危机”程度（“危”与“机”所占比重）而言，显然是“危”大于“机”，并且在20世纪二三十年代，“危”所占的比重日益增大。检视这段历史，国糖在多方面均不

---

① 如范毅军认为韩山、梅州地区的糖业于清末民初递嬗之际，呈陷落疲态，到抗战前夕更濒于瓦解境地，参见氏著《广东韩梅流域的糖业经济（1861—1931）》；胡刚认为20世纪初闽南蔗糖业呈现出出口糖品数量锐减、手工制糖技术滞后、机器制糖发展缓慢等明显的衰退现象，参见氏著《二十世纪初闽南蔗糖业的衰落及其原因探析》；冷东认为广东潮汕地区砂糖业衰落的原因有三：种植及制造技术的落后、落后的生产关系及洋糖的打击，参见氏著《潮汕地区的制糖业》；张兆金认为赣南糖业在洋糖的冲击下，自身劣势全部暴露，如糖品质量低劣、制糖技术落后，因此，不仅失去外部市场，而且本地市场也遭到洋糖蚕食，参见氏著《清末民国时期洋糖冲击与赣南糖业应对措施分析》。

② 在面临危机的同时，中国手工制糖业在自身演变过程中，也形成了一些发展性因素：手工蔗糖经济区的形成，手工工场性质的制糖组织普遍存在，手工制糖技术水平高超，参见赵国壮：《日本调查资料中清末民初的中国砂糖业——以〈中国省别全志〉及〈领事报告资料〉为中心》，《中国经济史研究》2011年第1期；赵国壮：《“经济惯性”与“政策承续”：辛亥革命前后四川糖业极度繁荣的原因新释》，《四川师范大学学报》（社会科学版）2011年第6期。

如外糖，是不争的史实，而市场份额的被侵占，既是其面临困境的初因，也是其出现严重危机的最大渊薮。因此结合已有研究成果，打通时间断限，从整个国糖贸易格局变动的角度来分析糖业危机，仍有讨论的必要。

第一节　蔗糖产地的糖业生产危机

明清时期，中国甘蔗糖产区主要分布在东南沿海地区、长江流域及西南地区[①]，其中以粤、台、闽、川四省为最多[②]。

广东省内蔗糖产地以潮州府所属的潮阳、饶平、登海、潮安、普宁、揭阳等县为最多，次为南海县的佛山，新会县的江门，番禺县的南岗、新造及东莞等地[③]；“州（潮州）属各县所产之糖，以由水路运销华北华中，尤以上海、天津、镇江、南京、芜湖、青岛为最，俱以汕头为集散地”[④]。汕糖（因潮汕地区糖品在汕头港集散而得名）市场分布，基本上以国内市场为主，尤以北方牛庄、天津、芝罘（烟台）和长江流域的上海、镇江和汉口等港口城市为主。从其国外市场来看，开埠初期以日本为主，随后逐渐开拓英美等国市场；自 1870 年起，香港成为进口汕糖最多的地区。据历年海关年报的统计，1870—1875 年，为汕糖向国外出口的黄金时代[⑤]。“虽然汕糖也曾一度畅销欧美各国，但就长期趋势而言，国外市场不如国内市场重要。如果和台糖市场分布情形相比较，台糖自开港后，中外市场并重，进而演变成为以行销国外为主。”[⑥]在 20 世纪初，种植甘蔗产糖近两千年的珠江三角洲却放弃了糖的生产，只有台湾在 20 世纪初从中国南部所有生产糖的地区脱颖而出，成为精制糖工业的龙头[⑦]。

---

① 据季羡林调查所得，清代种植甘蔗地区为湖南，湖北，江东，江苏，浙江的杭州府、宁波府、绍兴府、金华府、台州府、严州府及处州府，河南的汝南、郾城及许昌，福建的福州府、兴化府、泉州府、漳州府、建宁府、邵武府、汀州府、福宁府及永春州，广东的肇庆、潮州、番禺、东莞、增城、广州及佛山，广西浔州府，四川的成都府、童川府、资州、绵州、保宁府，台湾，江西的庐陵、广信府、饶州府、南安府及赣州府，云南的临安府，安徽。季羡林：《糖史》上册，南昌：江西教育出版社，2009 年，第 456—459 页。

② 上海东亚同文书院：《中国经济全书》第 8 辑，东京：东亚同文会，1908 年，第 431 页。

③ 《支那砂糖景况》，《领事报告资料・通商报告》1890 年第 2234 号，第 8 页。

④ 民国《潮州志・实业志・农业》，1946 年，第 51 页。

⑤ 范毅军：《广东韩梅流域的糖业经济（1861—1931）》，《“中央研究院”近代史研究所集刊》第 12 期，台北：“中央研究院”近代史研究所，1983 年。

⑥ 林满红：《茶、糖、樟脑业与台湾之经济社会变迁（1860—1895）》，台北：联经出版事业公司，1997 年，第 24 页。

⑦（美）穆素洁著、叶篱译：《中国：糖与社会——农民、技术和世界市场》，广州：广东人民出版社，2009 年，第 451 页。

1860—1895 年，台湾出口的糖品分红白两种，其中尤以红糖为主。白糖主要供给华北食用，仅有小部分输出日本；红糖供应中国内地、日本食用及制糖果用，或供应欧美大洋洲各国制造精制糖，不过，总的来看，在此期间，中国大陆及日本一直是台糖的主要市场。1865 年，中国大陆市场在台糖输出总量的比例中高达 98%，之后比例虽一直处于下降趋势（1895 年占 56.37%），但是，中国大陆进口台糖的数量却一直保持在 24 万担左右。中国大陆进口台糖的口岸以芝罘（烟台）、天津、上海、宁波、牛庄为主，1868—1895 年，其进口台糖总量分别占中国大陆进口台糖总量的 44.59%、24.02%、19.49%、9.24%、1.21%。台糖向国外输出则以日本为主，1868—1895 年，日本进口台糖总额占同时期进口总额的 69.55%，达 619 万担，与中国大陆进口台湾 718 万担的总额仅差约 100 万担①。然而，1895—1931 年，中国台湾的食糖贸易是典型的殖民经贸形态。殖民统治者日本，一方面将台湾迅速培植为新兴的蔗糖原料产地；另一方面推动日本制糖业向中国大陆倾销日炼精制糖。这一时期，中国台湾、日本、中国大陆之间的食糖贸易，是以日本为主导的三角贸易：由台湾种植甘蔗，生产粗糖，然后将这种粗糖运往日本本土加工成精制糖，再将精制糖销往中国大陆，逐步形成了一种以外向型经济贸易战略为主导的掠夺性的多边经贸机制②。

福建省的蔗糖生产仅次于广东及台湾，省内甘蔗产地主要集中在漳州地区及福州、福宁两府所属地区，其中以漳州府为最多③。历史时期，闽南糖业仅龙溪一县年产 90 万元，南靖、海澄两县年产 72 万元，晋江、同安、南安三县年产 20 万元，并且糖品“畅销于华北各埠”。20 世纪二三十年代，“以天灾、地变、人祸层出不穷，经济崩溃，闽南蔗糖事业亦沦至破产之境地”④。厦门为该省重要的糖品集散地，“在光绪年间畅销于天津、牛庄间，亦有运销新加坡等处”⑤，具体参阅表 4-1。之后，日本扶植中国台湾发展，福建省“糖市悉为所夺”，厦门市场反而有洋糖进口。

表 4-1　1869—1931 年厦门输出闽糖数量　（单位：担）

年份	赤糖（红糖）	白糖	冰糖	共计
1869 年	50 707	13 378	60 438	124 523

① 林满红：《茶、糖、樟脑业与台湾之社会经济变迁（1860—1895）》，台北：联经出版事业公司，1997 年，第 23—26 页。

② 习五一：《1895—1931 年台湾食糖贸易研究——台湾、日本、大陆三角贸易考察》，《近代史研究》1995 年第 5 期。

③ 东亚同文会：《中国省别全志》第 14 卷《福建》，台北：南天书局，1988 年，第 714 页。

④ 朱博能：《闽南的蔗糖业》，《复兴月刊》1936 年第 8 期，第 9 页。

⑤ 民国《厦门市志》卷 17《实业志》，上海：上海书店出版社，2000 年，第 389 页。

续表

年份	赤糖（红糖）	白糖	冰糖	共计
1870 年	58 723	13 158	61 416	133 297
1875 年	126 786	16 635	105 779	249 200
1880 年	167 890	30 208	101 965	300 063
1885 年	108 193	8961	80 978	198 132
1890 年	121 117	22 715	89 920	233 752
1895 年	88 727	11 003	91 661	191 391
1900 年	89 116	3708	53 438	146 262
1905 年	77 949	5913	27 332	111 194
1910 年	65 314	5685	32 591	103 590
1915 年	38 674	3870	25 047	67 591
1920 年	63 662	2613	5664	71 939
1929 年			27 514	27 514
1930 年			31 371	31 371
1931 年	44		27 633	27 677

资料来源：朱博能：《闽南的蔗糖业》，《复兴月刊》1936 年第 8 期，第 10—11 页

从表 4-1 来看，1869—1931 年，厦门输出糖品主要有红糖、白糖及冰糖。1875—1890 年，为厦门出口的鼎盛时期，红糖输出每年在 10 万担以上，冰糖亦在 10 万担左右，白糖也有几万担输出（1885 年除外）。1895 年以后输出量开始出现下滑，不过在 1910 年前每年糖品输出总量尚在 10 万担以上，而在 1920 年以后，厦门每年糖品输出量已经滑落到不及鼎盛时期的零头了。

清末民初，四川省糖产量达 300 多万担，居全国首位。其销售格局以四川省内为主，兼及邻近各省，其中外销以输出两湖地区的橘糖为大宗，不过并无输出国外的记录，具体情况见表 4-2。如该省重要糖品产地沱江流域所产糖品，在“长江流域以合川、江津、重庆、涪陵、万县、宜昌、沙市、汉口等地为主；川西以成都为枢纽，川北以中江为中心；渠江与嘉陵流域以合川为转运地……至于集中在泸县、合川、江津、涪陵等地的糖品，除本地消费外，一部分运销黔滇。转销两湖之糖，由产区贩运至渝后，大都直接驳装轮船，运至宜昌、沙市与汉口等地，散销于湘鄂等地”①。20 世纪二三十年代，在外糖的侵逼下，四川省的糖品在两湖的销售额有

① 杨寿标：《四川蔗糖产销调查》，南京：中国农民银行经济研究处，1940 年，第 24 页。

所下降，但因两湖地区偏好川糖，因此，其销售并未中断，其糖品销售结构也未发生较大变化。

表 4-2　1917—1936 年四川省进出口糖品数量　（单位：公担）

年份	进口			出口			顺逆差	
	重庆	万县	合计	重庆	万县	合计	顺差	逆差
1917 年		8	8	152	211	363	355	
1918 年		1363	1363	3380	281	3661	2298	
1919 年		245	245	4463	127	4590	4345	
1920 年		5144	5144	26 142		26 142	20 998	
1921 年				9415	1396	10 811	10 811	
1922 年		3181	3181	66 494	7526	74 020	70 839	
1923 年		2493	2493	19 261	4949	24 210	21 717	
1924 年		9371	9371	95 400	64	95 464	86 093	
1925 年		50 201	50 201	58 100	61	58 161	7960	
1926 年		36 632	36 632	55 438		55 438	18 806	
1927 年		27 209	27 209	7661	124	7785		19 424
1928 年		45 836	45 836	12 073		12 073		33 763
1929 年		22 116	22 116	41 227	177	41 404	19 288	
1930 年	13 264	33 744	47 008	3019		3019		43 989
1931 年	16 707	41 555	58 262	11 782	1269	13 051		45 211
1932 年	1042		1042	49 805	1057	50 862	49 820	
1933 年								
1934 年				95 446	216	95 662	95 662	
1935 年	998		998	151 583	432	152 015	151 017	
1936 年	1180		1180	141 405		141 405	140 225	

注：表中数据系游时敏依据重庆糖业同业公会登记糖品件数折合而成

资料来源：游时敏：《四川近代贸易史料》，成都：四川大学出版社，1990 年，第 179 页；平汉铁路经济调查组：《重庆经济调查》，1937 年，第 2 页；周勇、刘景修：《近代重庆经济与社会发展（1876—1949）》，成都：四川大学出版社，1987 年，第 455 页

表 4-2 为《四川近代贸易史料》所列表格的节略表，即省去了 1891—1916 年的统计表格，因为在这一段时间，并未有外糖入川的记录，从 1917 年开始才有外糖销售记录，因此，为了讨论方便起见，就做了简单的节略。从表 4-2 来看，从 1890

年重庆开埠以后，作为近代四川省重要商品集散地的重庆，在此后多年间，并未有外糖从该港口输入四川，而一直到 1930 年后始有外糖输入。不过，在 1917—1924 年，万县已有少量外糖输入（最多时也不过 9000 多公担）。1925 年，万县开埠，是年自万县输入的外糖就达5万多公担，此后虽有所下降，但是在1927年，四川省进出口糖品已首次出现逆差。1930—1931年，重庆、万县均有1万公担以上的外糖输入，以致在这两年四川省进出口糖品每年逆差达4万多公担，创近代四川省糖品进口的历史记录。之后，外糖进口锐减，四川省进出口糖品贸易仍处在顺差地位。

总的来看，在 1895 年前，国内糖品贸易的主要格局是中国南部及西南部，并且糖品均能自足；中国北部所需砂糖皆由广东、福建及台湾三地供应，天津港为其集散市场；两湖地区的橘糖均由四川省供应，汉口为其集散市场。就东亚糖品贸易格局来看，中国为东亚的最大糖品输出国，几乎垄断整个东亚的糖品贸易。在 1895 年以后，随着中国糖业重镇台湾被日本占领和世界糖业发生重大变化，中国糖品贸易格局发生了较大变动：国糖国外市场尽失，国糖仅在国内区域市场销售，外糖大量涌入中国市场①。糖品贸易格局的转变既是中国甘蔗糖业危机的重要表现，也是东亚糖业格局变动的重要组成部分及主要诱因之一。

第二节　外糖行销中国港口城市

清末民初，随着中国半殖民地化程度的加深，外国商品输入的数量也在不断地增加，洋货冲击幅度及市场占有额度也均在不断地扩大。中国手工制糖业受制于技术水平的滞后，其糖品品质在多年间几无改良，无法抵挡质美价廉的洋糖冲击。外糖进口数量呈逐年增加趋势，它不仅抢占了之前属于国糖的国外全部市场，而且在国内糖品市场的争夺中，也逐渐处于优势地位，不断地蚕食国糖的市场份额。

一、外糖输入数量及分布

（一）旧海关统计 1902—1905 年与 1908—1915 年外糖输入数量

在旧海关的逐年报表中，糖品的进出口数量及转口数量均被系统地记载下来，

① 丹尼尔斯：《中国砂糖的国际位置：清末本土的砂糖市场》，《社会经济史学》1985 年第 4 号。

进口的糖类有赤糖、白糖、车白糖（精制糖）及冰糖 4 种，其中，1902—1905 年与 1908—1915 年具体的输入数量详见表 4-3。

表 4-3　1902—1905 年与 1908—1915 年海关统计糖品进口、出口及转口数量及价值

年份	糖类	通商各关外糖进口		国糖出口		转运出洋	
		数量（担）	价值（两）	数量（担）	价值（两）	数量（担）	价值（两）
1902 年	赤糖	2 236 270	8 873 250	607 154	1 987 279	2722	11 185
	白糖	723 969	3 773 830	66 847	312 760	6767	29 040
	车白糖	1 376 627	7 131 845			4495	24 083
	冰糖	136 356	942 636	593	4434	3	18
	总计	4 473 222	20 721 561	674 594	2 304 473	13 987	64 326
1903 年	赤糖	1 238 704	4 787 995	277 989	883 027	970	3960
	白糖	645 387	3 596 244	20 718	101 451	158	819
	车白糖	1 138 213	6 285 546			17 737	96 592
	冰糖	180 676	1 292 266	468	3499		
	总计	3 202 980	15 962 051	299 175	987 977	18 865	101 371
1904 年	赤糖	1 389 038	5 498 510	321 652	1 113 820	331	1325
	白糖	902 065	4 556 370	43 539	236 728	578	2829
	车白糖	1 261 120	6 838 723			5368	29 052
	冰糖	195 348	1 387 918	715	5843	6	43
	总计	3 747 571	18 281 521	365 906	1 356 391	6283	33 249
1905 年	赤糖	1 840 765	7 363 053	472 243	1 907 512	4033	16 133
	白糖	1 066 736	5 432 548	46 600	284 140	3374	17 207
	车白糖	1 499 005	8 248 312			15 974	87 156
	冰糖	214 169	1 578 189	368	2864	259	1914
	总计	4 620 675	22 622 102	519 211	2 194 516	23 640	122 410
1908 年	赤糖	1 727 047	6 908 184	214 362	852 306	2215	8858
	白糖	807 620	4 044 483	27 056	151 266	7877	39 899
	车白糖	1 468 530	7 523 544				
	冰糖	159 059	1 135 074	82	645	62	65
	总计	4 162 256	19 611 285	241 500	1 004 217	10 154	48 822

续表

年份	糖类	通商各关外糖进口		国糖出口		转运出洋	
		数量（担）	价值（两）	数量（担）	价值（两）	数量（担）	价值（两）
1909年	赤糖	1 896 708	7 719 848	156 012	660 145	1697	6908
	白糖	1 175 917	6 175 029	13 218	77 706	3303	18 369
	车白糖	2 172 498	11 480 707			3779	21 491
	冰糖	233 416	1 689 236	168	1335	978	7054
	总计	5 478 539	27 064 820	169 398	739 186	9757	53 822
1910年	赤糖	1 337 863	5 579 177	256 204	1 106 119	2608	10 897
	白糖	986 196	5 445 395	9599	58 538	835	4614
	车白糖	1 816 604	10 015 009			1728	9621
	冰糖	170 665	1 283 057	84	661	211	1583
	总计	4 311 328	22 322 638	265 887	1 165 318	5382	26 715
1911年	赤糖	1 109 329	4 606 846	224 437	943 991	1114	4532
	白糖	976 806	5 265 160	27 263	162 568	1511	8040
	车白糖	2 016 578	11 226 464			5166	33 296
	冰糖	213 043	1 503 063	194	1654	724	5122
	总计	4 315 756	22 601 533	251 894	1 108 213	8515	50 990
1912年	赤糖	1 313 553	5 343 637	303 202	1 201 686	2936	11 932
	白糖	1 306 655	7 104 225	20 369	129 281	7042	38 485
	车白糖	1 724 580	9 935 801			6604	39 401
	冰糖	226 804	1 620 226	84	828	354	2490
	总计	4 571 592	24 003 889	323 655	1 331 795	16 936	92 308
1913年	赤糖	2 278 411	9 240 197	108 512	444 756	818	3353
	白糖	1 936 615	10 652 542	551	2950	3548	18 689
	车白糖	2 632 247	14 617 831			4340	25 318
	冰糖	273 378	1 844 718	96	883	217	1458
	总计	7 120 651	36 355 288	109 159	448 589	8923	48 818
1914年	赤糖	1 895 336	7 645 114	138 938	565 507	515	2073
	白糖	1 671 885	9 093 789	3697	21 719	7418	37 607
	车白糖	2 522 277	12 920 319			5506	29 538

续表

年份	糖类	通商各关外糖进口		国糖出口		转运出洋	
		数量（担）	价值（两）	数量（担）	价值（两）	数量（担）	价值（两）
1914 年	冰糖	190 077	1 380 555	166	1652	134	946
	总计	6 279 575	31 039 777	142 801	588 878	13 573	70 164
1915 年	赤糖	1 681 020	7 935 536	215 926	970 190	745	3738
	白糖	992 079	7 159 829	30 519	236 402	5074	31 629
	车白糖	1 981 888	13 860 860			2857	24 038
	冰糖	130 296	956 216	678	7543	45	315
	总计	4 785 283	29 912 441	247 123	1 214 135	8721	59 720

资料来源：《重印中华民国海关华洋贸易总册》，台北："国史馆"，1982 年

从表 4-3 可知，1902—1905、1908—1915 年，外糖的输入量除 1903 年和 1904 年略低于 400 万担外，其他 10 年内输入的外糖数量均高于 400 万担，最高的年份为 1913 年，总量达 7 120 651 担，价值 36 355 288 两。国糖出口数量在总体上呈递减趋势，最高为 1902 年的 674 594 担，最低为 1913 年的 109 159 担，相差 565 435 担。另外，转口出洋的数量相对较少，最高年份为 1905 年的 23 640 担，最低为 1910 年的 5382 担。

另外，同当时的其他记录相比较，我们可以认为海关这一统计数据较为真实地反映了清末民初外糖输入的整体状况。首先，根据日本各领事馆的统计数据，1907 年，中国各港口输入外糖总量为 4 240 832 担，价值 20 081 389 两，其中赤糖 1 724 435 担，价值 6 893 739 两；白糖 949 905 担，价值 4 769 328 两；精制糖 1 408 780 担，价值 7 290 340 两；冰糖 157 712 担，价值 1 127 982 两。[①]1908 年，中国各港口输入外糖总量为 5 823 290 担，价值 26 661 944 两，其中赤糖 2 187 456 担，价值 8 498 759 两；白糖 1 739 701 担，价值 8 177 949 两；精制糖 1 634 313 担，价值 8 252 484 两；冰糖 2 61 820 担，价值 1 732 752 两；较 1907 年多 6 580 555 两。[②]以 1908 年为例，两则统计资料的外糖输入相差 1 661 034 担，价值相差 7 050 659 两，两者数据差异较大，一般而言，海关的统计数据相对可靠而全面。其次，根据东亚同文会的统计资料，1913—1915 年的外糖输入数量如表 4-4 所示，分别为 6 838 567 担、6 076 059 担及 4 646 329 担，均略少于这三年间海关的统计数量，这与海关统计数据的全面性有关。

① 《南京、芜湖、镇江的砂糖》，《通商汇纂》1910 年第 38 号，第 14 页。
② 《南京、芜湖、镇江的砂糖》，《通商汇纂》1910 年第 38 号，第 14 页。

表 4-4 1913—1915 年中国输入外糖数量统计

年份 糖类	1913 年		1914 年		1915 年	
赤糖	2 277 593 担	9 236 844 海关两	1 894 821 担	7 643 041 海关两	1 680 275 担	7 931 798 海关两
白糖	1 933 067 担	10 633 853 海关两	1 664 467 担	9 056 182 海关两	987 023 担	7 128 200 海关两
精制糖	2 627 907 担	14 592 513 海关两	2 516 771 担	12 890 781 海关两	1 979 031 担	13 836 822 海关两
合计	6 838 567 担	34 463 210 海关两	6 076 059 担	29 590 004 海关两	4 646 329 担	28 896 820 海关两

资料来源：东亚同文会：《中国省别全志》第 1 卷《广东省（附香港澳门）》，台北：南天书局，1988 年，第 880 页

（二）重要港口的外糖输入

输入外糖的重要港口为天津、汉口、镇江、上海及广东诸港口，1908 年各重要港口的输入外糖数量分别见表 4-5。

表 4-5 1908 年各重要港口的输入外糖数量 （单位：两）

港口	赤砂糖	白砂糖	精制糖	冰糖	合计
天津	988 348	261 313	550 698	87 730	1 888 089
汉口	822 484	120 055	805 837	156 357	1 904 733
镇江	1 409 310	595 809	630 606	122 339	2 758 064
上海	980 731		544 251	15 524	1 540 506
广东诸港口	4631	727 664	103 856	16 260	852 411

资料来源：《南京、芜湖、镇江的砂糖》，《通商汇纂》1910 年第 38 号，第 14 页

从表 4-5 可知，1908 年镇江港输入外糖数量为 2 758 064 两，在各港中处于首位，占该年总输入量 8 943 803 两的 30.84%。之所以会出现这一现象，主要原因在于镇江为山东、河南、江苏及安徽 4 个省土货及外国商品的集散地。

（1）天津港。自古以来，中国北部所需砂糖皆由福建、广东及台湾三地供应，天津港为其集散市场；近代以后，外国商品贸易兴盛，爪哇精制原糖及中国香港糖进入中国北部市场。在天津港的外糖经办商主要为英国的太古及怡和，日本的三井及大仓。在 1905 年前，外糖市场为太古及怡和所垄断[①]，之后，由于日本精制糖制造业的繁盛，日糖开始行销该区域。据海关统计，1910 年该区域输入各种砂糖的总额为 673 267 担，价值 3 710 946 海关两，其中日糖为 46 047 担，价值 246 731 海关两，约占总额的 1/15；1911 年输入总额为 843 332 担，价值 4 497 092 海关两，其中日糖为 52 975 担，价值 280 540 海关两，约占总额的 1/16，日糖达到

① 上海东亚同文书院：《中国经济全书》第 8 辑，东京：东亚同文会，1908 年，第 459 页。

预期的销售额。[①]该地区砂糖输入增加，主要源于 1911 年南方黑砂糖输入额的倍增，达 16 万余担，价值 767 000 余海关两。[②]

据天津海关记载，天津港输入砂糖种类为精制糖、白糖、赤糖及冰砂糖，1907—1911 年的输入数量见表 4-6、表 4-7、表 4-8、表 4-9。

表 4-6　1907—1911 年天津港精制糖输入对照表

来源地	1907 年		1908 年		1909 年		1910 年		1911 年	
	数量（担）	价额（两）	数量（担）	价额（两）	数量（担）	价额（两）	数量（担）	价额（两）	数量（担）	价额（两）
中国香港	68 933	347 422	78 605	402 458	201 388	1 061 315	153 556	846 094	191 495	1 060 882
德国					8	42	22	121	338	1873
日本	13 982	70 469	677	3466	540	2845	36 919	203 424	29 210	161 823
其他诸国	52	299	257	1316	48	210	156	738	31	173
中国内地各港	443	2232	28 363	145 421	6152	32 422	2872	15 825	21 670	120 052
合计	83 410	420 422	107 902	552 661	208 136	1 096 834	193 525	1 066 202	242 744	1 344 803

资料来源：《天津砂糖供需状况》，《通商汇纂》1912 年第 26 号，第 2 页

从表 4-6 可知，1907—1911 年，天津港的精制糖输入额在总体上呈增长趋势，由 1907 年的 83 410 担上升到 1908 年的 107 902 担，再到 1909 年的 208 136 担，再到 1911 年的 242 744 担。在精制糖输入来源地中，绝大部分砂糖来自中国香港，1907 年占 82.6%、1908 年为 72.8%、1909 年为 96.8%、1910 年为 79.3%及 1911 年为 78.9%。同时，香港输入精制糖的数量也呈增长趋势，1907 年为 68 933 担，到 1911 年已增加到 191 495 担。另外，日糖输入额经过 1908—1909 年低迷期之后，1910 年的输入额为 36 919 担，1911 年为 29 210 担，势头较为强劲。

表 4-7　1907—1911 年天津港白糖输入对照表

来源地	1907 年		1908 年		1909 年		1910 年		1911 年	
	数量（担）	价额（两）	数量（担）	价额（两）	数量（担）	价额（两）	数量（担）	价额（两）	数量（担）	价额（两）
中国香港	63 865	294 837	28 371	141 855	45 902	240 985	30 507	168 398	26 278	137 697
德国	2561	12 011							4050	21 222
日本	680	3189			954	5008	21 884	111 440	18 384	96 332

① 《天津砂糖供需状况》，《通商汇纂》1912 年第 26 号，第 1 页。
② 《天津砂糖供需状况》，《通商汇纂》1912 年第 26 号，第 1 页。

续表

来源地	1907 年		1908 年		1909 年		1910 年		1911 年	
	数量（担）	价额（两）	数量（担）	价额（两）	数量（担）	价额（两）	数量（担）	价额（两）	数量（担）	价额（两）
其他诸国	51	149	53	256	6	33	582	2788	25	173
经由中国各港转运	81 554	382 488	28 263	141 315	23 063	121 080	16 593	91 553	32 555	170 588
中国南方地区	74 815	448 890	33 087	198 522	40 190	291 378	60 091	533 308	50 922	395 672
合计	223 526	1 141 654	89 774	481 948	110 115	658 484	129 657	907 487	132 214	821 684

资料来源：《天津砂糖供需状况》，《通商汇纂》1912 年第 26 号，第 2 页

从表 4-7 看，天津港 1907 年白糖输入额在统计的 5 年中最高，达 223 526 担，其他 4 年白糖输入额呈递增趋势，但并未超过 1907 年数额。在白糖输入额的分配中，主要是来自中国香港、中国转运诸港及中国南方地区。就变化趋势而言，香港白糖的输入额呈下降趋势，1907 年为 63 865 担，到 1911 年仅为 26 278 担，主要受到该年政治局势影响①；增幅最大的为日糖，1907 年仅为 680 担，到 1910 年已达到 21 884 担。

表 4-8　1907—1911 年天津港赤糖输入对照表

来源地	1907 年		1908 年		1909 年		1910 年		1911 年	
	数量（担）	价额（两）	数量（担）	价额（两）	数量（担）	价额（两）	数量（担）	价额（两）	数量（担）	价额（两）
中国香港	237 513	921 550	237 534	950 136	229 794	935 262	318 569	911 808	208 419	867 023
日本	8	31			2900	11 803	5244	21 876	5381	22 385
菲律宾	56 153	217 870	9096	36 384	3417	13 907			1494	6215
经由中国各港转运	79	306	466	1864			7795	32 505	5526	22 988
中国内地	62 079	248 316	53 029	212 116	27 211	118 368	79 904	400 719	162 048	766 487
合计	355 832	1 388 073	300 125	1 200 500	263 322	1 079 340	411 512	1 366 908	382 868	1 685 098

资料来源：《天津砂糖供需状况》，《通商汇纂》1912 年第 26 号，第 4 页

从表 4-8 看，天津港 1907—1911 年 5 年间赤糖输入额保持在几十万担。其主要来自 5 个方面，即中国香港、日本、菲律宾、中国内地及经由中国各港转运，其中以中国香港输入为主，1907 年占总输入额的 66.7%、1908 年为 79.1%、1909 年为 87.3%、1910 年为 77.4%及 1911 年为 54.4%。就变化趋势而言，日本赤糖呈快速递增

① 《天津砂糖供需状况》，《通商汇纂》1912 年第 26 号，第 3 页。

趋势，而菲律宾赤糖呈锐减趋势，中国内地赤糖呈先减后增趋势。

表 4-9　1907—1911 年天津港冰糖输入对照表

来源地	1907 年		1908 年		1909 年		1910 年		1911 年	
	数量（担）	价额（两）	数量（担）	价额（两）	数量（担）	价额（两）	数量（担）	价额（两）	数量（担）	价额（两）
中国香港	21 626	142 732	5332	37 377	18 118	130 630	29 728	222 663	45 333	320 504
德国	18 863	124 496	4749	33 290	11 348	81 819	3533	26 462	8437	59 650
比利时	4790	31 614	1010	7080	7789	56 129	7223	54 100	12 226	86 438
日本	3910	25 806	50	351	1	7	1	7	225	1590
其他诸国	1525	10 065			2118	15 270	3	23	750	5303
经由中国各港转运	3247	21 430	1374	9632	5367	38 696	5693	42 641	1208	8541
中国内地	12 621	126 210	6200	62 000	4618	50 402	10 402	114 422	17 318	163 482
合计	66 582	482 353	18 715	149 730	49 359	372 953	56 583	460 318	85 497	645 508

资料来源：《天津砂糖供需状况》，《通商汇纂》1912 年第 26 号，第 4 页

从表 4-9 看，1907—1911 年，天津港冰糖输入趋势为：与 1907 年 66 582 担相比，1908 年 18 715 担呈锐减趋势，此后逐渐递增，1911 年达 85 497 担；就其输入来源地看，从中国香港输入的数量最多，其次是中国内地和德国；就各来源地输入额的变化趋势来看，香港输入额与当年冰糖输入总额之比一直较为平稳，德国则上下波动，日本则呈锐减趋势，比利时则呈递增势头。

总的来看，在 1907—1911 年天津港输入砂糖中，赤糖居首位，其次是精制糖，再次是白糖，最少者是冰糖。就输入来源地看，来源较为广泛，外糖数量远多于国糖。

（2）汉口港。在汉口输入的外糖中，在 1905 年前由英国太古及怡和两洋行所垄断，之后，日本的三井、日信及东兴等洋行的糖品开始进入汉口港。1901—1905 年，汉口输入外糖的数额分别为 1901 年 3826 担、1902 年 283 097 担、1903 年 194 783 担、1904 年 215 913 担、1905 年 311 257 担，其在该年输入糖品总额中所占比例分别为 1.9%、86.9%、85.7%、78.9%、93.2%。[①]从外糖在输入总额所占的比例看，汉口港的糖品输入几乎全被外商垄断，国糖市场份额锐减。

在汉口输入的外糖中，日糖发展较为迅速，成为英国太古及怡和两大洋行的强劲竞争对手。1905 年，日本三井洋行开始在汉口经销东京精制糖公司及大阪制糖

① 《汉口输入日本砂糖与外国砂糖商业情况》，《通商汇纂》1906 年第 50 号，第 3—4 页；上海东亚同文书院：《中国经济全书》第 8 辑，东京：东亚同文会，1908 年，第 489—490 页。

公司的糖品；1906 年 3 月，日本棉花股份公司汉口分公司日信洋行开始买卖大阪制糖公司的糖品；1906 年 5 月，大阪半田商会汉口分会东兴洋行开始购销大阪大里制糖公司的产品。日糖以其低廉的价格及精美的品质逐渐侵占太古及怡和的市场份额，导致其在汉口有 7 万担滞销，在上海有 10 万担滞销。[①]同时，三家日本洋行联手，锐意开拓市场，从市场上驱逐英国糖品。[②]

（3）镇江港。在清末民初，镇江港是外糖输入的重要港口之一，1899—1908 年各年外糖和国糖的输入量情况见表 4-10、表 4-11。

表 4-10　1899—1908 年镇江港输入外糖数量　　（单位：担）

年份＼糖类	赤砂糖	白砂糖	精制糖	冰糖
1899 年	201 861	19 578	99 102	11 382
1900 年	201 554	24 058	79 653	6830
1901 年	256 058	25 545	143 001	12 573
1902 年	498 168	43 460	165 962	16 448
1903 年	306 105	106 435	109 361	18 908
1904 年	379 938	124 736	112 388	20 629
1905 年	428 503	170 355	124 720	24 859
1906 年	672 849	211 418	205 227	34 370
1907 年	618 106	210 141	223 569	37 217
1908 年	352 328	119 162	123 165	17 452

注：1908 年输入量仅为上半年数

资料来源：《南京、芜湖、镇江的砂糖》，《通商汇纂》1910 年第 38 号，第 15 页

从表 4-10 来看，1899—1908 年镇江港输入外糖数量，在整体上处于增长趋势。1899 年，镇江输入外糖数量分别为赤砂糖 201 861 担、白砂糖 19 578 担、精制糖 99 102 担及冰糖 11 382 担，此后一直整体上呈增长趋势，到 1906 年输入外糖数量分别为赤砂糖 672 849 担、白砂糖 211 418 担、精制糖 205 227 担及冰糖 34 370 担。之后，赤砂糖及白砂糖稍有减少，精制糖及冰糖在 1907 年仍保持增长趋势。

表 4-11　1899—1908 年镇江港输入国糖数量　　（单位：担）

年份＼糖类	赤砂糖	白砂糖	冰糖
1899 年	26 167	142 532	6353

① 《汉口输入日本砂糖与外国砂糖商业情况》，《通商汇纂》1906 年第 50 号，第 5 页。

② 《汉口输入日本砂糖与外国砂糖商业情况》，《通商汇纂》1906 年第 50 号，第 6 页。

续表

年份＼糖类	赤砂糖	白砂糖	冰糖
1900 年	113 769	85 406	5200
1901 年	122 009	102 356	3843
1902 年	103 469	77 676	3826
1903 年	89 707	65 084	2173
1904 年	80 569	76 722	2433
1905 年	102 008	55 623	1080
1906 年	34 203	36 959	1359
1907 年	53 119	33 408	1472
1908 年	51 176	49 429	1759

资料来源：《南京、芜湖、镇江的砂糖》，《通商汇纂》1910 年第 38 号，第 15 页

从表 4-11 可见，1899—1908 年，镇江港输入国糖数量整体上呈大幅度下降趋势，这恰与外糖输入形势呈相反动向。国产赤砂糖在 1900 年输入量为 113 769 担，1904 年减少到 80 569 担，1906 年进而减少到 34 203 担；白砂糖在 1899 年输入量为 142 532 担，1903 年减少到 65 084 担，1907 年更减少到 33 408 担；冰糖在 1899 年输入量为 6353 担，1903 年减少到 2173 担，1905 年又减少到 1080 担。

两相对比，显然国糖的市场份额进一步缩水。就镇江港输入外糖的来源而言，较早均为爪哇一地之糖，但自 1902 年出现日本糖之后，局面发生变化。日本的东京、大阪及大里 3 个精制糖公司锐意开拓中国市场，日糖的输入量迅速增加。①

（4）上海港。输入该港的糖品有赤糖、白糖、精制糖及冰糖 4 种，1900—1908 年输入糖品的数量为 1900 年从外国输入 603 150 担，从中国各港输入 17 470 担，转口输出国外 20 105 担，转口输出国内各港 502 643 担，纯输入为 97 872 担；1901 年分别为 1 166 459 担、2312 担、18 335 担、781 349 担及 369 087 担；1902 年分别为 1 619 220 担、2592 担、11 912 担、1 100 260 担及 509 640 担；1903 年分别为 1 293 807 担、1161 担、13 676 担、840 269 担及 441 023 担；1904 年分别为 1 507 267 担、580 担、4746 担、1 190 236 担及 312 865 担；1905 年分别为 1 665 918 担、4616 担、13 243 担、1 131 384 担及 525 907 担；1906 年分别为 2 218 580 担、8619 担、96 327 担、1 338 257 担及 792 615 担；1907 年分别为 2 097 236 担、4150 担、1844 担、1 488 682 担及 610 860 担；1908 年分别为 1 417 018 担、6477 担、2705

① 《南京、芜湖、镇江的砂糖》，《通商汇纂》1910 年第 38 号，第 15 页。

担、1 116 753 担及 304 037 担，详见表 4-12。[①]

表 4-12　1900—1908 年上海港输入数量表　（单位：担）

年份	外国输入	中国各港输入	转口输出国外	转口输出国内各港	纯输入
1900 年	603 150	17 470	20 105	502 643	97 872
1901 年	1 166 459	2312	18 335	781 349	369 087
1902 年	1 619 220	2592	11 912	1 100 260	509 640
1903 年	1 293 807	1161	13 676	840 269	441 023
1904 年	1 507 267	580	4746	1 190 236	312 865
1905 年	1 665 918	4616	13 243	1 131 384	525 907
1906 年	2 218 580	8619	96 327	1 338 257	792 615
1907 年	2 097 236	4150	1844	1 488 682	610 860
1908 年	1 417 018	6477	2705	1 116 753	304 037

由表 4-12 可知，1900—1908 年，上海港输入外糖数量在总体上呈递增趋势，年均从国外输入外糖达 1 509 850.6 担。另外，其转口功能较为突出，如由其转口输出国内各港的外糖数量年均达 1 054 425.9 担，占年均输入外糖总量的 69.8%，其输出地为镇江、苏州、杭州、宁波、温州及长江一带[②]。

另外，湖南的长沙、岳州亦有外糖和国糖输入，具体见表 4-13。由于湖南省除西南的沅江流域出产少量糖品外，本省的糖品供应主要源自外国及他省；外糖以香港糖及日本糖为主，国糖则以川糖及广糖为最多。[③]

表 4-13　1907—1910 年长沙、岳州输入糖品数量　（单位：担）

年份	长沙		岳州		合计	平均
	外国糖品	国产糖品	外国糖品	国产糖品		
1907 年	111 335	1421	9478		122 234	112 936.25
1908 年	105 474	551	4158		110 183	
1909 年	107 789	209	1733		109 731	
1910 年	106 176	645	2776		109 597	

资料来源：《糖业情事》，《通商汇纂》1912 年第 43 号，第 17 页

① 《上海的砂糖》，《通商汇纂》1910 年第 29 号，第 3—5 页。
② 《上海的砂糖》，《通商汇纂》1910 年第 29 号，第 12 页。
③ 《糖业情事》，《通商汇纂》1912 年第 43 号，第 17 页。

从表4-13看，1907—1910年，长沙、岳州两地年均输入额为112 936.25担，其中绝大部分自长沙输入，该地年输入保持在10万担以上。就产品的来源看，在输入的糖品中，几乎全为外糖，国糖的输入量微乎其微，更甚者，岳州输入糖品全为外糖。

苏州年均输入赤糖约14 800担（外糖6000担），白糖10 400担（国糖 5400担），外国精制糖约1万担，且随着外糖的持续输入，国糖销路逐渐被夺。输入的精制糖以香港产为首，其次是日本；赤砂糖仍以香港为最多，其次吕宋，再次爪哇及日本；白糖也以香港为多，次为爪哇及日本。①

在外糖来源结构中，香港太古及怡和洋行输入数量最多，日本及吕宋发展最为迅猛。就精制糖而言，1908 年，在精制糖的输入数量中，60%由太古洋行输入、10%由怡和洋行输入、12%由日本输入；1909年日本精制糖数量达到15%。②就白砂糖而言，1906年，输入总数约为25万担，价值约为114万两，其中香港糖占80%、爪哇占11.6%、日本占5%。就赤砂糖而言，1902—1905年，香港位居第一，高达84%，而1908年则下降到72%；吕宋赤糖发展速度惊人，1902年仅占7.2%，1905年则增加到17.2%，1908年则高达23%。③

（三）产地输入外糖

外糖不仅畅销于各个港口城市，而且在中国的几个重要的砂糖产地，也有较大数量输入。1905—1909 年，广东输入白砂糖及精制糖的总额分别为 156 677 担、279 506担、255 739担、165 819担及273 631担。④潮汕地区虽为广东重要的砂糖生产区，但外糖输入仍呈增长趋势，1904 年汕头港输入外国冰糖、精制糖及白糖的总额为35 743 担，价值 228 684 两；1905 年共计 75 346 担，价值 400 572 两；1906年达145 522担，价值719 750两。⑤在江西九江，如表4-14所示，1912—1916年，输入外糖的数额分别为 187 407 担、246 891 担、247 670 担、153 006 担及206 471担。⑥

表4-14　1912—1916年江西九江输入外糖数量　　（单位：担）

糖类＼年份	1912年	1913年	1914年	1915年	1916年
红糖	31 096	29 830	32 348	22 400	28 659

① 《南京、苏州及广东的砂糖状况》，《通商汇纂》1910年第52号，第33页。
② 《上海的砂糖》，《通商汇纂》1910年第29号，第10页。
③ 《上海的砂糖》，《通商汇纂》1910年第29号，第11页。
④ 《南京、苏州及广东的砂糖状况》，《通商汇纂》1910年第52号，第34页。
⑤ 《汕头的砂糖状况》，《通商汇纂》1908年第36号，第11页。
⑥ 东亚同文会：《中国省别全志》第11卷《江西》，台北：南天书局，1988年，第754页。

续表

糖类 \ 年份	1912 年	1913 年	1914 年	1915 年	1916 年
白糖	79 094	109 193	106 367	29 885	45 904
精制糖	68 065	97 591	99 350	95 757	125 319
冰糖	9152	10 277	9605	4964	6589
合计	187 407	246 891	247 670	153 006	206 471

资料来源：东亚同文会：《中国省别全志》第十一卷《江西》，台北：南天书局，1988 年，第 754 页

从表 4-14 看，在九江输入的糖类中，仍以白糖和精制糖为主，但并不局限于此，红糖和冰糖也有相当大的输入额度。大部分的红糖、90%的白糖、80%的精制糖及 85%的冰糖自上海输入，其来源地为中国香港和日本，数额比例大约为对半。①

另外，在东北地区，也有大量外糖输入。哈尔滨的砂糖输入主要是经由满洲里税关及绥芬税关，其数额呈逐年递增趋势。1908 年输入总额计 41 947 担，价值 214 776 两；1909 年计 71 430 担，价值 408 777 两。其供货商主要为俄国之阿什河制糖公司、英国之太古洋行及日本之三井物产公司。②

延边口岸（日本侵略者所谓“间岛”），在 1908 年的第一季度，输入糖品数量为白砂糖 150 担（15 000 斤），赤砂糖 11 担（1100 斤），主要通过龙井村销往居子坊方面。在输入糖品数量中，白砂糖的 24 担（2400 斤）、赤砂糖的 2 担（200 斤）属于外糖，其原输入地第一位为香港，次为台湾，再次为大阪。③

新民府，1910 年，输入砂糖高达 17 245 包（2 522 800 斤），价值 233 626 元，具体来源地及种类如表 4-15 所示。

表 4-15 1910 年新民府输入砂糖种类、色相、数量、价格及产地

产地	种类	色相	数量	价格（元）
英国	五湾	纯白	500（包）	7910
英国	四五	纯白	200（包）	3108
英国	三八五	有色	200（包）	3024
英国	三七五	有色	100（包）	1386
英国	洋冰糖	有色	150（单位不明）	1396

① 东亚同文会：《中国省别全志》第十一卷《江西》，台北：南天书局，1988 年，第 754 页。
② 《哈尔滨的砂糖状况》，《通商汇纂》1910 年第 44 号，第 5—7 页。
③ 《延边、天津、汉口、汕头的砂糖》，《通商汇纂》1910 年第 38 号，第 7 页。

续表

产地	种类	色相	数量	价格（元）
英国	柳冰糖	有色	115（箱）	2345
日本	五湾洋扛粉糖	纯白	230（包）	3635
日本	四五洋奇白糖	纯白	100（包）	1522
日本	三八五洋白糖	有色	150（包）	2120
清国	建扛粉糖	纯白	2200（包）	36 685
清国	中奇白糖	有色	1700（包）	27 472
清国	下奇糖	有色	1000（包）	15 950
清国	广包红糖	赤色	4500（包）	49 275
清国	轻皮红糖	赤色	3000（包）	33 000
清国	泥红糖	黑色	2000（包）	24 960
清国	红冰糖		250（包）	4550
清国	贡冰糖		450（包）	9360
清国	春冰糖		300（包）	5928

注：尽管英国洋冰糖数量单位不明，本书为了计算方面，仍按照包来处理

资料来源：《新民府的砂糖商业情况》，《通商汇纂》1911 年第 35 号，第 20 页

从表 4-15 看，在 1910 年新民府输入的 18 种糖品中，英国占 6 种，1265 包，价值 19 169 元；清国占 9 种，15 400 包，值 207 180 元；日本占 3 种，480 包，价值 7277 元。在新民府，国产糖虽然占到绝对的优势地位，不过英日已把糖品推销到东北的更远地区。

二、糖业发展走势

丹尼尔斯曾按时间先后顺序把 1870—1930 年的中国砂糖史分为四个阶段，并认为中国糖品之所以会在这一时期发生这样的变化，应归因于中国自给自足的自然经济及其糖品质量低劣而不适应市场需要，自给自足阻碍制糖技术的更新，品质低劣削弱了中国糖品同爪哇及欧洲机制糖的竞争力。①

从清末民初中国砂糖业转变及衰退情况看，丹尼尔斯的观点很值得称赞，但是，有些问题仍有商榷的余地。首先，中国从纯输出国转为纯输入国的转变期，应

① 丹尼尔斯：《中国砂糖的国际位置：清末本土的砂糖市场》，《社会经济史学》1985 年第 4 号，第 411—444、532—530 页。

该更靠后，因为从旧海关统计数据上看，输出的数量虽然很少，但仍有输出。①其次，就其衰退的原因看，砂糖制造技术落后致使国糖质低价高的确是衰退的主因，这是无可争议的。但是，世界砂糖业的快速发展，尤其日本糖业的崛起，也是中国砂糖业衰退的另一诱因。②自1902年布鲁塞尔召开万国砂糖会议缔结了以废止保护制度为宗旨的万国砂糖条约之后，欧洲各国纷纷奖励扶持本国砂糖制造业，甜菜制糖日盛一日，不仅满足欧洲市场需要，而且还有大量输出；同时，受万国砂糖条约影响，外糖大量涌入东亚市场。③另外，在这一时期，日本砂糖制造迅猛发展，继英国砂糖之后，成为国糖重要的争利对象。日本自中日甲午战争得到中国砂糖重要产地台湾、日俄战争获胜而成为东亚事务的主导力量后，锐意发展砂糖制造业，通过税收减免、政府扶持等一系列手段，加快本国砂糖业发展，积极开拓东亚市场。

（一）外糖输入的结构性变化

清末民初，随着日本制糖业的快速发展，中国的外糖输入结构发生变化。在1895年前，南洋华商多从南洋向国内输入物美价廉的商品，并委托当地商贩销售，是故在外糖的输入中爪哇糖占到了80%的份额。然而，随着香港糖品及台湾糖品的输入，爪哇糖的销售地位受到挑战。④这一时期外糖输入格局为香港太古及怡和两洋行输入糖品数量占居首位，爪哇糖次之，日本糖品再次之。但是，日本自占据重要砂糖产地中国台湾后，锐意发展砂糖制造业，日本糖逐渐成为香港糖品的重要竞争对手。并且，由于日本（包括日据时期台湾）精制糖业发达，其糖品的低廉价格及优良品质在天津、汉口及汕头等港口博得一致好评。⑤同时，为了击败资本雄厚、经营数十年的老店——太古和怡和两大洋行，并进一步拓展其糖品销路，日本政府减免糖税，加大扶植力度。⑥在第一次世界大战期间，日本糖品输入中国的数量年均达100万担以上，约占输入外糖总额的1/4。如表4-16所示，1913年1 669 394担、1914年1 345 485担、1915年1 000 796担。

---

① 《中华民国海关华洋贸易总册》，台北："国史馆"，1982年；《上海的砂糖》，《通商汇纂》1910年第29号，第1—7页；《汕头与湖南的砂糖》，《通商汇纂》1910年第31号，第10页。

② 潮汕地区砂糖业衰落的原因有三：种植及制造技术的落后、落后的生产关系及洋糖的打击。参阅冷东：《潮汕地区的制糖业》，《中国农史》1999年第4期。

③ 上海东亚同文书院：《中国经济全书》第8辑，东京：东亚同文会，1908年，第535页。

④ 东亚同文会：《中国省别全志》第一卷《广东（附香港澳门）》，台北：南天书局，1988年，第879页。

⑤ 《延边、天津、汉口、汕头的砂糖》，《通商汇纂》1910年第38号，第10页。

⑥ 上海东亚同文书院：《中国经济全书》第8辑，东京：东亚同文会，1908年，第495页。

表 4-16　1913—1915 年输入中国的日本糖品数量

糖类＼年份	1913 年		1914 年		1915 年	
赤糖	35 658 担	148 228 海关两	35 293 担	145 305 海关两	11 106 担	49 869 海关两
白糖	253 529 担	1 305 959 海关两	159 757 担	809 689 海关两	161 535 担	986 821 海关两
精制糖	1 380 207 担	7 697 961 海关两	1 150 435 担	5 763 393 海关两	828 155 担	6 199 956 海关两
合计	1 669 394 担	9 152 148 海关两	1 345 485 担	6 718 387 海关两	1 000 796 担	7 236 646 海关两

资料来源：东亚同文会：《中国省别全志》第一卷《广东省（附香港澳门）》，台北：南天书局，1988 年，第 881 页

此外，外糖输入的种类也发生了变化，由以往白糖、精制糖（车糖）两种发展到白糖、精制糖、赤糖及冰糖四种[①]。赤糖曾是国产糖品中的优势品种，此时却依靠进口，这就进一步反映了国糖发展的滞后。

（二）外糖渐居压倒性优势

清末民初，在长距离贸易、税收减免及市场争夺等方面，外糖较盛于国糖，具有压倒性优势。外糖不仅畅销于中国沿海贸易繁盛的港口码头，如上海、天津、芝罘等港，而且深入中国腹地及东北地区，如湖南长沙[②]，湖北汉口，东北的奉天[③]、哈尔滨、新民等地方。更甚者，其还在重要的砂糖经济区畅销，如广东的汕头、福建的厦门、江西的九江及四川的重庆均有大量的外糖销售。反观这一时期的国糖贸易，则因受制于高昂的运费及相对低下的品质，其长距离贸易额度逐渐萎缩，大多数糖品均在本省内消耗，无法与外糖展开竞争，唯有潮汕地区糖品通过汕头港较多输入国内其他港口。

国糖除了受制于因现代交通工具滞后而导致的高昂运费外，还受到关税及厘金的重重盘剥[④]，以至于当其运到销场时，其运输费用已与其本身价格相等或更高。外糖则多是纳一次关税，而可以通行各个港口，这又是一个国货及洋货在关税征收面前待遇极不平等的缩影。[⑤]如四川沱江流域所产糖品，每万斤由内江运往沙市之一切运费

① 东亚同文会：《中国省别全志》第一卷《广东（附香港澳门）》，台北：南天书局，1988 年，第 800 页。

② 日本大里糖及大阪精制糖占据大部分市场份额，且市况良好。参阅《长沙的绵丝砂糖最近商业情况》，《通商汇纂》1908 年第 9 号，第 21 页。

③ 《奉天及辽阳的砂糖》，《通商汇纂》1910 年第 35 号，第 25 页。

④ 如内地厘金费废止、运费降低……砂糖需求量会显著增加。《福州砂糖商业情况》，《通商汇纂》1906 年第 10 号，第 13 页；上海东亚同文书院：《中国经济全书》第 8 辑，东京：东亚同文会，1908 年，第 443 页。

⑤ “我国在清末咸同之交，厘卡遍设，已课及糖类；光宣之后，糖类始有专税，但多资中饱，无补国计，川省糖税旧章，每斤课税四文，糖清、冰糖、砖糖、片糖及外省运入者一律照课。1916 年新章，每斤征银元四星。其余闽、粤、桂、鄂等省亦先后课有专税，课税标准与税率，至为分歧。”杨寿标：《四川蔗糖产销调查》（朱寿仁调查，钟崇敏撰述）序言，南京：中国农民银行经济研究处，1940 年，第 213 页。

杂费及捐税为：内江至泸县各税 70.00 元、泸州各税 38.00 元、渝关税 11.40 元、渝堆地 53.20 元、营业税 17.45 元、公店费 1.05 元、照货 0.85 元、手续费 5.00 元、堆租 0.48 元、外交 0.50 元、堆工秤钱 0.09 元、渝出口税 44.46 元、渝关税 27.74 元、万县各税 24.44 元、渝至宜昌运输费 100.00 元、黄沙溪进口税 29.60 元、宜昌进口报费 5.32 元、宜驳力 3.00 元、宜开桶费 55.00 元、宜运沙水力 6.66 元，合计每万斤共 494.24 元。①

在市场争夺方面，出现了“外糖进、国糖退”的局面。股份公司与机器制造相结合，使外糖的制造成本下降，形成规模效益。外糖的优良品质及低廉价格，成为争夺国糖市场的利器，它不仅抢占国糖的海外市场，也正在一步步蚕食国内糖品市场。②如四川省糖品，其主要输出地为两湖地区，并以汉口为其集散中心，后来“川糖的销路大部分为外国糖所侵夺，今在汉口其量不过 2 万—3 万桶”③。如厦门，“在清季及民国初元以茶、糖、纸为大宗。……糖则以漳所产之白糖、红糖，在光绪年间畅销于天津、牛庄间，亦有运销新加坡等处。迨后，洋糖起而角逐，遂日萎缩，今则本市反有洋糖进口矣”④。

（三）中国砂糖业呈衰落趋势

古代，中国砂糖业极为繁盛，且有大量砂糖输出国外。清末民初，中国砂糖业则逐渐衰颓。比如，在福建省厦门的市场上，台湾糖品是其一个强劲对手，由于厘金的盘剥，该省商业渐趋沉沦，是故在相同条件下，闽糖远逊于台糖。⑤在广东省，汕头砂糖业状况与厦门相似，销路逐渐缩小，不复昔日盛况。⑥1903 年后，其输出额顿形减少，1905 年输出糖品 804 398 担，较之 1896 年的 1 327 085 担减少了 522 687 担。后来汕糖不仅失去其第一输出地北清市场，又失去了香港及欧洲市场。⑦在四川省泸县，“民国以来，外货充斥，税捐繁重，糖业大有江河日下之势”⑧。

同日本砂糖业的近代转型相比较，中国砂糖制造业的近代转型道路十分艰难，并有其潜在的发展瓶颈问题。孱弱的清政府及忙于内战的北洋政府，无法如日本政府那样，给予本国砂糖业以政策、资金等方面的大力支持，并助其开拓国外糖品市

① 张肖梅：《四川经济参考资料》第 20 章《出口业·糖业》，上海：中国国民经济研究所，1939 年，第 120—121 页。

② 福州土产砂糖因价高而滞销，外糖则唯独畅销，且外糖色美、光亮、口感至佳。《福州砂糖商业情况》，《通商汇纂》1906 年第 10 号，第 14 页。

③ 《延边、天津、汉口、汕头的砂糖》，《通商汇纂》1910 年第 38 号，第 10 页。

④ 民国《厦门市志》卷 17《实业志》，上海：上海书店出版社，2000 年，第 389 页。

⑤ 上海东亚同文书院：《中国经济全书》第 8 辑，东京：东亚同文会，1908 年，第 442 页。

⑥ 上海东亚同文书院：《中国经济全书》第 8 辑，东京：东亚同文会，1908 年，第 447 页。

⑦ 上海东亚同文书院：《中国经济全书》第 8 辑，东京：东亚同文会，1908 年，第 519 页。

⑧ 民国《泸县志》卷三《食货志·农业商业》，1938 年铅印本，第 21 页。

场。同时，在这一时期，中国砂糖业也有其自身发展的瓶颈问题。首先，经济贫穷的蔗农，无力保证蔗田的正常投资，因而无法提高单位蔗田产量和甘蔗的含糖量，从始端限制了砂糖的产额。其次，虽有地主及商人参与制糖，但农家自制糖仍占有较大的比例，地主、商人为逐利而制糖，农家为糊口而制糖，且均拘泥于旧法，以致砂糖品质几无改良。再次，厘金及各种杂税的苛敛，使糖品长距离贸易的费用居高不下，从而增加了生产成本，削弱了其市场竞争力。最后，在销区市场上，国糖因质次价高而饱受优质外糖的挤压，其市场份额不断被蚕食。

第三节　中国市场上的糖品竞争日益激烈

爪哇糖品进入中国的时间最早，这主要得益于中国的南洋商人，他们发现糖品贸易的厚利，着力将爪哇糖品输入中国。据统计，在 1895 年前从爪哇输入中国的糖品占外糖总输入量的80%[①]。19世纪80年代左右，英国怡和、太古集团在香港设立机制精制糖厂，并由怡和、太古两大洋行来经销，1905年左右，香港糖品独霸着上海、天津、汉口等重要港口城市的外糖销售。在日俄战争后，日本机制糖业快速发展，逐渐打破了爪哇糖及香港糖统治中国糖品市场的局面。20 世纪前 30 年内，爪哇、香港等糖商在东亚市场上，尤其是中国市场上展开了全面的竞争。

一、20世纪前十年的中国东北市场

历史时期的东北市场上糖品供应均来自中国南方，近代以后，随着外糖输入范围的扩张，东北市场上出现中国糖、俄国糖、中国香港糖、日本糖 4 种糖品竞争的局面。例如，1908 年，哈尔滨糖品输入总额计 41 947 担，价值 214 776 两；1909 年计 71 430 担，价值 408 777 两，其供货商主要为俄国阿什河制糖公司、英国太古洋货及日本三井物产公司。[②] 1910 年，新民府输入糖品 25 228 担，价值 233 626 元，在输入的 18 种糖品中，英国占 6 种，1997 担，价值 19 169 元；国产糖品有 9 种，22 484 担，价值 207 180 元；日本占 3 种，700 担，价值 7277 元。在新民府，国糖虽然占到绝对的优势地位，不过英日两国糖商已把糖品推销到东北更远的地区。[③] 1909 年，俄国人在阿什河设立阿什河制糖公司，开发甜菜制糖。之后，日

---

① 东亚同文会：《中国省别全志》第一卷《广东省（附香港澳门）》，台北：南天书局，1988 年，第 879 页。
② 《哈尔滨的砂糖状况》，《通商汇纂》1910 年第 44 号，第 5—7 页。
③ 《新民府的砂糖商业情况》，《通商汇纂》1911 年第 35 号，第 20 页。

本糖业势力逐步深入东北地区，九一八事变以后，日本占据东三省，日本糖业界先后在东北设立两个糖业公司和四个制糖工厂，开发甜菜制糖，并逐渐垄断了东北的糖品生产及输入。

二、20世纪20年代的中部及南部中国市场

第一次世界大战前，在中国中部及南部市场上，主要是香港糖与爪哇糖之间的争夺，而香港糖占据首位。第一次世界大战时，日本借助英国无暇顾及中国市场的机遇，大力开拓中国市场。第一次世界大战后，日本成为香港糖在中国市场上的主要竞争对手。例如，1918—1920 年，中国精制糖市场为香港货及日本货所垄断。“太古公司规模最大，有自备之船只以为运货之用，且于内地各埠广设支店，自置堆栈，肆行销售……以地理及其他关系立于有利之地位。”作为后起者的日本糖商，“大日本制糖、明治制糖及台湾制糖三会社，常相互联合，组成一种‘加迭尔’大行商略，纵遇损失亦不惜贬本求售，其损失则求价于日本内地”。在其积极的糖业开拓政策指导下，“日糖颇能蚕食香港糖之贩路，除福州以南各埠外，日糖之势力已渐与香港糖并驾齐驱”[①]。1923年，日本向中国输出糖品价值达2000万日元，其中以输往上海为主，占日本输出糖品的 7 成。明治制糖公司、台湾制糖公司、盐水港制糖公司、大日本制糖公司、新高制糖公司、帝国制糖公司 6 家制糖公司积极拓展中国市场。在上海一地，日本的明治制糖公司、台湾制糖公司、大日本制糖公司 3 家公司同香港太古、怡和两大洋行进行激烈角逐。日方为了争取在竞争中取得优势地位，拟提议协定输华糖品的色泽标准，不过因日本糖商内部竞争激烈而未能商定。[②]1925 年，因爪哇糖输入增加，日糖退居第三位，不过 1926 年日本糖品输入中国的数量有所增加，达 300 万担左右。[③]

1927 年，青岛事件发生后，国内掀起“反日之经济绝交运动”，上海糖商从保障自身利益出发，于同年 8 月设立一个拍卖市场（即日糖公卖处，对日本糖品实施限价政策，规定具体交易日期），并一致禁止与日本糖商交易，这个市场的开设给日本糖市以重大打击，同年日本输入中国市场的糖品减少 16%以上，代替日本糖品的是来自香港及爪哇的糖品，此拍卖市场于 1928 年初撤销[④]。同时，上

① 《今世中国贸易通志（二）》，张研、孙燕京：《民国史料丛刊》第 654 册，郑州：大象出版社，2009 年，第 194 页。

② 《太古、台湾、明治、日糖对中国砂糖输出的混战：色泽协定失败与各公司自由竞争》，《国民新闻》1923 年 11 月 29 日。

③ 《近二十年来之中日贸易及其主要商品》，张研、孙燕京：《民国史料丛刊》第 659 册，郑州：大象出版社，2009 年，第 434 页。

④ 奥拆德著、周剑译：《日本新工业之发展》，上海：商务印书馆，1938 年，第 492 页。

海中国糖商也采取仿造日本糖品商标及在日本糖品中混入廉价爪哇糖进行销售的办法打击日本糖品进口，据同年10月22日上海电称：上海约60家中国精制糖商把爪哇糖与日本糖按照5比2的比例混合制成劣等产品，仿造日本精制糖会社的商标进行出售，致使数月内日本糖品输入上海市场的数量比平常剧减一半；同时，中国精制糖商预见排日运动会导致日本糖品输入断绝，而以期货形式大量买进爪哇糖，并高价出售混合品以收回损失的利益①。这些手段不仅使1927年同期的日糖输入额骤减一半，“1927年东糖进口车白糖705 681包，赤砂糖8323包，冰糖28 548箱，合计742 552包，较1926年统计减少464 238包”②，也严重损伤了日本糖品声誉，给日本糖品输入中国市场带来较大威胁。

三、20世纪30年代中国市场上的日本糖品销售及外糖竞争

九一八事变以后，中国国内发生大规模的抵制日货运动，对日本糖品输华产生较大冲击，而其他外商则借机拓展市场。例如，据1932年1月23日大阪市产业部发布天津港日本糖品销售情况来看，之前，在该港外糖输入总量中，日本糖品占6成，其余是爪哇、香港等糖品，然而，1931年抵制日货运动发生后，香港糖品下调价格，积极拓展市场，而日糖销路日渐萎缩，从事日本糖品代销的中国批发商转而代销香港糖，同时爪哇糖品输出也相当引人注目③。1933年，印度政府实施以自给自足为目的的国内糖品增产计划，新设官民共建的精制糖公司，并提高外糖输入关税，从而导致每年输入印度170万—200万吨糖品的爪哇糖商不得不另外开拓市场。爪哇糖业代表在考察中日糖业现状之后，认为日本由于输出成本加大、技术停滞、抵制日货运动等原因，致使其输入中国的糖品由1931年前每年的400万担骤减为170万担。因此，爪哇糖商决定大力开拓中国市场，并计划在上海新设精制糖厂④。1935年，如何处理台湾过剩糖品问题，成为日本糖业界关注的重点。日本糖商极力主张向中国输出，而中国东北市场容量仅为150万担，其他150万—200万担需要在中国中部及南部市场上找到销路。不过，因中国国内抵制日货运动、

① 《上海糖商的奸策》，《大阪朝日新闻》1927年10月23日。根据该文提示的时间点，我们先后查阅了《申报》《东方杂志》等报刊，很遗憾并未发现中文方面的佐证材料，不过，在查证的过程中，我们又发现了一些旁证资料：其一，俞国珍（中国国民党上海特别市党部临时执行委员会及商民部部长）在《上海商人之前途》（《商业杂志》1927年第8号，第4页）一文中，论及在1927年上海商人情况时，明确指出上海烟土商人“采用‘陈仓暗度’之法，将洋货改头换面，冒充国货，以期偷减捐税，陷害国民”，这从一个侧面反映当时上海商人确实存有这种“商业欺诈行为”；其二，1927年受反日之经济绝交运动影响，日本输入中国市场的糖品数量确实存在锐减情况。

② 《1927年东糖销额锐减》，《商业杂志》1928年第3号，第1页。

③ 《天津市场上的日糖威胁：对外糖的排斥》，《神户新闻》1932年1月24日。

④ 《以中国代替印度的目标：爪哇糖的市场开拓》，《大阪朝日新闻》1933年9月2日。

广东地方政府的食糖专卖政策及爪哇滞存糖品对中国市场的投放等因素，日糖销售极为迟滞。[①]因此，日本糖商使用低价倾销政策，以求打开销售市场，而这一举措立即引起一轮降价竞争。荷印政府（爪哇当局）因其糖品大受日本倾销政策之影响，也实行降价政策，成效显著，仅 5、6 两个月，爪哇经中国香港转销中国华南各地糖品已达 10 吨，同时，其他各地糖商亦得政府协助源源不断来华倾销。[②]1937 年初，虽然中日外交形势依然不明朗，然而日中贸易则比较顺畅，自 1936 年 10 月以来，日糖输出呈增长势头。不过，香港太古制糖厂因日糖进逼及原料购买困难而遭受较大打击，面临停产危机，故提出与日本糖业联合会及日糖公司订立“中国糖品输出协定”，其要点如下：对中国输出糖品价格协定；中国市场销售区域分割协定，太古制糖厂经销长江以南地区，日本则经销长江以北地区。对此项协定，日方予以断然拒绝，其理由是日本糖业联合会既无权协定日本国内供应量，也无能力与糖品输出公司订立协定；两者制糖原料虽同为爪哇糖，但是由于结算单位不一样，而无法在价格上予以协定；分割中国市场，不合外交惯例。[③]

另外，自 1931 年中国“关税自主”后，日本糖商向中国走私糖品活动日益猖獗，严重威胁到中国糖业的生存。1933 年日本有组织向中国走私的糖品数量达 20 万吨，而在账面上，同年爪哇、古巴输入中国糖品数量才 19 万吨，收入损失达 1800 万海关两。[④]1936 年，据中国海关统计，进口之糖仅合 188.5 万公担[⑤]，尚不及 1929 年的 1/5，其中由日本输入者为 92.624 万关担，仅占近 1/2，而据调查，1936 年由大连输入华北的私糖实达 147.206 万关担，中国因此项而损失法币达 2000 万元，并且其由台湾运入华南的私糖尚不在内。面对日糖走私问题，中国糖产协会一方面联合糖商就此情况向政府请愿，要求严定缉私法令，以杜绝私糖蔓延；另一方面公开发表告日本糖业界书，“设君等幡然悔悟，以君等己身及贵国在华商务全体之利害，归告君之政府，对于营运私糖之浪人，切实制止，更要求贵国驻华官宪，对吾海关之缉私，切实协助。则吾全国销糖商感君等盛意，亦必一致结合，尽其能力，扫除君等过去之蒙垢，且尤必为君等之输华糖业谋极大之正常出路”[⑥]。

总的来看，荷兰、英国及日本三国糖商之间的争斗，加剧了东亚糖品市场的竞争局势，并主导了东亚糖品市场格局。但是，这一格局的形成是以牺牲中国糖品市

---

① 《中国的转向与我糖业者：大力协助推进糖品出口》，《台湾日日新报》1935 年 2 月 7 日。

② 朱博能：《中国之蔗糖业及其统制》，《东方杂志》1936 年第 3 号，第 62 页。

③ 《对中国出口砂糖畅旺：英国系香港太古糖厂情况悲惨，我国糖业联合会拒绝介入协调》，《台湾日日新报》1937 年 2 月 19 日。

④ 《各国向中国市场走私砂糖》，《中外商业新报》1934 年 5 月 19 日。

⑤ 1 公担合 1.654 关担。

⑥ 《中国糖产协会告日本糖业界》，《国货月刊》1937 年第 11 期，第 76 页。

场份额为代价的，中国糖业则出现了严重的生产及销售危机。

第四节　从甘蔗糖品生产及输出大国到纯进口大国

从近代中国手工行业经济角度来看，中国糖业有自身较为独特的发展逻辑。20世纪二三十年代，中国各项实业，如丝、茶、火柴、肥皂、卷烟等行业，受种种影响，均呈现危局，亟须救济。1930年9月，国民政府工商部在拟具救济已濒危殆各种实业的办法中，对各业之致病原因从国家、社会、行业自身三个方面作了概要性的归纳。“在国家方面者有四：内乱频仍，民不安业；关税未完全自主，保护政策无以实施；内地捐税繁重，成本增高；交通不便，运输惟艰。属于社会方面者有三：同业竞争，漫无限制；信任国货，致难推行；劳资未能合作，致从业者观望。属于各业自身者亦有三：技术未精，出品低劣；资本不足，无力发展；无对外营业健全之组织，致受外商操纵。”具体到中国传统优势出口行业而言，丝、茶向为中国输出之重要产品，近因受日、印等国之竞争，国外贸易日形衰退，其原因“在丝，则为等级紊乱不合标准；在茶，则栽制方法未事精求，致品质有降低倾向；其属于营业者，则均以无对外贸易健全之机关，无充分之资本，遂受外商之操纵”①。同为中国传统优势出口行业的糖业，其境遇与其他行业有一定的相似之处，不过，也有其自身较为独特的发展逻辑。

第一，国糖完全失去国外市场，与外糖竞争毫无一点优势可言。“茶也，丝也，棉也，矿也，并吾国其他之大种实业，受外商之压迫，无一不颓落不滞钝，将来且无不危险，吾固已言之矣。然以彼各项每岁多少，总尚有若干之输出可以稍作抵制，有现成之基础可以立图改良。未有如糖业有入无出，安受浸灌者，百道横流，万派冲激，而曾无拳石束藁之具，足以稍资捍卫，此坐毙之势也”②。丝、茶、糖作为中国传统的优势输出行业，20世纪以来均遭受外国同业残酷竞争而日渐衰落，不过，丝、茶等行业尚能略作抵抗，而糖业则毫无资本去抗争，不仅国外市场尽失，而且在国内市场上，洋糖所及之处，国糖毫无还手之力，中国在近代短短几十年间很快由糖品输出大国转变为纯进口国。“19世纪以前的中国乃为世界五

① 《工商部拟具救济目前已濒危殆各种实业的办法》，中国第二历史档案馆：《中华民国史档案资料汇编》第5辑第1编《财政经济（五）》，南京：江苏古籍出版社，1994年，第153、154页。

② 《袁文钦关于振兴全国糖业意见书》，中国第二历史档案馆：《中华民国史档案资料汇编》第3辑《工矿业》，南京：江苏古籍出版社，1991年，第265页。

大产糖国之一，1884 年输出达 0.785 亿千克之巨，虽远如英美，亦有华糖的踪迹。故在往昔，常处于出超的地位，迨洪杨之乱，各产糖区域多受影响，糖业日趋衰败，到 1895 年丧失台湾以后，输出遂告减少，而由出超转为入超”①。

第二，国内机器制糖业发展惨淡，无法形成进口替代。同丝、茶、棉等行业比较，1937 年前中国糖业毫无机器制造而言。在中国方面，1937 年前几个重要的产糖省份均未形成规模机器制糖品，而纵观外商在华的糖业投资，其成效也极其微小。外商在中国内地建立第一家制糖公司，可以追溯到 1880 年英商怡和洋行在汕头建立的机器制糖厂，它从福建、广东、台湾大量收购蔗糖原料或粗糖进行再加工，向中国市场供给土法不能制造的白糖，开办不久因受当地抵制而搬迁到香港。② 1909 年，俄国人在哈尔滨阿什河一带设立阿什河制糖公司，以甜菜制糖，后遭日方抵制而衰落。1920 年，德国人控制的溥益实业公司在山东济南设立甜菜制糖厂，经营数年，成绩甚佳，但自 1926 年以后，日渐不振，宣告停业。③日本先后在上海设立明华制糖株式会社、在东北成立南满砂糖株式会社，实行机器制糖，但是，明华制糖株式会社因厘金等问题而出乎意料的不顺利，南满砂糖株式会社则因难以获得甜菜种植土地而在经营上受阻④。这屈指可数的几个机器制糖厂，既未形成规模生产，也未达到进口替代而改变中国外糖的进口格局，中国市场上大部分的糖品依旧是从国外进口而来。

第三，从统制经济角度来看，糖业统制计划实施最早，方式最为特殊，而成效则极其微小。1929—1933 年世界经济危机使统制经济（计划经济）逐渐为各资本主义国家认同，并付诸实施。20 世纪 30 年代初，为救济实业，增强国力，中国学界、实业界及政界纷纷主张实行统制经济政策⑤。1933 年，实业部制定并公布了 1933—1936 年《实业四年计划》，确定由国家通盘筹划粮食、棉花、煤炭等重要产业物资，以实现生产与消费、供给与需求的平衡；力图通过统制经济达到以民族经济代替封建经济、实现现代式国家的目标。⑥之后，由 1933 年棉业统制开始，中央及地方陆续对棉业、蚕丝、茶叶、贸易等实行了统制⑦。就统制时间而言，相对于

---

① 朱博能：《中国之蔗糖业及其统制》，《东方杂志》1936 年第 3 号，第 59 页。

② 孙毓棠：《中国近代工业史资料》第 1 辑上册，北京：科学出版社，1957 年，第 80—81 页。

③ 杨寿标：《四川蔗糖产销调查》第 1 章，南京：中国农民银行经济研究处，1940 年，第 3 页。

④ 《南满制糖近况》，《满洲日日新闻》1919 年 9 月 5 日。

⑤ 郑会欣：《战前“统制经济”学说的讨论及其实践》，《南京大学学报》（哲学 · 人文科学 · 社会科学版）2006 年第 1 期。

⑥ 刘克祥、吴太昌：《中国近代经济史（1927—1937）》下册，北京：人民出版社，2010 年，第 1573 页。

⑦ 1936 年安徽省政府对祁门红茶的统制，参见刘克祥、吴太昌：《中国近代经济史（1927—1937）》下册，北京：人民出版社，2010 年，第 1576—1578 页；梁仁志：《从“为民争利”到“与民争利”：1936 年的祁红统制》，《中国农史》2008 年第 2 期；陈涛：《华茶销售衰败与祁红统制运销中的官商权势纷争》，《安徽史学》2011 年第 2 期；刘森：《民国时期祁门红茶的产销统制》，《中国社会经济史研究》1999 年第 4 期。

1933 年实施的棉业统制[①]、1934 年实施的蚕丝统制[②]、1936 年实施的茶业统制而言，国民政府已早于 1931 年计划实施“糖品国营计划”。就统制方式而言，茶、丝等行业的统制在重视运销统制的同时，也关注初级产品的制造，而糖业统制一开始就走利用外糖的道路，并且政策的着眼点主要集中于控制糖品的销售问题上。就糖业统制的成效来看，效果极其微弱，而且纷争不断，不仅中央糖业统制政策遭到中外糖商的抵制而流产，而且地方糖业统制也是乱象叠呈。如广东省的省内糖业统制，广州糖商截然分成支持和反对两派：广州市糖商于1936年8月6日以推行统制可以防止走私及裨益农村为词，致电国民政府要求维持粤省糖业统制，而广州糖面业同业公会于同年8月10日认为粤政府以统制糖业为名，实为剥夺民生，致电国民政府要求取消粤省糖业统制[③]。

小结：危机并存的中国甘蔗糖业

学界在讨论近代中国经济的发展状况时，争论颇多。就农业的发展而言，有“衰退”“增长”“停滞”“内卷”等几种观点并存[④]；就手工业的发展而言，有“中断论”[⑤]、“不发展”[⑥]、“半工业化”等几种不同论述相互争鸣[⑦]。糖业同棉纺织、蚕丝业等行业一样，是近代中国手工业重要组成部分之一，对这一时期的糖业发展状况的研究，无疑将拓宽手工业史的研究视域，并进一步加深对手工业在近代发展状况的理解。

就现有研究成果来看，在探讨区域糖业发展状况时，学者们几乎达成了共识，

---

① 《全国经济委员会棉业统制委员会工作报告及事业进行步骤》，中国第二历史档案馆：《中华民国史档案资料汇编》第 5 辑第 1 编《财政经济（六）》，南京：江苏古籍出版社，1994 年，第 50 页载：“（棉业）年有 3 亿元巨额之棉货输入……政府有鉴于此，知非急起兴革，集中力量，通盘规划，不足以图存，爰于全国经济委员会之下，设棉业统制委员会，自 1933 年 10 月 6 日，国府令派陈光甫等为棉业统制委员会委员，着手筹备。”

② 1934 年全国经济委员会成立蚕丝改良委员会，随后，江苏省成立蚕业改进管理委员会，以加强对蚕业管理，对蚕种、育蚕指导、收茧、缫丝、销丝、织绸等六项实行统制。胡明、盛邦跃：《民国苏南地区蚕丝统制与生产改进》，《农业考古》2011 年第 1 期。

③ 《广州市糖商为维持粤省糖业统制致国民政府快邮代电》，中国第二历史档案馆：《中华民国史档案资料汇编》第 5 辑第 1 编《财政经济（六）》，南京：江苏古籍出版社，1994 年，第 390—392 页；《广州糖面业同业公会为请撤销粤省糖业统制致国民政府快邮代电》，中国第二历史档案馆：《中华民国史档案资料汇编》第 5 辑第 1 编《财政经济（六）》，南京：江苏古籍出版社，1994 年，第 392—394 页。

④ 朱英：《近代中国经济发展与社会变迁》，武汉：湖北人民出版社，2008 年，第 374 页。

⑤ 吴承明：《中国资本主义与国内市场》，北京：中国社会科学出版社，1985 年，第 178 页。

⑥ 汪敬虞：《中国近代手工业及其在中国资本主义产生中的地位》，《中国经济史研究》1988 年第 1 期。

⑦ 彭南生：《半工业化——近代中国乡村手工业的发展与社会变迁》，北京：中华书局，2007 年。

即各区域蔗糖业发展均呈衰退趋势。就其衰退原因看，可以总结为以下两个方面：一方面是蔗糖业自身发展的困境，即制糖技术落后导致产能低下、糖质低贱，而制糖组织水平低下又致使技术改良无方，从而形成恶性循环；另一方面是外部环境持续恶化，即政府对蔗糖业的榨取远大于扶植，洋糖的冲击愈演愈烈。

显然，诚如学者们所言，清末民初，在世界糖业快速发展的大趋势下，与欧洲甜菜糖的崛起、日本糖业（包括日据时期台湾）的快速发展相比，中国糖业明显处于落后状态。尤其是自 1902 年布鲁塞尔召开万国砂糖会议缔结了以废止保护制度为宗旨万国砂糖条约之后，欧洲各国纷纷奖励扶植本国砂糖制造业，甜菜制糖日盛一日，不仅满足欧洲市场需要，还有大量输出；同时，受上述条约影响，外糖大量涌入东亚市场[①]。另外，在这一时期，日本砂糖制造业发展极为迅猛，继英国砂糖之后，成为东亚糖业市场上重要的争利对象。在这一大趋势下，中国各地蔗糖业均出现不同程度上的衰退现象。如在福建省厦门的市场上，虽然闽糖与台糖在相似气候条件下形成，但是由于厘金的盘剥，闽糖远逊于台糖；在广东省，汕头砂糖业状况与厦门相似，销路缩小，不复昔日盛况，1903 年后其输出额顿形减少，1905 年输出糖品再次减少。

尽管，清末民初的中国蔗糖业尽显衰败之相，但是，如果用“衰退论”来概括这一时期中国蔗糖业的整体发展状况，还是值得进一步加以商榷的。且不说这一论断过于悲观，仔细考察各区域蔗糖业衰落状况，复兴蔗糖业还是有一定机会的。如汕糖，其落后在于厘金过重、世界市场糖价之影响、固守旧法、小成即安、制糖业多小农资本经营等因素，但是，如果富裕输出商投下巨资，采用近代机制造糖法，再加以股份公司管理，汕头砂糖业必能成功[②]。又如川糖，其落后在于农家小规模制糖、混入物过多、品质低劣、包装过重等原因，但是，如果政府采用适当的保护办法、改进甘蔗栽培法、设立大工场制糖，品质会得到改良，产量也会增加，能与外糖相抗衡[③]。此外，“衰退论”一说也与近代手工行业的整体发展脉络相去甚远，因为近代手工业的分化过程，可以概括为“耕织结合”多元分解过程，是多元性的，并且有地区之间的差异性及时间上的不均衡性特点[④]。因此，用“危机”来形容清末民初中国蔗糖业的发展状况较单一的“衰退论”更为贴切，因为“危机”

① 上海东亚同文书院：《中国经济全书》第 8 辑，东京：东亚同文会，1908 年，第 535 页。

② 上海东亚同文书院：《中国经济全书》第 8 辑，东京：东亚同文会，1908 年，第 448 页。

③ 《延边、天津、汉口、汕头的砂糖》，《通商汇纂》1910 年第 38 号，第 10 页。

④ 徐新吾：《近代中国自然经济加深分解与解体的过程》，《中国经济史研究》1988 年第 1 期；陈惠雄：《近代中国家庭棉纺织业的多元分解》，《历史研究》1990 年第 2 期；谢放：《近代四川农村“耕织结合”的分离过程及其局限》，《近代史研究》1990 年第 1 期；彭南生：《论近代中国农家经营模式的变动》，《学术月刊》2005 年第 11 期。

本身包含着两层含义，即“危险”与“机遇”并存。

随着第一次工业革命的展开，一些新技术手段逐渐运用到制糖业，其中最为突出的有三个：其一，欧洲于19世纪20年代开始使用真空锅熬糖，相对开放式的平底锅，它可以在一个相对较低的温度下蒸煮糖浆，不仅可以节省燃料，而且生产出来的糖品品质更好。第二，各种多效装置的使用（the Various Forms of Mutipul Effect Apparatus）。第三，19世纪40年代离心机（Centrifuge）投入使用。[①]就亚洲地区而言，只有荷属爪哇地区较早（1840—1880年）对此做出了积极反应，其他国家则并未做出反应，依旧沿用传统手工制糖方法。

① G. Roger Knight, *Sugar, Steam and Steel: The Industrial Project in Colonial Java, 1830—1885*, Adelaide: University of Adelaide Press, 2014, pp.17-20.

第五章　爪哇糖业与东亚糖业格局变迁

就学界关于爪哇糖业与东亚糖业关系的研究而言，国内外学者的研究主要集中于黄仲涵、黄奕住等华侨糖王家族企业的兴衰[①]，东印度公司与爪哇糖业关系两个方面[②]。不可否认，近代日本精制糖业的快速发展及其在亚洲市场上的开拓、竞争是建立在爪哇大量廉价原料糖品流入东亚市场的基础上，但爪哇糖业对日本糖业的影响，并非仅限于作为原料糖品推动日本精制糖业发展，其在优良蔗种推广、直销糖输入、验糖标准规范化、糖品消费等方面，均对日本糖业发展产生了较大影响。爪哇糖业与东亚各糖业主体之间的关联互动，仍有进一步探讨的必要。19 世纪末至 20 世纪初，世界糖业进入一个大发展、大繁荣时期。受其影响，东亚糖业格局发生较大变动，即由中国主导的近代前东亚糖业格局解体，以日本及中国香港糖业为主导，欧洲、爪哇、古巴、中国等糖业主体竞相角逐的东亚糖业新格局逐渐形成。在这个变动过程中，爪哇糖业扮演了不可或缺的重要角色。爪哇廉价原料糖大批量涌入东亚市场，推动了日本及中国香港精制糖业的发展，加剧了东亚市场上各

---

① 蔡仁龙：《黄仲涵家族与建源公司》，《南洋问题》1983 年第 1 期；（日）吉原久仁夫著、周南京译：《黄仲涵财团——东南亚第一企业帝国》，北京：中国华侨出版公司，1993 年；周南京：《论黄仲涵财团的兴衰》，《华侨华人历史研究》1993 年第 4 期；赵德馨：《黄奕住传》，长沙：湖南人民出版社，1998 年；李学民、黄昆章：《印尼华侨史（古代至 1949）》，广州：广东高等教育出版社，2005 年；吴敏超：《抗战变局中的朱家骅与侨商黄氏家族》，《抗日战争研究》2014 年第 4 期。

② 长冈新治郎：《十七、十八世纪巴达维亚的糖业与华侨》，《南洋资料译丛》1983 年第 3 期，第 101—109 页）；伦纳德·鲍乐史：《荷兰东印度公司时期中国对巴达维亚的贸易》，《南洋资料译丛》1984 年第 4 期，第 67—80 页；韩振华：《荷兰东印度公司时代巴达维亚蔗糖业的中国人雇工》，《南洋问题》1982 年第 2 期，第 33—73 页；厉益：《1602—1740 年荷兰东印度公司蔗糖贸易研究》，浙江师范大学 2012 年硕士学位论文；林诗维：《近代西爪哇华人蔗糖业探源——兼论福建蔗糖业对巴达维亚蔗糖业的影响》，《西南民族大学学报》（人文社会科学版）2013 年第 4 期，第 192—198 页；李美贤：《印尼史——异中求同的海上神鹰》，台北：三民书局，2012 年，第 94 页。

糖业主体之间的竞争；爪哇优良蔗种及先进蔗作技术引进东亚，影响了中国内地、日据时期台湾的蔗种改良及甘蔗种植。受巨量糖品需求的影响，爪哇糖业积极转型，其精制糖品亦大量登陆东亚市场。爪哇糖业与中日糖业之间的多维关系，既可让我们管窥中日糖业地位转换的内在机理，亦可解读近代东亚社会经济变迁的多重面相。

第一节　近代爪哇糖业的快速发展

爪哇位于亚洲东南部，13 世纪时由中国传入甘蔗，其甘蔗种植由此开始[①]。荷兰占据爪哇[②]后，采取开辟道路、购置灌溉设备、实施强制劳动法等措施来推动当地农业经济发展。在这个过程中，爪哇西部著名的糖品生产区（雅加达）的制糖业快速发展起来。1710 年，该地区已有 120—130 家旧式制糖工厂；1830 年，荷兰总督又多方奖励糖品生产，蔗糖产量随之逐年增加，到 1872 年新式糖厂已达 50 多所，产糖量达 20 万吨；到 1913 年时，大小工场数量共计 192 个[③]。1870 年，荷属爪哇政府废止《强制耕作法》，颁布《新土地法》，并允许荷兰私人资本创办甘蔗种植园和制糖厂，这一措施一方面促使爪哇糖品产量快速增加，到 1883 年糖品产量已由 1871 年的 2 711 632 担增长到 5 270 367 担[④]；另一方面，也对爪哇贸易环境产生了巨大变化，爪哇中部和爪哇东部成为世界上主要的甘蔗生产中心。[⑤]

20世纪初，爪哇糖品产量又有较大发展。据《荷属印度糖业年鉴》（蘭領印度の糖業年鑑）统计，1913 年爪哇甘蔗种植面积 359 172 英亩[⑥]，平均每英亩甘蔗产量为 41—42 英吨[⑦]，制糖工厂为 190 家，该年甘蔗糖品产量约为 1 442 884 英吨；1914 年种植面积为 364 380 英亩，平均每英亩甘蔗产量为 40 英吨，制糖工厂为 186 家，其中年产糖 2 吨以上仅 3 家、1.5 万—2 万吨 4 家、1 万—1.5 万吨 27 家、0.5 万—

① “爪哇初不产糖，13 世纪由中国输入甘蔗，为该岛制糖事业之起源，其后政府多方奖励，产量年有增加，栽培甘蔗之效率，亦年见增高，每英亩可至 40 吨以上，为世界产糖各地之冠。”参阅《世界糖业之概况》，《上海商业储蓄银行有关糖业调查资料》，上海市档案馆藏，档案号：Q275-1-1990。

② 荷兰人于 1596 年来到爪哇，参见（日）佛罗茵・梅兹著、松冈静雄译：《爪哇史》，东京：岩波书店，1924 年，第 260 页。

③ 《爪哇糖业大观（一—三）》，《大阪每日新闻》1916 年 6 年 28 日—1916 年 6 月 30 日。

④ （日）梶原保人：《爪哇糖业的发达乃自然乎人力乎》，东京：民友社，1913 年，第 29 页。

⑤ （日）吉原久仁夫著、周南京译：《黄仲涵财团——东南亚第一企业帝国》，北京：中国华侨出版公司，1993 年，第 1 页。

⑥ 1 英亩≈4046.86 平方米。

⑦ 1 英吨=1.016 吨。

1 万吨 117 家、0.5 万吨以下为 35 家，该年甘蔗糖品产量约为 1 382 816 英吨。[①]第一次世界大战开始后，受轮船运力不足的影响，爪哇糖品输出迟滞，糖业处于非常困苦的境地。第二次世界大战结束以后，欧美各国糖品需求增加，糖品市价暴增，爪哇白双糖在几个月内由每担 10 盾（1918 年 10 月初）涨至每担 14.7 盾（1919 年 3 月）[②]，爪哇库存的百万余吨旧糖很快售空，新糖约半额已获签约预售[③]。同时，荷属爪哇政府鉴于糖作收益远大于米作收益，随之与法国签署协议，计划输入缅甸及西贡大米，从而撤销甘蔗种植面积限制，以期扩大产量[④]。1919 年，受糖价暴跌、雨期过迟而甘蔗发育不良、肥料不足及欧美输入减少等因素的影响，爪哇甘蔗种植为 193 000 反步[⑤]，较 1918 年的 228 000 反步少了 35 000 反步[⑥]，该年砂糖产量仅为 2200 万担[⑦]。总之，尽管受第一次世界大战的影响，爪哇糖业出现了不同程度的发展困境，但是，在这一阶段内，爪哇糖业的发展是明显的。例如，1902 年爪哇砂糖产量仅为 1450 万担，1917 年已达到 2900 万担，同年因糖价下跌，米价腾贵，甘蔗种植面积减少，1918 年爪哇砂糖产量为 2600 万担。[⑧]

1921—1931 年，爪哇糖品生产呈逐年递增趋势。1921—1922 年爪哇糖品产量为 1 649 610 吨，1922—1923 年为 1 746 870 吨，1923—1924 年为 1 771 772 吨，1924—1925 年为 1 972 000 吨。[⑨]1923 年，世界糖类产额为 1800 万吨，除了甜菜糖共计 700 万吨外，其余为甘蔗糖品，而据上海商业储蓄银行调查，是年古巴 400 多万吨，印度 300 多万吨，爪哇 170 多万吨，其余为菲律宾和其他国家。故《糖》一书载："盖欧战以还，甜菜产区大减，各国输入，不取给古巴，则取给于爪哇，爪哇输出顾不及古巴，然同为各国所重视矣。"[⑩]印度所产糖品行销国内尚嫌不敷，无力输出，仅剩古巴、爪哇两大产区。其中，1923—1935 年爪哇糖业具体生产情况见表 5-1。

表 5-1 1923—1935 年爪哇糖业生产情况

时间	甘蔗栽培面积（公顷）	工厂数（个）	产糖量（吨）
1923—1924 年	172 311	182	2 003 315

① 《爪哇的甘蔗糖》，《中外商业新报》1915 年 7 月 25 日。
② 《爪哇的砂糖生产限制与糖价》，《台湾日日新报》1919 年 3 月 2 日。
③ 《爪哇砂糖的供需前途：英法两国的买进》，《大阪时事新报》1919 年 2 月 3 日。
④ 《爪哇砂糖生产限制撤回》，《读卖新闻》1919 年 3 月 9 日。
⑤ 1 反步约等于 1.49 亩。
⑥ 《爪哇糖业收成减少》，《大阪新报》1919 年 3 月 5 日。
⑦ 《爪哇的砂糖生产限制与糖价》，《台湾日日新报》1919 年 3 月 2 日。
⑧ 《爪哇的砂糖生产限制与糖价》，《台湾日日新报》1919 年 3 月 2 日。
⑨ 朱嘉□：《糖》，上海：上海商业储蓄银行，无出版时间，第 4 页。
⑩ 朱嘉□：《糖》，上海：上海商业储蓄银行，无出版时间，第 4 页。

续表

时间	甘蔗栽培面积（公顷）	工厂数（个）	产糖量（吨）
1924—1925 年	178 252	178	2 314 856
1925—1926 年	179 703	178	1 991 392
1926—1927 年	185 635	178	2 397 840
1927—1928 年	194 937	178	2 986 098
1928—1929 年	196 675	179	2 942 082
1929—1930 年	198 642	179	2 969 269
1930—1931 年	199 577	178	2 842 642
1931—1932 年	170 715	165	2 610 782
1932—1933 年	84 022	99	1 401 327
1933—1934 年	34 978	42（预计）	550 000（预计）
1934—1935 年	29 000	42（预计）	480 000（预计）

资料来源：《爪哇糖业现状概观》，《昭和财政资料》第 4 号第 228 册，1934 年，国立公文书馆藏，Ref.A08072710700；《世界糖业之概况》，《糖鉴》，1935 年，第 20—21 页。

据表 5-1 可见，1923—1931 年，爪哇甘蔗栽培面积逐年递增，糖品产量的增加速度同样较为明显，1923—1924 年糖品产量为 2 003 315 吨，而在 1927—1931 年一直维持近 300 万吨的数量。1931 年之后，受世界经济危机影响，甘蔗种植面积、制糖工厂及糖品产量均急剧下降（1933—1934 年、1934—1935 年均为预计估算值）。① 1932—1935 年，受世界经济危机影响，爪哇糖业遭受重创。

爪哇糖业经济属于外向型经济，大部分糖品流向国外市场。18 世纪，欧洲糖品需求量剧增②，而糖品价格却居高不下，英国、法国、荷兰等国为此均大力推动殖民地甘蔗种植园经济发展，牙买加、古巴、爪哇、波多黎各等殖民地甘蔗种植园经济迅速发展起来。③1890 年，爪哇糖品以欧洲市场为主要流动方向，但是，随着甜菜育种成功，欧洲甜菜糖品产量大增，1854 年已有 20 万吨，1871 年超过 100 万

① 另据日本糖业联合会川边氏调查统计，1929 年爪哇产糖 2 942 000 吨；1930 年 2 969 000 吨；1931 年 2 842 000 吨；1932 年甘蔗种植面积为 165 000 公顷、制糖数量为 2 610 000 吨、制糖工厂 165 家；1933 年分别为 84 公顷、1 401 000 吨、97 家；1934 年分别为 35 公顷、600 000 吨（预估）、45 家；1935 年甘蔗种植面积不详、制糖额约 500 000 吨（预计）、制糖工厂不详。二者的统计数据较为一致。参见《爪哇糖的近况》，《昭和财政资料》第 4 号第 147 册，1934 年，国立公文书馆藏，Ref.A08072525800。

② Matthew Parket, *The Sugar Barons: Family, Corruption, Empire and War in the West Indies*, London: Windmill Books, 2012, p.2.

③ Sidney W. Mintz, *Sweetness and Power: The Place of Sugar in Modern History*, New York: Penguin Book, 1985, p.60, p.61, p.69.

吨，1881 年更达 200 万吨，甘蔗糖品倍受冲击，价格日落。[①]例如，根据 C. M. 伍德豪斯（C. M. Woodhouse）对欧洲市场情况的调查报告，1884年1月，爪哇糖品有 3555 篓运到伦敦、3290 篓运到安特卫普（比利时）、2000 吨运到地中海地区；但是，根据该年伦敦市场上糖价的不完全统计来看，爪哇糖品在伦敦市场上的销售情况并不好，与 1883 年的同期糖价相比，1884 年每英担白糖下降了 7—8 先令，黄糖下降了 6—8 先令，棕糖下降了 5—6 先令；在 1884 年 4—12 月份，三种糖品价格均呈下降趋势，每英担白糖由 4 月份的 18 先令 6 便士至 20 先令下降到 12 月份的 15 先令至 16 先令 6 便士。[②]爪哇糖品在欧洲市场上的滞销，迫使其不得不另寻出路。1890 年后，爪哇糖品积极向美国市场流动，并开拓东亚市场；1900 年以后，因古巴糖品竞争，美国市场对爪哇糖品需求量锐减，爪哇糖品转而集中向印度、中国、日本及澳大利亚等亚洲市场寻求出路。[③]1880—1909 年，爪哇输出糖品数量由 1880 年的 21 万余吨增长到 1909 年的 110 多万吨，呈逐年递增趋势，具体情况参见表 5-2。

表 5-2 1880—1909 年爪哇砂糖品输出情况 （单位：吨）

年份	输出数量
1880 年	216 179
1881 年	279 207
1882 年	292 005
1883 年	324 704
1884 年	394 274
1885 年	380 046
1886 年	356 022
1887 年	375 784
1888 年	355 334
1889 年	332 997
1890 年	399 999
1891 年	406 800

① 王耘生：《甜菜糖业之发展经过及其栽培法》，《西北农学社刊》1935 年第 2 期。

② *C.M.Woodhouse's prices current* ，Prices Current and Market Report，Reference MS JM G33/2，Archives of Jardine，Matheson Co.Ltd，Presented in Cambridge University library Manuscripts Room.

③（日）真室幸教：《爪哇的糖业》，台北：台湾总督府民政部殖产局，1912 年，第 57—58 页。

续表

年份	输出数量
1892 年	422 000
1893 年	479 600
1894 年	530 963
1895 年	581 569
1896 年	608 222
1897 年	497 523
1898 年	530 241
1899 年	677 964
1900 年	660 874
1901 年	738 499
1902 年	677 338
1903 年	703 436
1904 年	846 215
1905 年	894 266
1906 年	1 007 527
1907 年	863 849
1908 年	1 094 541
1909 年	1 107 859

资料来源：（日）真室幸教：《爪哇的糖业》，台北：台湾总督府民政部殖产局，1912 年，第 57—58 页

就其糖品销路而言，1890 年以前，爪哇糖品大部分输出欧洲，一部分输出美国及中国香港，之后，美国及东洋输出量增加，而欧洲输出量急剧减少；1900 年以后，美国需求量减少，而印度、中国、日本、澳大利亚等国需求量增加。爪哇输出的糖品大部分为原料糖及荷兰标本糖色第十五号的“黄双”，其他小部分为白糖及蜜糖。原料糖主要销往美国、澳大利亚、日本、印度等国；“黄双”销往印度、中国、日本等；白糖销往欧洲、印度、中国、日本；蜜糖销往印度、中国及日本。①

另外，日本学者梶原保人在《爪哇糖业发达在于自然还是人为》一书中，根据爪哇糖品输出各销售地数量的多寡，对 1891—1911 年爪哇糖品的主要输出地进行了排序，具体情况参见表 5-3。

① （日）真室幸教：《爪哇的糖业》，台北：台湾总督府民政部殖产局，1912 年，第 58 页。

表 5-3　1891—1911 年爪哇糖品输出地顺序一览表

年份	输出地顺序					
1891 年	欧洲	美国	中国	澳大利亚	新加坡	印度	葡属东帝汶帝力
1892 年	欧洲	中国	美国	澳大利亚	新加坡	印度	葡属东帝汶帝力
1893 年	欧洲	中国	美国	澳大利亚	新加坡	印度	葡属东帝汶帝力
1894 年	中国	美国	欧洲	新加坡	印度	葡属东帝汶帝力	
1895 年	中国	美国	欧洲	澳大利亚	新加坡	印度	葡属东帝汶帝力
1896 年	欧洲	中国	美国	澳大利亚	新加坡	印度	日本
1897 年	欧洲	中国	美国	澳大利亚	新加坡	印度	日本
1898 年	美国	中国	澳大利亚	新加坡	日本	印度	欧洲
1899 年	美国	中国	欧洲	澳大利亚	新加坡	印度	葡属东帝汶帝力
1900 年	美国	中国	新加坡	日本	欧洲	印度	
1901 年	美国	中国	澳大利亚	新加坡	日本	印度	欧洲
1902 年	中国	欧洲	美国	澳大利亚	日本	新加坡	印度
1903 年	美国特拉华州	中国香港	澳大利亚	日本	新加坡	印度	英属巴巴多斯
1904 年	中国香港	日本	美国特拉华州	埃及塞得港	欧洲	印度	英属巴巴多斯
1905 年	美国特拉华州	中国香港	埃及塞得港	日本	印度	欧洲	新加坡
1906 年	埃及塞得港	中国香港	日本	印度	新加坡	美国特拉华州	澳大利亚
1907 年	日本	印度	美国特拉华州	新加坡	澳大利亚	埃及塞得港	
1908 年	印度	日本	埃及塞得港	中国香港	美国特拉华州	新加坡	加拿大温哥华
1909 年	印度	美国特拉华州	中国香港	埃及塞得港	日本	美国	澳大利亚
1910 年	印度	中国香港	埃及塞得港	日本	澳大利亚	新加坡	
1911 年	印度	中国香港	埃及塞得港	日本	澳大利亚	加拿大温哥华	新加坡

资料来源：（日）梶原保人：《爪哇糖业的发达乃自然乎人力乎》，东京：民友社，1913 年，第 94—96 页

如表 5-3 所示，1891—1911 年爪哇糖品的主要输出地演变为：1891—1893 年欧洲输入爪哇糖品位列第一；1894—1897 年中国与欧洲输入爪哇糖品最多；1898—1901 年美国输入最多；1904—1907 年以后中国香港、美国特拉华州、埃及塞得港和日本成为爪哇糖品的首要销售市场；1909—1911 年，因中国台湾糖业快速发展，印度成为爪哇糖品最大的销售市场。

1926—1933 年，爪哇糖品主要销往亚洲的印度、中国、日本等地。其中，1926—1928 年爪哇原糖出口分别为 1 914 208 吨、2 229 594 吨、2 730 838 吨，其中输入印

度的分别为830 817吨、906 621吨、1 179 501吨，输入日本的分别为461 550吨、470 774 吨、279 538 吨，输入中国香港的分别为 204 506 吨、212 316 吨、270 152吨，输入南洋海峡殖民地的分别为 120 256 吨、119 914 吨、138 407 吨，输入中国内地的分别为187 999吨、139 970吨、342 173吨，输入美国的分别为5吨、11 895吨、15 725 吨，输入欧洲各国的分别为 1 339 吨、228 481 吨、130 628 吨，输入其他各国的分别为107 735吨、185 623吨、356 714吨。[①]从上述数据来看，爪哇糖品绝大部分输出亚洲各国，如印度、日本、中国等，其中输出印度的数量为最多，几乎占其输出总量的一半以上。另外，东亚市场（日本、中国等）也是爪哇糖品的主要输出地，所占份额也相当可观。另据《爪哇糖业现状概观》（ジャワ糖業現状概観）统计，在 1924—1933 年，爪哇糖品年均输出量 200 万吨左右，其中，1927—1930年输出量均超过200万吨，1928—1929年达2 663 825吨，主要销售地为苏伊士以西地区[②]、印度、中国、日本等。其中，在 1927—1931 年，爪哇约一半左右的糖品销往印度，其次是中国、日本等。印度每年产糖约在 300 万吨，且多为粗糖，其精白糖不足额每年达80万—90万吨，主要从爪哇进口。[③]

1934—1941 年，爪哇糖品销往欧洲（荷兰、比利时、英国、法国、德国、芬兰、丹麦、挪威、意大利、葡萄牙、希腊、土耳其）、非洲（埃及）、北美洲（美国）、亚洲（印度、中国、日本）、大洋洲（澳大利亚）等地，其中亚洲的印度、中国、日本（含日据时期朝鲜、日据时期台湾）等是其主要的销售市场。[④]具体情况参见表5-4。

表 5-4　1934—1941 年度爪哇糖品输出市场情况　　（单位：吨）

目的地＼时间	1933—1934年	1934—1935年	1935—1936年	1936—1937年	1937—1938年	1938—1939年	1939—1940年	1940—1941年
印度	267 980	316 531	200 472	34 496	30 623	101 220	288 098	31 174
中国大陆	82 240	82 530	34 721	35 939	27 266	21 639	25 681	48 696
中国香港	185 491	207 982	132 717	144 829	84 344	127 184	112 231	105 217
日本	165 723	160 296	215 276	130 173	154 321	1693	622	21
合计	701 434	767 339	583 186	345 437	296 554	251 736	740 411	185 108

资料来源：台湾总督府殖产局：《台湾糖业统计》，台北：台湾总督府殖产局，1943年，第 226页

① 李亦人：《世界糖业之危机》，《商业月报》1933年第7号，第7页。
② 苏伊士以西地区，也即李亦人所称的南洋海峡殖民地。
③《爪哇糖业现状概观》，《昭和财政资料》第4号第228册，1934年，国立公文书馆藏，Ref.A08072710700。
④ 台湾总督府殖产局：《台湾糖业统计》，台北：台湾总督府殖产局，1943年，第226页。

糖品输出在爪哇整个输出贸易中占据重要地位。据统计在 19 世纪 90 年代，砂糖贸易额占爪哇总贸易额的50%，而到了1909年几乎达到60%。1909年爪哇商品输出总额为 289 117 426 元，其中重要输出品的价值分别为砂糖 172 305 069 元、烟草 29 641 164 元、椰仁干 10 849 914 元、竹制帽子 9 031 571 元、茶 9 781 797 元、咖啡 5 897 201 元、金鸡纳树皮 4 246 680 元、木薯淀粉 4 213 248 元、玉蜀黍 3 245 574 元、木材 2 466 895 元、肉桂 2 389 463 元等。砂糖一项的贸易价值几乎占据总额的 60%，然而位列第二的烟草也才刚超过 10%而已，可见砂糖贸易在爪哇对外贸易体系中的重要地位，同时不难看出糖业在爪哇产业界的地位日益巩固。①

从爪哇糖业发展历程来看，在荷兰殖民政府干预下，爪哇甘蔗糖业利用其优越的自然条件，借助世界糖品需求猛增的历史机遇，着力发展甘蔗糖业，并积极开拓国际糖品贸易，19 世纪末至 20 世纪初，爪哇成为世界产糖重镇。爪哇糖业经济呈外向型经济发展模式，所产糖品绝大部分供给国外市场消费，早期主要供给荷兰市场，随后以输出欧洲市场为主，19 世纪末，在欧洲甜菜糖业崛起、欧洲市场糖品供应饱和亚洲市场糖品消费量迅速增长的形势下，爪哇糖品主要输出地转向亚洲，尤其是印度、中国、日本等市场。首先，这一成功转向推动了爪哇糖业经济的持续发展与繁荣，维持了爪哇对外经济的拓展，以及糖品贸易在爪哇对外贸易经济中占据重要地位。据统计，19 世纪 90 年代，糖品贸易额占爪哇总贸易额的 50%，1909 年约占 60%。②其次，对东亚糖业经济产生了一系列影响，巨量爪哇糖品涌入东亚市场，使得近代东亚糖业格局变动与爪哇糖业紧密关联，后起的日本精制糖业利用大量廉价的爪哇原料糖品迅速崛起，这成为日本糖业在东亚糖业格局中确立主导地位的关键因素之一。

第二节　爪哇糖业与日本精制糖业的发展

从日本糖业发展历程来看，一直到明治前期，日本糖业仍处于手工生产阶段，无论是制糖方法，还是耕作方式，均较简拙，仅为一般农家的副业而已③。中日甲午战争后，日本攫抢夺中国产糖重镇台湾，以台湾糖业为基础，并通过利用爪哇原

①（日）梶原保人：《爪哇糖业的发达乃自然乎人力乎》，东京：民友社，1913 年，第 96—97 页。
②（日）梶原保人：《爪哇糖业的发达乃自然乎人力乎》，东京：民友社，1913 年，第 96—97 页。
③（日）木村增太郎：《日本的糖业》，台北：台湾日日新报社，1911 年，第 404 页。

料糖品，快速发展日本本土精制糖业。

一、爪哇糖业与日据时期台湾甘蔗种植

日据时期台湾糖业与爪哇糖业有较为密切关系，即日据时期台湾糖业的发展受到了爪哇糖业的重要影响。“历来，爪哇糖与台湾糖之间关系最为密切，爪哇糖价一高一下浮动直接影响台湾糖品市场。历年台湾新糖的行市以爪哇糖行情为中心，参酌而决定新糖价格，爪哇糖品市场疲软予台湾即将上市的新糖很大打击。”①

日本占据中国台湾后，大力扶植台湾甘蔗糖业发展。1901 年，日本驻台湾总督儿玉源太郎采纳了新渡户稻造的改进台湾糖业建议，制定了一系列促进台湾糖业发展的规章制度，如《台湾糖业奖励规则》（1902 年）、《台湾糖业奖励规则施行细则》（1903 年）、《台湾制糖场取缔规定》（1905 年）、《台湾蔗苗取缔规则》（1905 年）等。②这些带有保护性和强制性的措施，对日据时期台湾糖业引进蔗苗、改良蔗种、设置试验研究机关、改良栽培方法、防除病虫害、奖励补助蔗苗之灌溉排水工事、改善原料蔗糖收获方法、建立新式糖厂、改良制糖方法等方面均起到了重要的推动作用。1903—1911 年，其糖品产量由 1903 年的约 38 000 吨迅速增加到 1911 年的约 225 000 吨，也即 10 年间增长了近 5 倍。但是，与爪哇糖业相比，日据时期台湾在蔗作面积及亩产量上的差距仍较为明显。例如，1910 年，台湾蔗田面积达 100 376 戈（每戈合 2.397 亩），产蔗 2 191 253 吨，该年亩产量仅为爪哇年平均亩产量的 1/3。③究其原因，一方面是爪哇蔗农对于蔗田灌溉及地力维持均较台湾蔗农重视；另一方面是爪哇蔗种的优良性能，抵御病虫害能力强且不倒伏，有较强的抵御风暴能力。

为此，日据时期台湾总督府着力于引进优良蔗种，希望从源头强化竞争优势。纵观台湾糖业发展历史，其甘蔗品种演变大致经历了四个阶段：第一期竹蔗时代，第二期玫瑰种时代，第三期细茎种时代，第四期现代的大茎种时代。第一期竹蔗时代开始于 1661 年，据说该蔗种是经由中国输入的印度蔗种，其种植面积占台湾蔗作面积的 90%。第二期玫瑰种时代，大致时间为 1906—1918 年，该品种是 1903 年由布哇（即夏威夷）引入，其优良的特性在台湾糖业快速发展过程中起到了重要作用。第三期细茎种时代，该品种于 1908 年由爪哇输入，在 1917 年、1918 年种植面积逐渐增加，具有较强的抗倒伏能力，唯一缺点是出糖率较低。第四期现代的大茎

---

① 《爪哇糖对台湾糖：爪哇糖 1800 万担滞销与台湾糖的打击》，《大阪时事新报》1917 年 12 月 5 日。

② 卢守耕：《台湾之糖业及其研究》，台湾银行金融研究室编：《台湾之糖》，台北：台湾新生报股份有限公司，1949 年，第 2 页；马席珍：《关于糖业之调查》，《中国与南洋》1918 年第 1 期。

③ （日）梶原保人：《爪哇糖业的发达乃自然乎人力乎》，东京：民友社，1913 年，第 199、204—208 页。

种时代，蔗种主要是 2714POJ、2725POJ、2878POJ 三种，均由爪哇引进，其中 2714POJ、2725POJ 于 1920 年引进，2878POJ 于 1924 年引进。①

1903—1911 年，台湾糖业依靠新式制糖机器的普遍使用，极大地提高甘蔗的出糖率，致使台湾糖品产量由 1903 年的 75 834 354 斤迅速增加到 1911 年的 450 564 698 斤，也即十年间约增长了 5 倍。②但是，台湾甘蔗种植的不足也极其明显。例如，1910 年，台湾蔗田面积达 100 376 戈，产蔗 4 382 506 000 斤；1921 年，台湾蔗田面积增为 118 888 戈，产蔗 4 938 323 000 斤；1922 年，台湾蔗田面积又增为 142 032 戈，产蔗 4 752 838 000 斤。然而，与爪哇一甲步收获甘蔗 8.5 万千克相比，台湾蔗田的生产能力还不及其 1/3③。究其原因，一方面是因为爪哇蔗农对于蔗田灌溉及地力维持均较台湾蔗农重视；另一方面为爪哇蔗种较能抵御风暴，因此，台湾蔗田逐渐改用爪哇种，所获成绩颇佳，据估计，在 1925 年前后，“台湾蔗田之种爪哇蔗糖者，约居台湾所有蔗田面积 80%有余”④。

为了获得优质原料，赢得糖品竞争优势，台湾甘蔗种植不仅仅是引进爪哇蔗种，而是全方位地向爪哇学习甘蔗种植方法。据梶原保人调查，台湾甘蔗种植在育苗、地质研究、施肥、灌溉、耕作方法等诸多方面均需向爪哇借鉴种植经验。（1）在甘蔗育苗方面。在爪哇，为了防止甘蔗退化，爪哇政府在高地设立各种甘蔗苗圃，所得蔗苗供给蔗农使用，从而减少病虫害问题，同时，对蔗苗进行各种研究，以求对其改良品种，而在台湾，并未设立高地甘蔗苗圃，即使是平地苗圃也很少见，耕地上的病虫害严重影响了蔗苗的生长，是故甘蔗病虫害问题日渐增加；并且，在爪哇，高地苗圃仅使用 3 年，就予以更换，而在台湾，在病虫害耕地上成长的蔗苗，进行了连续 10 年的插植，台湾甘蔗焉能不退化。（2）在地质研究方面。爪哇对土地进行研究，以确定适当的种植土壤及恰当的实施肥料；而在台湾，没有对地质进行调查，不知哪些耕地可以种植甘蔗，使用哪种肥料和使用多少肥料。（3）在甘蔗园灌溉方面。爪哇 90%以上甘蔗园有用于灌溉、排水的渠道及设备；而在台湾，总耕地面积为 674 522 甲，其中水田 328 540 甲，在水田中有人工灌溉者为 213 872 甲，其余皆无灌溉设施。（4）在耕作方法上。爪哇使用沟植耕作法⑤，

① （日）小野文英：《台湾糖业与糖业公司》，东京：东洋经济新报社出版部，1930 年，第 249—251 页。

② （日）梶原保人：《爪哇糖业的发达乃自然乎人力乎》，东京：民友社，1913 年，第 199 页。

③ （日）梶原保人：《爪哇糖业的发达乃自然乎人力乎》，东京：民友社，1913 年，第 204—208 页。

④ 《日本糖业经过情形述要》，《中外经济周刊》1925 年第 123 号，第 28 页。

⑤ 爪哇所有制糖厂下设的甘蔗园均采用沟植耕作法，这种方法在当时被称为最先进的耕作方法。首先，在蔗园周围开挖沟渠。其次，按照一定间隔比例，在蔗园内挖掘纵向深沟，并让挖出的土充分风干。再次，在沟内用特殊容器进行施肥。最后，放入蔗苗，覆盖风干之土。整个蔗园井然有序，特别美观。参见《爪哇蔗作特长：沟植式整地法》，《台湾日日新报》1918 年 11 月 26 日。

完全的栽培行，而台湾在耕作上未采取任何改良办法，本应深耕的甘蔗种植，却采用了与米作、甘薯作一样的耕种方法和同一农具。①

爪哇优良蔗种及先进蔗作技术的引入，从生产链的源头确保了日据时期台湾糖业的甘蔗亩产量，促使其糖业经济的快速崛起，进而极大提高了日本精制糖业在东亚市场上的竞争优势。据统计，1909 年全日本的糖产已达 22.5 万吨左右，1931 年创历史新高达 96 万吨，仅在 20 多年内就增长 3 倍多，然而，其中日据时期台湾糖产所占比重竟达 9 成之多，1909 年产糖达 15 万吨，到 1932 年时已达 80 万吨。②

二、爪哇原料糖与日本本部精制糖业

日本精制糖制造业属于多边贸易性质的外向型行业，制造精制糖的原料均来自外部，在本土加工提炼成精制糖后，一部分用于本土市场销用；另一部分则输往中国市场。

据统计，1905—1911 年，日本本土市场输入糖品的国家及地区分别有清国、英据中国香港、荷属爪哇、菲律宾、荷兰、英国、法国、德国、奥地利（含匈牙利）、俄罗斯、美国、秘鲁、比利时等，其中最为主要的分别是表 5-4 中所列清国、英据中国香港、荷属爪哇及菲律宾 4 个地方。而在这 4 个产地中，又以爪哇糖最多，详见表 5-5。

从表 5-5 中不难发现以下几点：其一，日本本土市场输入原料糖品和直销糖品，原料糖品用于制造“精制糖”（又称机制白糖），而直销糖品则由其本土市场直接吸纳。其二，无论是原料糖品，还是直销糖品，在 1905—1911 年，爪哇糖品占据日本外糖输入的首位，通过计算逐年的百分比（爪哇糖品输入量与日本糖品输入总量）：第一种 1905 年约为 29.6%、1906 年约为 21.7%、1907 年约为 32%、1908 年约为 42%、1909 年约为 53.3%、1910 年约为 85%、1911 年约为 22.8%；第二种 1905 年约为 98.8%、1906 年约为 98.3%、1907 年约为 97.1%、1908 年约为 98.4%、1909 年约为 99.3%、1910 年约为 99.9%、1911 年约为 99.9%；第三种 1905 年约为 99.7%、1906 年约为 70%、1907 年约为 89.4%、1908 年约为 91.5%、1909 年约为 65%、1910 年约为 73.6%、1911 年约为 95.9%；第四种 1905 年约为 12.4%、1906 年约为 5.5%、1907 年约为 54.7%、1908 年约为 79.1%、1909 年约为 80.1%、1910 年约为 77.5%、1911 年约为 52.8%。其中第二种糖品（即原料糖“黄双”）数量最多，几乎全由爪哇输入。

1912 年，日本蔗糖产量（含日据时期台湾）约 400 万担，而日本该年国内消费

① （日）梶原保人：《爪哇糖业的发达乃自然乎人力乎》，东京：民友社，1913 年，第 199 页。
② 白涛：《日本之糖业》，《商业月报》1936 年第 1 期。

表5-5　1905—1911年清国、菲律宾、荷属爪哇、英据中国香港砂糖输入日本本土数量表　（单位：千斤）

国家/年份	清国					荷属爪哇					菲律宾					英据中国香港				
	第一种	第二种	第三种	第四种	糖蜜	第一种	第二种	第三种	第四种	糖蜜	第一种	第二种	第三种	第四种	糖蜜	第一种	第二种	第三种	第四种	糖蜜
1905年	11 271.0	465.9		3.3		10 944.2	169 749.4	650.9	922.7	121.8	6012.1	310.0			34.7	8542.6	676.0	0.8	1978.2	5.3
1906年	11 230.2	4.5	0.4	169.3	0.3	5839.9	310 744.5	157.9	1948.7	70.5	7145.6	1761.5	0.2		31.7	2696.5	4.4	51.4	1893.1	
1907年	8024.5	36.7	0.2		44.2	18 992.7	229 979.6	4672.2	15 393.8	112.4	26 479.7	475.1			0.8	4023.1	214.0	392.0	1652.9	
1908年	10 981.9	183.4		23.1	11.0	25 148.3	228 227.4	6000.6	27 014.5	43.9	20 577.7	599.7			0.3	2939.5	1144.3	520.5	2983.4	
1909年	9415.3	573.1	211.0	863.2	0.4	22 930.9	159 988.9	1865.1	13 817.4	40.1	8999.0	364.7		4.7		1646.5	93.5	790.1	2070.3	
1910年	814.9	80.6	10.0	40.0	3.5	8507.6	176 282.2	1289.0	9331.3	4.7	674.9	8.2			0.6	15.3	171.7	452.0	2088.7	
1911年	107.6	2.1		46.3	1.9	134.0	114 136.7	8968.7	3872.4	8.8	334.2	34.3				13.2	0.7	384.5	2773.0	0.4

注：第一种为荷兰标本糖色第 8 号未满及糖水，即“黑糖”“白下糖”“赤糖”“赤双”等原料糖品；第二种为荷兰标本糖色第 15 号未满，即原料糖品“黄双”；第三种为荷兰标本糖色第 20 号未满，即直销糖“中双”；第四种为荷兰标本糖色第 20 号以上，即直销糖“耕地白糖”“精制糖”

资料来源：（日）久保文克：《近代制糖业的发展与糖业联合会：基于竞争的合作之道》，东京：日本经济评论社，2009年，第117—120页

约 500 万担，不足数额尚达 100 余万担。同年 6 月，日本鉴于爪哇糖品价格回落，从爪哇输入原料糖 129.5 万担，具体输入数额分别为铃木商店 60 万担、汤浅商店 50 万担、三井 12 万担、增田商店 7.5 万担。①

1917—1921 年，随着日据时期台湾甘蔗糖业的发展，日本摆脱了严重依赖爪哇糖品的时代，不过爪哇糖品在日本市场上仍占据一定的份额，1917—1921 年，日本精制糖产额、本土销用数额、出口数额和精制糖原料进口数额及来源地具体情况见表 5-6。

表 5-6　1917—1921 年日本精制糖产销情况一览表　（单位：担）

年份	精制糖产额	本土销用数额	出口数额	精制糖原料进口数额	精制糖原料进口来源地	
					爪哇	台湾
1917 年	4 008 950	1 784 530	2 209 040	4 291 770	28%	72%
1918 年	4 145 800	2 540 960	1 908 780	4 422 880	78%	22%
1919 年	3 714 850	2 832 120	1 095 000	3 937 770	91%	9%
1920 年	3 375 030	2 950 390	1 005 440	3 591 710	55%	45%
1921 年	4 800 000	3 900 000	793 050			

注：本土销用数额包括一部分糖浆在内

资料来源：《日本糖业经过情形述要》，《中外经济周刊》1925 年第 123 号，第 22—23 页

如表 5-6 所示，1917—1921 年，日本精制糖产额均在 400 万担左右，除了国内消费一部分外，每年还向外输出糖品几乎达 80 万—220 多万担。1917—1918 年，列强忙于世界大战，无力顾及东亚糖品市场，因此，日本在东亚市场上输出的糖品数量比较多，达 200 万担左右；第一次世界大战后，列强卷土重来，日本精制糖输出受到较大影响。其制造精制糖的原料均来自爪哇及台湾，1917 年日本进口原料糖 4 291 770 担，其中 28%来自爪哇，72%来自台湾。1918—1919 年，台湾因天灾而致生产糖量减少，以故输出日本的原料糖大幅度减少。1918 年日本本土进口原料糖 4 422 880 担，其中有 78%来自爪哇，22%来自台湾；1919 年日本本土进口原料糖 3 937 770 担，其中有 91%来自爪哇，仅 9%来台湾。1920 年日本本土进口原料糖 3 591 710 担，其中有 55%来自爪哇，45%来自台湾。

日本利用爪哇原料糖大力发展精制糖业，有供给国内消费及抢占东亚糖品市场份额的双重目的。日本精制糖业尚在起步阶段，就不惜以维持国内高糖价为代价，全力拓展中国市场，与香港精制糖业抢夺东亚市场上的糖品销售份额。②1906 年，日本一举向中国市场输入糖品 3.5 万吨，给独占中国精制糖市场的香港精制糖业以

① 《爪哇糖的大量输入：合计 130 万担》，《时事新报》1912 年 9 月 1 日。

② *The Hongkong Daily Press（25th March，1915）*，Minutes of the China Sugar Refinery Co. Ltd，Reference MS JM/I4/3，Archives of Jardine，Matheson Co. Ltd.

较大的冲击。1907 年，日本精制糖因香港糖业反击而受挫，输入中国市场的数量减为 0.65 万吨。但是，日本糖商并未气馁，为获得竞争优势，大日本、横滨、神户三家精制糖公司缔结了产销合约，整合力量与香港精制糖业进行价格战。这一策略颇见成效，1908 年其输入中国市场的糖品数量就增加到 0.9 万吨，1909 年为 1.8 万吨，1910 年为 3 万吨，1911 年为 4 万吨，1912 年约为 4.2 万吨，1913 年竟达 8 万吨，1914 年达 6.5 万吨。[①]1917—1921 年，每年的输出总额达 5 万—10 万吨。[②]

1906—1935 年，日本输入中国市场上的精制糖数量由 3.5 万吨增加到 20 多万吨，逐渐发展成为中国乃至东亚糖品市场上的一个重要竞争者，这既彻底改变了传统的中日糖品贸易格局，也改变了近代中国乃至整个东亚市场上的糖品竞争格局，日本糖业成为东亚糖业的重要一极。习五一在《1895—1931 年台湾食糖贸易研究——台湾、日本、大陆三角贸易考察》一文中认为 1895—1931 年中国台湾、中国大陆与日本之间的食糖贸易，主要是以日本为主导的三角贸易，即由中国台湾供应原料，日本本土将其制成精制糖，再销往中国大陆[③]，但是，具体情况要比此种描述更为复杂一些。根据日本学者久保文克所绘制的日据时期台湾、日本本土的近代制糖业的生产、消费结构图（图 5-1）来看：其一，日据时期台湾供给日本本土的糖品为原料糖和直销糖，原料糖主要用于日本本土精制糖业的原料，直销糖（耕地白糖、赤双）供给日本国内市场销售。其二，日本精制糖业所利用原料糖部分来自爪哇糖业（详见上述分析）。其三，中国市场上的外糖分别来自爪哇、香港、台湾等地。

明治维新以来，日本迅速走上殖产兴业的经济现代化发展道路，日本的缫丝、制茶、制瓷等行业在东亚市场，乃至全球市场上展开广泛竞争。与此同时，日本制糖业也迅速发展壮大并加入其中。纵观日本近代糖业的发展历史，日本利用爪哇原料糖品及台湾糖业基地，发展本国精制糖业，并开发北海道、日据时期朝鲜、中国东北的甜菜制糖业，很快成为东亚糖业市场上的主要竞争者。在这个过程中，爪哇糖业扮演了重要角色。就其推动作用而言，可分两个层面：一个是直接层面，爪哇优良蔗种及蔗作技术引入日据时期台湾，推动其糖业迅速崛起；同时，爪哇原料糖品源源不断地输入日本，推动了日本本土精制糖业的起步、发展。另一个是间接层面，尽管日本糖业发展得益于爪哇糖业，但日本政府及糖商却担心过度倚赖爪哇糖业会受其制约，于是开始发展日据时期台湾的甘蔗糖业和北海道、日据时期朝鲜及中国东北的甜菜制糖业，以求扭转这一不利局面。在很大程度上，两者之间的关系

① 《中国市场上内外糖竞争（上·中·下）》，《满洲日日新闻》1915 年 11 月 12 日。

② 《日本糖业经过情形述要》，《中外经济周刊》1925 年第 123 号。

③ 习五一：《1895—1931 年台湾食糖贸易研究——台湾、日本、大陆三角贸易考察》，《近代史研究》1995 年第 5 期。

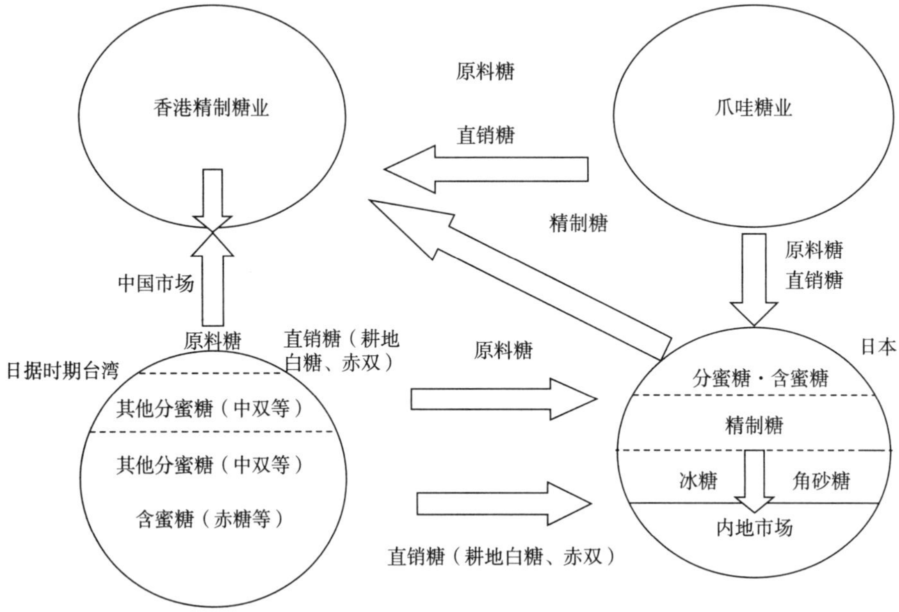

图 5-1　日据时期台湾、日本本土的近代制糖业的生产、消费结构图

资料来源：（日）久保文克：《近代制糖业的发展与糖业联合会：基于竞争的合作之道》，东京：日本经济评论社，2009 年，第 29 页

是良性的（不排除它们在中国市场上的竞争），即大量廉价的爪哇原料糖品涌入，推动了日本精制糖业快速发展，日本借此既满足了国内精制糖需求，又积极开拓了中国糖品市场，很快成为东亚重要的糖品竞争主体；同时，日本精制糖业的快速发展也在爪哇糖品从倚赖欧洲市场到依托东亚市场的转向过程中扮演了推手角色。

第三节　爪哇糖业与中国甘蔗糖业的发展

爪哇糖业与中国甘蔗糖业的关系源远流长。已有研究成果，多集中于早期爪哇巴达维亚地区与中国之间的糖业交流，较少涉及 19—20 世纪二者之间的关系。[①] 爪哇自 13 世纪由中国引进甘蔗种植后，二者之间关系从未中断。例如，在荷属东印度公司近 200 年统治时间内，爪哇巴达维亚地区蔗廍使用了大量的“中国人雇

① 长冈新治郎：《十七、十八世纪巴达维亚的糖业与华侨》，《南洋资料译丛》1983 年第 3 期，第 101—109 页；伦纳德·鲍乐史：《荷兰东印度公司时期中国对巴达维亚的贸易》，《南洋资料译丛》1984 年第 4 期，第 67—80 页；韩振华：《荷兰东印度公司时代巴达维亚蔗糖业的中国人雇工》，《南洋问题》1982 年第 2 期，第 33—73 页；厉益：《1602—1740 年荷兰东印度公司蔗糖贸易研究》，浙江师范大学 2012 年硕士学位论文；林诗维：《近代西爪哇华人蔗糖业探源——兼论福建蔗糖业对巴达维亚蔗糖业的影响》，《西南民族大学学报》（人文社会科学版）2013 年第 4 期，第 192—198 页；李美贤：《印尼史——异中求同的海上神鹰》，台北：三民书局，2012 年，第 94 页。

工”[①]，这些“中国人雇工”将中国蔗糖业的精制方法和技术传入爪哇[②]；在17世纪二三十年代，中国糖品从福建输出爪哇巴达维亚地区[③]；而在19世纪末，随着中国糖业式微，爪哇糖品经南洋中国商人之手率先登陆中国市场。

一、爪哇糖品与中国糖品市场

19 世纪末，中国糖业日渐式微，而中国糖品消费却日益增长。中国逐渐成为东亚最大的糖品输入国家，中国市场也发展成为东亚最大的糖品竞争市场，古巴、日本等国家在中国市场的糖品竞争日益激烈。[④]

爪哇糖品进入中国的时间最早，这主要得益于中国的南洋商人，他们发现糖品贸易的厚利，着力将爪哇糖品输入中国。据统计，1895 年前从爪哇输入中国的糖品占外糖总输入量的 80%。[⑤]之后，在日本糖、中国香港糖及欧洲甜菜糖的竞争下，爪哇糖在中国市场上的占有额有所下降、起伏，不过，仍有较大数量。例如，据上海商业储蓄银行调查，1930 年，“我国（中国）输入之糖即大部分自爪哇来，故爪哇糖产之丰歉，与我国糖业，尤有关系焉”[⑥]。

中国糖品市场的需求在很大程度上影响了爪哇糖业生产种类。中国糖品市场的精制糖消费倾向在很大程度上影响了爪哇糖业的生产转型。20 世纪以后，东亚市场对糖品的质量要求（即精制糖需求）不断提高，“国人（中国）对于糖之消费，渐趋于精洁化，所嗜之糖，品质渐高，因此，输入值价值方面，增加更快”[⑦]。据中国制糖公司（其总代理商为怡和洋行）1899—1924 年历年年度会议报告，中国市场对精制糖需求量呈持续增长势头。[⑧]1900 年后，爪哇糖商失去美国市场，转而力求拓展东亚市场，他们根据东亚市场精制糖需求形势，在向日本等供应原料糖的

---

① 从巴达维亚蔗廍所用植蔗榨糖的劳动者来看，荷属东印度公司近200年统治下爪哇糖业雇工的发展演变情况为：第一阶段（1637—1658 年）是全部以中国人雇工为主；第二阶段（1658—1683 年）是以中国人雇工并包括一部分的奴隶；第三阶段（1683—1740 年）是以中国人雇工占第一位，奴隶占第二位；第四阶段（1741—1799），前期以中国人雇工为主，后期中国人雇工占 75%、奴隶占 25%。参见韩振华：《荷兰东印度公司时代巴达维亚蔗糖业的中国人雇工》，《南洋问题》1982 年第 2 期，第 33—73 页。

② （新西兰）尼古拉斯·塔林主编、贺圣达等译：《剑桥东南亚史》第 1 卷，昆明：云南人民出版社，2003，第 385 页。

③ （荷）伦纳德·鲍乐史：《荷兰东印度公司时期中国对巴达维亚的贸易》，《南洋资料译丛》1984 年第 4 期，第 67—80 页。

④ （日）杉野嘉助：《台湾糖业年鉴》，台北：台湾通讯社，1930 年，第 303 页。

⑤ 东亚同文会：《中国省别全志》第 1 卷《广东省（附香港澳门）》，台北：南天书局，1988 年，第 879 页。

⑥ 《世界糖业之概况》，《上海商业储蓄银行有关糖业调查资料》，上海市档案馆藏，档案号：Q275-1-1990。

⑦ 上海商业储蓄银行调查部：《上海之糖与糖业》，上海：上海商业储蓄银行信托部，1932 年，第 24 页。

⑧ *Report of Annual General Meeting*，Minutes of the China Sugar Refinery Co.Ltd.，Reference MS JM/I4/2，Archives of Jardine，Matheson Co.Ltd.

同时，着力进行糖业转型，使其部分产能用于精制糖制造。1894—1902 年，爪哇砂糖全部为 11 号至 14 号的粗糖，白糖工厂仅 2—3 个。1902 年，爪哇糖商失去美国糖品市场占有份额，转而力求拓展印度及中国两个白糖销售市场销路，故而根据中印两国的白糖需求，着力生产白糖。1910 年、1911 年，爪哇白糖生产量已占该国糖品生产总量的 1/3。[①]就中国最大的糖品销售市场上海而言，“上海销路以 24 号粗砂白为最盛，几为糖业市场上之标准”[②]。“国人对于糖之消费，渐趋于精洁化，所嗜之糖，品质渐高，因此，输入值价值方面，增加更快”，1928 年、1929 年，中国外糖进口分别约值 9800 万、9900 万海关两。进口糖品的来源分别为：赤糖以爪哇为首，中国香港次之，其余为菲律宾、中国澳门、日本等，均占少数；白糖亦以爪哇为最，日本等次之；车白糖则向以日本居首位；冰糖、糖浆以中国香港来者较多，次为新加坡、日本等；白方块糖之前以日货最多，晚近以香港货为多。[③]

据杉野嘉助编纂的《台湾糖业年鉴》记载，1926—1928 年，中国市场输入外糖的来源地分别有中国香港、荷属爪哇、日本、朝鲜、中国澳门、新加坡、比利时、德国、菲律宾等国家与地区，其中主要来源于中国香港、荷属爪哇及日本三地，具体情况为 1926 年输入量为 11 721 000 担，其中中国香港为 3 526 000 担，约占 30%，荷属爪哇为 2 940 000 担，约占 25%，日本为 3 047 000 担，约占 26%；1927 年总输入量为 10 018 000 担，其中中国香港为 2 957 000 担，约占 29.5%，荷属爪哇为 2 791 000 担，约占 27.8%，日本为 2 690 000 担，约占 26.8%；1928 年总输入量为 13 739 000 担，中国香港为 3 729 000 担，约占 27.1%，荷属爪哇为 5 180 000 担，约占 37.7%，日本为 3 557 000 担，约占 25.9%。荷属爪哇输入中国糖品数量高居中国外糖输入的前三位，1928 年竟达到 500 万担，占外糖输入总额的 37.7%。[④]又据 H. G. W.伍德海（H. G. W. Woodhead）主编的《中华年鉴（1931 年）》记述，1928 年，荷属爪哇糖品输入中国市场达 500 万担以上，中国香港位列第二，日本位列第三，分别为 3 525 838 担、3 484 070 担。[⑤]再据上海商业储蓄银行调查部的《上海之糖与糖业》记载，1929—1931 年，在中国输入的赤糖、白糖中，来自爪哇的输入量位居第一，参见表 5-7。

---

① 爪哇糖品分类：极上等（结晶糖、25 号以上的糖品）、一等糖（12 号以上）、赤糖（略带黑味，相当于 8—12 号糖）、上二等糖（双目白糖）、并二等糖（14 号双目白糖）、上袋糖（略带黑味，相当于 8 号糖）、并袋糖（棒砂糖），参见（日）梶原保人：《爪哇糖业的发达乃自然乎人力乎》，东京：民友社，1913 年，第 29 页。

② 爪哇糖亦名荷糖，有中砂、粗砂、细砂等区别，标准登记定为自 15 号至 25 号，15 号至 22 号为中砂，24 号以上名曰粗砂，粗砂磨细名曰细砂，号数越高，色亦越白。参见上海商业储蓄银行调查部：《上海之糖与糖业》，上海：上海商业储蓄银行信托部，1932 年，第 8—10 页。

③ 上海商业储蓄银行调查部：《上海之糖与糖业》，上海：上海商业储蓄银行信托部，1932 年，第 24 页。

④（日）杉野嘉助：《台湾糖业年鉴》，台北：台湾通讯社，1930 年，第 303 页。

⑤ H. G. W. Woodhead，*The China Year Book 1931*，ShangHai：The North-China Daily News & Herald. LD.，1931，p.157.

表5-7　1905—1911年清国、菲律宾、爪哇、中国香港砂糖输入日本本土数量表

（单位：千斤）

糖类 / 来源地	赤糖（含青糖）			白糖			车白糖			白方糖、块糖			冰糖			糠浆		
	1929 年	1930 年	1931 年	1929 年	1930 年	1931 年	1929 年	1930 年	1931 年	1929 年	1930 年	1931 年	1929 年	1930 年	1931 年	1929 年	1930 年	1931 年
荷属爪哇	1 637 402	1 329 234	1 125 308	4 382 732	2 836 914	739 310	45 358	10 716	1 469 143		4534					37 996	1651	9775
中国香港	1 128 015	869 581	815 740	1 660 025	2 011 486	811 794	638 876	822 001	2 313 383	9424	7130	2154	238 352	199 239	82 358	280 618	286 485	483 170
日本（含台湾）				817 639	278 106	117 014	2 010 835	2 841 641	2 428 441	23 139	12 095	11 893	46 848	41 796	26 947	93 490	158 764	129 170
古巴	5 428 015 718	52 359	2457	506 268	228 996	46 688												
菲律宾	265 631	65 555	2590													1065	300	2334
中国澳门				63 839	83 539	6628	5969	17 943	64 628							158	82	6507
朝鲜				145 604	70 282	19 093	262 377	267 445	243 148									
其他	60 813	36 966	277 869	222 174	43 557	7953	23 427	1132	3494							256	17	475

资料来源：上海商业储蓄银行调查部：《上海之糖与糖业》，上海：上海商业储蓄银行信托部，1932 年，第 25—26 页

1932 年，一·二八事变爆发，中国抵制日货运动在全国展开，爪哇糖品销售更加活跃，连续 3 年稳居中国外糖输入的半数以上，直到 1935 年抵制日货运动停止，日本糖品重新夺取输入中国糖品数量的第一位。①

另外，在中国市场上，糖品价格由上海糖价决定，而上海糖价则深受爪哇糖价影响。

> 大宗糖类，几无不以上海为最大输入埠头，迥非他埠所可比拟，仰此尚限于净输入而已，若合转口贸易计之，上海输入之糖估计可占全国输入半数以上，因汉口、九江、芜湖、南京、镇江之糖，类多由上海转运也，故上海之糖业，实执全国糖业之牛耳。在昔汉口、镇江、南京等均自有糖市，直接向本地洋行订货，今则自形消灭，一切买卖，均以上海糖市为准，而上海糖业之势力，乃益不可侮，故缕述上海糖业之交易，实际上大可代表全国糖业买卖之概况也。②

上海市场的糖品，一大部分来自爪哇，即使是日本、中国香港所产糖品，其原料亦多来自爪哇，是故爪哇糖价，实为决定上海糖价的最大因素。③

二、爪哇蔗种与中国甘蔗种植

中国甘蔗种类颇多，名称复杂，大体可分为两类：果蔗及糖蔗，果蔗仅食用而已，糖蔗则用于制糖。随着中国甘蔗糖业的日渐式微，引进国外优良品种，增加甘蔗亩产量已成为中国主要蔗糖经济区④的共识，其中爪哇蔗种对中国甘蔗种植有较大影响，无论是沿海地区，还是内陆地区，均在试种、推广爪哇优良蔗种。

长江上游的四川沱江流域，1935 年秋，卢作孚被刘湘任命为四川省建设厅长，尽管其不太愿意，但是，他却在一年半的任期内尽最大努力去推动四川经济发

---

① （日）大塚令三：《中国制糖工业》，南京：中支建设资料整备事务所，1940 年，第 66 页。

② 上海商业储蓄银行调查部：《上海之糖与糖业》，上海：上海商业储蓄银行信托部，1932 年，第 30 页。

③ 上海商业储蓄银行调查部：《上海之糖与糖业》，上海：上海商业储蓄银行信托部，1932 年，第 92—93 页。

④ 四川省沱江流域及广东省潮汕地区是近代中国两个重要的蔗糖经济区，它们分别代表了近代内陆和沿海地区蔗糖经济的发展水平。就《中国省别全志》的记载来看，在清末民初，中国甘蔗糖产区主要分布在东南沿海地区、长江流域及西南地区；重庆中国银行编印之《四川省之糖》（上海：汉文正楷印书局，1934 年）弁言第 16 页认为近代蔗糖的产区"遍及十省，若四川、广东、福建、安徽、云南、湖南、广西、江西、浙江及河南等地"；据季羡林搜罗的清代史书、杂记、方志等史料记载看，清代植蔗地区为湖南，湖北，江东，江苏，浙江的杭州府、宁波府、绍兴府、金华府、台州府、严州府及处州府，河南的汝南、郾城及许昌，福建的福州府、兴化府、泉州府、漳州府、建宁府、邵武府、汀州府、福宁府及永春州，广东的肇庆、潮州、番禺、东莞、增城、广州及佛山，广西浔州府，四川的成都府、潼川府、资州、绵州、保宁府，台湾，江西的庐陵、广信府、饶州府、南安府及赣州府，云南的临安府，安徽，参见季羡林：《糖史》上册，南昌：江西教育出版社，2009 年，第 456—459 页。另外，上海东亚同文书院：《中国经济全书》第 8 辑，东京：东亚同文会，1908 年，第 431 页则认为其中最为重要的是广东、福建及四川三省。

展，在农业方面，他主张引进新作物品种，积极推动农业改良活动。1936年，他下令在四川蔗糖产区资中一带成立四川省甘蔗试验场，引入爪哇甘蔗品种进行试种，并计划与爪哇建源公司合办四川第一个机器制糖工厂。①该甘蔗试验场将各地蔗种引入后，经过严格试验比较，以爪哇2878及印度290号两种蔗糖产量均高，其中，爪哇2878每亩产量约8000斤，所含糖分为15%，最适合四川省栽培，具有较大的推广价值②；该试验场即通过口头、文字、电影等宣传手段向蔗农进行推广③，推广成效详见表5-8：

表5-8　1938—1942年优良蔗种在四川的推广成果

年份	品种名称	推广面积（亩）	增加白糖产量（斤）	增加收益（元）
1938年	洋红甘蔗	316.0	38236	6366
	爪哇2878	5.5	1433	238
小计		321.5	39669	6604
1939年	洋红甘蔗	1205.0	145 805	45 491
1939年	爪哇2878	51.0	10 541	3288
小计		1256.0	156 346	48 779
1940年	爪哇2878	178.0	46 404	42 297
	印度290	111.4	31 069	28 319
小计		289.4	77 473	70 616
1941年	爪哇2878	810.3	211 245	436 220
	印度290	51.7	14 419	29 775
小计		862.0	225 664	465 995
1942年	爪哇2878	4000	1 042 800	
	印度290	350	97 615	
小计		4350	1 140 415	
总计		7078.9	1 639 567	591 994

注：1942年增加收益数字未统计在内

资料来源：内江地区档案馆：《民国时期内江蔗糖档案资料选编》上册，1984年，第44页

如表5-8所见，从1938年到1942年，爪哇2878及印度290两种优良蔗种的推

① 卢国纪：《我的父亲卢作孚》，成都：四川人民出版社，2003年，第178页。

② 《甘蔗试验场四年来事迹摘要》，内江市档案馆藏，档案号：15-1-493。

③ 《甘蔗试验场推广工作年报及生产成本调查（1938.9—1939.8）》，内江市档案馆藏，档案号：15-1-104。

广面积有涨有落，但总体上呈增长趋势，在 1942 年，两种蔗种的推广面积达 4350 亩，白糖增产达 1 140 415 斤。另外，五年来，优良蔗种推广的总面积达 7078.9 亩，白糖增产 1 639 567 斤，收入增加了 591 994 元（1942 年增加额未统计在内）。虽然这与当时甘蔗的种植总面积相比，仍占较小的比例，但是，优良蔗种的种植从无到有，并形成一定的规模，可见，这一时期优良蔗种的推广已初见成效。

在广东潮汕地区，20 世纪 30 年代，广东省政府致力于发展甘蔗糖业。潮汕地区甘蔗品种主要为在来种、外国种两类。在来种主要包括木蔗、金山蔗、竹蔗、白蔗等 4 种，其中金山蔗从布哇输入，其他为中国土种；外国种为阿鲁南（Alunan，马来西亚）、爪哇 2714、爪哇 2725、爪哇 2727、爪哇 2728、爪哇 2713、爪哇 2883、巴迪拉（Badila，果蔗）、梅里特斯（Meritus，马来西亚）1900、黄喀里多尼亚种（Yellow Caledonia）、布哇 109 号等。20 世纪 30 年代，广东省政府创立机制糖工厂，并派人到甘蔗产地收集蔗种，进行试植，根据试植结果进行种植；据广东省农林局统计，20 世纪 30 年代潮汕地区外国种植面积达 6 万余亩。与此同时，福建莆田县西南部种植了爪哇 2728。广西省 90%以上的蔗田仍种植竹蔗，但政府也在奖励推广种植爪哇 2728。①

20 世纪 30 年代，无论是沿海地区的广东、广西及福建，还是长江上游的内陆地区四川，均有意识地进行改良蔗种试验、推广优良蔗种种植的活动。在这一系列活动中，爪哇蔗种的优良性能得到各种植区的一致肯定，各地纷纷进行推广种植，但遗憾的是，这些蔗糖经济区并未关注爪哇先进的蔗作技术。

与爪哇—日本糖业之间的关系不同，爪哇—中国糖业之间一方面有较为久远的交流历史，在中国甘蔗糖业式微之前，中国在两者关系中占主动地位，从早期蔗种传入爪哇，到劳力、技术流入爪哇，再到华侨商人掌控爪哇制糖业，爪哇糖业的发展得益于中国糖业及南洋华侨的贡献。19 世纪末，中国传统手工制糖业无法满足国内市场的糖品需求，南洋华侨商人率先将爪哇糖品运销中国，随后在香港及日本精制糖业的竞争下，爪哇糖品销售额锐减，直到 20 世纪 30 年代，因中国国货运动及糖业统制计划，爪哇糖品输入量才有所反弹。另一方面，蔗种的良窳直接关系到甘蔗产量的多寡及含糖分的高低，尽管日本和中国都向爪哇引进优良蔗种，均希望借此提高竞争优势，但与日本精制糖业于 20 世纪初引进爪哇优良蔗种及蔗作技术不同，中国的引进活动则迟至 20 世纪 30 年代，且并未配套输入先进的蔗作技术。中日两国利用爪哇糖业的迥异成效，既可以让人管窥中日糖业地位转换的内在机理，也可以从侧面反映中日两国政府在应对糖品竞争中的不同态度。爪哇糖业与中

① （日）大塚令三：《中国的制糖公司》，南京：中支建设资料整备事务所，1940 年，第 13—16 页。

日两国糖业之间的多维复杂关系，进一步说明了爪哇糖业在东亚糖业格局中的变动，甚至在东亚社会经济变迁中扮演了重要角色。

第四节 爪哇糖业在近代东亚糖业格局变动中扮演的角色

J. H.加洛韦在《蔗糖工业：从其起源到 1914 年的历史地理演变》一书中分析了 1750—1914 年亚洲糖业，如爪哇等地糖业的发展共性，即殖民政府的支持，抑或控制，是糖业发展的关键因素①。但是，爪哇糖业的成功，正如日本学者梶原保人在《爪哇糖业的发达乃自然乎人力乎》一书中所指出的那样，既有自然因素，也有人为因素②，是一种合力作用的结果。不可否认，荷兰殖民政府的刺激政策推动了早期爪哇糖业的发展，但是，19 世纪中叶到 20 世纪上半期，爪哇糖业的成功，更离不开爪哇华裔糖商的成功运作③，尤其离不开东亚市场空前的糖品需求量。从 19 世纪以来爪哇糖品市场经历较大转向来看，两者是相契合的：在 1870 年前，几乎所有爪哇糖品运销荷兰；1872 年，荷兰政府停止购买爪哇糖品后，爪哇糖品转销当时世界最大的糖品销售市场——伦敦；不过，由于欧洲甜菜糖的兴起，爪哇糖品在欧洲市场不具竞争优势；1880 年左右，爪哇糖商转向亚洲及北美市场（此时正值美西战争，古巴糖品产量下降，爪哇糖品一度销售美国市场）；1900 年左右，古巴糖业恢复，美国市场为古巴糖品占领，80%—90%爪哇糖品销售亚洲的新加坡、中国、日本、印度、澳大利亚。一直到 1930 年，75%的爪哇糖品销售都在亚洲市场上。④

① J. H. Galloway, *The Sugar Cane Industry: An Historical Geography from Its Origins to 1914*, Cambridge: Cambridge University Press, 1989, p.14.

②（日）梶原保人：《爪哇糖业的发达乃自然乎人力乎》，东京：民友社，1913 年。

③ 黄奕住（日兴行）、黄仲涵（建源公司）、郭锦茂（锦茂栈）与张盛隆（昌隆栈）为爪哇最著名的“四大糖商”。黄奕住为印尼糖王和首富，1914 年，他的总资产已达 300 万盾以上，他的名字已被编入《世界商业名人录》中，参见赵德馨：《黄奕住传》，长沙：湖南人民出版社，1998 年。黄仲涵的建源公司是东盟地区华人所拥有的第一个和最大的财团企业，他以植蔗榨糖起家，逐渐发展为拥有甘蔗种植园、榨糖厂、糖品贸易公司、轮船业、仓储业、银行业等为一体的集团企业，在伦敦、香港等地建立了众多分支机构，成了糖业帝国。参见（日）吉原久仁夫、周南京译：《黄仲涵财团——东南亚第一企业帝国》，北京：中国华侨出版公司，1993 年。

④ Peter Boomgaard, Treacherous Cane: *The Java Sugar Industry Between 1914 and 1940, Bill Albert and Adrian Graves, The World Sugar Economy in War and Depression 1914-1940*, London: Routledge, 1988, p.161.

一、爪哇糖业推动了东亚区域之间的糖品流动，并迎合了东亚市场上兴起的精制糖消费主张

20 世纪以后，国民消费糖品数量成为衡量一国发达与否的标准之一。“国之贫富视糖之消费多寡为准，人民生计渐裕，则糖之消费亦渐增”①。一些经济学家也认为：“世界各国人口平均食糖数量多寡之比较，足以判定其国文化之等差高下与其进步之迟速。”②1925 年，香港《南华早报》（*The South China Morning Post*）亦曾报道，糖品已经被认为是一个评判国家富裕程度的世界性尺子（the World's Yardstick），是一种生活必需品，时下的美国最为富裕，其人均年消费糖品数量亦居世界首位，达到 101 磅。③

就近代东亚两个主要糖品消费市场而言，无论是中国，还是日本，19 世纪中期以后其糖品消费量均呈持续递增趋势，这既与其人口数量急剧膨胀紧密有关，也与生活方式西化、生活水平逐渐提高分不开。

就中国而言，清代中后期以后，以节令用糖、社交用糖（生子馈赠、结婚喜物）为代表的民俗用糖日渐普遍④；20世纪20年代以降，国民用糖数量又急剧攀升。据统计，1922 年左右，中国年均糖品消费量大概为 60 万—65 万吨，其中 25 万—30 万吨是中国糖品，30万—35万吨是外国糖品。⑤1924年，袁文钦在《关于振兴全国糖业意见书》提案中指出：“据最近海关统计之册报，每年外糖输入，为数实达八亿九千万万斤，估核价值约在一万万三千万元以上。而比来各国食糖之消耗日益增进，盖甘、咸二味同一为人类日用必需之品，百凡食物皆资搀（掺）和。”⑥1930 年，吴卓在

① 朱嘉□：《糖》，上海：上海商业储蓄银行，无出版日期，第 13 页。

②《袁文钦关于振兴全国糖业意见书》，中国第二历史档案馆：《中华民国史档案资料汇编》第 3 辑《工矿业》，南京：江苏古籍出版社，1991 年，第 265 页。

③ *Sugar*，The South China Morning Post（April 1st ，1925），Minutes of the China Sugar Refinery Co. Ltd，Reference MS JM/I4/4，Archives of Jardine，Matheson Co.Ltd.

④ 所选方志均来自丁世良、赵放编辑的《中国地方志民俗资料汇编》（北京：国家图书馆出版社，2014年）。东北地区：“生子以豚蹄、面、糖、鸡卵等物馈遗，俗谓下奶”（民国《新民县志》第 52 页）；西北地区：八月十五日用月饼，九月重阳用枣糕，广见于光绪《永寿县志》第43页、光绪《蒲城县新志》第58页等县志中，回族宴会除了肉类外，尚有“各色瓜果、冰糖、塔儿糖、回子香油”等物，丰富多彩（道光《西域见闻录》第 315 页）；华北地区：“上元”，以糯米粉作丸，实以糖，祀祖先，遂食之，曰：“元宵”（同治《阜平县志》第 327 页）；中南地区：“正月，贺朔款客，以糖糕、肉粽、油果、寒具、炒米饼为小食”（同治《浔州府志》第 1042 页），“产子，亲友相遗以鸡、鹅、米蛋、糕、糖之类，谓之送粥米”（同治《长阳县志》第 423 页）；西南地区：四川金堂县，嘉庆年间糖成为招呼亲友必备的食品，新婚第二天，“新妇出陪奁所携咸菜、糖食，遍待亲友，曰摆茶宴”（嘉庆《金堂县志》第 16 页）；华东地区：盛行打糖梅风俗。（清）屈大均：《广东新语》卷 14《食语·糖梅》，北京：中华书局，1985 年。

⑤ 《中国砂糖与日本（上·中·下）》，《东京朝日新闻》1921 年 5 月 18 日—5 月 20 日。

⑥ 《袁文钦关于振兴全国糖业意见书》，中国第二历史档案馆：《中华民国史档案资料汇编》第 3 辑《工矿业》，南京：江苏古籍出版社，1991 年，第 265 页。

《振兴中国糖业之先决问题》一文中指出："（中国）糖品进口值一万万三千三百余万元，居中国进口货之第二位……现在中国人每人所消耗之糖量，为世界各国之最低者，故在未来十年之中（至民国廿九年）所需之糖量，或再加倍，亦在意料之中，是时每年糖品（进口）之价值可达二亿七千万元之巨数。"①

就日本来看，从江户时代到明治前期，日本主要依赖中国输入糖品，明治中期以后，香港精制糖及欧洲甜菜糖进入日本市场。据统计，在1641—1653年，从长崎输入的中国糖品的数量，最高年份达1685吨，最少年份也有350吨以上②；在1868—1878年，日本输入糖品共约28.25万吨，价值2000余万日元，其中"自中国输入者十之九，他国输入者十之一"③。中国制糖公司成立后，其精制糖品主要运销日本市场，怡和洋行的横滨、长崎等分行的主要业务就是代理该公司的精制糖销售④。1924年，据袁文钦描述："查日本糖业统计，自明治二十八年至明治三十四年，平均个人之消耗糖量由四斤而骤增至十三斤。"⑤另据统计，在1912—1933年，以1912年为最少，以1932年为最多，日本人年平均用糖数量自6.3斤有余增至22斤有余，其增幅竟达3倍多。⑥

在糖品消费的"商品化"和"庶民化"过程中，以中日两国为主的近代东亚市场对糖品需求量急剧增加，并且对其质量要求亦不断增高。19世纪末至20世纪初，爪哇糖业顺应这一消费趋势，成功地从倚赖欧洲市场转向依靠亚洲市场，一方面积极进行糖业转型，在生产原料糖品的同时，也产制大量精制糖，运销东亚市场，尤其是中国市场。另一方面，向中国香港及日本精制糖业输送大量原料糖品，该原料糖品经过加工转而运销日本、中国市场，甚至一度运销印度、北美及欧洲等市场，爪哇糖业推动了东亚区域之间的糖品流动，并迎合了东亚市场上日渐兴盛的精制糖消费主张。

二、爪哇糖品涌入东亚市场，加剧了东亚市场上糖业主体之间的竞争

面对东亚市场海量的糖品需求和巨大的经济利益，本非产糖重镇的日本等，均借助爪哇原料糖品来发展精制糖业，抢占糖品销售厚利。尤其是日本糖业，自

---

① 吴卓：《振兴中国糖业之先决问题》，《工商半月刊》1932年第1期。

② 松浦章：《江户时期的唐船带来的砂糖与国内消费的展开》，《东亚文化交流研究》2010年第3号。

③ 黄遵宪：《日本国志》卷三十八、三十九《物产志》，沈云龙主编：《近代中国史料丛刊续编》第10辑，台北：文海出版社，1973年。

④ *A letter to Beith（8th March，1939）*，Memoirs and research papers，Reference MS JM/L11/15，Archives of Jardine，Matheson Co.Ltd.

⑤《袁文钦关于振兴全国糖业意见书》，中国第二历史档案馆：《中华民国史档案资料汇编》第3辑《工矿业》，南京：江苏古籍出版社，1991年，第265页。

⑥《1912—1933年按年日本本部食糖消费量及每人消费量比较》，上海市档案馆藏，档案号：Q275-1-2210。

1895 年侵占台湾后，借助台湾及爪哇原料糖品，迅速发展精制糖业，并积极拓展东亚市场。据1916年对日本输入中国市场的商品的调查，糖品为12 620 626日元，高居第二位①；又据1924年前后统计，棉货居第一位，为输入总值的32.94%，而糖品则又高居第二位，为输入总值的 8.65%②。中国制糖公司成败历程也是一个很好佐证，在 1878—1903 年，中国制糖公司的 75%精制糖运往长崎、神户、横滨等港口，在日本市场上进行销售，剩下的 25%则销往中国北部和印度，但是，日本大力发展精制糖事业后，这一格局很快发生了转变，中国制糖公司汕头炼糖厂被迫关闭，中国北方地区则成为该公司主要的糖品销售市场，大量的精制糖运往上海、天津及其他口岸销售③。1915 年 3 月 24 日，据该公司年度会议报告，1914 年，由于中国政局动荡，公司开年的贸易环境并不好，并遇到了爪哇、日本白糖的激烈竞争，直到该年第一次世界大战爆发，不利的东亚糖品贸易环境才有所改观④；1926—1927 年，受中国政局动荡及日本精制糖的低价竞争，盛极一时的中国制糖公司被迫宣布破产清算。⑤

19 世纪末 20 世纪初，作为东亚传统甘蔗糖业大国的中国，面临着较为严重的糖业危机，不仅国外市场份额尽失，而且国内市场份额也被外糖大量侵夺，已由输出大国转变为纯进口国。有鉴于日本精制糖业的成功，中国政府的糖业复兴计划亦多考虑借助国外原料糖品来发展精制糖业，进而堵塞漏卮，挽回利权。例如吴卓《制糖新法与糖业》一书中提出中国糖业出路为“第一期兴办精制糖业，以保护关税政策为先决问题。精制糖原料，此时必须采自爪哇及古巴等处”⑥。1931 年5月9日，南京国民政府实业部与古巴夏湾拿国际糖业公司在南京签订了制糖合同，希望借助古巴糖业势力来完成“制糖国营计划”⑦。该计划为实业部接受古巴资本资助，建立国营制糖工厂，进而收购中国内地外国人经营的制糖公司，达到食糖专卖

---

① 《糖业界当下的诸问题（一—十）》，《大阪朝日新闻》1918 年 1 月 25—2 月 5 日。

② 《中国国际贸易概论（二）》，张研、孙燕京：《民国史料丛刊》第 658 册，郑州：大象出版社，2009 年，第 215 页。

③ Choa Po Sin, *Who has done his Best to Trace any Surviving Members of the China Sugar Refinery and the Memoranda are the Results of his Investigations*, *Notes from Choa Po Sin*, Papers on Company History（1938-1939）, Reference MS JM/L11/13, Archives of Jardine, Matheson Co.Ltd.

④ *Report of Thirty Seventh Annual General Meeting*（*24th March, 1915*）, Minutes of the China Sugar Refinery Co.Ltd, Reference MS JM/I4/3, Archives of Jardine, Matheson Co.Ltd.

⑤ *Minutes of a Meeting of the Consulting Committee of the China Sugar refining Co.Ltd”*（*3rd November, 1927*）, Minutes of the China Sugar Refinery Co. Ltd, Reference MS JM/I4/4, Archives of Jardine, Matheson Co.Ltd.

⑥ 《上海商业储蓄银行有关糖业调查资料》，上海市档案馆藏，档案号：Q275-1-2210。

⑦ 《实业部呈》，中国第二历史档案馆：《中华民国史档案资料汇编》第 5 辑第 1 编《财政经济（六）》，南京：江苏古籍出版社，1994 年，第 860—864 页。

的目标，但是，这一糖业统制方案遭到各方强烈反对，最后不了了之。[①]1935 年 5 月 15 日，南京国民政府以上海市商会成立上海糖业合作股份有限公司为契机，再次实行糖业统制。该统制计划为：糖品买卖需要得到财政部许可；禁止一切自由糖品贸易；成立中华食糖公司（资本 300 万元，政府出资 25%，中外糖商融资 75%，总部设在上海，在中国各大城市设立办事机构）[②]；设置食糖运销管理委员会来执行统制政策，委员长为梁和钧（广东籍，旧税关官僚），委员有建远公司董事黄江泉（福建籍，爪哇华侨）、冯锐（广东籍，广东省建设厅农林局局长）、周绍文（国定税则委员会副会长）等人[③]。这一借助爪哇糖业力量实施糖业统制的举措同样遭到了日本糖商、香港糖商（太古洋行）、其他欧系糖商以及上海华商的群起反对，在中外糖商的抵制下，中华食糖公司胎死腹中，统制事业再一次失败。

爪哇糖品批量涌入东亚市场，加剧了该市场上的糖业竞争，日本精制糖业利用政府力量挤垮了香港精制糖业，缔造了其在东亚糖业格局中的主导地位；国民政府同样希望借助廉价原料糖品来实施糖业统制、收回利权，但是孱弱的国家力量无法组织起有效的糖业竞争，中国糖业日渐衰落的命运并未有所改观。这种不同的结局，一方面可以很好地回应学界关于中国糖业衰落问题的讨论；另一方面也能从糖业经济这一侧面去更好地诠释近代东亚区域经济的变动情况。

三、爪哇优良蔗种及蔗作技术引进东亚，影响了中国的甘蔗种植

“蔗作为糖业之母，糖产之盛否，恒以原料甘蔗为前提，是故蔗作之发达，亦即蔗糖业发达之基因，世界各国蔗糖主产地如台湾、爪哇、夏威夷等处，其对于蔗作事业之重视，最称极力，每不惜耗巨大资本，以求蔗作之改良，因非此不足以巩固糖业之基础也。”[④]

近代以来，爪哇糖业快速发展的另一因素是其蔗作的成功，其甘蔗亩产量奇高。1931 年，爪哇甘蔗产量为 2651.8 万吨，达到历史峰值，糖品产量为 283.9 万吨，几乎是 1914 年的两倍，但甘蔗种植面积增幅并不多，1914 年爪哇甘蔗种植面积为 14.7 万公顷，1931 年为 20.1 万公顷。爪哇甘蔗产量快速增加的主要原因是爪哇东部实验站培育的优良甘蔗品种爪哇 2878 的推广。1923 年，爪哇、夏威夷、秘鲁每公顷蔗田出产甘蔗 11 吨，是第二梯队菲律宾、巴西等地甘蔗产量的两倍；

---

① 《中国、古巴签订制糖协议》，《大阪朝日新闻》1931 年 6 月 26 日。

② 《国民政府号召中国糖业者：设立中华食糖公司推行糖业统制》，《台湾日日新报》1935 年 5 月 24 日。

③（韩）姜抮亚：《20 世纪初的东亚市场与中国制糖业》，朱荫贵、戴鞍钢主编：《近代中国：经济与社会研究》，上海：复旦大学出版社，2006 年，第 468 页。

④ 邓兆槐：《广东甘蔗糖业改良刍议》，《农声月刊》1938 年第 218、219 期合刊。

1930 年，爪哇每公顷蔗田可出产甘蔗 15 吨；1940 年达 17.4 吨，产量远远高于其他甘蔗产地。[①]爪哇蔗种的优良产能引起世界糖业界的广泛关注，东亚地区也不例外，中国的广东、四川等产糖大省纷纷试种并推广爪哇优良蔗种。

20 世纪 30 年代初，陈济棠主政广东，为了扩充自己的实力而积极发展广东经济。1931 年，农业经济专家冯锐出任广东省农林局长，主持广东农业经济发展大计。冯锐上任伊始就实施了广东糖业复兴计划，并在1934—1935年筹建了6座小型机器制糖厂（新造、市头、惠阳、揭阳、顺德、东莞 6 个糖厂）。为了保证这些制糖厂的原料供应，他积极着手改良广东甘蔗品种，以期增加甘蔗产量，他为此付出艰辛的努力。

> 查台湾糖业创办于四十年前，其于爪哇优良蔗种，至最近二十年内，方能输入，积二十年之光阴，若干人之心血，不知费若干之金钱，始获一二根之蔗种；据日人传说，当日由爪哇输入蔗种时，有人自剖其小腿之肉，将蔗种之芽藏入其中，以疮伤蒙蔽关员之稽查，偷运出口，即今之台湾去年六月特禁蔗种出口条例，凡偷运一条蔗种出口者，一经查出，罚五百元以上之罚金，六个月之徒刑；一根一芽尚且艰难至此，试问今之广东数万亩优良蔗种，为何人所输入；今后吾国二万万元糖品之根源，亦基于此，几乎每年因优良品种所增产之收入，在一万万元以上。[②]

在冯锐的推动下，广东各地积极试种改良蔗种，成果显著，“（试种）结果获利之厚，竟出于农民意料之外，各地农民均纷将田地改种甘蔗”，不过，遗憾的是陈济棠倒台后冯锐被广东省政府以贪污罪予以枪决，广东糖业复兴计划受到重大影响。[③]

1933 年，“二刘大战”（刘文辉、刘湘）结束，刘湘获胜，为了巩固其在四川的统治，他积极谋划四川经济发展方案。1935 年秋，刘湘任命民生实业有限公司董事长卢作孚为四川省建设厅厅长，着力发展四川经济。卢作孚在一年半的任期内尽其最大努力去推动四川经济发展，在农业方面，他主张引进新作物品种，积极推动农业改良活动。[④]1936 年春，他下令在四川蔗糖产区内江成立四川省甘蔗试

---

① Peter Boomgaard，Treacherous Cane：The Java Sugar Industry Between 1914 and 1940，In Bill Albert and Adrian Graves，*The World Sugar Economy in War and Depression 1914-1940*，London：Routledge，1988，p.161.

② 《广东糖业与冯锐》，张研、孙燕京主编：《民国史料丛刊》第 560 册，郑州：大象出版社，2009 年，第 41—42 页。

③ 《广东糖业与冯锐》，张研、孙燕京主编：《民国史料丛刊》第 560 册，郑州：大象出版社，2009 年，第 18、69 页。

④ 卢国纪：《我的父亲卢作孚》，成都：四川人民出版社，2003 年，第 178 页。

验场，“专门研究甘蔗及蔗糖之改良”①，该试验场引入爪哇甘蔗品种进行试种，并计划与爪哇建源公司合办四川第一个机器制糖工厂。

相对于 20 世纪 30 年代才开始输入爪哇优良蔗种的广东、四川而言，日据时期台湾地区则于 1908 年即引入爪哇优良蔗种，并且借鉴其先进的蔗作技术，到 1925 年前后，其爪哇优良蔗种种植面积已达到日据时期台湾蔗田总面积的 80%以上，日据时期台湾糖业不仅着手较早，而且进行得也较为彻底。东亚地区的几个重要甘蔗种植区均积极引进爪哇优良蔗种，可见爪哇糖业对东亚地区甘蔗种植有巨大的影响。

四、爪哇糖品分类标准成为在采用糖品旋光度验糖标准之前东亚糖品税收的统一标准

荷兰标本糖色与糖品种类的对应关系为：荷兰标本糖色 11 号未满对应糖品种类为黑糖、白下糖、赤糖、赤双；荷兰标本糖色 15 号未满对应的是黄双；荷兰标本糖色 18 号未满对应的是中双；荷兰标本糖色 22 号未满对应的是中双；荷兰标本糖色 22 号以上则对应的是耕地白糖（精制糖）②，之后有所变化，即随着制糖技术的不断进步，糖品分类趋于简化，到 1937 年时，荷兰标本糖色 22 号以上为精制糖，荷兰标本糖色 18 号未满均为粗糖，具体见表 5-9。

表 5-9　荷兰标本糖色与分蜜糖（台湾、爪哇）的对应变迁表

糖类＼时间	1926 年		1928 年		1933 年		1937 年	
	原料糖品	直销糖品	原料糖品	直销糖品	原料糖品	直销糖品	原料糖品	直销糖品
荷兰标本糖色 15 号未满	黄双	黄双、三温						
荷兰标本糖色 18 号未满	中双	中双	中双、黄双	中双、黄双、三温	中双、黄双	中双、黄双、三温	中双	中双、三温
荷兰标本糖色 21 号未满	中双	中双、耕地白糖						
荷兰标本糖色 21 号以上		中双、耕地白糖		耕地白糖				
荷兰标本糖色 22 号未满			中双	中双	中双	中双		
荷兰标本糖色 23 号以上				耕地白糖		耕地白糖		耕地白糖

资料来源：（日）久保文克：《近代制糖业的发展与糖业联合会：基于竞争的合作之道》，东京：日本经济评论社，2009 年，第 27 页

① 《四川甘蔗及蔗糖改进试验工作概况》，《四川经济月刊》1934 年第 3 期。

② （日）久保文克：《近代制糖业的发展与糖业联合会：基于竞争的合作之道》，东京：日本经济评论社，2009 年，第 24 页。

1901—1939 年，日本糖品消费税有过 4 次调整，大致情况为：（1）原料糖征税较低，直销糖（白糖及冰糖）征税较高，借此保护本国精制糖业发展。（2）随着制糖技术的进步，日本糖品的荷兰标本糖色号数逐渐增高，即原料糖第一种在 1901—1908 年为荷兰标本糖色 8 号未满及糖水，1910 年以后提高为荷兰标本糖色 11 号未满；原料糖第二种在 1901—1908 年为荷兰标本糖色 15 号未满，1927 年调整为荷兰标本糖色 18 号未满，1937 年调整为荷兰标本糖色 22 号未满，具体见表 5-10、表 5-11、表 5-12。

表 5-10　1901—1908 年日本糖品消费税沿革表（单位：日元/百斤）

分类		1901 年 10 月	1904 年 4 月	1904 年 10 月	1905 年 1 月	1908 年 2 月
第一种	荷兰标本糖色 8 号未满及糖水	1.00	1.00	1.00	1.00	2.00
						3.00
	非常特别消费税		1.00		1.00	
第二种	荷兰标本糖色 15 号未满	1.60	1.60	1.60	1.60	5.50
	非常特别消费税		3.00	2.30	2.80	
第三种	荷兰标本糖色 20 号未满（含糖水）	2.20	2.20	2.20	2.20	8.50
	非常特别消费税		3.30	3.30	4.30	
第四种	荷兰标本糖色 20 号以上（含糖水）	2.80	2.80	2.80	2.80	10.00
	非常特别消费税		3.70	3.70	4.70	

表 5-11　1910—1932 年日本糖品消费税沿革表（单位：日元/百斤）

分类		1910 年 4 月 1 日	1927 年 4 月	1932 年 1 月
第一种	荷兰标本糖色 11 号未满	甲：黑糖 2.00 乙：白糖 2.50 丙：其他 3.00	1.00、2.00、2.50	0.90、1.80、2.25
第二种	荷兰标本糖色 15 号未满	5.00		
	荷兰标本糖色 18 号未满		5.00	4.55
第三种	荷兰标本糖色 8 号未满	7.00		
	荷兰标本糖色 22 号未满		7.35	6.75
第四种	荷兰标本糖色 21 号未满	8.00		
	荷兰标本糖色 22 号以上		8.35	7.75
第五种	荷兰标本糖色 21 号以上	9.00		

续表

分类			1910 年 4 月 1 日	1927 年 4 月	1932 年 1 月
第六种	冰糖、棒砂糖、角砂糖		10.00	10.00	9.50
糖蜜	冰糖蜜	甲	2.00	蔗糖含糖分 70%以下 3.00	蔗糖含糖分 70%以下 2.70
		乙	3.00	8.35	7.75
	其他	甲	3.00	蔗糖含糖分 60%以下 1.00	蔗糖含糖分 60%以下 0.90
		乙	9.00	2.50	2.25
糖水			8.00	7.35	6.75

表 5-12　1937—1939 年日本糖品消费税沿革表（单位：日元/百斤）

分类调整			1937 年 4 月 1 日 临时租税增征法	1938 年 4 月 1 日 中国事变特别税法	1939 年 4 月 1 日 中国事变特别税法
第一种	荷兰标本糖色第 11 号未满	甲：黑糖、白糖	1.00	1.20	1.70
		乙：其他	2.70	3.30	4.00
第二种	荷兰标本糖色 22 号未满		6.50	7.10	7.80
第三种	荷兰标本糖色 22 号以上		8.00	8.60	9.30
第四种	冰砂糖、棒砂糖、角砂糖		10.00	11.00	11.70
糖蜜	冰糖蜜	甲：蔗糖分 70%以下	3.50	3.90	4.60
		乙：其他	8.00	8.60	9.30
	其他	甲：蔗糖分 60%以下	1.00	1.20	1.70
		乙：其他	2.70	3.30	4.00
糖水			6.50	7.10	7.80

资料来源：（日）久保文克：《近代制糖业的发展与糖业联合会：基于竞争的合作之道》，东京：日本经济评论社，2009 年，第 32—33 页

就中国糖业而言，中日甲午战争后，中国糖业重镇台湾被迫割给日本，加之世界糖业快速发展，中国由糖品出超大国骤然变为入超大国。在此形势下，清政府于 1902 年颁布《中国砂糖关税税则》，根据输入糖品（主要是白糖、赤糖、冰糖）糖色进行征税，白糖（荷兰标本糖色 11 号以上者）1 担征收关税 0.30 海关两，赤糖（荷兰标本糖色 11 号以下者）1 担征收关税 0.19 海关两，冰糖 1 担征收 0.30 海关两。中国海关每年元月份从爪哇购买糖品样品，通过比对样品颜色征收糖品关税。① 之后，中国政府分别于 1918 年、1928 年、1930 年三次修改糖税税则，不过仍采用

①（日）大塚令三：《中国的制糖公司》，南京：中支建设资料整备事务所，1940 年，第 66 页。

荷兰分类标准。[①]但是，这一标准也有一定的操作难度，因其主要靠比对颜色来判定税量，由于很多糖品的颜色相差无几，势必造成海关关员在判定时多起争执。1932 年 3 月 14 日，国民政府重新修订糖税税则，废止了荷兰标准，改用糖品转光度征税制度。

东亚各糖业主体借助荷兰标本糖色确定了统一的糖品关税税则，这就方便了糖品在东亚区域市场范围内的自由流动，爪哇糖业的这一贡献以往被学界所忽视了。糖品的分类标准直接关系到东亚各国消费税及关税的征收问题，进而关系到各国的糖品生产及消费动向。如表 5-10、表 5-11 所示，日本为了发展本国精制糖业，对原料糖品（荷兰标本糖色 8 号以下，1910 年以后是荷兰标本糖色 11 号以下）征收极低关税，而对精制糖品则不仅征收较高关税，而且开征更高的非常特别消费税。然而，反观中国，因 20 世纪 30 年代之前国内几无机器制造糖业，尽管糖品关税税额随时间推移有所增高，但是，原料糖品与精制糖品之间的关税额度差距并不大。

近代以后，爪哇糖业快速发展起来，其甘蔗糖品产量跃居世界前列，但因其国内市场消费有限，绝大部分向外输出，爪哇糖业经济完全属于外向型经济，对外部市场有极强的依赖性。进入 20 世纪以后，爪哇糖业受益于东亚市场上海量的糖品需求及高企的精制糖消费主张，通过对东亚市场的成功开拓，不仅弥补了其因甜菜糖冲击而造成的损失，而且维持了其糖业经济的持续发展与繁荣。爪哇糖业与东亚各糖业主体的交流，并非仅是单向维度地向东亚市场输送原料糖品而已，而是与东亚各糖业主体之间存有较高的关联度，是一种多维度的复杂关系，并且这种关系在很大程度上是良性的、双向互利的。总之，爪哇糖业在东亚糖业格局变动中扮演着不可或缺的重要角色。

小结：重视东亚区域之间的糖品流动

由于东亚区域之间贸易与东南亚贸易交织在一起，故应充分重视东南亚国家对近代东亚经济格局变动的影响。近代之前，东亚与东南亚之间的商品流动与商品交

① “中国糖税，向以荷兰标准以判定糖之品质。以往在荷兰标本糖色 11 号以下者，每担纳 0.575 海关两；在 10 号以上者，每担纳 0.80 海关两；方糖每担 2.765 海关两；冰糖每担 1.575 海关两；糖蜜每担值百抽 7.5 海关两。”后因金价骤涨，海关不得已改用海关金本位，以补收入之不足。从 1931 年 1 月 1 日起，关税实行自主，糖税才一度修改，荷兰标本糖色 11 号以下，每担纳 1.90 海关金单位；荷兰标本糖色 11 号以上至 18 号以下，每担纳 2.40 海关金单位；19 号以上，每担纳 2.90 海关金单位；方糖每担纳 9.40 海关金单位；冰糖每担纳 5.80 海关金单位；糖蜜值百抽十。参见《上海商业储蓄银行有关糖业调查资料》，上海市档案馆藏，档案号：Q275-1-2210。

易已相当发达①，在世界商品贸易体系中占据了重要地位。15 世纪，东南亚商业交换的模式为：进口印度的布匹，美洲和日本的白银，中国的铜钱、丝绸、瓷器和其他工艺品，出口胡椒、香料、香木、松香、漆、龟壳、珍珠、鹿皮，以及从越南和柬埔寨进口来的砂糖。② 16 世纪以来，日本成为一个重要的白银乃至铜的出产国，并向中国与东南亚出口白银和铜，还向更远的印度和西亚出口黄金、硫黄，以及樟脑、铁、刀、剑、漆、家具、米酒、茶叶和优质大米，反之，日本接受中国的丝绸、印度的棉织品以及朝鲜、中国和东南亚的其他各种生产和消费用品，如铅、锡、木料、燃料、蔗糖、皮毛和水银。到 17 世纪晚期，爪哇也向日本、波斯，远至欧洲出口砂糖。③直到 19 世纪“工业时代”，全世界的贸易都或多或少地受到东南亚香料输出起伏的影响。④

区域之间的商品贸易、商品流动是研究区域经济发展的重要内容之一。近代以后，伴随着西方资本力量在全球范围内的迅猛扩张，更多商品在广泛的区域之间流动：一方面东南亚地区的种植园经济快速发展，其与宗主国的经济分工推动了区域间商品流动；另一方面，东亚传统经济格局亦随之发生变化，东亚区域之间和区域外的商品流动频度加强，众多商品如丝绸、瓷器、茶叶、棉织品、靛青、香料、烟草、咖啡、糖品等，均参与到更加广泛的区域商品流动之中，著名的东亚经济史专家滨下武志在其《近代中国的国际契机：朝贡贸易体系与近代亚洲经济圈》一书中也强调要重视糖品流动、糖品贸易在世界经济体系及东亚经济格局构建中所扮演的角色及作用⑤，颇值得加以一一分析。

糖品是较早作为非竞争性的地方特产参与国际商品流动和商品贸易之中的，并在其中扮演了一定的角色。从日本长崎唐船及东印度公司商船的记录来看，在 1895 年以前，中国糖品不仅垄断了东亚糖品市场，而且也是世界糖品贸易的重要参与者之一。根据永积洋子、落合功等人的研究，1641—1832 年，中国不间断向日本输出糖品，在宽永到享保年间，半数以上的中国船装运了糖品，之后，几乎所有

---

① 哈佛大学教授迈克尔·波多（Michael D.Bordo）等人指出：16—17 世纪国际贸易的一个重要特征是贸易的商品种类仍然集中于一些非竞争性的商品，特别是那些只有在一些特定地区才能生产的地方特产。参见李伯重：《多种类型、多重身份：15 至 17 世纪前半期东亚世界国际贸易中的商人》，《南京大学学报》（哲学·人文科学·社会科学版）2016 年第 1 期。

② Anthony Reid, *Slavery, Bondage and Dependency in Southeast Asia*, Queensland: University of Queensland Press, 1993, p23.

③ Artur Attman, *The Bullion Flow Between Europea and the East 1000-1750*, Gothenburg: Kungl Vetenskaps-och Vitterhets-Samhallet, 1981, p41.

④（新西兰）尼古拉斯·塔林主编、贺圣达等译：《剑桥东南亚史》，昆明：云南人民出版社，2003 年，第 183 页。

⑤（日）滨下武志著，朱荫贵、欧阳菲译：《近代中国的国际契机：朝贡贸易体系与近代亚洲经济圈》，北京：中国社会科学出版社，1999 年。

去日本的中国船只均装载了糖品。1635—1834 年，根据东印度公司商船运糖记录，糖品贸易贯穿其中，涉及中国、印度、英国、美国、瑞典、丹麦、荷兰、日本、越南、墨西哥、葡萄牙等 14 个国家，以及广州、澳门、厦门、宁波、东莞、泉州等 7 个中国城市。[①]之后，中国受中日甲午战争影响，其糖业呈低度发展状态，中国糖品在东亚市场的主导地位日渐式微，爪哇、香港等地糖品，迅速抢占东亚市场上的销售份额。与此同时，爪哇糖业则呈高度发展态势，在欧洲市场糖品供求饱和的情况下，其糖品开始登陆东亚市场，积极参与了东亚糖业新格局的构建。因此，我们有必要从糖品流动角度重新解读中国糖业的低度发展、日本糖业的快速发展以及爪哇糖业的高度发展，以期得到更为完整的东亚糖业历史发展的多重面相。

① （美）马士著、区宗华译：《东印度公司对华贸易编年史（1635—1934 年）》第 1、2 卷，广州：中山大学出版社，1991 年，第 27—523 页，（美）马士著、区宗华译：《东印度公司对华贸易编年史（1635—1934 年）》第 4 卷，广州：中山大学出版社，1991 年，第 125—350 页。

第六章 香港糖业与近代东亚机器制造糖业发展

近代以后，随着区域国民经济发展、东西互动频繁等因素的不断累积，东亚地区糖品消费数量呈快速递增趋势，以经营东西方贸易起家的怡和、太古洋行，率先抓住这一商机，投资精制糖制造业。精制糖消费是近代东亚地区一个较新的消费动向，一方面太古洋行在怡和洋行、日本、爪哇等同行激烈竞争下，不断调整糖品营销策略，适应市场的瞬息万变；另一方面，有鉴于精制糖消费确实属于消费新时尚而积极普及精制糖消费认知，希望树立精制糖消费观念。在这个过程中，糖品广告是太古洋行开拓市场、推销产品的重要手段，它既担负广播精制糖消费意识的使命，也肩负打造太古洋行商业品牌的重任。太古洋行糖品营销活动是太古集团在远东开展商业贸易的重要活动之一，既便于我们从糖品营销角度再度审视太古集团的发展历程，又为学界了解东亚地区精制糖消费的兴起及发展提供了较佳的窗口。近代在华外资企业研究是一个历久弥新的课题，其中，太古集团与怡和集团、英美烟公司集团、沙逊集团被合称为近代英资四大集团，与其相关的问题研究备受国内外学界关注，成果颇为丰硕。[①]太古、怡和两大集团虽然以贸易起家，但是，在经营

---

① 综观中外学界对太古洋行的研究，主要集中在以下几个方面：（1）太古洋行的发展历程。（2）航运业发展。（3）业务经营特性（企业家精神、买办作用、资本运作）。中国方面主要研究有刘广京、李荣昌：《太古轮船公司的崛起及其与旗昌轮船公司的竞争》，《上海经济研究》1982 年第 8 期；莫应溎：《英商太古洋行在华南的业务活动与莫氏家族》，中国人民政治协商会议全国委员会文史资料研究委员会《文史资料选辑》编辑部：《文史资料选辑》第 14 辑，北京：中国文史出版社，1988 年；张仲礼、陈曾年、姚欣荣：《太古洋行在旧中国》，上海：上海人民出版社，1991 年；唐金淦：《从洋行买办到民族资本家》，1995 年；国外方面的研究主要有 Sheila Marriner and Francis E.Hyde, *The Senior John Samuel Swire 1825-98: Management in Far Eastern Shipping Trades*, Liverpool: Liverpool University Press, 1967；Howard Cox, Huang Biao and Stuart Metcalfe, Compradors, Firm Architecture and the "Reinvention" of British Trading Companies: John Swire & Sons' Operation in Early Twentieth-Century China, *Business History*, Vol.45, No.2, 2003, pp.15-34；G.Roger Knight, Exogenous Colonialism: Java Sugar Between Nippon and Taikoo Before and During the Interwar Depression, 1920-1940, *Modern Asian Studies*, Vol.44, No.3, 2010, pp.477-515 等。

东西方贸易过程中，它们极其善于深刻体会、抓住东亚新商机，无论是在航运、造船、仓储等运输业方面，还是在炼糖、机械等制造业方面，均在东亚地区开风气之先，且属于同类行业中的佼佼者，可以认为，太古、怡和集团均深度参与了近代东亚地区的发展历史，故深化此方面研究仍有较大的学术价值和现实意义。

中国香港虽然与日本一样，以机器制造精制糖工厂作为糖业经济的支柱产业，并均与爪哇糖业有着密切关系，不过，日本精制糖业却有台湾源源不断地供应原料粗糖，而中国香港精制糖业则完全属于来料加工型行业，成立之初凭借广东潮汕地区丰富原料糖品迅速崛起，之后则多依赖于爪哇原料糖品供应。揆诸国内外史学界，无论是中国、日本、荷属爪哇糖业历史研究，还是东亚、东南亚、世界糖业历史研究，论及香港机器制造糖业情况的研究较少，其具体历史原貌及发展脉络一直不为学界、公众所了解、认知。怡和、太古精制糖制造厂在近代东亚制糖业中享有其独特的历史地位，它们最早利用广东及爪哇原料粗糖制造精制糖（即机器制造白糖），拉开东亚机器制造精制糖业的序幕，曾一度，即在1905年前，怡和、太古精制糖品占据中国、日本精制糖品市场，并远销印度、澳大利亚等地。中国香港糖业与日本糖业在东亚市场上的竞争，中国香港糖业与台湾糖业、中国内地糖业、爪哇糖业之间的关系，均有待于一一梳理清楚，不可否认，香港糖业在东亚糖业格局变动过程中扮演了重要角色。怡和、太古集团档案资料近半世纪的连续、系统的记录，不仅反映了近代香港制糖业的历史样貌，而且是窥视近代东亚糖业格局变动的最佳视角，这些记录从19世纪70年代开始，一直持续到20世纪30年代，其时间断限恰恰横跨近代东亚糖业格局变动的整个过程。该资料记录了东亚糖品价格变动情况、日本机制精制糖业在东亚市场上的竞争手段、糖品贸易与世界（东亚）政治局势密切关系（第一次世界大战对欧洲甜菜糖业的影响，中国政局动荡对糖品销售的影响），尤其可贵的是记录了中国市场对精制糖品需求的不断增长情况。

第一节　近代以来东亚精制糖消费主张兴起

随着近代区域经济发展，东亚地区国民生活水平逐渐提高，生活方式日渐渗入西方元素。同时，糖品在医学上作为人体必要的营养物质亦被消费者所重视。是故，糖品消费数量呈快速递增趋势。

就中国市场上糖品消费而言，清代中后期以来，以节令用糖、社交用糖（生子馈赠、结婚喜物）为代表的民俗用糖日渐普遍[1]；19世纪末至20世纪初，据日本糖业专家木村增太郎调查，1903—1906年中国年平均输入外糖数额约为2.3亿千克，中国国内年平均生产约2.5亿千克，合计约为4.8亿千克，人均糖品消费数量约为1—1.25千克，仅仅为日本人均糖品消费数量的1/5；长期以来，中国糖品大部分用于糖果、蜜饯等甜品的制造上，普通的烹饪用糖极少，随着国政改善、交通整备、经济进步等，蜂蜜、柿糖等甜品的需求减少，而糖品消费数量必然会出现数倍增长，假如当时中国有4亿人口，1人消费5千克，整个中国的糖品消费数量将为20亿千克，数量极为庞大。[2]20世纪20年代以降，中国国民用糖量急剧攀升。据统计，1922年左右，中国年均糖品消费量约为60万—65万吨，其中25万—30万吨是中国糖品，30万—35万吨是外国糖品。[3]1924年，袁文钦在提案中指出："据最近海关统计之册报，每年外糖输入，为数实达八亿九千万斤，估核价值约在一万万三千万元以上。而比来各国食糖之消耗日益增进，盖甘、咸二味同一为人类日用必需之品，百凡食物皆资搀（掺）和。"[4] 另外，陆宝愈在《甜菜糖》一文中声称："据近年海关统计，（输入糖品）已达八百万担之巨，以现在市价计算，已达一万万二千万元之多，而回观每年每人之消耗，仅二斤有四，较之美国仅三十分之一、欧洲仅二十分之一，即较之日本，亦仅五分之一。洋糖色味优良，价值低廉，故国产之糖，遂为其排挤，加以兵祸连年，士荒于学、农辍于野、工辍于厂、商罢于市，制造耕种方法，既无所改良，新式糖厂之组织，尤视为畏途，消耗与文化成正比例，已成为不易之论，数载之后，中国文化日高，糖之消耗必日多。"[5] 1930年，糖业专家吴卓指出："（中国）糖品进口值一万三千三百余万元，居中国进口货之第二位……现在中国人每人所消耗之糖量，为世界各国之最低者，故在未来十年之中（至民国廿九年）所需之糖量，或再加倍，亦在意料之中，是时每年糖品（进口）之价值可达二亿七千万元之巨数。"[6]

从日本市场上的糖品消费来看，从江户时代到明治前期，日本主要依赖中国输入糖品，明治中期以后，中国香港精制糖及欧洲甜菜糖进入日本市场。据统计，1641—1653年，从长崎输入的中国糖品数量，每年最高达1685吨，最少也有350

---

① 丁世良、赵放：《中国地方志民俗资料汇编》，北京：国家图书馆出版社，2014年。

② （日）木村增太郎：《日本的糖业》，台北：台湾日日新报社，1911年，第267—269页

③ 《中国砂糖与日本（上·中·下）》，《东京朝日新闻》1921年5月18日—5月20日。

④ 《袁文钦关于振兴全国糖业意见书》，中国第二历史档案馆：《中华民国史档案资料汇编》第3辑《工矿业》，南京：江苏古籍出版社，1991年，第265页。

⑤ 陆宝愈：《甜菜糖》，《中华化学工业会会志》1927年第1期，第39页。

⑥ 吴卓：《振兴中国糖业之先决问题》，《工商半月刊》1932年第1期。

吨以上①；1868—1878年，日本输入糖品约28.25万吨，价值2 000余万日元，其中“自中国输入者十之九，他国输入者十之一”②。据日本糖业专家木村增太郎推算，1883年日本当年人均消费糖品数量为1.7千克，1892年为3.25千克，1902年为4.5千克以上，同时，1901年左右，世界主要国家人均消费糖品数量分别为英国34.56千克、美国30.44千克、丹麦38.58千克、瑞士30.50千克、挪威17.23千克、德国15.8千克、荷兰15.8千克、法国13.65千克、比利时11.97千克、奥地利9.29千克、俄罗斯7.32千克、葡萄牙5.81千克、日本4.85千克、土耳其4.80千克、西班牙4.12千克、希腊3.93千克、罗马尼亚3.59千克、意大利3.08千克。③1919年时，根据日本农学博士堀宗一所讲，此时欧美各国年人均消费糖品数量在15—40千克，已进入文明国家行列，而生活水平提高的日本，其国民年人均糖品消费数量仅为6千克左右，糖品消费数量增加缓慢的主要原因在于日本政府在日俄战争时期以增加税源为目的对众多行业课以战时重税，该税收政策对糖品行业发展产生了重大打击，第一次世界大战后，日本政府逐渐意识到此种重税对糖品行业发展的不利影响，减免糖品消费税，糖品消费数量才增加。④1924年，据袁文钦描述：“查日本糖业统计，自明治二十八年至明治三十四年，平均个人之消耗糖量由四斤而骤增至十三斤。”⑤ 另据统计，1912—1933年，日本个人用糖量1912年最少，1932年最多，年均用糖量由3.15千克有余增至11千克有余，增幅达3倍之多。⑥日本糖品消费数量随着经济力量发展、人口增加及文化进步而累年递增，1927年日本糖品消费数量为865 962吨，到1935年时糖品消费数量达到1 064 469吨，同年产糖数量创纪录达到117.2万吨，成为世界产糖大国。到1937年时，日本已拥有新式制糖公司14家，制糖工厂77个（精制糖厂16家），每日甘蔗及甜菜的压榨能力约合4.8万吨，每日精制糖品能力为3359吨，总资本为2.702亿日元，是日本国内首屈一指的大产业。⑦

在糖品需求量快速增加的同时，以中日两国为主的近代东亚市场亦对糖品质量提出了更高要求，精制糖消费新主张随之兴起。在中国市场上，“国人对于糖之消费，渐趋于精洁化，所嗜之糖，品质渐高，因此，输入值价值方面，增加更

---

① 松浦章：《江户时期的唐船带来的砂糖与国内消费的展开》，《东亚文化交流研究》2010年第3号。

② （清）黄遵宪：《日本国志》卷三十八、三十九《物产志》，沈云龙主编：《近代中国史料丛刊续编》第10辑，台北：文海出版社，1973年。

③ （日）木村增太郎：《日本的糖业》，台北：台湾日日新报社，1911年，第85页。

④ 堀宗一：《战后的糖业（上·下）》，《台湾日日新报》1919年3月10日。

⑤ 《袁文钦关于振兴全国糖业意见书》，中国第二历史档案馆：《中华民国史档案资料汇编》第3辑《工矿业》，南京：江苏古籍出版社，1991年，第265页。

⑥ 《1912—1933年按年日本本部食糖消费量及每人消费量比较》，上海市档案馆藏，档案号：Q275-1-2210。

⑦ 《国家的使命担当与我国糖业大飞跃》，《大阪朝日新闻》1937年3月31日。

快”①。比如，中国消费者对绵砂糖（属于精制糖品）的特殊偏爱，这与西方人仅仅消费高纯度的精制糖（99.5%—100%）有所不同，中国人消费各种等级的糖品，从糖浆（Molasses）、红糖（又称赤糖）到颗粒状（Granulated）精制糖、块状冰糖（Rock Candy），但是，中国人对绵砂糖有较为特殊的偏爱。绵砂糖一直有较高的湿度（2%—6%），在颜色、转光度（Polarization）、湿度、杂质含量等方面有所不同。事实上，同一家公司生产的同一种颜色绵砂糖由于时间的变化其化学成分亦有差异。因为中国消费者根据颜色来厘定糖品种类，故而他们一点也不关心各类糖品的化学成分，实际上，尽管同一样颜色的硬糖（Hard Sugars）质量更高，他们依旧偏爱绵砂糖②。另据中国制糖公司 1899—1924 年历年年度会议报告来看，中国市场对精制糖需求量呈持续增加势头。③20 世纪初，木村增太郎在明确日本糖业未来发展趋势时指出：日本方面应密切关注中国市场的消费动向，日本向中国市场输出赤糖（原料）数量必定会减少，而机器制造精制糖将成为主要输出糖品种类，在中国市场上的主要竞争对手是香港的两家精制糖厂（使用爪哇原料糖品，用骨炭过滤法加工成精制糖）。④在日本市场上，怡和洋行所属的中国制糖公司自 1878 年成立后，其精制糖品主要运销日本市场，怡和洋行的横滨、长崎等分行主要业务就是代理该公司的精制糖销售。⑤同时，刚刚成立的太古车糖公司，在东亚市场上经销精制糖同样获利不菲。1885 年上半年，太古车糖公司获利较多，下半年因原料糖价格上涨，获利明显减少。公司以较小的成本，使得该年制糖厂产能由每周 450 吨增加到 750 吨。全年生产的精制糖均销售一空。1885 年，太古车糖公司的精制糖销售良好，作为外来糖品，这些精制糖在消费国产糖品居多的中国、日本市场占据了一席之地，并且前景颇为乐观。⑥1886 年，太古车糖公司精制糖生产增加到每周 900—950 吨，尽管世界制糖工业不景气，但是，太古车糖公司取得的成果令人满意，中国、日本两个市场对太古车糖公司精制糖需求稳定增加，质优价廉的精制糖

① 上海商业储蓄银行调查部：《上海之糖与糖业》，上海：上海商业储蓄银行信托部，1932 年，第 24 页。

② T.Y.Chou，*China and the Sugar Tariff：An Effective Scheme to Break Japanese Monopoly and to Put Chinese Industry on Her Own Feet （8th April，1932）*，Reference JSSV I/5a，Archives of John Swire & Sons Ltd.，Presented in SOAS Library of London University.

③ *Report of Annual General Meeting*，Minutes of the China Sugar Refinery Co.Ltd.，Reference MS JM/I4/2，Archives of Jardine，Matheson Co. Ltd.

④（日）木村增太郎：《日本的糖业》，台北：台湾日日新报社，1911 年，第 279 页。

⑤ *A Letter to Beith （8th March，1939）*，Memoirs and Research Papers，Reference MS JM/L11/15，Archives of Jardine，Matheson Co.Ltd.

⑥ *The Annual List and Summary（12th May ，1886）*，Minute Book，Archives of John Swire & Sons Ltd（Box 2844），Reference JSS 5/7/1，Presented in SOAS Library of London University.

逐渐获得认可。①

19世纪末至20世纪初，东亚地区人均糖品消费数量日渐扩大，与此同时，东亚市场对糖品的质量要求（即精制糖需求）亦不断增高。精制糖消费主张随之在东亚地区引起了一系列糖业革命性变动，比如制糖技术的革新、区域糖品流动的变向、糖品消费意义转变、消费认知转型等。另外，国民消费糖品数量也一度成为衡量一国发达与否的标准之一。"国之贫富视糖之消费多寡为准，人民生计渐裕，则糖之消费亦渐增。"②一些经济学家也认为："世界各国人口平均食糖数量多寡之比较，足以判定其国文化之等差高下与其进步之迟速。"③ 1925 年，香港《南华早报》亦报道，糖品已被认为是评判国家富裕程度的世界性标尺，是一种生活必需品，当时美国最为富裕，其人均年消费糖品数量亦居世界首位，达到 101 磅。④ 1929 年 8 月 28 日，时任工商部长的孔祥熙到上海考察中国国糖公司（China National Sugar Refinery）筹建情况，亦指出糖品已为人们日常消费的必需品之一，从欧美地区糖品消费来看，国民消费糖品数量越多，其国家文明程度越高。⑤

第二节　怡和集团所属的中国制糖公司

1865 年，中国制糖公司于香港成立；1978 年 1 月 22 日，它被由汇丰银行（the Hongkong and Shanghai Banking Corporation）、怡和洋行以及个体商人等组成的买方收购。资方重组后，中国制糖公司总资本 600 000 美元，分 6000 股，每股金额 100 美元，该年全部募齐，具体情况见表 6-1、表 6-2。中国制糖公司设有咨询委员会（Consulting Committee），由 W.H.福布斯（W.H.Forbes）等人组成；设经理一人，由 H.戴克（H.Dickie）担任；总代理商（General Agents）为怡和洋行；设律师

① *The Minutes of Sixth Ordinary Meeting（27th April，1887）*，Minute Book，Archives of John Swire & Sons Ltd（Box 2844），Reference JSS 5/7/1，presented in SOAS Library of London University.

② 朱嘉□：《糖》，上海：上海商业储蓄银行，无出版时间，第 13 页。

③ 《袁文钦关于振兴全国糖业意见书》，中国第二历史档案馆：《中华民国史档案资料汇编》第 3 辑《工矿业》，南京：江苏古籍出版社，1991 年，第 265 页。

④ *Sugar*，The South China Morning Post（April 1st，1925），Minutes of the China Sugar Refinery Co. Ltd，Reference MS JM/I4/4，Archives of Jardine，Matheson Co.Ltd.

⑤ *Refinery（Messrs.Butterfield & Swire Send letter to Messrs.John Swire & Sons，Ltd.，London，September 13th，1929）*，Reference JSSV I/2（Box 20A & 20B），Archives of John Swire & Sons Ltd，Presented in SOAS Library of London University.

一名，由 Wm. H.布里尔顿（Wm. H. Brereton）担任。

表 6-1　1878 年 3—12 月中国制糖公司资本账户　　（单位：美元）

资产收入	金额	负债状况	金额
资本账户	519 495.83	股东实际出资资本	600 000.00
专利收入	8 474.30	杂项债务	112 325.65
汇丰银行定期存款账户	50 000.00		
汇丰银行活期存款账户	8039.68		
粗糖	48 354.47		
精制糖	93 397.72		
煤炭、木炭、仓库和火灾保险	25 630.77		
出口	2852.43		
杂项账户	9 32865		
合计	1 689 110.2		712 325.65

资料来源：*First Ordinary Annual Meeting*（*the 20th Februay，1879*），Minutes of the China Sugar Refinery Co. Ltd，Reference MS JM/I4/1，Archives of Jardine，Matheson Co. Ltd，Presented in Cambridge University Library Manuscripts Room

表 6-2　1878 年 3—12 月中国制糖公司工作账户　　（单位：美元）

项目类别	金额
煤炭、工资、火灾保险和一般贸易费用	142 992.07
审计员费用	250.00
佣金	14 506.39
截至 1878 年 12 月 31 日净利润	53 248.47
截至 1878 年 12 月 31 日毛利润	209 520.85
利息	1 476.08
合计	421993.86

资料来源：*First Ordinary Annual Meeting*（*the 20th Februay，1879*），Minutes of the China Sugar Refinery Co. Ltd，Reference MS JM/I4/1，Archives of Jardine，Matheson Co. Ltd，Presented in Cambridge University Library Manuscripts Room

中国制糖公司筹建于 1874—1875 年，厂址在香港湾仔（Wanchai）地区，每日生产精制糖 25 吨；1880 年迁到香港东港（East Point），产能增加到日产精制糖 100 吨。1885 年，中国制糖公司收购了香港的一家中资精制糖公司，该公司位于香港宝灵顿（Bowrington），其机器及工厂均迁移到东港，中国制糖公司的产能增加到日产精制糖300吨，这一产能一直保持到1927年资产清算时。早期，中国制糖公司的 75%精制糖产品被运到长崎、神户、横滨等港口，在日本销售，剩下的 25%销往中国北部和印度。在日本大力发展精制糖事业后，这一格局被扭转，中国制糖公司汕头炼糖厂关闭，中国北部成为其主要的糖品销售市场，大量的精制糖运往上海、天津及其他开放口岸。第一次世界大战期间，中国制糖公司的精制糖曾一度销往欧洲及非洲。①

1879 年 2 月 20 日，中国制糖公司第一次年度会议在怡和洋行香港办公室举行，总代理商怡和洋行向中国制糖公司的股东报告了该公司 1878 年（3 月 1 日—12 月 31 日）的业务经营情况，参加会议的有 H. W. 凯西克（H. W. Keswick）主席、W. H.福布斯等人。H. W. 凯西克介绍了公司经营情况，因为原料糖品价格上扬，致使公司制糖利润锐减，不过 10 个月来总的情况还算令人满意。公司的产品几乎在东亚站稳了脚跟，另外一个重要迹象是在孟买及更远市场上也打开一定的销路。主要的经销店分布于上海、汉口、天津和横滨，怡和享有专利的块糖及方糖产量急剧增加，除了主要供给中国市场外，马尼拉市场也有一定需求，同时，公司希望获得廉价糖品原料以保持最大的收益。是年，公司的毛收入为 210 996.93 美元，扣除交易成本、审核费用、佣金等各项费用 157 748.46 美元，净收入为 53 248.47 美元。考虑到公司产能不足以满足市场需求，总代理怡和洋行及公司咨询委员会决定扩大公司生产规模，使精制糖生产能力达到每日 700 担，计划用 7 个月完成扩建，总支出计 95 000 美元。另外，在此次会议上，公司对相关人事做了一定的调整，考虑到个别人的英语知识几乎为零且很少参加公司会议，故而让他们退出了咨询委员会；根据咨询委员会组织章程第三十款，咨询委员退休后，可以返聘；咨询委员会任命 T.阿诺德（T. Arnold）和 H.M.毕伟思（H. M. Bevis）为公司的稽核委员。②

1880 年 6 月 9 日，怡和洋行以 17.5 万美元购买了东方制糖公司（The Oriental Sugar Refinery）的资产，为了支付购买费用，怡和洋行在争取咨询委员会的同意之后，决定以每年利息 8 分，发行 30 万美元的公司债券，每个债券面额 500 美元，每半年结算一次利息，按照面值赎回时间为 1882 年 6 月 30 日 5 万美元、1883 年 6 月 30 日 5 万美元、1884 年 6 月 30 日 6 万美元、1885 年 6 月 30 日 7 万美元、

---

① Choa Po Sin, *Who has done His Best to Trace any Surviving Members of the China Sugar Refinery and the Memoranda are the Results of His Investigations*, *Notes from Choa Po Sin*, Papers on Company History（1938-1939）, Reference MS JM/L11/13, Archives of Jardine, Matheson Co.Ltd, Presented in Cambridge University library Manuscripts Room.

② *First Ordinary Annual Meeting （the 20th Februay, 1879）*, Minutes of the China Sugar Refinery Co. Ltd, Reference MS JM/I4/1, Archives of Jardine, Matheson Co.Ltd, Presented in Cambridge University library Manuscripts Room.

1886 年 6 月 30 日 7 万美元。① 另购买汕头制糖公司对中国制糖公司而言是很有必要的，即在殖民统治区域之外建立一个制糖公司。汕头是一个蔗糖经济区，将会给公司带来成功。②

英商怡和洋行于 1880 年在汕头开办机器制糖厂，效果良好，“本地官府和商人都很欢迎这个新企业，（糖厂）在按市价收购原料等方面也从来未遇到过阻碍。工人是中国人，大半是本地人”，同时，这一制糖厂也扩大了汕头糖品的出口量，“1881 年汕头向外国出口白糖、黄糖约 292 000 担，1880 年则仅为 218 000 担。其中，运往香港的为 138 500 担，运往英国的为 125 000 担，其余则运往新加坡和美国。仅汕头制糖厂一家便向香港出口了 90 000 担。本埠向外国输出货值的增加，实有赖于这家公司”③。

1881 年 3 月 11 日，在年度例会上，中国制糖公司主席做了年度总结，他认为汕头制糖厂是一个新公司，不可避免地遇到了一些困难，不过，困难并不严重，整个公司经营成效让人满意。湾仔制糖厂生产的糖品质量较佳，尽管没有全部开工，但是，已经给中国制糖公司带来了利润，有理由相信随着时间推移，其价值会进一步凸显。④ 根据中国制糖公司第三次年度报告，1880 年公司纯收入为 150 959.04 美元。其中提到，1869 年前，在香港酿酒是被禁止的，1870 年情况有所变化，香港酒业公司（Hongkong Distillery Company）被允许成立，不过港英政府征收了 100 美元的年度营业税，后来因经营不善，1878 年该公司被中国制糖公司收购。但是，港英政府改变了之前税收标准，向中国制糖公司征收每年 2000 美元营业税，中国制糖公司力争减免税收。⑤

1882 年 3 月 17 日，据中国制糖公司第四次年度报告，在 1881 年公司的运营情况中，活期账户资金显著增加，即相对于 1880 年的 198 425.04 美元，1881 年已达到

---

① *Minutes of a Meeting of the Consulting Committee Hold at the Office of Messrs, Jardine, Matheson at 11 am on Tuesday the 25 May 1880*, Minutes of the China Sugar Refinery Co.Ltd, Reference MS JM/I4/1, Archives of Jardine, Matheson Co.Ltd, Presented in Cambridge University Library Manuscripts Room.

② *Minutes of an Extraordinary General Meeting of Shareholders Held at the Office of Messrs. Jardine, Matheson on 10 August 1880 at 3 pm*, Minutes of the China Sugar Refinery Co.Ltd, Reference MS JM/I4/1, Archives of Jardine, Matheson Co.Ltd, Presented in Cambridge University Library Manuscripts Room.

③ 孙毓棠：《中国近代工业史资料》第 1 辑上册，北京：科学出版社，1957 年，第 80、81 页。

④ *Minutes of the Annual General Meeting of shareholders held at the Office of General Agents on Friday the 11th March 1881 at 3 pm*, Minutes of the China Sugar Refinery Co. Ltd, Reference MS JM/I4/1, Archives of Jardine, Matheson Co. Ltd, Presented in Cambridge University Library Manuscripts Room.

⑤ *Report for Presentation to he Shareholders at the Third Ordinary Annual Meeting (Abbreviation is Report of Third Ordinary Annual Meeting on Friday the 11th March 1881)*, Minutes of the China Sugar Refinery Co. Ltd, Reference MS JM/I4/1, Archives of Jardine, Matheson Co.Ltd, Presented in Cambridge University Library Manuscripts Room.

224 511.36美元。[①] 1882年，汕头地区部分蔗田的甘蔗收获不佳，甘蔗的品质欠佳及过高的价格均较大程度地影响了该地糖厂的收益，不过，是年东港糖厂收益颇佳，在一定程度上弥补了汕头糖厂的损失。1882 年 12 月，公司总经理 H.戴克返回香港，据他在美国和英国的考察所得，他提议在东港糖厂采用技术改进来节约劳动力。怡和洋行争取了咨询委员会同意之后，决定予以实施，改进技术的费用大概为 23 466.10 美元。同时，经过成熟的思考及咨询委员会的批准，太古洋行转变经营思路，根据消费市场需要，使汕头制糖厂既生产原料粗糖，也制造精制糖，总投资为 116 000 美元，预计原料糖品产能为每日 750 担，精制糖产能为每日 500 担，重建后的汕头糖厂将成为香港糖厂的重要补充。[②]

1883 年，公司增资到 90 万美元，净收入为 59 129.70 美元[③]。1884 年，公司纯收益为 107 415.21 美元，但是营业状况不是太好，主要在于灾难性事件和无法预料的糖品销售下降，致使公司无法完成预期目标；公司产品在当地及周边市场遇到了同行的强有力竞争，致使公司损失进一步加大。[④]公司主席认为 1884 年是公司进行糖品贸易以来的最为灾难性的一年，是年年初伦敦市场糖品价格比前一年 12 月高出了 80%，并且澳大利亚市场糖品需求旺盛，但是，行市突然崩盘，买者均处于歇业状态，公司运抵各个港口市场的糖品均无法销售。在首次接到警告时，公司已停止糖品预售。公司不得不面对每吨糖品降价 5 镑的局面，而日本市场上到 12 月份时每担低至 1.4 美元。总的来看，在这一年，糖价一直维持每担 1.3 美元的低价，在 7 月份甚至一度达到每担仅 80 美分。中国制糖公司前半年没有分红，后半年以每股 4 美元分红，公司以较小的代价度过了这一年无法预料的危机。[⑤]

1885 年，公司经营状况依旧不甚理想，购买原料与制造精制糖之间的利润极低，不可能没有一些损失，同时，公司向英属殖民地区运送货物又受到了较大限

① *Report of forth Ordinary Annual Meeting on Friday the 17th March 1882*, Minutes of the China Sugar Refinery Co.Ltd, Reference MS JM/I4/1, Archives of Jardine, Matheson Co.Ltd, Presented in Cambridge University library Manuscripts Room.

② *Report of Fifth Ordinary Annual Meeting on Tuesday the 27th February 1883*, Minutes of the China Sugar Refinery Co.Ltd, Reference MS JM/I4/1, Archives of Jardine, Matheson Co.Ltd, Presented in Cambridge University library Manuscripts Room.

③ *Report of Sixth Annual General Meeting on Saturday the 23th February 1884*, Minutes of the China Sugar Refinery Co.Ltd, Reference MS JM/I4/1, Archives of Jardine, Matheson Co.Ltd, Presented in Cambridge University library Manuscripts Room.

④ *Report of Seventh Annual General Meeting on Wednesday the 18th March 1885*, Minutes of the China Sugar Refinery Co.Ltd, Reference MS JM/I4/1, Archives of Jardine, Matheson Co.Ltd, Presented in Cambridge University library Manuscripts Room.

⑤ *Minutes of the Annual General Meeting of Shareholders Held at the Office of General Agent on Wednesday the 18th March 1885*, Minutes of the China Sugar Refinery Co.Ltd, Reference MS JM/I4/1, Archives of Jardine, Matheson Co. Ltd, Presented in Cambridge University library Manuscripts Room.

制，货运的回报同样令人失望。[①] 1885 年是一个无甚收益的年份，但是，中国制糖公司的制糖厂、酿造厂仍旧在运营，工厂里的员工在努力，并期待着成功。而相反，利源糖厂（Lee Yuen Sugar Refinery）破产了，于 1886 年 6 月挂牌出售，该公司的资产以 19 万美元价格被中国制糖公司收购。

1886 年，公司的经营状况较为理想，该年股金分红达到每股 12 美元，东港制糖厂全年开工，同年 8 月份以后，因香港宝灵顿制糖厂投入使用，精制糖需求的满足得到保证，汕头糖品需求下降，公司将该地制糖工人转入香港，8 月 31 日开始在宝灵顿糖厂工作[②]。同时，公司主席提议再次扩股增资，由现有的 90 万美元股本增加到 150 万美元，即发行新股 60 万元，每股 100 美元，获得通过。[③]

1887 年，公司的经营状况较为理想。纯收益为 211 160.43 美元，每股分红 6 美元。[④]1888 年，公司的经营状况较为理想。东港和宝灵顿的糖厂全年开工，糖品消费市场较为活跃，全年纯利润为 237 100.07 美元，8 月份的期中分红为每股 6 美元。[⑤]

1889 年，公司所属各个制糖厂全年开工，由于消费市场上的糖价较高，公司经营状况是前所未有的良好。每股分红 10美元，公司账户余额达 386 873.95 美元。同年 4 月，在糖品市场大好的情况下，公司征得咨询委员会的同意，计划耗资 7 万美元，扩建东港制糖厂，使其产能增加 1/3，并努力降低生产成本，增强其竞争力量。不过，很遗憾，公司汕头制糖厂并未获利，前景不容乐观。[⑥]

1890 年，糖品市场较为平静，糖价相对于去年并不高，公司获利不多，纯收入为 136 840.46 美元，公司业务运行正常，东港制糖厂扩建工作于该年 3 月份完成，其成效已经显现；同年秋，公司征得咨询委员会同意，斥资 1.5 万美元在东港

---

① *Report of Eighth Annual General Meeting on Saturday the 20th February 1886*, Minutes of the China Sugar Refinery Co.Ltd, Reference MS JM/I4/1, Archives of Jardine, Matheson Co.Ltd, Presented in Cambridge University Library Manuscripts Room.

② *Report of Ninth Annual General Meeting on Thursday the 10th March 1887*, Minutes of the China Sugar Refinery Co.Ltd, Reference MS JM/I4/1, Archives of Jardine, Matheson Co.Ltd, Presented in Cambridge University Library Manuscripts Room.

③ *Minutes of the Annual General Meeting of shareholders held at the office of General Agent on Thursday the 10th March 1887*, Minutes of the China Sugar Refinery Co.Ltd, Reference MS JM/I4/1, Archives of Jardine, Matheson Co.Ltd, Presented in Cambridge University Library Manuscripts Room.

④ *Report of Tenth Annual General Meeting on Saturday the 10th March 1888*, Minutes of the China Sugar Refinery Co.Ltd, Reference MS JM/I4/1, Archives of Jardine, Matheson Co.Ltd, Presented in Cambridge University Library Manuscripts Room.

⑤ *Report of Eleventh Annual General Meeting on Monday the 18th February 1889*, Minutes of the China Sugar Refinery Co. Ltd, Reference MS JM/I4/1, Archives of Jardine, Matheson Co.Ltd, Presented in Cambridge University Library Manuscripts Room.

⑥ *Report of Twelfth Annual General Meeting on Tuesday the 6th March 1890*, Minutes of the China Sugar Refinery Co. Ltd, Reference MS JM/I4/1, Archives of Jardine, Matheson Co.Ltd, Presented in Cambridge University Library Manuscripts Room.

制糖厂建立一个原料粗糖仓库（Raw Sugar Godown）。①

1891 年，糖品市场较为平静，价格没有较大波动，公司盈余 177 637.08 美元，每股分红 6 美元。②

1892 年，公司盈余 282 419.26 美元，由于制糖厂各方面的消耗不断增加，公司于该年 5 月征得咨询委员会同意，扩建东港制糖厂。另外，公司考虑到扩建费用及产能增加支出等情况，决定发行 5 000 新股，每股 100 美元，合计 50 万美元，中国制糖公司总资本达到 200 万美元。③

1893 年，公司经营状况良好，糖品市场需求让人满意，公司纯盈余 482 450.94 美元；东港制糖厂的扩建工作已经完成，并投入使用。同时，公司主席提出东港制糖厂用水量不断增加，有必要设法予以解决，获取独立供应资源。④

1894 年，公司纯收益为 250 838.12 美元，但是，经营情况遇到了前所未有的困难。1894 年上半年，公司制糖活动受到了干旱和随之而来的瘟疫的严重影响；中日甲午战争的爆发，严重影响到中国北部及日本市场的糖品输入；与此同时，甜菜糖的繁荣发展，给糖品市场带了极大冲击，同年 8 月份糖品价格剧降，达到有史以来的最低水平。⑤

1895 年，公司经营情况仍不乐观。由于产能过剩带来的衰退从 1894 年后半段开始一直持续到 12 月份，在东亚市场上，供过于求普遍存在，以至于糖品价格维持在一个较低的水平线上。无法获得普通利润，除非接受损失，不然是不可能在几个月内将其卖出的。一方面区域精制糖消费受到中日战争影响；另一方面受到欧洲低价甜菜糖品的冲击。春季的干旱削减了制糖厂的用水供应，致使产能下降，爪哇原料粗糖大量积压，带了较大的损失，损失额为 244 332.45 美元。公司有关人

---

① *Report of Thirteenth Annual General Meeting on Saturday the 21st March 1891*, Minutes of the China Sugar Refinery Co. Ltd, Reference MS JM/I4/1, Archives of Jardine, Matheson Co.Ltd, Presented in Cambridge University Library Manuscripts Room.

② *Report of Fourteenth Annual General Meeting on Saturday the 19st March 1892*, Minutes of the China Sugar Refinery Co.Ltd, Reference MS JM/I4/1, Archives of Jardine, Matheson Co.Ltd, Presented in Cambridge University Library Manuscripts Room.

③ *Report of Fifteenth Annual General Meeting on Thursday the 2nd March 1893*, Minutes of the China Sugar Refinery Co.Ltd, Reference MS JM/I4/1, Archives of Jardine, Matheson Co.Ltd, Presented in Cambridge University Library Manuscripts Room.

④ *Report of sixteenth Annual General Meeting on Thursday the 29th March 1894*, Minutes of the China Sugar Refinery Co.Ltd, Reference MS JM/I4/2, Archives of Jardine, Matheson Co.Ltd, Presented in Cambridge University Library Manuscripts Room.

⑤ *Report of Seventeenth Annual General Meeting on Thursday the 28th March 1895*, Minutes of the China Sugar Refinery Co.Ltd, Reference MS JM/I4/2, Archives of Jardine, Matheson Co.Ltd, Presented in Cambridge University Library Manuscripts Room.

士讨论了水供应问题。①

1896 年，世界糖品贸易形势依旧不乐观，东亚市场因大量廉价的欧洲甜菜糖进入而竞争残酷。该年公司的营业情况令人满意，由于稳定的市场需求，公司制糖厂全部开工，公司纯收益为 137 221.08 美元。②

1897 年，公司经营情况较为乐观，纯收益为 508 753.31 美元。公司非常幸运地按照原定计划购存大量爪哇原料糖品，不仅其价格非常合理，并且此交易在英镑汇率下跌之前完成。是年，公司制糖厂全年开工，据统计，随着中国西部内河航运开通，可以预见其对精制糖的需求将呈快速递增趋势，另外，香港制糖厂的水问题得到解决，制糖利润令人满意，前景较为光明。③

1898 年，公司制糖仍有利可图，公司纯收益 614 360.35 美元。在此一年中，精制糖需求的稳定增长让公司受益匪浅，达到了一个新记录，17 年前，精制糖产量仅每年 15 000 吨，1898 年则增长到每年 20 万吨；印度政府对外国政府补贴类糖品征收反补贴税，这样有助于太古糖品在印度市场同欧洲甜菜糖品展开竞争。同年，日本建立两个小型机器制造精制糖厂，日本是中国精制糖制造厂产品的重要出口国之一，在日本市场会遇到上述两厂的经营竞争，糖品价格肯定会降低，不过前景仍较为乐观。④

1899 年，由于日本大量生产精制糖，以及欧洲大量甜菜糖品进入日本市场及东亚其他市场，即激烈的糖品竞争致使公司经营不甚理想。该年的损失为 38 099.03 美元，这些损失并非完全是因为不利条件，也有一些无法遇见的情况。比如，1988 年公司大量的精制糖品运销日本市场，而日本政府开征了新的关税。在日本市场上，日本精制糖厂规模小，并未对中国制糖公司构成较大威胁，新关税也还能忍受，而最大的影响是欧洲甜菜糖品大量涌入日本市场，严重影响到中国制糖公司的销售，使其糖品不得已而赔本出售。在印度市场上，中国制糖公司糖品销售情况同样也不理想，尽管印度政府实施了反补贴税征税法，但是，仍有大量欧洲甜菜糖品

---

① *Report of Eighteenth Annual General Meeting on Friday the 27th March 1896*, Minutes of the China Sugar Refinery Co.Ltd, Reference MS JM/I4/2, Archives of Jardine, Matheson Co.Ltd, Presented in Cambridge University Library Manuscripts Room.

② *Report of Nineteenth Annual General Meeting on Saturday the 27th March 1897*, Minutes of the China Sugar Refinery Co.Ltd, Reference MS JM/I4/2, Archives of Jardine, Matheson Co.Ltd, Presented in Cambridge University Library Manuscripts Room.

③ *Report of Twenty Annual General Meeting on Wednesday the 23rd March 1898*, Minutes of the China Sugar Refinery Co.Ltd, Reference MS JM/I4/2, Archives of Jardine, Matheson Co.Ltd, Presented in Cambridge University Library Manuscripts Room.

④ *Report of Twenty First Annual General Meeting on Thursday the 23rd March 1899*, Minutes of the China Sugar Refinery Co.Ltd, Reference MS JM/I4/2, Archives of Jardine, Matheson Co.Ltd, Presented in Cambridge University Library Manuscripts Room.

进入印度市场，糖品价格并未因征收反补贴税而得到改观。在美国市场上，因为该市场的精制糖品一直保持低价，中国制糖公司精制糖并未获利。在中国市场上，民众的糖品消费习惯正在变化，根据以往的经验，不难预见民众的精制糖消费需求持续增大。①

1900年，公司纯收益为251 800.16美元，公司在日本及其他东亚市场上的精制糖消费受到大批量甜菜糖品进口的影响，只要欧洲大陆国家持续补贴甜菜糖品，这种竞争情况将会持续下去。从中国制糖公司精制糖进入日本市场后，该市场就成为其主要销售地之一，但是，到1900年为止，日本市场虽然仍是一个很有价值的销售市场，但是，其吸引力有所下降，而反观中国市场，精制糖消费则呈稳定增长趋势。1900年夏季，北方局势因义和团运动而骤然紧张，中国制糖公司在天津的存货成功脱险，但是，大批信用类客户或在乱局中被杀而无法寻觅下落，致使公司遭到一定的损失，公司正通过一些渠道向中国政府寻求补偿。在东亚市场上，尽管欧洲甜菜糖品与中国制糖公司精制糖依旧竞争激烈，但是，公司的糖品销售仍有利可图。②

1901年，公司制糖厂全年大部分时间运营正常，只是东亚的市场竞争更加严峻，从1901年10月开始，日本政府对糖品征收高额的特许经营税（Heavy Excise Tax），另据权威糖品统计专家林特先生（Mr. Linht）统计，1900年，在欧洲接受政府补贴的甜菜糖达到 3 300 000 吨。公司全年开工，但是，东亚市场上大量欧洲甜菜糖品输入，严重影响到公司的糖品价格。③

1902年，市场环境不佳，公司惨淡经营。欧洲甜菜糖的过量生产，打破了世界市场的糖品供求平衡，消费市场堆积大量政府补贴的甜菜糖品，市场供应远大于需求，糖品价格在长时间内维持低价。④

1903年，公司经营情况一般，一个相对较高的汇率压低了原料糖品的价格，

---

① *Report of Twenty Second Annual General Meeting on Thursday the 29th March 1900*, Minutes of the China Sugar Refinery Co.Ltd, Reference MS JM/I4/2, Archives of Jardine, Matheson Co.Ltd, Presented in Cambridge University Library Manuscripts Room.

② *Report of Twenty Third Annual General Meeting on Wednesday the 27th March 1901*, Minutes of the China Sugar Refinery Co.Ltd, Reference MS JM/I4/2, Archives of Jardine, Matheson Co.Ltd, Presented in Cambridge University Library Manuscripts Room.

③ *Report of Twenty Forth Annual General Meeting on Thursday the 27th March 1902*, Minutes of the China Sugar Refinery Co.Ltd, Reference MS JM/I4/2, Archives of Jardine, Matheson Co.Ltd, Presented in Cambridge University Library Manuscripts Room.

④ *Report of Twenty Fifth Annual General Meeting on Tuesday the 17th March 1903*, Minutes of the China Sugar Refinery Co.Ltd, Reference MS JM/I4/2, Archives of Jardine, Matheson Co.Ltd, Presented in Cambridge University Library Manuscripts Room.

公司从中获得了一定的收益。①

1904 年，一是基于布鲁塞尔协议的限产规定；二是欧洲地区甜菜种植面积减少；三是基于将来糖品需求大于供给的预期认知等因素的存在，全年世界糖品价格上扬。在此行情下，中国制糖公司的糖品价格亦随之不断高涨，并且公司以较低价格购入了原料粗糖，整个加工业务获得了令人满意的收益。另外，还有一个显著特点是中国市场作为公司精制糖的天然及最佳销售地，其精制糖需求旺盛。②

1905 年 1 月份，由于预料到甜菜产量减少，甜菜糖品价格比去年同期增长了两倍。一方面公司以较低价格获得了大批原料糖品；另一方面公司非常幸运在糖价最高时预售了大批精制糖。全年大部分时间内，公司所属糖厂正常开工，只是在最后几个月内，由于需求下降，糖厂的生产亦随之有所减少。③

1906 年 1—3 月，中国北方市场上精制糖需求较旺，公司尽管以不正常的价格预卖了大量糖品，但是仍有一个较好的收益。在接下来的 3 个月内，过量的日本及爪哇糖品充斥市场，糖品销售竞争异常激烈，价格持续走低，公司不得不压低产能，后半年几乎降到了一个很低的水平上。糖品竞争愈演愈烈，竞争不仅在糖品售价之间，而且也在糖品质量方面。多年来，鉴于东亚市场上的激烈糖品竞争，公司一直试图寻找更远的市场，如澳大利亚、印度等，来弥补东亚市场上的损失，不过，公司的精制糖价格在这些市场上并不具有竞争优势。在此困难局势下，制糖厂不可能照常工作，除非缩小制糖规模，同时，成本增加、利润减少将成为常态。去年不利的情况一直存在，糖品供应过多，糖价因激烈竞争而不正常，此刻制糖的前景颇为暗淡。④

1907 年，由于残酷的糖品竞争，全年中国市场的精制糖价格低于其成本价格，向其他市场输出又受到高汇率的严重影响。在此情况下，公司精制糖生产数量减少，全年损失为 279 371.34 美元。激烈的市场竞争导致一个不正常的情况出现，即精制糖销售不仅毫无利润可言，而且不得不赔本出售。同时，其他较远的市场因

① *Report of Twenty Sixth Annual General Meeting on Thursday the 24th March 1904*, Minutes of the China Sugar Refinery Co.Ltd, Reference MS JM/I4/2, Archives of Jardine, Matheson Co.Ltd, Presented in Cambridge University Library Manuscripts Room.

② *Report of Twenty Seventh Annual General Meeting on Thursday the 23rd March 1905*, Minutes of the China Sugar Refinery Co.Ltd, Reference MS JM/I4/2, Archives of Jardine, Matheson Co.Ltd, Presented in Cambridge University Library Manuscripts Room.

③ *Report of Twenty eighth Annual General Meeting on Wednesday the 21st March 1906*, Minutes of the China Sugar Refinery Co.Ltd, Reference MS JM/I4/2, Archives of Jardine, Matheson Co.Ltd, Presented in Cambridge University Library Manuscripts Room.

④ *Report of Twenty ninth Annual General Meeting on Wednesday the 27th March 1907*, Minutes of the China Sugar Refinery Co.Ltd, Reference MS JM/I4/2, Archives of Jardine, Matheson Co.Ltd, Presented in Cambridge University Library Manuscripts Room.

汇率问题而又不利于公司进行精制糖贸易。①

1908 年，市场精制糖需求较旺，公司获利 273 513.10 美元。公司主席认为这足以证明香港制糖厂仍可以获利，不过，他也强调很多时候，正是因为该公司在爪哇成功获取大量廉价原料粗糖，才得以在竞争日益激烈的市场上获得利润和维持经营，可见爪哇糖业对香港制糖业的重要性。中国市场的精制糖消费让人满意，但是，在其他市场，公司主要依赖高端精制糖产品来开拓业务，且需求及价格均未能让人满意。日本精制糖制造业持续发展，因此在中国市场上的激烈竞争不难预料。台湾地区有大量精制糖制造公司，这些公司得到了日本政府的大力扶持，到 1908 年为止，台湾工厂的精制糖在中国市场上并未与怡和牌精制糖展开竞争。②

1909 年，市场对公司精制糖需求较旺，糖厂全年开工，所获收益令人满意。③

1910 年，公司第一季度糖品销售形势较好，获得了一些利润；4 月份之后，市场糖品需求下降，精制糖销售经历了较大困难；7、8 月份，上海及其他地方的金融危机导致市场上糖品出现滞销；10 月份，欧洲地区甜菜丰收，导致甜菜糖品价格急剧下降。在激烈的竞争下，公司损失较为严重。另外，据称日本进口糖商准备不再进口任何外国糖品，并且抵制购买外糖的个人或公司。④

1911 年，全世界的糖品贸易变化非常突出，市场上的糖品销售出现不确定因素，1910 年秋季，人们普遍预计欧洲甜菜 1911 年会出现大丰收和甜菜糖品产量将创新的记录，会导致来年世界糖品销售行情低落及供过于求，是故，1911 年一开始就遇到了糖品价格低廉及滞销的情况。由于激烈的糖品竞争，公司遇到了糖品销售以来最大的困难，不得不接受无利润的糖品价格。同年 7 月，欧洲甜菜生长缺雨的流言广为传播，价格开始波动。8、9月份，由于无法预料的干旱的破坏，欧洲甜菜糖产量比预计的产量减少了 200 万吨，受此影响，远东的糖价开始上扬，公司精制糖销售获利颇丰，预想下半年的收益可以抵消上半年的损失。不幸的是，在公司

① *Report of thirty Annual General Meeting on Thursday the 26th March 1908*, Minutes of the China Sugar Refinery Co.Ltd, Reference MS JM/I4/2, Archives of Jardine, Matheson Co.Ltd, Presented in Cambridge University Library Manuscripts Room.

② *Report of thirty First Annual General Meeting on Friday the 19th March 1909*, Minutes of the China Sugar Refinery Co. Ltd, Reference MS JM/I4/2, Archives of Jardine, Matheson Co.Ltd, Presented in Cambridge University Library Manuscripts Room.

③ *Report of thirty second Annual General Meeting on Thursday the 24th March 1910*, Minutes of the China Sugar Refinery Co. Ltd, Reference MS JM/I4/3, Archives of Jardine, Matheson Co.Ltd, Presented in Cambridge University Library Manuscripts Room.

④ *Report of thirty third Annual General Meeting on Thursday the 16th March 1911*, Minutes of the China Sugar Refinery Co.Ltd, Reference MS JM/I4/3, Archives of Jardine, Matheson Co.Ltd, Presented in Cambridge University Library Manuscripts Room.

收获糖市行情转良带来的利好之前，武昌起义爆发了，中国市场上的糖品销售陷入停顿，精制糖产量被迫削减。①

1912 年，中国及东亚其他市场糖品需求有限，尽管前 6 个月有较好的收益，但是，由于世界糖市走低及激烈的糖品竞争，糖品价格却急剧下降。前半年受中国政局影响，市场需求不旺，后半年因欧洲甜菜糖产量猛增，欧洲糖价开始下跌，加上市场上竞争激烈，公司获利已属不可能之事情。②

1913 年，在中国北部局势持续动荡及日本、爪哇糖品大量囤积中国港口城市的共同影响下，公司精制糖需求受到了较大限制，该年公司损失了 69 060.27 美元。③

1914 年，由于中国政局动荡，开年时的贸易环境并不好，同时，公司遇到了爪哇、日本白糖的激烈竞争。第一次世界大战爆发，引起了整个世界糖品贸易变动，使不利的东亚糖品贸易环境有所改观。④但是，由于去年日本、爪哇糖品在各个港口城市市场上的囤积，糖品需求持续削弱，大量低廉的日本精制糖开始倾销，进一步阻碍公司业务的开展。日本精制糖制造公司在日本国内有市场保护，可以以较为有利的价格在日本市场出售它们的产品，促使这些公司可以以较低的价格将其剩余的糖品倾销中国市场，并且，只要日本的糖品消费者愿意以较高的价格消费糖品，这种向中国市场的倾销糖品将一直持续。⑤

1915 年，据《香港日报》报告，该年由于第一次世界大战及甜菜糖品竞争消除，中国制糖公司的经营环境大大改善，可以利用这一机会加强公司在糖品市场上的地位。⑥公司利用这一时期不太正常的国际形势淘汰了汕头及东港两个制糖厂的

---

① *Report of thirty forth Annual General Meeting on Monday the 25th March 1912*, Minutes of the China Sugar Refinery Co.Ltd, Reference MS JM/I4/3, Archives of Jardine, Matheson Co.Ltd, Presented in Cambridge University Library Manuscripts Room.

② *Report of thirty fifth Annual General Meeting on Monday the 30th March 1913*, Minutes of the China Sugar Refinery Co.Ltd, Reference MS JM/I4/3, Archives of Jardine, Matheson Co.Ltd, Presented in Cambridge University Library Manuscripts Room.

③ *Minutes of a Meeting of the consulting committee of the China Sugar Refinery Co.*（3rd March , 1915）, Minutes of the China Sugar Refinery Co. Ltd, Reference MS JM/I4/3, Archives of Jardine, Matheson Co.Ltd, Presented in Cambridge University Library Manuscripts Room.

④ *Report of thirty seventh Annual General Meeting on Wednesday the 24th March 1915*, Minutes of the China Sugar Refinery Co.Ltd, Reference MS JM/I4/3, Archives of Jardine, Matheson Co.Ltd, Presented in Cambridge University Library Manuscripts Room.

⑤ *The Hongkong Daily Press Thursday（March 25th , 1915）*, Minutes of the China Sugar Refinery Co. Ltd, Reference MS JM/I4/3, Archives of Jardine, Matheson Co. Ltd, Presented in Cambridge University Library Manuscripts Room.

⑥ *Report of thirty eighth Annual General Meeting on Wednesday the 29th March 1916*, Minutes of the China Sugar Refinery Co.Ltd, Reference MS JM/I4/3, Archives of Jardine, Matheson Co.Ltd, Presented in Cambridge University Library Manuscripts Room.

旧机器，更换了较好的制糖设备。①

1916年，由于中国政局动荡，中国市场贸易极不理想，不过，公司从印度、欧洲等其他市场获得了一些利润。②据《香港日报》报告，在这一年中，公司在设备的更新方面取得了长足进展。③

1917年，根据《南华早报》报道，该年糖品市价经历较大波动，部分原因在于爪哇原料糖品价格下降了一半，部分原因可归咎于制糖成本的大幅度下降。货运船只的吨位不足致使爪哇原料糖品无法运出，在过去的12—15个月中爪哇糖品价格大幅度下降。受此种种因素影响，公司在中国市场上的损失较为惨重。另外，此时日本糖业与中国香港糖业之间的竞争比以往任何时候都激烈，日本精制糖产量持续增加。日本方面有两个优势，银汇率制度及受保护的国内市场，同时，为了在中国市场上赢得竞争胜利，日本糖商不惜在日本国内维持糖品高价，而在中国市场上以远低于日本国内糖价出售精制糖，甚至有时精制糖价格竟然以低于原料粗糖的价格在中国市场出售。④

1918年，根据《香港日报》报道，在中国市场上，日本精制糖公司继续实行倾销政策，与中国香港糖业的竞争一如既往的激烈。同年夏，同盟国的胜利给糖业带了利好消息，市场上对精制糖需求有所改观，公司稍能挽回一些利益。⑤

1919年，根据《香港电讯》（*The Hongkong Telegraph*）报道，爪哇原料糖品变动情况是该年所有市场上糖品销售行情的真实写照。由于世界上糖品供应短缺，精制糖需求极其旺盛，公司制糖厂全年开工。市场上糖价出奇的高，这并非常态，因为欧洲甜菜糖品没有恢复到第一次世界大战前水平（1913—1914年欧洲甜菜产量超过8 000 000吨，其中仅德国就贡献了2 700 000吨，而1919—1920年在丰收情况下欧洲甜菜产量不过3 000 000吨，德国估计为750 000吨）。经过多年的经营之后，

---

① *The Hongkong Daily Press（Thursday，March 30th ，1916）*，Minutes of the China Sugar Refinery Co. Ltd，Reference MS JM/I4/3，Archives of Jardine，Matheson Co.Ltd，Presented in Cambridge University Library Manuscripts Room.

② *Report of thirty ninth Annual General Meeting on Friday the 30th March 1917*，Minutes of the China Sugar Refinery Co.Ltd，Reference MS JM/I4/3，Archives of Jardine，Matheson Co.Ltd，Presented in Cambridge University Library Manuscripts Room.

③ *The Hongkong Daily Press（Thursday，March 31st，1917）*，Minutes of the China Sugar Refinery Co. Ltd，Reference MS JM/I4/3，Archives of Jardine，Matheson Co. Ltd，Presented in Cambridge University Library Manuscripts Room.

④ *The South China Morning Post，Thursday（March 28th ，1918）*，Minutes of the China Sugar Refinery Co.Ltd，Reference MS JM/I4/3，Archives of Jardine，Matheson Co.Ltd，Presented in Cambridge University Library Manuscripts Room.

⑤ *The Hongkong Daily Press，Friday（March 28th 1919）*，Minutes of the China Sugar Refinery Co.Ltd，Reference MS JM/I4/3，Archives of Jardine，Matheson Co.Ltd，Presented in Cambridge University Library Manuscripts Room.

中国制糖公司未雨绸缪，利用该年的丰厚收入，筹设了储蓄账户，以应付糖价大落及汇率巨变带来的损失。第一步，成立50万美元的糖价波动储蓄账户（Sugar Fluctuation Account）去应对糖价的暴跌问题。第二步，建立10万美元的外汇波动损益账户（Exchange Fluctuation Account），将银价波动造成的损失最小化。第三步，加上30万美元平均股利基金信用账户（Credit of Dividend Equalization Fund），共计建立90万美元的储蓄账户。①

1920年，由于美国市场因素，爪哇原料糖品价格从4月份的40荷兰盾升到5月份的75荷兰盾，随后，美国调整政策，糖品市场上泡沫破裂，糖品价格暴跌。相对而言，公司较为幸运，于1919年大量购入爪哇原料糖品，以至于在1920年没有受到爪哇糖价波动的影响。公司根据市场需求，完成了该年的生产任务，该年糖价波动储蓄账户金额达到120万美元。②

1921年，据《香港日报》报道，是年，公司损失达到596 029.44美元，经历了一个非常困难的时期。开年时，爪哇糖品每担价格为20荷兰盾，随后和古巴糖品一起下跌，爪哇糖品跌落到每担10荷兰盾，下跌的主要原因在于古巴糖品的过量供应。中国市场精制糖价格亦随之下落，之后，尽管原料糖品价格有所回落，但是精制糖价格并未有所起色。③

1922年，据《香港电讯》报道，中国社会的动荡不安使商贸活动很难进行，公司精制糖产品遇到较大销售问题，所卖价格一般均低于加工成本。④

1923年，公司获利极其丰厚，再一次创公司记录，是年公司纯收入为1 615 925.66美元，每股分红高达40美元，成为公司有史以来的最大收益值，这主要归功于1922年年底到1923年年初公司以较低价格购入大批原料糖品，同时，还有中国市场上的稳定需求。⑤

1924年，公司更名为中国制糖公司。根据《南华早报》报道，是年，在中国商

---

① *The Hongkong Telegraph（March 24th，1920）*，Minutes of the China Sugar Refinery Co.Ltd，Reference MS JM/I4/3，Archives of Jardine，Matheson Co.Ltd，Presented in Cambridge University Library Manuscripts Room.

② *Report of Forty Third Annual General Meeting on Friday the 18th March 1921*，Minutes of the China Sugar Refinery Co.Ltd，Reference MS JM/I4/3，Archives of Jardine，Matheson Co.Ltd，Presented in Cambridge University Library Manuscripts Room.

③ *The Hongkong Daily Press（March 30th，1922）*，Minutes of the China Sugar Refinery Co.Ltd，Reference MS JM/I4/3，Archives of Jardine，Matheson Co.Ltd，Presented in Cambridge University Library Manuscripts Room.

④ *The Hongkong Telegraph（March 27th，1923）*，Minutes of the China Sugar Refinery Co. Ltd，Reference MS JM/I4/3，Archives of Jardine，Matheson Co.Ltd，Presented in Cambridge University Library Manuscripts Room.

⑤ *Report of Forty Sixth Annual General Meeting on Monday the 31th March 1924*，Minutes of the China Sugar Refinery Co.Ltd，Reference MS JM/I4/3，Archives of Jardine，Matheson Co.Ltd，Presented in Cambridge University Library Manuscripts Room.

贸环境不利及世界糖市行情低落等因素的影响下，精制糖业务遭受损失在所难免。①

1925年，公司损失了1 471 800.58美元，并透支了2 743 513.47美元，公司不得已发行了200万美元的债券去弥补这一损失。过去的一年，公司遇到困难，即原料粗糖价格从1924年3月到1925年12月持续下降，从每担7.5美元跌到每担3美元，原因主要在于1924—1925年世界糖品产量急剧增加。尽管在低糖价刺激下糖品消费量大幅度增加，但是仍无法解决巨量生产问题。原料市场行情低落，不免影响到中国精制糖市场行情，公司不得已在夏季停产6周，并在之后较长时间内维持较小精制糖产量。同时，来自日本方面的糖品竞争却仍旧相当激烈。②

1926年10月20日，公司召开咨询委员会会议，公司主席报告，是年前6个月中国市场上的贸易活动较难进行，同时，还面对着日本糖品的恶性降价竞争，公司不仅未能获利，而且损失303 980.80美元。另外，随着国民大革命的爆发，中国市场情况更加糟糕，尽管广东地区抵制英国货物运动暂告停止，但是，长江上游地区出现了大规模的抵制英货运动，对公司糖品贸易活动产生了重大影响。③

1927年5月17日，最糟糕的事情发生了，公司的最大市场——中国市场受到严重影响，作为长江流域中心的汉口，因为政治原因，而陷入停顿状态。同时，公司在湖南、湖北、河南、山西、安徽的分支机构同样受到严重的冲击。④ 根据《南华早报》报道，是年由于中国革命爆发，原料糖品价格持续走低，糖市行情低落，公司在长江流域的商贸活动陷入无序状态，长沙、宜昌、沙市等地的分支机构被迫关闭。⑤1927年11月3日，根据年度会议报告，与同前4年（1923—1926年）同期平均产量相比，1927年1—6月份，公司精制糖产量减少了58%，1927年5月1日—10月31日，除了安徽运去的3460包精制糖之外，河南、湖南、山东、江苏、山西、湖北等省均无法运去。雪上加霜，同年8月份，360 000包日本精制糖进入上海市场，以每包8.45—8.80美元出售，进行降价竞争，而7月份怡和、太古糖品每

① *The South China Morning Post（April Firs，1925）*，Minutes of the China Sugar Refinery Co.Ltd，Reference MS JM/I4/3，Archives of Jardine，Matheson Co.Ltd，Presented in Cambridge University Library Manuscripts Room.

② *Report of Forty Eighth Annual General Meeting on Thursday the 22nd April 1926*，Minutes of the China Sugar Refinery Co.Ltd，Reference MS JM/I4/3，Archives of Jardine，Matheson Co.Ltd，Presented in Cambridge University Library Manuscripts Room.

③ *Minutes of a Meeting of the Consulting Committee of the China Sugar Refining Co.Ltd（21st October，1926）*，Minutes of the China Sugar Refinery Co.Ltd，Reference MS JM/I4/4，Archives of Jardine，Matheson Co.Ltd，Presented in Cambridge University Library Manuscripts Room.

④ *Minutes of a Meeting of the Consulting Committee of the China Sugar Refining Co.Ltd （17th May，1927）* Minutes of the China Sugar Refinery Co.Ltd，Reference MS JM/I4/4，Archives of Jardine，Matheson Co. Ltd，Presented in Cambridge University Library Manuscripts Room.

⑤ *The South China Morning Post（8th July，1927）*，Minutes of the China Sugar Refinery Co.Ltd，Reference MS JM/I4/4，Archives of Jardine，Matheson Co.Ltd，Presented in Cambridge University Library Manuscripts Room.

包的价格为9.75美元，随着抵制英货的实施，据报道日本精制糖以每包8.10美元进行预售。依靠爪哇原料糖品加工而成的怡和、太古精制糖，最多能够降价到9.35美元，根本无法与每包8.10—8.20美元的日本精制糖降价竞争。两个洋行商议后，宁可暂时退出市场，也不能以远低于成本的价格进行价格战。①另据中国制糖公司第50次年度报告（1928年4月24日），1927年，公司净损失为1 189 295.26美元。②

1928年4月19日，L.邓巴等人联名呼吁成立特别委员会，调查公司现状及前景，以便做出下一步决定。截至1927年7月31日，公司损失额1 189 295.69美元，欠款1 533 788.05美元，亏欠银行总计2 700 063美元及怡和洋行总计1 894 916美元。并提出了四种可能性解决方案：出售企业、出租企业、追加资本、公司停业。前三个选项可能性均不大，中国市场是公司精制糖销售的主要市场，一方面，在此市场面临着日本和爪哇糖品的残酷竞争；另一方面，中国政局又一直动荡不安，维持生产将进一步遭受损失，故而最合适的办法是公司停产。

1928年4月24日，在公司年度会议上，特别委员会建议公司停产，这个提议得到了咨询委员会和总代商怡和洋行的同意，根据规定，怡和洋行负责清算。③

1929年5月6日，总代理商怡和洋行提交了第一次清算报告；1930年6月14日，怡和洋行提交了第二次清算报告；1931年5月20日，怡和洋行提交了第三次清算报告；1932年5月5日，怡和洋行提交了第四次清算报告；1933年4月，中国制糖公司举行了最后一次会议。

在1878—1928年的整整半个世纪内，怡和集团下属的中国制糖公司经历了极不平凡的发展历程。一直以来该公司作为东亚精制糖制造业的翘楚，引领着精制糖制造业的发展方向。它依托东亚市场，范围波及南亚、澳大利亚等地。作为一个建立在来料加工、出口贸易等基础上的外向型企业，中国制糖公司的成败与东亚、东南亚，甚至南亚市场的行情发展息息相关。它的崛起、发展得益于这些市场，尤其是中国市场；但是，它的破产清算也归于这些市场，尤其是与中国市场、精制糖销售的残酷竞争和中国政局的动荡不安有关。

---

① *Minutes of a Meeting of the consulting committee of the China Sugar refining Co.Ltd（3rd November，1927）* Minutes of the China Sugar Refinery Co. Ltd，Reference MS JM/I4/4，Archives of Jardine，Matheson Co. Ltd，Presented in Cambridge University Library Manuscripts Room.

② *Report of Fiftieth Annual General Meeting on Tuesday the 24th April 1928*，Minutes of the China Sugar Refinery Co. Ltd，Reference MS JM/I4/4，Archives of Jardine，Matheson Co.Ltd，Presented in Cambridge University Library Manuscripts Room.

③ *Report of Fiftieth Annual General Meeting on Tuesday the 24th April 1928*，Minutes of the China Sugar Refinery Co.Ltd，Reference MS JM/I4/4，Archives of Jardine，Matheson Co.Ltd，Presented in Cambridge University Library Manuscripts Room.

第三节　太古集团成立太古车糖公司

近代以降，东亚机器制造精制糖业属于新兴产业，但是精制糖商之间的竞争却异常激烈。太古车糖公司成立之初即有同城的竞争（怡和集团的中国制糖公司早于其在香港成立），19 世纪末至 20 世纪初，怡和集团的精制糖品是其最大的竞争对手。1895 年后，日本侵占中国产糖重镇台湾，着力发展精制糖业，太古糖品在日本市场上受到新兴的日本精制糖业及新近开拓亚洲市场的欧洲甜菜糖品的竞争。20 世纪 20 年代以后，随着日本精制糖业的发展壮大，日本糖商在其政府资助下积极拓展东亚市场，受日本糖品削价竞争及中国政局动荡等因素影响，怡和集团所属的中国制糖公司连年亏损，不得已于 1928 年宣布破产清算；太古集团的精制糖品亦不得已退出日本市场。自此以后，太古洋行一方面深耕中国内地市场；另一方面积极开拓东南亚及南亚市场。

就学界对太古洋行经销糖品活动研究而言，国内外学者大多从太古集团内部各个企业相互补充、买办对于糖品销售作用等方面予以描述①，并未全面梳理其整个营销策略及活动。因此，本书以伦敦大学亚非学院所藏的太古集团档案资料为主体，并参酌相关中文、日文资料，从广告营销与精制糖消费关系角度入手，探讨太古洋行糖品营销活动，希冀既有助于加深我们对近代东亚精制糖消费意识形成及太古商业品牌塑造的理解，又有助于推动东亚糖业历史、在华外资企业历史研究的深入。

《老约翰·塞缪尔·斯怀尔（1825—1898）》一书强调太古集团是出于与怡和集团的全面竞争而筹建太古车糖公司的，即 1878 年 1 月 22 日，怡和集团联合汇丰银行于香港湾仔地区成立了中国制糖公司②；1881 年 6 月，在深入调查于中国成立

① 莫应溎：《英商太古洋行在华南的活动与莫氏家族》，中国人民政治协商会议全国委员会文史资料研究委员会《文史资料选辑》编辑部：《文史资料选辑》第 14 辑，北京：中国文史出版社，1988 年；张仲礼、陈曾年、姚欣荣：《太古洋行在旧中国》，上海：上海人民出版社，1991年，第38页；Howard Cox，Huang Biao and Stuart Metcalfe，Compradors，Firm Architecture and the“Reinvention”of British Trading Companies：John Swire & Sons'Operation in Early Twentieth-Century China ，*Business History*，Vol.45，No.2，2003，pp.15-34；Shinya Sugiyama，Marketing and Competition in China：the Taikoo Sugar Refinery，In Shina Sugiyama and Linda Grove，*Commercial Networks in Modern Asia*，New York：Routledge ，2013.

② 公司总资本 600 000 美元，分 6000 股，每股金额 100 美元，该年全部募齐；公司设立咨询委员会，成员有 W. H.福布斯等人；公司设经理一人，由 H.戴克担任；公司的总代理商为怡和洋行；公司的依托银行为汇丰银行；公司设律师一名，由 Wm. H. 布里尔顿担任。*First Ordinary Annual Meeting （20th Februay，1879）*，Minutes of the China Sugar Refinery Co.Ltd，Reference MS JM/I4/1，Archives of Jardine，Matheson Co.Ltd，Presented in Cambridge University Library Manuscripts Room.

精制糖厂的可行性之后，约翰·塞缪尔·斯怀尔（John Samuel Swire，1825 年生，约翰·斯怀尔的长子，以下简称老斯怀尔）在香港鲗鱼涌（Quarry Bay）成立了太古车糖公司[①]，《太古洋行在旧中国》一书沿用了这一说法，不过，除了与怡和集团全面竞争之外，可以肯定的是近代以来东亚糖品贸易的厚利无疑在催生太古车糖公司成立中扮演了重要角色。

明清以来，在东亚地区，随着制糖技术的革新及普及，大批量糖品生产成为可能，一方面，糖品的药用价值地位下降，作为营养物质的作用为消费者所关注；另一方面，糖品消费的象征意义渐次式微，经济价值则日渐凸显，并为世界各国所重视，成就了国民消费的新动向。[②]清初，中国与日本进行了糖品换铜贸易，康熙年间，每年从日本输入铜 1200 吨，每年输出日本的糖品达 3.5 万—4 万吨。[③]清代中期以后，广东、四川、福建等产糖区域，业糖者均可通过种植甘蔗制糖致富。例如，在嘉庆、道光年间，四川省内江县所属沱江沿岸居民，“尤以艺蔗为务”，并且“入冬辘轳煎煮，昼夜轮更”，种植甘蔗制糖利润极为丰厚，“其壅资工值十倍于平农”[④]；再如，福建所属的台湾地区，“台人植蔗为糖，岁产二三十万；商船购之，以贸日本、吕宋诸国。……三县每岁所出蔗糖约六十余万篓，每篓一百七八十斤。乌糖百斤价银八九钱，白糖百斤价银一两三四钱；全台仰望资生，四方奔走图息，莫此为甚”[⑤]。另外，1750—1914 年，台湾（日本）、爪哇（荷兰）、马来半岛（英国）、菲律宾（美国）等受殖民国对糖业经济利益追求的影响，其制糖业快速发展起来。[⑥]

19世纪中期，在东亚地区，无论是中国的广东、福建、四川所产的红糖（又称赤糖、黄糖）、白糖、冰糖，抑或是日本所产黑糖、白糖、三盆糖、冰糖，均系手工制造而成，从压榨甘蔗到熬煮榨汁再到漏制糖清需时月余，且所获糖品纯度较低，但是，糖品价格却较为昂贵，有“斗米斤糖”之说。比如，1830—1860 年，四川南溪地区每斤白糖为 5 文，每担白糖价值 5 两；1870 年，南溪每斤白糖为 48 文，每担白

---

① Sheila Marriner and Francis E.Hyde，*The Senior John Samuel Swire 1825-98：Management in Far Eastern Shipping Trades*，Liverpool：Liverpool University Press，1967，p.99.

② 中国糖品消费的重要转折比西敏司分析的英国糖品“庶民化”早了100多年。到1650年时，英格兰贵族和富翁们变得嗜糖成癖，而糖品则频频现身于他们的药品、文学想象以及社会等级的炫耀过程中。1750 年时，糖品仍为奢侈品，直到 1850 年英国工业革命完成时，糖品才变成英国国民生活中的必需品。Sidney W. Mintz. *Sweetness and Power：The Place of Sugar in Modern History*，New York：Penguin Book，1985，p.148.

③ 李治寰：《中国食糖史稿》，北京：农业出版社，1990 年，第 175、189—190 页。

④（清）王果：《内江县志要》卷一，清光绪十三年（1887 年）补刻本，第 29 页。

⑤（清）余文仪：《续修台湾府志》卷 17《物产（一）》，台北：大通书局，1984 年，第 592—593 页。

⑥ J.H.Galloway，*The Sugar Cane Industry：An Historical Geography from Its Origins to 1914*，Cambridge：Cambridge University Press，1989，p.14.

糖价值4.8两；1880年，南溪每斤白糖为72文，每担白糖价值7.2两；1890年，南溪每斤白糖为70文，每担白糖价值7.0两；1900年，南溪每斤白糖为70文，每担白糖价值7.0两；1910年，南溪每斤白糖为90文，每担白糖价值9.0两。① 在面对质次价高的手工糖品时，质优价廉的精制糖的优势就特别突出了，是故，在东亚市场的海量糖品需求和巨大糖品贸易厚利的刺激下，本为贸易公司的太古集团在东亚地区投资精制糖业也就不难理解了。

太古车糖公司初始资本主要由老斯怀尔、詹姆斯·巴罗（Holt's James Barrow）、巴特菲尔德（H. J. Butterfield）、伊思梅（Ismay）、伊姆里（Imrie），汤普森（W.J.Thompson）和戴尔（R.N.Dale）等人筹集；公司经理由太古集团任命；公司整个业务（包括原料糖品购买、成品精制糖售卖和分运等事宜）均由其总代理商太古洋行负责。②1884 年，太古车糖公司建成投产，使用了当时最新先进的制糖机器制造精制糖，用骨炭过滤法及硫化法漂白炼制精制糖，每周可生产精制糖700 吨，原料主要来自爪哇、广东等地。③其主产品分为：第一类为五温，BA（粗包砂），第二类为次五温，包括 B（甲唛）、CW（乙唛）、CX（丙唛）、DY（丁唛）、HX（戊唛）、H（庚唛）、PX（辛唛）、O（壬唛）；第三类为冰糖，包括 SC（车冰）、SC（罐冰）；第四类为绵砂糖，即 TK（幼砂）。在东亚机器制造精制糖产业方面，英属香港怡和、太古两集团无疑走在最前列。1895 年日本占领东亚重要产糖地台湾以后，利用台湾种植甘蔗的基础，大力扶植台湾甘蔗种植，并投入巨资在台湾建立起一大批机器制糖厂，从而达到日本国内糖品供需平衡；与此同时，日本还利用爪哇大批量廉价原料糖，大力发展本土的机器制造精制糖业，1896 年日本制糖有限公司成立，资本 30 万日元；随后，神户、新高及盐水港等机器制造精制糖公司相继成立；第一次世界大战以前，日本有制糖厂 5 家，每日约能制炼精制糖 17 800 担；第一次世界大战以后，炼糖厂增为 13 家，制炼能力增为每日36 200 担④。20 世纪初，中国产糖大省四川有过多次筹建机器制糖厂的努力，但因局势动荡均告失败；20 世纪 30 年代，冯锐主持广东省农林局工作，实施广东糖业复兴计划，建立了 6 个小型机器制糖厂，但陈济棠倒台后其复兴计划搁置；全面抗日战争时期，以四川地区新建的华农糖厂、中国联合炼糖股份有限公司、四川华原

---

① 民国《南溪县志》卷 2《食货》，1937 年铅印本。

② （*Saw the Expansion of TSR into the largest Single Unit Refinery in the World*）*Meeting*（*Second Ordinary*）*of the Shareholders*（*11th May 1883*），Minute Book，Reference JSS 5/7/1，Archives of John Swire & Sons Ltd（Box 2844），Presented in SOAS Library of London University.

③ 张仲礼、陈曾年、姚欣荣：《太古洋行在旧中国》，上海：上海人民出版社，1991 年，第 31 页。

④ 《日本糖业经过情形述要》，《中外经济周刊》1925 年第 123 号，第 22 页。

糖厂等机器制糖厂为代表，中国才真正开启机器制糖时代。①

太古车糖公司成立之初，东亚地区是其精制糖最主要的销售区域，其中中国一直是其精制糖的首要销售市场，不过，澳大利亚、日本及印度等市场也在不同时期发挥了重要作用。早期，太古车糖公司遇到中国制糖公司的激烈竞争，不过，到20世纪20年代时，日本精制糖已成为其最大的竞争对手。太古洋行成立“本地化营销模式”（An Up-Country Marketing System）来应对竞争及扩大中国的内陆市场。20世纪20年代困难重重，太古洋行在中国市场上先后经历了1923年的罢工、1924年的市场不景气和1925年的抵制英货运动，不过，其在1925年发展成为世界最大精制糖制造公司。1926—1927年，在世界糖业经济危机影响下，中国制糖公司破产清算，而太古洋行则努力开拓东南亚及南亚市场。20世纪30年代，随着日本糖业竞争加剧，太古洋行进而开拓中东及非洲市场，在1937年抗日战争全面爆发后，中国市场的糖品销售情况受到严重影响，东南亚的海峡地区成为其最大的糖品销售市场。1941年12月，日本占领香港，太古车糖公司停产。1945年秋，太古洋行重新接收太古车糖公司。②

第四节　1884—1925年：太古洋行在东亚市场上的糖品营销

太古车糖公司于1881年筹建，1884年竣工开始营业，之后，不断增资扩建，到1925年时已成为东亚地区最大的精制糖制造公司。东亚糖品需求旺盛、糖品贸易体量庞大，太古车糖公司以东亚市场为其精制糖产品的主要销售地。据统计，一直到19世纪末，日本国内糖品生产大部分来自琉球群岛，自给率仅为18%，不足部分由中国香港、台湾等地供应甘蔗糖品，以及由德国和匈牙利等国供应甜菜糖品。1894年，横滨54%的糖品及神户40%的糖品由香港怡和及太古公司供应；19世纪90年代每年进口值达2000万—3000万日元③。不过，日本占领中国台湾

① 赵国壮：《抗日战争时期大后方糖业统制研究——基于四川糖业经济的考察》，北京：科学出版社，2015年，第177—182页。

②（Saw the Expansion of TSR into the Largest Single Unit Refinery in the World）*Meeting*（*Second Ordinary*）*of the shareholders*（*11th May，1883*），Minute Book，Reference Box 2844（JSS 5/7/1），Archives of John Swire & Sons Ltd，Presented in SOAS Library of London University.

③（美）穆素洁著、叶篱译：《中国：糖与社会——农民、技术和世界市场》，广州：广东人民出版社，2009年，第496页。

后，一方面对台湾蔗糖业进行殖民掠夺；另一方面运用关税保护手段增补其在食糖国际贸易上的劣势，使日本机器制造精制糖产品迅速进入中国内地市场。①

首先，面对同行的激烈竞争，太古洋行采取同怡和洋行一样的营销策略，即依靠买办推行“本地化”营销策略。其次，利用其在各个港口城市销售分支机构积极构筑营销网络体系。最后，借助太古集团内部资源整合机遇，努力开拓糖品销售业务。1887 年，太古车糖公司每周产能达到 1050 吨，每年精制糖产量亦从 1886 年 36 000 吨增加到 1887 年的 48 000 吨，且全部售罄，该年获利 7 万英镑。老斯怀尔解释了获利原因：（1）归因于公司以合理价格购买了原料糖品。（2）在于公司执行的“本地化”精制糖销售政策。即直接将公司精制糖委托给上海、天津、横滨等销售中心出售，以确保其精制糖在这些市场上具有优势地位，从而避免了因将糖品委托给中间商人的传统销售模式带来较长时间的销售停顿，即无论是多远的销售市场，太古洋行均负责把精制糖运到。另外，最优的买卖制度必须要有大量的资金支持，太古车糖公司认为发行公司债券是最有效、最经济的筹集资金措施。②

1898 年，由于受过量的德国甜菜糖品运入日本市场造成的无序竞争，以及日本政府为了增加税收而对进口的每吨精制糖加收 20 先令关税等因素制约，太古精制糖在日本市场上的销售情况并不乐观，不过，太古车糖公司对日本调整政策限制德国甜菜糖品输入抱有较大希望，同时，也相信日本精制糖消费量的扩张有助于大批量太古精制糖在此售卖。同年秋，日本精制糖公司开始投产，但是，这并未影响到太古精制糖在日本的销售活动。相比较而言，一直被认为是太古精制糖最大消费市场的中国市场，其精制糖消费数量呈稳定增长势头，在太古洋行代理商努力推动下，中国各个港口市场上的太古精制糖销售数额保持增长态势。③1890 年，约翰·塞缪尔·斯怀尔在年度报告中指出每当太古方面试图增加制糖厂产能时，运力不足的困难就会凸显出来，为此，太古集团与西哈特普尔的格雷公司签订合约，建造两艘 2700 吨的蒸汽轮船，帮助太古洋行运送原料糖品和精制糖品。④

1902 年，世界原料糖品价格急剧下降，每吨爪哇原料糖品的交易价格仅为 2 英

① 日本关税保护手段有两种：一是提高外糖的进口税率；二是对进口原料糖品实施返税，为了使精制糖业避免因输入高价原料糖而在同外糖竞争中处于劣势，1902 年 3 月日本法律第三十三号规定，对制造精制糖及冰糖而输入的原料糖予以返税补贴，时限到 1911 年 7 月 16 日，届时日本精制糖业已经在其国内市场上占据优势地位。参见（日）木村增太郎：《日本的糖业》，台北：台湾日日新报社，1911 年，第 430、433、434 页。

② *The Minutes of Seventh Ordinary Meeting（26th April，1888）*，Minute Book，Reference Box 2844（JSS 5/7/1），Archives of John Swire & Sons Ltd.

③ *The Minutes of Eighteenth Ordinary Meeting（27th April，1899）*，Minute Book，Reference Box 2844（JSS 5/7/1），Archives of John Swire & Sons Ltd.

④ *The Minutes of Tenth Ordinary Meeting（29th April，1891）*，Reference Box 2844（JSS 5/7/1），Archives of John Swire & Sons Ltd.

镑 10 先令，受其影响，精制糖售价极低，香港其他制糖商损失高达 49 000 英镑，然而，太古方面在生产和销售两端均取得不错的成绩。是年，太古车糖公司生产 105 000 吨精制糖，太古洋行方面报道其在中国市场上的分支机构数量稳定增加，中国市场吸纳了 61%太古精制糖产品，并且近几年来一直呈递增趋势，这足以弥补其在日本市场上的损失。①1903 年，太古洋行以较为合理的性价比购买了爪哇原料糖品，这使该年度的精制糖制造成本维持在一个较低水平上，该年其共计生产精制糖 81 717 吨，销售了 84 286 吨，获得丰厚利润。②1904 年，由于世界糖品价格上扬和提前以较低价格购进大批量爪哇原料糖品，太古车糖公司再获佳绩，该年共计生产精制糖 70 081 吨，销售了 69 702 吨。③1905 年，太古集团高级合伙人詹姆斯·亨利·斯科特（James Henry Scott）在年度报告中称，在廉价的原料糖品、利好的汇率和市场上的高糖价等有利因素的作用下，太古车糖公司年度获利 262 987 英镑；他高度评价了中国各个港口城市（含香港）的太古洋行分支机构的出色推销工作，该年度中国市场上的精制糖销售比 1904 年增加了 6000 吨，约 80%的太古精制糖产品在中国市场上销售；不过，由于欧洲甜菜糖品倾销，太古糖品一直无法进入印度市场。④

1910 年 7 月底，由投机橡胶股票而引起的金融危机使得该年公司的商业贸易面临最为严峻的困难。总体而言，前半年销售情况比较不错，下半年比较糟糕，上海市场糖品销售活动陷入停顿状态。太古洋行不仅未能卖出糖品，甚至亦未能将已售出的糖品运出，太古方面不得不给予大量的补贴，以便与中国销售商人维持较好的关系。相对于 1909 年在中国市场上的 88 623 吨销售量，1910 年仅卖出了 60 967 吨，约少 27 000 吨。同年，中国以外的其他市场销售额为 20 873 吨，相比于 1909 年的 5573 吨，有较大的提升。另外，太古洋行遇到了 4 家日本精制糖公司的竞争，不过，竞争形势比较乐观，在糖品价格持平的情况下，由于其分支机构遍及中国各个港口城市，其销售模式显然优于日本糖商。⑤

第一次世界大战期间，尽管受到战争的一定影响，不过，太古洋行的糖品销售数

① *The Minutes of Twentieth Second Ordinary Meeting（30th April，1903）*，Minute Book，Reference Box 2844（JSS 5/7/1）.

② *The Minutes of Twentieth Third Ordinary Meeting（28th April，1904）*，Minute Book，Reference Box 2844（JSS 5/7/1）.

③ *The Minutes of Twentieth Fourth Ordinary Meeting（27th April，1905）*，Minute Book，Reference Box 2844（JSS 5/7/1）.

④ *The Minutes of Twentieth Fifth Ordinary Meeting（26th April，1906）*，Minute Book，Reference Box 2844（JSS 5/7/1）.

⑤ *The Minutes of Thirtieth Ordinary Meeting（27th April，1911）*，Minute Book，Reference Box 2844（JSS 5/7/1），Archives of John Swire & Sons Ltd.

额仍持续增加。1917—1918 年，太古方面的精制糖产销额连续创造历史新记录，精制糖产量达 117 418 吨，在中国市场上的销售额达 85 146 吨，比 1916 年多售出近 20 000 吨，其他市场的销售额达 36 182 吨，比上年增加了 12 750 吨。[①]1918 年，精制糖产量达 134 682 吨，在中国市场上卖出了 108 291 吨，比 1917 年的销量竟多 23 000 吨；其他市场上的销售为 22 961 吨，比 1917 年少了 13 000 吨。第一次世界大战期间，由于运力紧张，太古洋行的糖品贸易同样受到运力不足的影响，为了解决运力问题，太古洋行于 1918 年利用机会添置了蒸汽动力运输船，以增强自身运力。[②]

1884—1925 年，太古车糖公司用 40 多年的时间快速发展成为东亚地区最大的精制糖制造厂，并且获利颇丰，由此可见，太古集团在东亚精制糖制造业上投资已获得初步成功。这一成功与太古洋行的糖品营销活动密不可分：其一，保证以合理价格购入原料糖品，为维持糖品加工的最低成本，从源头加强太古糖品的竞争优势，太古洋行每年均提早以较低价格购入大量爪哇原料糖品，并且，为了保证原料运输，添置新的轮船。其二，适时的市场转移，19 世纪八九十年代，太古洋行的精制糖销售以日本市场为主，19 世纪末至 20 世纪初，随着德国甜菜糖品进入日本市场及日本精制糖公司发展壮大，太古洋行逐渐将其主要销售市场转移到精制糖消费日益增长的中国市场。其三，增开分支机构，随着中国市场成为其糖品销售的最大市场，为了保证销售渠道通畅，太古洋行努力在中国各个港口城市增添分支机构。这一阶段的成功营销经验，为太古洋行应对 1926—1927 年的世界糖业经济危机打下了坚实的基础。

第五节　1926—1933 年：东亚市场营销策略的调整及东南亚、南亚市场的开拓

1926 年春，世界糖业经济再次出现危机，作为东亚最大糖品交易市场的上海市场，其糖品交易一度中断，破产者、休业者比比皆是。在此情势下，各主要糖品生产国，如古巴、德国、捷克、荷兰等国在巴黎召开国际糖品会议，有意限产以维持糖品

① *The Minutes of Thirty Seventh Ordinary Meeting（24th July, 1918）*, Minute Book, Reference Box 2844（JSS 5/7/1）, Archives of John Swire & Sons Ltd.

② *The Minutes of Thirty Eighth Ordinary Meeting（25th July, 1919）*, Minute Book, Reference Box 2844（JSS 5/7/1）, Archives of John Swire & Sons Ltd.

价格。[①]作为香港精制糖业的主要竞争者，日本糖业界为避免各精制糖公司盲目进行倾销战，一方面要求精制糖制造公司与糖品代理商一同建立糖品销售托拉斯组织[②]；另一方面，借助中国消费者的低价消费及投机银圆汇兑的心理，以契约形式结成日元支付及期货贸易等交易方式，打压奉行现货仓库交易制度的香港精制糖制造商，使有投机银圆外汇兴趣的中国糖商，逐渐抛弃怡和、太古牌糖品而选择日本糖品。[③]

一、太古洋行调整东亚市场上的营销策略

在这一轮世界糖业性危机的大气候，以及中国局势动荡不安与长江上游地区抵制英货运动的小气候的共同作用下，中国香港精制糖商的处境极为艰难，连年巨额亏损，到 1927 年时更是雪上加霜。不过，太古洋行并未放弃反击，而是积极地调整营销策略，同艰难时局及日本糖商进行抗争。太古洋行在旧有运销策略的基础上也决定实行外币支付及期货交易制度；同时，并改善工厂设备，降低生产成本，利用自己在船运方面的优势，争夺已失的市场份额。

二、关于直接对接糖品营销商人的讨论

1929 年 1 月 18 日，太古集团伦敦总部给太古洋行回信，对其试推行由香港经销商转销糖品给中国内地其他销售商的销售政策予以否定，不建议其在中国市场统一规定糖品销售价格，而主张根据不同区域市场的特点厘定售价。并予以解释，在所有远东市场上，糖品价格的最大影响因素是爪哇糖品价格，同时每个单独市场的时价也受到当地市场条件的有限影响。中国的糖品价格有三种情况：（1）中国北部及东北地区，糖品价格受日糖影响。（2）中国中部地区，均以上海市场糖品价格为导向，该市场糖品价格由爪哇白糖（Java Whites）和日本精制糖（Japanese Refineds）竞争性供应来决定。（3）中国南部地区，糖品价格完全依照爪哇糖品价格而定。当从一个主要区域向另一个主要区域转送糖品时必须考虑不同区域市场之间的糖品价格差异。[④]每个市场的糖品供应渠道是分散的、有区别的，因此，太古车糖公司需要考虑相关糖品的净利润问题。1929 年 2 月 15 日，太古洋行委婉地向太古集团总部提出不同意见，其一，不否认区域市场上的糖品价格由该区域糖品供求关系决定，但是，整个中国内部的区域市场之间有着密切联系，并在很大程度上

---

① 《以限产为目的的国际砂糖会议》，《大阪朝日新闻》1927 年 11 月 16 日。

② 《防止销路争夺的砂糖托拉斯计划》，《大阪朝日新闻》1926 年 9 月 26 日。

③ 《中国市场上的香港糖飞跃计划：与日本糖的激烈竞争》，《中外商业新报》1928 年 3 月 1 日。

④ *Selling Policy（John Swire Send letter to Butterfield & Swire，January 18th，1929）*，Refinery Letters for First Half of 1929，Reference Box20 （JSSVI/2a），Archives of John Swire & Sons Ltd.

由相同的渠道供应糖品，因此，可以认为，每个区域市场上的糖品价格主要取决于整个中国的糖品供需情况，而区域市场间的糖品价格差异主要由运费不同所形成。其二，亦指出该政策由于当前较为特殊的环境而已初步获得成功，有必要考虑是否依靠公司自己在中国主要港口市场的组织来维持正常的糖品销售额度，抑或为了避免精制糖或者原料糖品的积压而时有不惜亏本来维持必要的销售额度。其三，不赞同糖品期货贸易制度。①

三、从现货仓库交易制度到期货交易制度

1929 年 2 月 27 日，太古车糖公司召开会议，陈叔凯、杨梅南、M. M. 麦克法兰（M. M. Macfarlane）等人参加了会议，会议讨论了公司产品的前景及最佳的推销政策。太古车糖公司董事 M.M.麦克法兰不赞同改变现行糖品售卖制度（现货仓库交易制度）而去推行糖品期货交易制度，糖品销售商因获利甚微而反对现行制度，如果做出调整的话，公司则在糖品卖价方面完全受制于糖品销售商，这些商人则根据他们自己认为合理的价格来与太古洋行协定糖品价格。另外，他们时有以行情不佳或糖色不符等情况来要求制糖公司降低协议糖品价格，总之，最终获利的总是这些商人。②而中国背景的代理商陈叔凯、杨梅南经过详细的市场调查和与主要销售商讨论后，认为现货交易制度对中国糖品销售商极其不利，在该制度下糖品转手买卖获利极微，且有较大的信用风险。同时，现行的糖品交易是待糖品入库后进行，较多外地糖商在上海没有仓库而不愿意长时间等待，他们希望运糖船只一到上海港口就进行交易。相比较而言，日本精制糖制造商均施行“期货”交易制度，该制度一方面满足了中国糖品销售商人的投机心理；另一方面也迫使契约在身的中国糖品销售商积极推动糖品销售活动。③ 3 月 5 日，太古洋行召开会议，太古车糖公司经理 A.R.H.菲利普斯（A.R.H. Phillips）等人出席会议，会上再次讨论了期货交易制度，太古车糖公司董事布朗（Brown）声称伦敦、香港方面对此制度没有异议，但是，他认为有必要确认担保者如何履行其责任；M.M.麦克法兰仍持反对观点，阻止实施该制度。④10 月 24 日，太古车糖公司在上海召开会议，布朗等人参加

① *Selling Policy（Messrs Butterfield & Swire Send letter to Messrs，John Swire & Sons，Ltd.，*February 25th，1929*）*，Refinery Letters for First Half of 1929，Reference Box20（JSSVI/2a），Archives of John Swire & Sons Ltd.

② *T.S.R.Co.Ltd.（M.M.Macfarlane Sent letter to C.C.Knight Esq，March 1st，1929）*，Refinery Letters for First Half of 1929，Reference Box20（JSSVI/2a），Archives of John Swire & Sons Ltd.

③ *Memorandum by Chun Shut Kai，Yang Moi Nan*，Refinery Letters for First Half of 1929，Reference Box20（JSSVI/2a），Archives of John Swire & Sons Ltd.

④ Refinery（Butterfield & Swire Send letter to John Swire & Sons，Ltd.，March 1st，1929），Refinery Letters for First Half of 1929，Reference Box20（JSSVI/2a），Archives of John Swire & Sons Ltd.

会议，他们认为现行制度可以帮助太古洋行向销售商售卖大量的糖品，但是，如果政局及交易环境不良，将导致已付款货物积压在仓库中而增加费用，加之糖品恶化会凝结成块状及发酵，倾向于支持预买制度。[①]11 月 29 日，太古集团主席乔治·沃伦·斯怀尔（G.W.Swire，1883—1949 年）致信太古洋行，对于汉口市场上的糖商拒绝执行原定合约而希望实施预买（期货）制度，要求总代理商努力谈判，争取谅解，并指出太古洋行与日本不同，没有可资转圜的替代市场（日本有本土市场可资周转）。[②]1931 年 5 月 22 日，太古洋行在给伦敦总部回顾 1930 年糖品销售情况的信中指出该年最大的特征是销售政策的变化，即肯定期货制度的价值。[③]同年 6 月 26 日，太古车糖公司董事科林·斯科特（Colin C. Scott）在回复太古洋行的信中，肯定了 1930 年太古洋行实行的预买制度所取得的不俗成绩。[④]

此外，太古洋行还利用中国国内抵制日货运动，借机开拓糖品销售业务。作为中国香港精制糖业的最大竞争对手，日本精制糖在中国市场上销售额的起落，对太古牌糖品有较大影响，"太古公司规模最大，有自备之船只以为运货之用，且于内地各埠广设支店，自置堆栈，肆行销售……以地理及其他关系立于有利之地位"。作为后起者的日本糖商，"大日本制糖、明治制糖及台湾制糖三会社，常相互联合，组成一种'加迭尔'大行商略，纵遇损失亦不惜贬本求售，其损失则求价于日本内地"。在其积极的糖业开拓政策指导下，"日糖颇能蚕食香港糖之贩路，除福州以南各埠外，日糖之势力已渐与香港糖并驾齐驱"[⑤]。太古洋行抓住中国抵制日货运动之机遇，努力拓展糖品销售业务。1919 年，由于中国抵制日货运动导致日本糖品销售受挫和战后糖品供应不足等原因，糖品价格奇高，公司取得非常满意的业绩。是年，精制糖生产额为 119 981 吨，在中国市场上的销量为 92 099 吨，其他市场的销量为 27 882 吨。[⑥]1929 年 3 月 1 日，伦敦总部给太古洋行强调只要中国抵制日货运动持续进行，就快速处理 19 000 担太古精制糖，并指出当前所有政策的重点是在日本精制糖返回中国市场之前牢牢垄断中国市场，即使在其返回后倾销糖

① *Minutes of Meeting Held at Shanghai on October 24th 1929*，Tai Koo Sugar Refinery Co.LTD.

② *Refinery（G.W.Swire Send letter to Butterfield & Swire，November 29th，1929）*，Refinery Letters for First Half of 1929，Reference Box20（JSSVI/2a），Archives of John Swire & Sons Ltd.

③ *Change from Selling on an Ex-Godown Basis to Selling on a C.I.F.basis，Refinery （Butterfield & Swire Send letter to John Swire & Sons，Ltd.，May 22nd，1931）*，Reference Box22A （JSSVI/4a），Archives of John Swire & Sons Ltd.

④ *Refinery：Annual Review 1930（Scott Send letter to Butterfield & Swire，June 26th，1931）*，Reference Box22A （JSSVI/4a），Archives of John Swire & Sons Ltd.

⑤ 《今世中国贸易通志（二）》，张研、孙燕京：《民国史料丛刊》第 654 册，郑州：大象出版社，2009 年，第 194 页。

⑥ *The Minutes of Thirty ninth Ordinary Meeting（27th July，1920）*，Minute Book，Reference Box 2844 （JSS 5/7/1），Archives of John Swire & Sons Ltd.

品，太古牌糖品的销售额度仍可见涨。[①]九一八事变以后，中国国内发生大规模的抵制日货运动，对日糖输华贸易产生较大冲击，而其他外商则借机拓展市场。

从中国市场上的营销情况来看，1926 年的世界糖业危机和 1928 年怡和集团的中国制糖公司的清算破产，对太古洋行的营销策略产生了巨大影响。为此它做出了一系列调整，归纳起来主要有两个方面：一方面调整中国市场的糖品营销策略，包括从依托买办向直接对接经销商转变、从现货仓库交易制度到期货交易制度实施，以及注重糖品广告营销等；另一方面，积极拓展东亚之外的东南亚及南亚市场，寻找替代性市场。

四、拓展东南亚、南亚的糖品销售市场

20 世纪 20 年代以降，欧洲甜菜糖业从第一次世界大战中恢复过来，甜菜糖品再次涌入东亚市场；日本精制糖业经过近 20 年的发展已经成为中国香港精制糖业在东亚市场上的最大竞争对手，不仅使其在日本市场的精制糖业务尽失，而且也让其在中国市场的糖品销售业务危机四伏；再加上中国政局一直动荡不安，太古洋行在中国国内的糖品售卖活动受到严重影响，屡屡搁浅。在多重因素的剧烈冲击下，怡和集团的中国制糖公司于 1928 年宣布破产清算，太古洋行则于 1929 年派遣公司高层人员直接到东南亚各地考察、实地推销，积极开拓由爪哇糖品垄断的东南亚市场。

1929 年 4—5 月，受太古洋行委托，科林·斯科特出访东南亚，行程遍及泰国、马来西亚（含新加坡）、印度尼西亚等国家，他详细地考察该区域糖品市场的具体情况，总体认为该地区的糖品主要来自爪哇并由其垄断，糖品销售市场空间较为有限，不过，仍有拓展必要。4 月 10 日，科林·斯科特抵达曼谷开始了推销糖品的考察之旅，在曼谷，他一方面调查该地的糖品进出口及消费情况；另一方面也与当地的糖品销售商人接触，努力推销太古旗下的糖品，并向太古洋行推荐了曼谷最重要的印度交易商人纳纳（Nana）；另外，他认为在该地推销太古方糖的最有效途径为：（1）直接卖给零售商。（2）委托当地的外国进口商人售卖。（3）直接卖给当地的外国进口商人，并推荐了当地的英泰公司（Anglo-Siam Corporation）给太古洋行[②]。4 月 18 日，科林·斯科特抵达马来西亚的槟榔屿，该地的糖品市场亦为爪哇垄断，方糖的需求量不大，因为该地的欧洲人在餐桌上主要使用的是爪

① *Refined Sugar (Butterfield & Swire Send letter to John Swire & Sons, Ltd., March 1st, 1929)*, Refinery Letters for First Half of 1929, Reference Box 20 (JSSVI/2a), Archives of John Swire & Sons Ltd.

② *Refinery Inspection Bangkok (Scott Send letter to Butterfield & Swire, April 16th, 1929)*, Refinery Letters for First Half of 1929, Reference Box21A & 20B (JSSVI), Archives of John Swire & Sons Ltd.

哇 24 号白糖[①]；在该地最好通过当地的欧洲进口商人（F.M.S. Preliminary）推销方糖及金黄糖浆，消费者主要有三个群体：一是主要市镇上的酒店及咖啡馆；二是市镇上的欧洲居民；三是从事橡胶及地产业的欧洲人。[②]4 月 20 日，科林·斯科特抵达苏门答腊的棉兰（Medan，该城市是印度尼西亚苏门答腊岛北部最大的商品集散中心）进行调查，该地糖品市场为免税、廉价的爪哇糖品垄断，不过，他认为太古方糖在此地仍有一定市场，建议最好是直接和该地的欧洲进口商人联系，其次和当地最大的华裔零售商人合作。[③]4 月 24 日，科林·斯科特在高成川（译音 Goh Cheng Chuan）陪同下到怡保（Ipoh）考察一天，当晚离开去了吉隆坡，他认为该地糖品为爪哇糖品垄断，对太古各类糖品没有特别需求。当地的糖品经销商，对太古牌糖品亦不了解，科林·斯科特建议太古洋行邮寄一些晶糖样品给当地经销商，这些经销商对太古牌方糖均有一定兴趣，双方约定太古方面给他们邮寄一些样品。[④]4 月 25—28 日，科林·斯科特对吉隆坡进行了为期三天的考察，会见了当地最大的商人陈欣蝉（译音 Chin Hin Chan），被告知该地的蛋糕均由槟榔屿进口，太古牌糖品在此地没有市场。之后，科林·斯科特又会见了每个月有 60 包精制糖销售额的星狮集团（Fraser & Neave）商人，成功说服他们试销 10 包太古牌精制糖晶糖 BA。[⑤]4 月 29 日—5 月 4 日，科林·斯科特到新加坡考察，该地市场完全为爪哇糖品垄断，爪哇 26 号糖品每担售价 6.70—7.00 美元，唯一对太古糖品感兴趣的商人森官（译音 Seng Guan）只愿意以每英担 7.00 美元价格试售，太古旗下的晶糖 BA、TK 等品牌均无市场。[⑥]

经过详细地考察之后，科林·斯科特向太古车糖公司综合报告其东南亚之行的考察见解：其一，在东南亚推销太古牌糖品，是一项艰巨的任务，必须让当地华人代理机构或商人对此感兴趣，太古方面在此地与华人没有关联，故而建议公司派买办赵保胜（译音 Choa Po Hsien）去新加坡、吉隆坡与当地的华人建立联系，推销太古牌糖品。其二，该市场完全为爪哇糖品垄断，其 24 号白糖售价每担仅 6.70—

① Refinery Inspection Penang（*Scott Send letter to Butterfield & Swire，April 23rd，1929*），Refinery Letters for First Half of 1929，Reference Box21A & 20B（JSSVI），Archives of John Swire & Sons Ltd.

② *Refinery Inspection F.M.S. Preliminary（Scott Send letter to Butterfield & Swire，April 21st，1929）*，Refinery Letters for First Half of 1929，Reference Box21A & 20B（JSSVI），Archives of John Swire & Sons Ltd.

③ *Refinery Inspection Medan（Scott Send letter to Butterfield & Swire，April 21st，1929）*，Refinery Letters for First Half of 1929，Reference Box21A & 20B（JSSVI），Archives of John Swire & Sons Ltd.

④ Refinery Inspection Ipoh（Scott Send letter to Butterfield & Swire，April 24th，1929），Refinery Letters for First Half of 1929，Reference Box21A & 20B（JSSVI），Archives of John Swire & Sons Ltd.

⑤ *Refinery Inspection Kuala Lumpur（Scott Send letter to Butterfield & Swire，April 28th，1929）*，Refinery Letters for First Half of 1929，Reference Box21A & 20B（JSSVI），Archives of John Swire & Sons Ltd.

⑥ *Refinery Inspection Singapore（Scott Send letter to Butterfield & Swire，May 4th，1929）*，Refinery Letters for First Half of 1929，Reference Box21A & 20B（JSSVI），Archives of John Swire & Sons Ltd.

7.00美元，比太古牌同类糖品每担约低1.20美元，在此地树立太古糖类品牌的唯一办法是引导消费者对高质量糖品的认知，如果方法得当则不无市场，马来西亚的华人社区是富裕的社区，愿意为高品质商品支付高价钱。如果太古方面对这个市场予以重视并找到合适的销售代理，太古牌糖品将如其在仰光、孟买及科伦坡等地一样，会在东南亚获得较好的市场份额。①同时，科林·斯科特建议用广告敲开东南亚市场，他认为马来西亚并未形成方糖消费习惯，在其到访的大多数私人家庭，均使用爪哇晶糖（Java Washed Crystals），因此，可以推断，使用精明的广告手段，并附带在马来西亚整个主要商店投放的小册子，太古牌方糖的销售额度将有令人欣喜的增长。马来西亚方糖销售有较大的潜在市场，该地有一个数量庞大且欣欣向荣的欧洲人居住社区，从未引起其他糖商关注。第一个途径是通过批发商销售（一个是欧洲人经营的公司，另一个是进口公司）；第二个途径则是直接卖给可资信赖的零售商人，这个途径尤其适合马来西亚。如果太古牌方糖能够成功开拓该市场，当地的商人将会行销太古其他等级糖品。②1929年5月10日，太古洋行在给伦敦总部的报告信中充分肯定了科林·斯科特在东南亚推销方糖之行的重大意义，他们收到了来自马来西亚的槟榔屿、怡保、吉隆坡、新加坡，苏门答腊的棉兰等地顾客的订单，曼谷及英属海峡殖民地（Straits Settlements）的主要商店也均有零售包装方糖售卖。③相对在东南亚市场上行销多年且垄断市场的爪哇糖品，太古牌糖品在该市场上推销有诸多的不利条件，其中先天的不利条件是其制糖原料来自爪哇及东南亚市场比邻爪哇，是故太古牌绵砂糖在东南亚市场上完全无法与爪哇24号白糖进行竞争，推销较为高端的方糖无疑成为太古洋行开拓东南亚市场的主要策略。

1929年3月5日，太古洋行召开会议，M.M.麦克法兰认为当中国市场陷入低迷时，印度市场无疑是一个完美的替代者。印度市场已纳入这种关联性的考量当中，尽管与上海和中国北部市场相比，其糖品价格较低，获利较少，但是，在中国市场行情疲软及日本糖品的激烈竞争威胁下，继续留在印度市场上无疑是一个较为明智的选择。④

1929年5月，科林·斯科特从东南亚返回中国香港，太古集团的负责人乔

① *Notes on visit to Malaya（Scott Send letter to T.S.R.Co.Ltd，April/May，1929）*，Refinery Letters for First Half of 1929，Reference Box21A & 20B（JSSVI），Archives of John Swire & Sons Ltd.

② *Notes on Visit to Malaya（Scott Send letter to T.S.R.Co.Ltd，April/May，1929）*，Refinery Letters for First Half of 1929，Reference Box21A & 20B（JSSVI），Archives of John Swire & Sons Ltd.

③ *Refinery（Butterfield & Swire Send letter to John Swire & Sons，Ltd.，May 10th，1929）*，Refinery Letters for First Half of 1929，Reference Box21A & 20B（JSSVI），Archives of John Swire & Sons Ltd.

④ *Refinery（Messrs. Butterfield & Swire Send letter to Messrs. ohn Swire & Sons，Ltd.，March 1st，1929）*，Refinery Letters for First Half of 1929，Reference Box21A & 20B（JSSVI），Archives of John Swire & Sons Ltd.

治·沃伦·斯怀尔亦从伦敦到达香港，太古方面就借机对如何更好地整合东南亚市场和如何在印度市场上确立太古零售糖品的位置等问题进行商讨，并听取了香港大学的印度学生塔拉提（Talati）关于其调查印度糖品市场情况的报告：在过去的6个月里，他受太古洋行委托走访了加尔各答、孟买、金奈（Madras）、科伦坡、卡利卡特、仰光等城市，认为印度、缅甸、锡兰等地的大宗糖品均直接从爪哇输入，主要的进入港口城市是加尔各答、孟买、金奈、卡拉奇（Karachi）、科伦坡、仰光；糖品贸易主要由孟买省的富裕商人控制，他们在各地均设有分支机构，至少在爪哇有代理机构；商人拉里兄弟（Ralli Bros）在外国糖品进口商人中是最有势力的；在加尔各答及其他港口城市也有少量的日本糖品，而在印度西部时有一些欧洲甜菜糖品销售；印度自己也生产大量的甘蔗糖品及棕榈糖（Palm Sugar），后者价格昂贵，专供印度富人享用；印度市场上方糖销售极少，产品直接来自英国。①

对于太古牌方糖而言，印度是一个广阔的潜在市场，尽管太古洋行将货物运送到所有港口，但是，科林·斯科特仍旧担心如果没有令人满意的批发商，这些糖品仍旧无法出售。为了确保这些糖品顺利售出，太古洋行和乔治·沃伦·斯怀尔商议尽可能快地从香港派遣太古洋行的G.E.米切尔（G.E.Mitchell）到印度去，管理印度市场上的太古糖品销售事宜。1929年6月7日，太古洋行致函伦敦总部，建议其派遣G.E.米切尔到印度，并让塔拉提充当其翻译。②同年8月24日，G.E.米切尔和塔拉提从中国香港出发去海峡地区及印度，太古洋行随即向他们应该到的每个地方发货，以期他们可以携带各种太古牌糖品进行走访、推销，同时，也运了一些仿制印度棕榈糖的糖品。③

1930年1月10日，G.E.米切尔就在印度市场上营销太古糖品一事会见了斯特罗纳克（印度）公司的负责人L.A.施卓纳（L.A.Stronach）；1月20日，L.A.施卓纳回信给G.E.米切尔及太古糖品印度代理商，详细地说明了糖品营销一事：（1）印度市场本质上属于价格市场，太古糖品的潜在目标销售群体应为当地的欧洲人及印度的中上层社会，即3.2亿印度人中的1%，约为320万人。（2）印度没有食物法律，故而尽管有很多预防措施，但是其仍为一个由饮食而引起的各种疾病的沃土，是故商品的干净度较为销售商及受教育者重视，国外包装（罐装）食品品牌较受欢迎，L.A.施卓纳认为包装精制糖在印度有一定的市场。（3）小糖包及大糖袋均需

① *Talati Send letter to N.S.Brown (May 23rd, 1929)*, Refinery Letters for First Half of 1929, Reference Box21A & 20B (JSSVI), Archives of John Swire & Sons Ltd.

② *Refinery (Butterfield & Swire Send letter to John Swire & Sons, Ltd., London, June 7th, 1929)*, Refinery Letters for First Half of 1929, Reference Box21A & 20B (JSSVI), Archives of John Swire & Sons Ltd.

③ *Refinery (Butterfield & Swire Send letter to John Swire & Sons, Ltd., London, August 30th, 1929)*, Reference Box21A & 20B (JSSVI), Archives of John Swire & Sons Ltd.

要与众不同（尤其要与中国糖品包装相异），印度人喜欢明亮的色彩。（4）糖品广告既着重强调太古糖品在严格规定的干净条件下生产，更刻意凸显其能增加饮茶的特别性。（5）首批糖品广告应投放在新闻报纸上，第二个重点投放领域是公开出版物。①同年 1 月 31 日，太古洋行在给伦敦总部的信函中称在印度市场上他们很难以高出爪哇糖品均价来维持太古糖品的定期贸易，不过，他们仍向 G.E.米切尔明确了印度市场的地位：一是在变动不居的中国市场之外提供一个可资替代的市场；二是提供一个销售市场，太古糖品可以在此大量销售以维持精制糖制造业的持续发展。考虑到印度市场的这种特性，他们很难在印度市场推行固定的价格政策，为此而不得不根据爪哇糖品的价格来制订较具弹性的价格政策，故而他们要求塔拉提以零售商人身份继续留在印度照看该市场的糖品生意。②

1931 年 6 月 19 日，太古洋行在给伦敦总部的报告信中坦陈其在印度市场上失利一事，并对其 1929—1934 年在印度市场上的糖品销售情况进行了统计，具体情况见表 6-3 和表 6-4。他们发现多数批发商未能完成销售任务，塔拉提并未一直盯着销售工作，尽管他们多次去信鼓励他努力从事自己的本职工作，不过，当时的处境并未完全让人绝望，他们在印度市场所获的利润约为他们支付塔拉提薪水及开销的两倍。③

表 6-3　1929—1934 年太古洋行在印度市场上糖品销售情况（1）（单位：担）

糖类 / 年份	旧业务	新业务				合计
	绵砂糖	绵砂糖	糖果	硬糖	小计	
1929 年	53 014	371	317	973	1661	54 675
1930 年	82 879	298	6128	9592	16 018	98 897
1931 年	77 417	4011	15 192	9974	29 177	106 594
1932 年	27 365	2295	9587	2921	14 803	42 168
1933 年	34 074	4879	24 801	2282	31 962	66 036
1934 年	34 200	6551	26 440	1096	34 087	68 287

资料来源：*India-General Report（April 23rd，1935）*，Reference Box 26A（JSSVI），Archives of John Swire & Sons Ltd，Presented in SOAS Library of London University

从表 6-3 来看，在新业务中，除了 1932 年有所回落外，其余年份一直在增长，

① *Subject：Marketing & Advertising Sugar（L.A.Stronach & Co.（India）LTD.Send letter to G.E.Mitchell，January 20th，1930）*，Reference Box21A（JSSVI），Archives of John Swire & Sons Ltd.

② *Refinery（Butterfield & Swire Send letter to John Swire & Sons，Ltd.，London，January 31st，1930）*，Reference Box21A（JSSVI），Archives of John Swire & Sons Ltd.

③ *Refinery（Butterfield & Swire Send letter to John Swire & Sons，Ltd.，London，June 19th，1931）*，Reference Box22A（JSSVI），Archives of John Swire & Sons Ltd.

到 1934 年时达到 34 087 担，与旧业务的销售额度基本持平。后三年（1932—1934 年）的旧业务与前三年相比很不理想，主要原因在于日本同行的激烈竞争和糖品消费需求的多样化。总体来看，除了 1929—1931 年太古牌精制糖旧业务在印度市场上的销售额迅猛增长，1932 年时有较大回落外，其后两年增长缓慢，未能达到 1930 年的增长幅度。出现此种情况的主要原因在于印度进口关税问题，即高额的关税限制了太古糖品进入印度市场。1932 年，大英帝国经济会议在加拿大渥太华召开，英国政府要求印度政府对其商品予以减免进口关税，但是，并不包括糖品及糖果，就此时印度糖品进口关税税率而言，太古牌糖品在印度市场无法与日本同行进行竞争。另外，印度的制糖商呼吁提高糖品进口关税，以抵制外糖输入，太古洋行在此市场的销售困难日益加剧，故而呼吁港英政府与印度政府进行沟通，协调糖品关税问题。①

表 6-4 1929—1934 年太古洋行在印度市场上糖品销售情况（2）（单位：担）

糖类 / 年份	半方糖	晶糖	冰糖	金黄糖浆	糖果	合计
1929 年	404	228	52			684
1930 年	646	276	393			1315
1931 年	865	1206	571			2642
1932 年	872	1208	620	255	984	3939
1933 年	1621	1912	548	415	216	4712
1934 年	1524	2740	500	279		5043

资料来源：*India-General Report（April 23rd 1935）*，Reference Box 26A（JSSVI），Archives of John Swire & Sons Ltd，Presented in SOAS Library of London University

从表 6-4 来看，太古洋行的糖品销售业务一直处于不断扩展状态，到 1934 年时，已经达 5043 担，不过多集中于加尔各答一地，该地的销售量约占其在印度市场销售总量的 60%。

与开拓中国市场所采取依靠买办的营销办法不同，太古洋行在东南亚、南亚糖品营销活动则直接由其高层人员来完成，他们通过实地勘察、沟通，与当地销售商建立联系，借此来推销太古牌糖品。与东亚新兴的精制糖市场不同，东南亚、南亚糖品市场较早为爪哇糖品垄断，即因地缘关系，爪哇糖品价格相对较为低廉，同类太古牌糖品在该市场毫无优势可言，故而，太古方面在该市场上执行高端糖品推销

① *Letter to Hong Kong Colonial Secretary（9th July，1934）*，Reference Box 25B（JSSVI），Archives of John Swire & Sons Ltd.

路线，希望用品质优于爪哇 24 号白糖的太古方糖敲开此市场的大门，然后其他糖品随后跟进。太古洋行这一营销策略是成功的，助推太古方糖登陆东南亚市场，并再次拓展印度市场，同时，也为接下来开拓中东、非洲等市场积累了丰富的营销经验。

第六节 1934—1941 年：太古洋行尝试与日本合作及开拓中东、非洲市场

1934—1935 年，中国市场仍是太古精制糖的重要销售市场，尤其是绵砂糖，也是其唯一的中端精制糖市场，据统计，1934 年 1 月—1935 年 6 月，太古车糖公司生产精制糖的 60%，即每周 15 400 担运往中国市场上销售。①但是，贸易环境的恶化，迫使其不得不再度调整营销策略。1935 年，贸易环境有两个明显的特征，其一是中国放弃银本位货币制度，法币与美元之间的汇率较为稳定；其二是由日本官方支持的华北走私活动史无前例地猖獗，面对日本糖品的低价竞争，太古方面为了继续保持其市场份额而必须找到降低生产成本的办法。②1933—1936 年，太古洋行批量糖品销售情况分别为 1 120 413 担、1 382 760 担、894 501 担、1 301 226 担，其中在中国（含香港）市场上的销售额分别为 861 347 担、938 430 担、608 174 担、723 612 担，在伪满洲国分别为 80 806 担、49 949 担、61 118 担、178 415 担，在其他地区分别为 178 260 担、394 381 担、225 209 担、399 199 担。③1937 年 3 月，中国市场与外部市场的销售份额持平，每周生产精制糖 25 000 担，其中 12 500 担在外部市场销售。1937 年 4 月，太古车糖公司精制糖产量由每周 25 000 担减少到 15 000 担。④同年 5 月，《国际砂糖协议》（*International Sugar Agreement*）告成，国际糖品行情上扬，但是，同年 7 月，抗日战争全面爆发，中国市场上糖品贸易已然失序⑤；8 月，中国北部港口城市贸易被战争打乱，东北地区市场完全为日本

① *Prices & Selling Policy（Butterfield & Swire Send letter to John Swire & Sons，Ltd. London January 24th，1936）*，Reference Box 26B（JSSVI），Archives of John Swire & Sons Ltd.

② *Annual reports-1936（April 16th，1937）*，Reference Box27（JSSVI），Archives of John Swire & Sons Ltd.

③ *Annual reports-1936（April 16th，1937）*，Reference Box27（JSSVI），Archives of John Swire & Sons Ltd.

④ *Monthly review-April 1937（May 14th，1937）*，Reference Box27（JSSVI），Archives of John Swire & Sons Ltd.

⑤ *Annual Reports-1937（April 22nd，1938）*，Reference Box28（JSSVI），Archives of John Swire & Sons Ltd.

垄断。[①]1938年初，太古洋行在向伦敦总部的报告中声称，尽管中国市场仍是潜在的主要市场，但是该市场极不稳定，太古糖品理应扩大销售区域，并减少对此市场的依赖程度。[②]

一、太古洋行向日本糖商寻求竞争性合作

在中国市场上，太古洋行与日本糖商的竞争由来已久，具体时间可以追溯到1906年，之后，随着日本糖商力量的逐渐壮大，双方之间竞争十分激烈。1933年，根据太古洋行的市场报告，中国市场是一个价格敏感市场，低廉的制品较易出售，东北市场来自朝鲜精制糖公司的糖品质量完全可以与太古精制糖媲美，太古牌精制糖维持高价销售已不可能。[③]太古牌糖品在面对日本同行倾销竞争时，其在运输及质量上的优势渐渐失去，故而，太古洋行借鉴之前太古轮船公司与怡和、招商局签订齐价合约的经验，希望与日方合作来避免以惨痛损失为代价的价格战。

早在1933年时，双方已经接触，讨论过中国市场上糖品销售价格问题。从太古洋行1933年8月25日给伦敦总部信来看，太古洋行和日本糖商在齐价销售及东北地区支付依据（Paying Basis）等方面均有合作意向。[④]不过，两者并未达成实质性合作条款，反而，在1937年初，日本糖商与爪哇糖商达成了共同对付太古洋行的合约。是年初，尽管中日关系依旧不明朗，但是，日本对华贸易却呈显著增长趋势，尤其是对华糖品出口贸易达到最高值。据1937年《经济知识》（第1卷第17期）报道，日方的糖业联合会与荷属爪哇糖商尼帕斯（Nipus）达成糖品销售合作协议：其一，努力协调双方在中国市场上竞争局势，尼帕斯协助日本糖商扩大对华糖品出口贸易。其二，稳定中国市场上爪哇白糖与日本精制糖的价格差异，避免不必要的价格竞争。其三，考虑到日方精制糖商的出口贸易，尼帕斯调整其对香港及上海精制糖制造商的原料糖品价格，借此达到日本及荷属爪哇糖商垄断中国糖品市场的目的。[⑤]

在日本同行的蚕食及原料购买失败等情况的交困下，太古方面被迫进行减产并

---

① *Refinery（Butterfield & Swire Sent letter to John Swire & Sons Ltd., London, August 27th , 1937）*, Reference Box27（JSSVI）, Archives of John Swire & Sons Ltd.

② *Selling Policy & Future Prospects（March 4th, 1938）*, Reference Box28（JSSVI）, Archives of John Swire & Sons Ltd.

③ *Refinery（Taonan, Manchoukuo, 17th April 1933）*, Reference Box24A（JSSVI）, Archives of John Swire & Sons Ltd.

④ *Negotiations with the Japanese（August 25th, 1933）*, Reference Box 24B（JSSVI）, Archives of John Swire & Sons Ltd.

⑤ *Translation form Economic Knowledge*, Vol.1, No.17, 1937（March 22th, 1937）, Reference Box27（JSSVI）, Archives of John Swire & Sons Ltd.

辞退部分员工，同时，不得已再次建议日本糖业协会及精制糖出口商在对华糖品贸易上进行合作：其一，在对华出口糖品价格上达成一致。其二，在中国市场销售区域上达成一致，长江流域以南为太古糖品销售区域，长江流域以北及东北地区为日本糖品销售区域。这一合作意见被日方拒绝，主要原因有三点：其一，日本糖业协会是自治组织，其目的主要是为了确定各地的糖品供应数量，无法干涉制糖公司销售行为。其二，尽管太古洋行及日本糖商均进口爪哇原料糖品，但是由于进价不一致，因此无法在精制糖售价上达成一致。其三，在中国市场上进行糖品销售合作将刺激国际紧张局势。①与此同时，太古与爪哇方面关于糖品销售合作的谈判亦告失败，太古糖品面临着退出中国市场的危机，为此，太古方面要求太古洋行经理约翰·塞耶（John Thayer）负责进一步与日本方面进行沟通。1937 年 3 月 22 日，他致信太古洋行报告谈判情况：日本糖商三井集团通报日本方面未能在合作一事上达成一致意见，但是告知仍会努力推动此事。同时，他也相信在太古糖品的激烈竞争下，日本方面是有合作意愿的。②5 月 14 日，太古洋行向伦敦总部报告，日本糖商亦不满足于中国市场上的日糖价格，而认为其有一定的上升空间，如果能与太古方面合作，双方将分享一个合理的糖品售价。③不过，较为遗憾的是，随着抗日战争的全面爆发，日本方面已计划全面垄断中国市场，因此再无意与太古洋行讨论合作事宜。

二、取消买办莫氏家族的代理权，推行经理人负责制度

作为太古洋行香港总部的总买办，珠海莫氏家族的莫仕扬、莫藻泉、莫干生、莫应溎在推动太古洋行糖品贸易方面做出了重要贡献。1932 年 5 月 26 日，太古洋行聘任莫应溎为糖品经纪人，将糖蜜生意委托给他来代理。1934 年 5 月 18 日，太古洋行向伦敦总部报告了莫应溎的种种不称职行为：未能沟通太古洋行与买方关系；未能向太古洋行提供实时市场信息；其大部分时间用于股票交易及买卖外汇；他同时兼任爪哇糖品的交易商；作为中国地方糖业商会的会长，莫应溎参与糖品走私。太古洋行亦称从未就其与莫应溎的关系感到满意，希望尽快辞退莫应溎，G.E. 米切尔同意太古洋行立即将其辞退，乔治·沃伦·斯怀尔则认为要找到一个好的解

① *Tai Koo Sugar Company, Hong Kong（“Chugai” February 17th, 1937）*, Reference Box27（JSSVI）, Archives of John Swire & Sons Ltd.

② *J.Thayer sent letter to Butterfield & Swire, Hong Kong (March 22nd, 1937)*, Reference Box27 （JSSVI）, Archives of John Swire & Sons Ltd.

③ *Negotiations with the Japanese (May 14th, 1937)*, Reference Box27（JSSVI）, Archives of John Swire & Sons Ltd.

雇理由，并给其三个月时间让其考虑。[①] 5月25日，太古洋行再次向伦敦总部报告，无论是在糖品的批量销售方面，还是在糖品零售方面（除了澳门以外），莫应溎对公司的销售业务几乎没有什么作用，唯一有价值的地方是推销糖蜜一项，不过，太古洋行怀疑莫应溎滥用了公司授予的糖蜜垄断销售权。太古洋行和莫应溎签订的糖蜜价格是每担1.6美元，而据太古车糖公司经理菲利普斯（Philips）报告，市场上的太古牌糖蜜却是每担2.4—3.0美元。太古洋行并不否认莫应溎仍对他们还有一些利用价值，但是，强调其价值正在减小，故而希望尽快用翁氏（C.P.Wong）来替代莫应溎。[②]伦敦总部同意了太古洋行的意见，于1934年9月10日解除莫应溎职务，任命翁氏为太古洋行中国事务部经理。[③]自此，正式取消糖品销售上的买办制度，推行经理人负责制度。[④]

三、开拓中东市场

1934年2月3日，太古洋行董事艾迪肯斯（S.H.Edikins）到达巴格达，1934年2月7日，他向太古洋行报告了中东市场糖品销售情况：1933年，当地糖商施特里克（Stricks）公司购买了12 000箱太古方糖，到1933年6、7月份时仍有5 000箱未能售出；波斯湾市场是相对较为保守的市场，对新事物有一定的偏见，他认为最大的障碍是如何让该市场克服这种偏见。经过和施特里克公司的销售人员走访多家商店之后，他认为太古方糖适宜于伊拉克市场，但是，该市场较为流行的是块糖，故而太古洋行在巴格达的最大糖品销售商建议太古洋行提供较硬的方糖来迎合该市场。[⑤]同年3月，太古洋行向巴格达运送5050担太古XA牌糖品。[⑥]1935年，受波斯湾各国政府糖品垄断影响，太古洋行在该地市场推销半方糖的业务极其困难，不过，波斯湾糖品销售代表非洲和东方有限公司（The African & Eastern Ltd.）支持太古洋行在该市场进行大宗糖品贸易，这有助于推销半方糖业务。[⑦]

1936年10月23日，太古洋行经理威廉森（H.B.Williamson）向太古洋行报

---

① *Chinese Staff (May 18th, 1934)*, Reference Box 25A (JSSVI), Archives of John Swire & Sons Ltd.

② *Chinese Staff (May 25th, 1934)*, Reference Box 25A (JSSVI), Archives of John Swire & Sons Ltd.

③ *Annual Report-1934 (May 31st, 1935)*, Reference Box 26A (JSSVI), Archives of John Swire & Sons Ltd.

④ 张仲礼认为经理制是买办制度的继续和完善，两者均是一种承包制度。参见张仲礼、陈曾年、姚欣荣：《太古洋行在旧中国》，上海：上海人民出版社，1991年，第169页。

⑤ *Baghdad & Persian Gulf (February 7th, 1934)*, Reference Box 25A (JSSVI), Archives of John Swire & Sons Ltd.

⑥ *Review-March 1934 (April 13th, 1934)*, Reference Box 25A (JSSVI), Archives of John Swire & Sons Ltd.

⑦ *Refinery (Butterfield & Swire Send letter to John Swire & Sons, Ltd., London, January 4th, 1935)*, Reference Box 25A (JSSVI), Archives of John Swire & Sons Ltd.

告：近一年来，太古半方糖在巴格达市场上销售情况良好，施特里克公司的负责人威尔斯（Wiles）很有信心在一年内将半方糖的销售额度从每月 1000 箱增加到 1500 箱。威廉森建议如果能打开咖啡店市场则可以增加半方糖的销售数量，而施特里克公司方面则认为用于制造甜食和蛋糕的绵砂糖 B 及 CW 在该地不具有市场前景，不过，也答应如果有买家对此感兴趣，他们会通知威廉森。①

1937 年，抗日战争全面爆发后，中国市场行情动荡，太古方面加大中东市场的糖品推销力度。据统计，1937 年 12 月，太古洋行在波斯湾市场上的糖品销售额为每月 600 担方糖。②1938 年 4 月已达到每月销售方糖 1200 担。③到 1940 年初，太古洋行预计在该市场上的销售额每月约为 10 000 担。④

四、拓展非洲市场

早在 20 世纪 30 年代初期，太古洋行就有意开拓非洲市场，比如 1931 年科林·斯科特访问坦桑尼亚时，就委任非洲商业有限公司（The African Mercantile Co.Ltd）为其糖品代理商，但是由于高额关税、高额汇率等困难而未能打开该市场。⑤1937 年，中日局势更加不明朗，太古洋行与日本、爪哇方面的合作谈判毫无进展，不得不进一步向区域外市场进行拓展，具体情况见表 6-5。非洲市场可分为三种：其一，国产糖品保护区域，比如南非，有自己的制糖工业，故而较为排斥外糖进入。其二，东非的大部分地区、委任统治区、黄金海岸及尼日利亚等区域，制糖工业力量薄弱，市场上糖品主要来源自爪哇白糖及中国内地糖品。其三，塞拉利昂、津巴布韦、索马里兰等为大英帝国糖品优先销售区域。⑥1937 年，太古洋行再次尝试用半方糖及瓶装金黄糖浆打开西非市场⑦；同年 3 月在东非销售 3056 担糖品⑧，5 月销售糖品为 1125 担⑨，6 月销售糖品为 940 担⑩。

---

① *Refinery (H.B.Williamson's report on Iraq Dated 23rd October, 1936)*, Reference Box 26B（JSSVI）, Archives of John Swire & Sons Ltd.

② *Price & Selling Policy (December 17th, 1937)*, Reference Box27（JSSVI）, Archives of John Swire & Sons Ltd.

③ *Selling policy (April 8th, 1938)*, Reference Box28（JSSVI）, Archives of John Swire & Sons Ltd.

④ *Crystals for the Persian Gulf (January 26th, 1940)*, Reference Box397（JSSVI）, Archives of John Swire & Sons Ltd.

⑤ *Memorandum (December 3rd, 1937)*, Reference Box27（JSSVI）, Archives of John Swire & Sons Ltd.

⑥ *Africa (November 26th, 1937)*, Reference Box27（JSSVI）, Archives of John Swire & Sons Ltd.

⑦ *Refinery (Butterfield & Swire Sent letter to John Swire & Sons Ltd., London, March 12th, 1937)*, Reference Box27（JSSVI）, Archives of John Swire & Sons Ltd.

⑧ *Monthly review-March 1937 (April 9th, 1937)*, Reference Box27（JSSVI）, Archives of John Swire & Sons Ltd.

⑨ *Monthly review-May 1937 (June 11th, 1937)*, Reference Box27（JSSVI）, Archives of John Swire & Sons Ltd.

⑩ *Monthly review-June 1937 (July 9th, 1937)*, Reference Box27（JSSVI）, Archives of John Swire & Sons Ltd.

表 6-5　1934—1937 年 10 月太古糖品市场销售情况　　（单位：担）

市场＼年份	1934 年	1935 年	1936 年	1937 年 1—10 月
日本	1848	3461	3348	2184
中南半岛（Indo-China）	4221	6798	9523	9297
曼谷	73 419	10 233	31 508	19 086
海峡地区（Straits）	246 646	141 878	272 678	247 554
印度	74 956	71 197	87 747	73 762
波斯湾地区（Persian Gulf）	3427		6508	5703
亚丁湾	189		189	126
非洲	49	23		7751
美洲	1438	1950	757	1437
中国香港	59 848	43 060	160 091	74 976
总计	466 041	278 600	572 349	441 876

注：不含中国内地销售情况

资料来源：*Price & Selling Policy（December 17th，1937）*，Reference Box27 （JSSVI），Archives of John Swire & Sons Ltd

从表 6-5 来看，1934—1937 年 10 月，太古洋行在中国内地以外市场销售情况属非洲市场变化最大，在 1937 年前，销售额几乎可以忽略不计，而是年其在非洲市场糖品销售达到 7751 担，尽管仍无法与曼谷、海峡地区及印度等市场相比，但是，这已说明太古洋行在非洲市场的销售活动已初见成效。

1938 年 3 月，据太古洋行经理劳里（J.F.Lawrie）的报告，太古的半方糖、冰糖、糖浆等产品已进入非洲市场，不过数量较为有限。[①]1939 年初，尽管销量较小，但是利润可观。[②]1940 年初，受第二次世界大战的影响，南非的糖品贸易陷入停滞状态。[③]

纵观此一阶段太古精制糖的销售情况，中国内地仍为其主要销售市场，中国东北地区市场的销售份额严重下降，其他市场所占比重明显增加。[④] 1934—1941

① *Refinery（Butterfield & Swire Sent letter to John Swire & Sons Ltd.，London，March 25th，1938）*，Reference Box28（JSSVI），Archives of John Swire & Sons Ltd.

② *Refinery（Butterfield & Swire Sent letter to John Swire & Sons Ltd.，London，February 23th，1939）*，Reference Box29（JSSVI），Archives of John Swire & Sons Ltd.

③ *Annual Reports–1939（May 24th，1940）*，Reference Box397（JSSVI），Archives of John Swire & Sons Ltd.

④ 1933—1936 年，太古洋行批量糖品销售情况分别为 1 120 413 担、1 382 760 担、894 501 担、1 301 226 担，其中在中国（含香港）市场上的销售额分别为 861 347 担、938 430 担、608 174 担、723 612 担，在伪满洲国分别为 80 806 担、49 949 担、61 118 担、178 415 担，在其他地区分别为 178 260 担、394 381 担、225 209 担、399 199 担。

年，太古洋行的糖品营销活动受到来自日本同行的严重冲击，1932 年伪满洲国成立后，在日本政府的暗中支持下，中国市场上的日糖走私日益严重，严重伤害了太古洋行的正常销售活动，一方面太古洋行努力与日本方面进行协调，希望签订齐价协议，不过一直未能成功；另一方面，除了努力扩大东南亚、南亚市场上的市场份额外，其积极开拓中东及非洲市场，并初获成功。抗日战争全面爆发后，太古洋行在中国市场上的糖品销售活动更加困难，日本方面利用战争的有利局面，划定中国东北及华北地区为日糖独占区域，同时，努力发展中国东北地区的甜菜制糖业及广东糖业经济，希望借此独占中国糖品市场。根据《南华早报》1939 年 2 月 9 日报道，日军占领广州之后，立即敦促日本糖商恢复广东 6 个制糖厂的生产（其中 4 个遭到严重轰炸破坏，1 个被炸较轻，1 个没有受到影响）。①2 月 16 日，根据太古洋行董事史塔克（Stark）访问东京的报道，日本有意将华北地区（包括山东、青岛）变成一个和伪满洲国一样的封闭市场，不允许外糖输入该区域。②2 月 23 日，据太古洋行统计，1938 年太古糖品销售额市场分布情况（除去绵砂糖，该年 350 000 担绵砂糖销售到中国内地市场）为日本 1680 担、中南半岛 14 953 担、曼谷 84 644 担、马来西亚 452 833 担、印度 82 353 担、海湾地区 10 789 担、非洲 2557 担、美洲 501 担，合计 650 310 担；中国香港市场为 133 700 担，中国内地为 24 381 担，总计为 808 391 担，中国内地市场的销售额仅占 3%，下滑速度极其惊人。③ 1935—1938 年，太古糖品在中国（含香港）及伪满洲国地区的糖品销售份额呈下降趋势，中国市场的销售份额比例分别为 68%、55.6%、52.5%、47%，伪满洲国市场分别为 6.8%、13.7%、8.1%、0.4%，可见太古糖品几乎退出了该市场。糖品销售总量亦由 1936 年的 902 000 担，减至 1937 年的 615 700 担，再减至 1938 年的 557 000 担。而 1938 年其他市场的销售额度已达到 618 006 担。④1939 年，太古糖品首次进入昆明市场，随着战争的持续进行，1940 年初太古糖品在中国市场上销售限于上海、天津、青岛、厦门等几个港口城市。⑤1941 年底，日本占领香港，太古车糖公司被占领，太古洋行总部迁往伦敦，部分业务迁移到澳大利亚。

---

① *Plants in Kwangtung Seized by Japanese: Military Urge Repair*, Reference Box29（JSSVI）, Archives of John Swire & Sons Ltd.

② *Japan/Sugar Trade in China (February 16th 1939)*, Reference Box29（JSSVI）, Archives of John Swire & Sons Ltd.

③ *Refinery (Butterfield & Swire Sent letter to John Swire & Sons Ltd., London, February 23th 1939)*, Reference Box29（JSSVI）, .Archives of John Swire & Sons Ltd.

④ *Annual Reports–1938 (June 7th, 1939)*, Reference Box29（JSSVI）, Archives of John Swire & Sons Ltd.

⑤ *Monthly Review–July 1940 (August 9th, 1940)*, Reference Box397（JSSVI）, Archives of John Swire & Sons Ltd.

小结：怡和、太古引领了东亚精制糖消费的新时尚

以贸易起家的怡和、太古集团发展航运业比较好理解，方便其货物运输，但是其首先投资的实体产业为精制糖业则颇值得思量，这有必要再审视其与近代中国、东亚的深度融合问题。尽管它们起步于商品贸易，其业务重心在东亚地区，但是，它们利用与伦敦的关系，及时获悉世界最新商业信息，并努力在东亚地区研判、捕捉新商机。1880 年前后，怡和集团的中国制糖公司、太古集团的太古车糖公司相继成立，很快成为东亚地区精制糖制造业的双雄。在市场运作方面，它们在成立之初均一度依托日本、中国两个东亚新兴的精制糖市场，之后随着日本精制糖业成为后起之秀，它们于 20 世纪 20 年代几乎全部退出日本市场，中国制糖公司在多重困难之下不得不于 1928 年被迫宣布破产清算。不过，太古集团的制糖业却在逆境中继续前进，总代理商太古洋行一方面改变市场营销策略，深耕中国市场；另一方面，积极开拓东南亚、南亚、中东及非洲糖品市场，形成可资转圜的宏大市场空间。比如，1929—1939 年，太古洋行仅仅用了 10 年时间，就成功拓展了本属于爪哇糖品垄断的东南亚市场，到 1940 年时，海峡地区（新加坡、吉隆坡、槟榔屿、怡保等地）成为其在中国市场以外的重要糖品销售市场，1937 年销售 318 504 担、1938 年销售 435 789 担、1939 年销售 687 466 担、1940 年销售 768 318 担。①以太古车糖公司为主的香港精制糖业强势崛起，加剧了东亚糖业经济旧格局的解体并助推了新格局的形塑，使其成为东亚糖业格局中的重要一极。

因时局的变动及各种糖业力量的此消彼长，太古洋行在糖品推销过程中尽管有过挣扎、困顿，但是一直努力调整营销策略来适应市场变化，并且在竞争中不断优化其糖品营销策略。在怡和、日本、爪哇等同行的激烈竞争下，太古洋行不断调整糖品营销策略，从仓储现货现金交易到预买期货制度，从买办制度到经理人负责制度，中国以外市场推行督查负责制的代理商制度，树立太古品牌制度等，这些制度性的尝试，尽管有过反复及迟滞，但是，整体而言取得了较大的成功。比如，作为一个来料加工型的糖品品牌，如果未能获得价格合理的原料糖品，也意味着制糖成本高昂，是故，太古洋行以爪哇麦克莱恩·沃森公司（Maclaine Watson & Co.Ltd Java）为代理人直接从爪哇进口大量原料糖品，使太古车糖公司始终能够维持较低

① *Annual Reports–1940（May 16th，1941）*，Reference Box397（JSSVI），Archives of John Swire & Sons Ltd.

的加工成本，从源头把握竞争优势；再如，太古洋行委派公司高层人员开拓新市场，科林·斯科特奉命去开拓东南亚市场，G. E. 米切尔承命开拓印度市场，这一策略均取得了较大成功。可以肯定，太古洋行在糖品营销方面大胆有益的尝试，无疑为太古集团企业制度生成及发展提供了蓝本及试验机会。

第七章　日本糖业在东亚市场上的开拓与竞争

1895年，日本占领中国产糖重镇台湾，在台湾糖业基础上，日本大力发展本国制糖业，并着力拓展东亚市场。1903年日糖正式进入中国市场，到1937年抗日战争全面爆发时，日糖在中国市场上的开拓及竞争活动，既改变了传统的中日糖品贸易格局，即由中国向日本输入糖品及技术的格局转变为由日本向中国输入糖品及技术的局面；也改变了近代中国乃至整个东亚市场上的糖品竞争格局，即由爪哇糖及香港糖两糖统治的格局转变为日糖、中国香港糖两糖独大的局面。从这些活动中，不难看出，这一时期中外糖品之间的竞争形势，依旧为洋糖同国糖之间的竞争，外国糖商仍通过商品输出手段来控制中国的糖品销售市场，而并未完全过渡到资本与商品输出手段并用的阶段；同时，日糖在中国市场上的成功是由日本政府扶植、糖商积极进取及侵略活动等多方因素共同促成的，而国糖30多年的发展停滞及倒退，虽然是由局势动荡、政府无力、糖商无识及外糖入侵等一系列因素造成的，不过，日糖的成功是这一系列因素中较为关键的一种。因此，可以肯定，对日糖在中国市场上开拓及竞争活动的分析是解读国糖衰退及东亚糖品竞争格局演变的关键所在。

20世纪以前，日本多从国外输入糖品及制糖技术，尤其是从中国输入糖品及制糖技术。例如，1641—1653年（江户时代），从长崎输入中国糖品的数量，最高年份达168.5万千克，最低年份也达35万千克以上①；1868—1878年，日本输入糖品共约2.825亿千克，价值2000余万日元，其中“自中国输入者十之九，他国输入者十之一”②。然而，在占领东亚糖业重镇台湾之后，日本在台湾糖业基础上大力

① 松浦章：《江户时期的唐船带来的砂糖与国内消费的展开》，《东亚文化交流研究》2010年第3号；落合功：《近世砂糖贸易的发展与砂糖国产化》，《修道商学》2001年第1号。

② 黄遵宪：《日本国志》卷三十八至三十九《物产志》，沈云龙主编：《近代中国史料丛刊续编》第10辑，台北：文海出版社，1973年。

发展本国精制糖业，并着力向外开拓市场，进而成为东亚糖业强国，改变了东亚传统的糖业格局。

第一节 日本本土精制糖业的发展

中日甲午战争之后，日本侵占中国重要的糖品生产基地台湾，并以台湾糖业为基础，加快本国制糖业的发展。[①]在这一时期，日本整个糖品产量包括日本本土、日据时期台湾、日据时期朝鲜及南洋委任统治岛屿四个地区所产的糖品，朝鲜及南洋委任统治岛屿两地所产糖品数量较少，日本国内糖业主要是北海道的甜菜糖种植和以爪哇糖为原料的精制糖业，台湾糖业是其发展的基础，日本在台湾糖业发展过程中倾注了大量心血，并以此形成了日本近代制糖业[②]。

明治中后期，尤其是在占领中国糖业基地台湾后，日本大力改进、扶植本土糖业的发展。“日本糖业在明治三十五年（1902 年）前，因输入糖之压迫而陷于极度衰退的泥坑，自占领台湾后，才渐渐从压迫下解放出来而开始日本糖业之发展。”[③]明治三十九年（1906 年），日本政府在冲绳县中头郡西原村大字我谢设立糖业改良事务局，并在大岛郡名濑村大字金久设立大岛办事处，在农商务省内设立东京办事处。该事务局主要负责糖业调查及试验、糖业知识讲习、土壤与肥料的分析及鉴定、糖业补助及品评会等相关事项。局内有局长 1 人、事务官 2 人、专业技师 4 人、专业技术员 10 人、专职书记 6 人。局长由冲绳县县长来担任，接受农商务大臣指挥及监督，掌管局中一切事宜；事务官在鹿儿岛县事务官及冲绳县事务官中分别抽调 1 人来充任。从糖业改良事务局职员的选任情况来看，县知事、县事务官亲自充当糖务局管理之职位，足见明治政府对糖业发展的重视。[④]

从日本糖业发展历程来看，日本精制糖制造业属于多边贸易性质的外向型行业，制造精制糖的原料均来自外部，在本土加工提炼成精制糖后，一部分用于本土销用，另一部分则输往中国市场，具体示例见表 7-1。

---

① 习五一：《1895—1931 年台湾食糖贸易研究——台湾、日本、大陆三角贸易考察》，《近代史研究》1995 年第 5 期。

② 《近代日本糖业史》《日本制糖技术史：1700—1900》《台糖 90 年通史》等著作对台湾糖业的发展历史及制糖技术均有介绍，本书仅大略地描述日本对台湾糖业的扶持情况及日本糖业以此为基础的发展。

③ 白涛：《日本之糖业》，《商业月报》1936 年第 1 号，第 1 页。

④ 社团法人糖业协会：《近代日本糖业史》上卷，东京：劲草书房，1997 年。

表 7-1　1917—1921 年日本精制糖产销数量与精制糖原料进口数量及来源表（单位：担）

年份	精制糖产量	本部销用数量	出口数量	精制糖原料进口数量	精制糖原料进口来源	
					爪哇	台湾
1917 年	4 008 950	1 784 530	2 209 040	4 291 770	28%	72%
1918 年	4 145 800	2 540 960	1 908 780	4 422 880	78%	22%
1919 年	3 714 850	2 832 120	1 095 000	3 937 770	91%	9%
1920 年	3 375 030	2 950 390	1 005 440	3 591 710	55%	45%
1921 年	4 800 000	3 900 000	793 050			

资料来源：《日本糖业经过情形述要》（《中外经济周刊》1925 年第 123 号，第 22—23 页

如表 7-1 所示，1917—1921 年，日本精制糖产量均在 400 万担左右，除了国内消费一部分外，每年还向外输出糖品达 793 050—2 209 040 担。其制造精制糖的原料全部来自外部，即来自爪哇及台湾。例如，1917 年日本进口原料糖 4 291 770 担，其中 28%来自爪哇，72%来自台湾；1918 年日本进口原料糖 4 422 880 担，其中有 78%来自爪哇，22%来自台湾；1919 年日本进口原料糖 3 937 770 担，其中有 91%来自爪哇，仅 9%来自台湾；1920 年日本进口原料糖 3 591 710 担，其中有 55%来自爪哇，45%来自台湾。1918—1919 年，台湾因天灾而致数量减少，故输出日本的原料糖品大幅度减少。1920 年左右，据日本年鉴统计，日本本部有糖品公司 7 家：大日本制糖公司、台湾制糖公司、明治制糖公司、帝国制糖公司、新高制糖公司、盐水港制糖公司、大正制糖公司。其中规模最大者为大日本制糖公司及台湾制糖公司，各有糖厂 3 所，其次为明治制糖公司与大正制糖公司，各有糖厂 2 所；其余 3 家公司各有糖厂 1 所，每日产糖能力共计 1600 余吨。①

第二节　日据时期台湾糖业的发展

1901 年，日本驻台湾总督儿玉源太郎采纳了新渡户稻造的改进台湾糖业建议，制定了促进台湾糖业发展的基本政策。②1902 年，台湾总督府编设糖务局官制，颁行《台湾糖业奖励规则》③。1903 年，台湾总督府依照糖业奖励规则，又颁

① 《日本糖业经过情形述要》，《中外经济周刊》1925 年第 123 号。

② 卢守耕：《台湾之糖业及其研究》，台湾银行金融研究室：《台湾之糖》，台北：台湾新生报股份有限公司，1949 年，第 2 页。

③ 一补助开垦费兼免诸税；二供给爪哇之蔗苗；三供给农民之改良农具；四派技师指导栽培法；五补助栽培甘蔗之肥料；六蔗园灌溉及排水费由糖务局担任；七供给低利之资金；八补助机器代价之一部分；九谋交通上之便利；十减轻运输之运费；十一对于经营原料糖者无论盈亏给奖励金；十二设立技术讲习所；十三设植蔗奖赏农民法条例。马席珍：《关于糖业之调查》，《中国与南洋》1918 年第 1 期，第 3 页。

布了《台湾糖业奖励规则施行细则》（共十三条）[1]。1905 年，为保证糖品产量及避免恶性竞争起见，台湾总督府又公布《台湾制糖场取缔规定》，对于私自变更场内生产器具的制糖场，台湾总督府有权要求其变更或对其予以取缔，并借此树立了原料采购区域限制制度[2]。同年，为了避免外来病虫害对台湾蔗苗的侵害，台湾总督府又公布了《台湾蔗苗取缔规则》（共九条），限制外来带病蔗苗的传播[3]。1924 年，为了保证蔗苗的品质，台湾总督府颁布了《台湾甘蔗中间苗圃设置规则》（共十二条）[4]。这些带有保护性及强制性的规则制度，在引进蔗苗、改良蔗种、设置试验研究机关、改良栽培方法、防除病虫害、奖励补助蔗苗之灌溉排水工事、改善原料蔗糖收获方法、建立新式糖厂、改良制糖方法等方面均起到了重要的作用。据日本业糖者所言："这些规则维持农民与资本家之协调，使两者成为一体而举共存共荣之实，洵属一大巧妙之方法，台湾糖业从此步入一个科学化的新时代。"但是，也"不难发现，这些制度完全是保障日本资本家的利益和剥夺台湾农民的劳力与自由的工具，亦即日本在台湾的殖民政策之一环"[5]。

在颁布奖励条例的同时，台湾总督府也加大了对台湾糖业的补助。据神户中华商务总会副会长马席珍调查："自明治三十五年（1902 年）至四十四年（1911 年），每岁补助金自 500 余万元至 5000 余万元，及至大正年间，糖业已大发达，然尚有补助金数十万元。"[6]另据日本农商务省农务局的糖业调查来看，1902—1909 年，日本政府一共对台湾糖业发放了 267 万余日元的补助金，具体情况见表 7-2。

表 7-2　1902—1909 年日本政府对发展台湾糖业的各项补助及数额表（单位：日元）

补助事项	1902 年	1903 年	1904 年	1905 年	1906 年	1907 年	1908 年	1909 年	合计
制糖会社及制糖所补助	59 600	56 123	54 000	84 650	56 400	21 000	36 000		367 773
肥料补助	16 514	20 177	2217	14 569	26 605	164 255	406 040	621 959	1 272 336
灌溉及排水补助	5566	6946	1500			23 870	11 157		49 039
种苗补助						74 118	81 377	103 997	259 492
农具补助							216		216
改良糖廍补助							83 009	67 303	150 312

① 《台湾糖业奖励规则施行细则》，《制糖》1945 年第 1 期，第 83—90 页。
② 《台湾制糖场取缔规则》，《制糖》1945 年第 1 期，第 91—93 页。
③ 《台湾蔗苗取缔规则》，《制糖》1945 年第 1 期，第 98—99 页。
④ 《台湾甘蔗中间苗圃设置规则》，《制糖》1945 年第 1 期，第 94—97 页。
⑤ 《台湾：我们的糖罐子》，《中坚》1946 年创刊号，第 42 页。
⑥ 马席珍：《关于糖业之调查》，《中国与南洋》1918 年第 1 期，第 3 页。

续表

补助事项	1902 年	1903 年	1904 年	1905 年	1906 年	1907 年	1908 年	1909 年	合计
甘蔗品评会褒奖补助							5000		5000
制糖机械购入补助	22 706	56 111	77 231	167 532	182 411	6760	18 134	20 273	551 158
开垦补助	642	1080	4480	2420	1241	5673			15 536
合计	105 028	140 437	139 428	269 171	266 657	295 676	640 933	813 532	2 670 862

资料来源：农商务省农务局：《关于砂糖的调查》，东京：龙溪书社，1997 年

从表 7-2 来看，1902—1909 年，日本政府加大了对台湾糖业的投资力度，每年的补助金额呈节节增加趋势，同 1902 年的补助金额相比，1909 年的补助金额约为其 8 倍。其中，对制糖会社及制糖所、肥料、制糖机械购入 3 项的补助金额较大，约占总补助金额的 90%。

日本政府又鉴于台湾糖业较为弱小，原料糖生产费用高于爪哇糖，为抵制外糖起见，对台湾原料糖之制造予以厚补，“（台糖输入日本）输入关税每百斤约减收 1.95 元，俾得源源而来，即在日本内地制成精制糖……就原料甘蔗 1 千斤给予 1 元之补助”①。在日本政府大力支持下，台湾甘蔗种植面积及产量均迅速增加，“1910 年，台湾蔗田面积达 100 376 戈（每戈合 2.397 亩），产蔗 4 382 506 000 斤；1921 年，蔗田面积增为 118 888 戈，产蔗 4 938 323 000 斤；1923 年，蔗田面积又增为 142 032 戈，产蔗 6 752 838 000 斤”②。到 1918 年，“台湾之荒地荒山，俱成蔗圃，年产达 700 万担，由输入国之时代，一跃而成自产自给，再跃而为生产过剩输出之国，长足进步之速，实令人可羡可敬”③。

另外，在占领之初，台湾的糖品全部由旧式糖廍制造。然而，日本政府对台湾糖业发展的大力投资行为，引起日本全国资本家的重视，尤其是在日俄战争后，日本经济界呈现盛况，资本家竞相投资台湾糖业，大规模建设新式糖厂及改良糖房。“欲发达糖业，须用新式机械，资本尤须充足，而台中糖商经济薄弱，力有不及，（政府）乃鼓励日本富商投资办理新式糖厂。明治三十五年，台湾维新制糖会社成立，此为台湾新设糖厂之先导；明治三十六年，继起者有麻豆制糖会社、南昌制糖会社；明治三十七年，设立者有新兴、盐水港及台南等各制糖会社。日俄战争之后，日本经济界处境更见优裕，台湾之新式糖厂因此愈多。”④“自 1907 年后，甘蔗业大加改善，大规模新式糖厂之设立者渐多，1910—1911 年已有新式糖厂 21

① 《日本糖业经过情形述要》，《中外经济周刊》1925 年第 123 号，第 27 页。
② 《日本糖业经过情形述要》，《中外经济周刊》1925 年第 123 号，第 28 页。
③ 马席珍：《关于糖业之调查》，《中国与南洋》1918 年第 1 期，第 3 页。
④ 《日本糖业经过情形述要》，《中外经济周刊》1925 年第 123 号，第 26 页。

所，产能在 6130 吨。”[①]例如，近代日本糖业界之巨擘——日本明治制糖株式会社，该会社由涩泽荣一、森村市左卫门、小川□吉、武井守正、浅田正文、相马半治、植村澄三郎、山本直良等人于 1906 年 12 月在台湾创设，起初资本仅 500 万日元，资金实力并不雄厚，然而在当事者之努力及政府之扶植下，在 1936 年前后，其资金竟达 4800 万日元，公积金达 2200 万日元，制造工厂不下 20 所，总支店遍及日本本土及其殖民统治区域，且关系到日本整个金融的正常运行，成为日本糖业界的龙头会社[②]。

在日本政府的大力扶植下，日本本土精制糖业及日据时期台湾糖业均呈迅猛发展趋势，糖品产量也急剧增加，具体情况见表 7-3。1909 年，日本的糖品产量已达 450 万担左右，1931 年创历史新高达 1926 万担，仅在 20 年内就增长 3 倍以上。而在糖品统计当中，台湾糖品产量所占比重达 9 成以上，1909 年产量达 300 万担，到 1934 年达 1600 万担，创造新的糖产记录。[③]

表 7-3　1912—1935 年日本统治区域糖品产量统计表　（单位：担）

时间	甘蔗糖			甜菜糖		合计
	台湾	委任统治地	本部	北海道	朝鲜	
1912—1913 年	1 191 492		1 094 776			2 286 268
1913—1914 年	2 512 792		1 453 591			3 966 383
1914—1915 年	3 474 464		1 265 820			4 740 284
1915—1916 年	5 351 071		1 613 792			6 964 863
1916—1917 年	7 634 903		2 138 457			9 773 360
1917—1918 年	5 735 380		1 548 619			7 283 999
1918—1919 年	4 863 569		1 472 801			6 336 370
1919—1920 年	3 720 169	7556	1 164 948			4 892 673
1920—1921 年	4 212 236	19 560	1 578 924	4027	15 360	5 830 107
1921—1922 年	5 877 580	3588	1 259 657	74 344	15 463	7 230 632
1922—1923 年	5 923 202	21 311	1 169 724	108 560	10 023	7 232 820
1923—1924 年	7 536 829	58 378	1 387 155	225 093	6053	9 213 508
1924—1925 年	7 992 331	148 954	1 201 725	167 117	6301	9 516 428
1925—1926 年	8 332 097	152 657	1 399 365	190 071	9378	10 083 568

① 卢守耕：《台湾之糖业及其研究》，台湾银行金融研究室：《台湾之糖》，台北：台湾新生报股份有限公司，1949 年，第 15 页。

② 林一春：《日本明治制糖株式会社发达史》，《糖业月刊》1937 年第 7 册，第 25 页。

③ 白涛：《日本之糖业》，《商业月报》1936 年第 1 号，第 1 页。

续表

时间	甘蔗糖			甜菜糖		合计
	台湾	委任统治地	本部	北海道	朝鲜	
1926—1927 年	6 852 340	209 952	1 299 078	286 653	5310	8 653 333
1927—1928 年	9 667 548	181 768	1 438 102	343 761	9793	11 640 972
1928—1929 年	13 155 475	164 234	1 523 769	343 579	10 721	15 197 778
1929—1930 年	13 508 030	345 397	1 322 239	424 331	11 080	15 611 077
1930—1931 年	13 287 986	642 789	1 273 068	361 742	15 091	15 580 676
1931—1932 年	16 484 138	695 572	1 651 531	405 814	24 804	19 261 859
1932—1933 年	10 561 684	729 808	1 702 272	402 807		13 396 571
1933—1934 年	10 783 307	750 303	1 550 478	383 455		13 467 543
1934—1935 年	15 690 000	1 000 000	1 767 550	587 395		19 044 945

资料来源：《一九一二至一九三五年日本全国糖产统计表》，《糖业月刊》1937 年第 3 册，第 70—71 页

如表 7-3 所示，日本糖品产量总量由台湾、南洋委任统治岛屿、日本本土及朝鲜四地所产糖品组成。不过，台湾及日本本土糖产量在日本糖品总产量中的所占比重最大，尤其是台湾糖品产量，占据了绝大多数。具体而言，1912—1920 年，日本糖品产量几乎完全由台湾及日本本土糖品产量构成，其中台湾糖品产量呈逐年递增趋势，而日本本土糖品产量则一直维持在 100 万—150 万担。1923—1935 年，南洋委任统治岛屿所产糖品大体逐年增加，同时，北海道及朝鲜的甜菜糖业也有所发展，因此，此一阶段，日本全国糖品产量由台湾、日本本土、朝鲜及南洋委任岛屿四部分糖产构成，不过，此时台湾糖品产量已遥遥领先，并于 1928 年迈过千万担大关，在日本糖品产量总数中占据绝对多数。

第三节 日糖在中国市场上的开拓及竞争

一、从日俄战争到第一次世界大战前（1904—1914 年）

日本精制糖[①]在中国市场上的开拓起于日俄战争。在日俄战争胜利的冲击下，

① 糖（又称为砂糖）的品类较多，从原料成分上来看，可分为甜菜糖和蔗糖；从品质上而言，可分为白糖、红糖（又称赤糖、黄糖）、冰糖等。本书以蔗糖为例，对各种糖类的生成加以简要说明。甘蔗压榨后出蔗汁，蔗汁经过熬煮而成糖清（红糖），手工作坊是把糖清上漏，上压糖泥，经过月余而成白糖（漏钵上层）、糖蜜（又称漏水，是从漏钵中渗出的水）等；机器制糖厂则在几分钟内直接把糖清转化为白糖，这种白糖也称为机制白糖，也即精制糖，是白糖中品质、精度最高的一种；冰糖则是把白糖经过再次熬煮而制成的。

日本糖业勃兴，结果生产过剩，被迫开始向外寻求市场[①]。例如，明治三十九年（1906 年）一举向中国市场输入糖品 70 余万担，其中，精制糖约占 4 成，给独占中国精制糖市场的香港糖以较大的冲击。不过，第二年（1907 年），日糖因香港糖的反击而严重受挫，输入中国市场的数量仅为 13 万担。经过这一打击，日本糖商明白一举击败在中国市场上根深蒂固的香港糖是不可能的，为了寻求突破，明治四十一年（1908 年），大日本、横滨、神户的三家精制糖公司缔结了以生产限制、运销协作为主的企业合同，与香港糖进行“近身肉搏”。这一策略颇见成效，明治四十一年（1908 年）输入中国市场的糖品达 18 万担；明治四十二年（1909 年）为 36 万担，其中精制糖约占 16%；明治四十三年（1910 年）输入中国市场的糖品一跃达 60 万担，其中精制糖约占 31%；明治四十四年（1911 年）约为 80 万担，精制糖约占 37%；大正元年（1912 年）约为 84 万担，精制糖约占 43%；大正二年（1913 年），市场上出现了未曾有过的需求，日本糖输入中国市场达 160 万担，精制糖约占 54%；大正三年（1914 年）输入糖品也达 130 万担。[②]

实际上，在日糖进入中国市场之前的几年里（1895—1905 年），香港糖已取代爪哇糖的地位而统治着中国糖品市场上的外糖销售。在天津市场，老牌外糖经办商主要是香港之太古、怡和两大洋行，且在 1905 年前垄断了天津市场上整个外糖交易[③]；1905 年后，日本糖商开始进入该市场；1908 年前后，该市场有 6 家日本糖商，分别是三井（代理大日本制糖公司及台湾制糖公司的产品）、大仓（代理大日本制糖公司、新高制糖公司及帝国制糖公司的产品）、安部（大日本制糖公司、盐水港制糖公司、新高制糖公司及帝国制糖公司）、增田（明治制糖公司）、茂记（大日本制糖公司及盐水港制糖公司）、复和裕（大日本制糖公司）[④]。

日糖一进入中国市场，就面临着同行的挑战，并积极同他们展开竞争。1907—1911 年，中国年均输入砂糖有 4798.2 万担（1907 年 5724 万担，1908 年 4162 万担，1909 年 5478 万担，1910 年 4311 万担，1911 年 4316 万担），就输入来源看，香港第一，其次是菲律宾、爪哇及日本，香港糖占输入总量的 8 成，其他仅占 2 成。菲

① 习五一认为 1916—1931 年为日制精制糖倾销中国市场的发展时期，从《1895—1931 年台湾食糖贸易研究——台湾、日本、大陆三角贸易考察》一文的论述来看，其主要依据是 1916—1917 年台糖大丰收，1916 年日本输入中国市场的糖品数量为 139.9 万担，不过从本书的分析来看，1913 年、1914 年、1915 年的数字与 1916 年不相上下，因此，我们对他的这一分法持有异议。

② 《中国市场上内外糖竞争（上・中・下）》，《满洲日日新闻》1915 年 11 月 12 日。该组数字与东亚同文会：《中国省别全志》第一卷《广东省（附香港澳门）》（台北：南天书局，1988 年，第 881 页）所载日糖在 1913—1915 年输入中国的数量分别为 1569391 担、1345485 担、1000796 担，两者相差无几，这些数字较为可信。本文引用的日文报纸均来自神户大学新闻记事文库，以下引文均不再赘述。

③ 上海东亚同文书院：《中国经济全书》第 8 辑，东京：东亚同文会，1908 年，第 460 页。

④ 台湾总督官房调查课：《中国的糖业》，台北：盛文社，1922 年，第 123 页。

律宾因美国废止关税而向美国输入大量糖品，相对而言，输入中国市场的糖品数量减少，并被爪哇糖所替代，爪哇糖的输入额在外糖总输入量中占了较大部分。因此，爪哇糖及香港糖成为日本糖在中国市场上的两个劲敌。同时，日方认为，香港糖是以爪哇糖为原料制成的，中国糖品市场上最终的争夺是爪哇糖与日本糖之间的竞争。①

在汉口市场②上，1902—1905 年，英国太古及怡和两大洋行垄断了整个外糖销售活动③；1905 年以后，日本糖商在该市场上迅速地拓展其产品销路，并成为英国太古及怡和两大洋行的强劲竞争对手；1905 年，日本三井洋行开始在汉口经销东京精制糖公司及大阪制糖公司的糖品；1906 年 3 月，日本棉花股份公司汉口分公司日信洋行开始买卖大阪制糖公司的糖品；5 月，大阪半田商会汉口分会东兴洋行开始购销大阪大里制糖公司的产品④。到 1920 年前后，汉口市场上的日本糖商有三井（代理台湾制糖公司、大日本制糖公司及盐水港制糖公司等糖品）、汤浅（大日本制糖公司）、铃木（大日本制糖公司及盐水港制糖公司）、安部（盐水港制糖公司及帝国制糖公司）、增田（明治制糖公司）、大仓（新高制糖公司）、复和裕（大日本制糖公司）及久原（台湾制糖公司）8 家。同上海的日本糖商一样，汉口的日本糖商也成立了糖业组织，会员有三井、汤浅、铃木、增田、大仓及安部等，其中复和裕脱会，而久原并未开业。⑤

虽然日糖以其低廉的价格及精美的品质逐渐侵占太古洋行及怡和洋行的市场份额，并导致其 1906 年在汉口有 7 万担滞销，在上海有 10 万担滞销⑥，但是太古洋行及怡和洋行资本雄厚，经验丰富，并未因此而一蹶不振。另外，与香港糖相比，这一时期的日糖也有以下几点不足：在运输方面，往往在从上海到汉口的转运过程中渗漏较多；在重量方面，日糖一担重 135 斤，太古则 150 斤，在厘金总局征税及民船收费时多有不便；在糖品质量方面，日糖不能久放，久放则变色，且糖中有辛辣的味道；一到梅雨季节则变色，而太古糖品则不会。⑦

同时，就 1906—1910 年的情况来看，汉口市场每年输入外糖数量为 20 万—25 万担，其中，大部分精制糖来自中国香港及日本，尽管无法得知具体数字，但是可

① 《中国的砂糖竞争（上·下）》，《时事新报》1913 年 2 月 27 日—1913 年 2 月 28 日。

② 汉口是继上海、天津之外的又一个重要的糖品集散地，它不仅是外糖销往中国腹地的转口市场，而且也是近代中国重要产糖地川糖外销两湖地区的集散市场。

③ 上海东亚同文书院：《中国经济全书》第 8 辑，东京：东亚同文会，1908 年，第 489—490 页。

④ 《汉口输入日本砂糖与外国砂糖商业情况》，《通商汇纂》1906 年第 50 号，第 5 页。

⑤ 台湾总督官房调查课：《中国的糖业》，台北：盛文社，1922 年，第 176 页。

⑥ 《汉口输入日本砂糖与外国砂糖商业情况》，《通商汇纂》1906 年第 50 号，第 5 页。

⑦ 台湾总督官房调查课：《中国的糖业》，台北：盛文社，1922 年，第 180 页。

以大略估计香港糖占 6 成，日本糖占 4 成。其中，香港糖的 20%，日本糖的 10%，是由中国商人直接从上海买进的，其他则是由外商直接输入的。另外，香港太古、怡和两大洋行均有自己的精制糖工厂、运输汽船（蒸汽机船）、仓库等设备，这些优势是日本糖商无法与之抗衡的①。

因此，总的来看，在这一时期，中国内地糖品市场上的实权仍由香港糖掌握。据《时事新报》记载，1909 年中国内地输入精制糖总额为 206.6 万担，其中，从香港输入的数量为 171 万担，从日本输入的数量为 35.5 万担，香港糖约为日本糖的 5 倍；1910 年精制糖输入总额 181.6 万担，比上年减少了 25 万担，其中，从香港输入的数量 125.2 万担，比上年约少了 45.8 万担，从日本输入的数量为 56.4 万担，比上年增加 21.1 万担；1911 年精制糖输入总额为 201.6 万担，比上年增加了 20 万担，其中，从香港输入的数量为 133.2 万担，比上年约增加了 8 万担，从日本输入的数量为 68.4 万担，比上年增加了 12 万担②。这与表 7-4 所载数据略有不同，我们认为这是两者数据来源不同造成的差异，且差异不是很大，不影响我们做出正确的学术判断。从表 7-4 统计数据来看，日本精制糖输入中国市场的数量逐年增加，但这并不表示香港精制糖受到重大打击，日本糖品输入增加的主要原因是中国市场对精制糖需求激增，而香港糖输入中国内地市场的数量并未减少，此时，香港糖在中国内地市场上仍有统治能力。

表 7-4 1904—1914 年日本和中国香港精制糖输入中国内地市场的数量（单位：万担）

年份	日本精制糖	中国香港精制糖	其他精制糖	合计
1904 年		125	15	140
1905 年	12	140	10	162
1906 年	70	109	6	185
1907 年	13	165	7	185
1908 年	18	130	8	156
1909 年	36.5	178.5	10	225
1910 年	60	123	10	193
1911 年	80	132	4	216

① 《中国的砂糖竞争（上・下）》，《时事新报》1913 年 2 月 27 日—1913 年 2 月 28 日。

② 《中国的砂糖竞争（上・下）》，《时事新报》1913 年 2 月 27 日—1913 年 2 月 28 日。另据中国第二历史档案馆、中国海关总署办公厅：《中国旧海关史料（1859—1948）》第 49 册，北京：京华出版社，2001 年，第 93 页记载，1909 年进口赤糖（红糖）1 896 708 担、白糖 1 175 917 担、车白糖（精制糖）2 172 498 担、冰糖 233 046 担、甘蔗 99 617 担。是书所记载的车白糖（精制糖）数量与《时事新报》所载 1909 年中国输入精制糖总量为 206.6 万担相差不多，属于误差范围之内，因此，可以认为该报所载数据可信。

续表

年份	日本精制糖	中国香港精制糖	其他精制糖	合计
1912 年	84	108	3	195
1913 年	160	131.5	3.5	295
1914 年	130	110	3	243

资料来源：《中国市场上内外糖竞争（上・中・下）》，《满洲日日新闻》1915 年 11 月 12 日—1915 年 11 月 14 日

但是，日糖在上海市场上的发展较为迅猛，颇值得注意。在上海市场上，日本糖商有三井（代理大日本制糖公司、南满制糖公司、盐水港制糖公司及台湾制糖公司等公司的糖品）、铃木（大日本制糖公司、南满制糖公司、盐水港制糖公司及东洋制糖公司）、汤浅（大日本制糖公司）、复和裕（大日本制糖公司）、久原（台湾制糖公司）、增田（明治制糖公司）、安部（帝国制糖公司及盐水港制糖公司）及大仓（新高制糖公司）8 家。其中，从历史关系看，在上海市场上，大日本精制糖公司制品的交易数量最多，一般而言，与其他产品相比，该公司“◇N”牌制品的销量占据总销量的 60%，而 1919 年其销量竟占到 80%[①]。另外，从 1906—1913 年两糖在上海市场的输入趋势来看，日糖已渐占据优势。明治三十九年（1906 年）日本精制糖首次进入上海市场，随后两年受到较大挫折，明治四十二年（1909 年）卷土重来，在该年的上海市场上，香港糖占 80%，日本糖占 15%；明治四十三年（1910 年），香港糖约占 70%，日本糖约占 30%；明治四十四年（1911 年），日本糖与香港糖平分秋色；大正元年（1912 年），香港糖仅占 43%，日本糖则达 54%；大正二年（1913 年），日本糖输入上海市场的数量为 81.9 万担，香港糖输入量约 23 万担，即日本糖占 77%，香港糖仅占 22%[②]。

二、第一次世界大战期间的糖业竞争（1914—1918 年）

1914 年第一次世界大战爆发，受战乱的影响，欧洲甜菜糖输出断绝，甘蔗糖供给困难，世界糖价飞涨。第一次世界大战中的 6 个交战国，其甜菜糖产量占欧洲产糖总额的 87%，占全世界产糖总额的 38%。同时，数百万的人口从农田中被迫走上战场，再加上战争对农业的破坏，致使糖品产量骤减、价格暴涨[③]。

不过，战争却给日糖创造了独霸中国市场乃至东亚市场的绝佳机遇。一方面，战乱导致海上运输困难，运费高昂，香港精制糖制造业原料糖品供给困难，而日本

① 台湾总督官房调查课：《中国的糖业》，台北：盛文社，1922 年，第 126 页。
② 《中国市场上内外糖竞争（上・中・下）》，《满洲日日新闻》1915 年 11 月 12 日—1915 年 11 月 14 日。
③ 《欧洲战乱与糖价》，《大阪朝日新闻》1914 年 9 月 11 日。

海军接管南洋海上警备任务，使其原料糖运输获得极大便利；另一方面，英国政府从战争大局出发，发布香港精制糖对外输出禁止令①，这无疑是让其从多年扶持的中国市场上全面撤退②。因此，日本众多媒体声称第一次世界大战是台湾糖业乃至整个日本糖业快速发展的千载难逢的好机会③。日本糖业利用第一次世界大战这一千载难逢的机遇，着力发展国内糖业，拓展之前仰给欧洲糖品的中国市场。④

在中国东北市场上，俄国因忙于战争而无暇顾及该地的甜菜制糖，日本则大力发展东北三省的甜菜制糖业，这成为其在东亚市场进行开拓活动的又一重要举措。东北三省具备甜菜生长所要求的气温、雨量、雨期、天气及土壤等自然条件，颇适合发展甜菜糖业。日本输入中国中部的糖品，同香港糖品一样，所用原料均来自爪哇，因此，廉价而又丰富的甜菜糖业培育，无疑将使日本糖业摆脱因对单一制糖原料过分依赖而受制于人的局面，并扩大其在东亚糖品市场上的竞争力。⑤

第一次世界大战期间，在上海市场上，整个糖品市场的形势则发生逆转，日糖占据上海市场上糖品销售额的 8 成，而香港糖则仅占 2 成。1918 年，上海市场上外糖输入总量为 147.7 万担，而日糖除了冰糖及角糖（方块糖）外，几乎达其半数，其中，尤其是其精制糖，竟占到上海精制糖总输入量的 80%。⑥并且，日本冰糖输出也有了突破，第一次世界大战前，日本向中国市场输入冰糖受挫，第一次世界大战爆发后，比利时及德国冰糖输入断绝，日本冰糖借机输入上海市场。⑦

在天津市场上，输入的日本糖种类有精制糖、双目（白糖的一种）、冰糖、角糖及粉糖（红糖的一种）5 种。据海关统计，1910 年该市场输入各种糖品的总量为 673 267 担，价值 3 710 946 海关两，其中日糖为 46 047 担，价值 246 731 海关两，约占总量的 1/15；1911 年输入总量为 843 332 担，价值 4 497 092 海关两，其中日糖为 52 975 担，价值 280 540 海关两，约占总量的 1/16⑧。而第一次世界大战期间，日本在天津市场上攫取很大市场份额。1916 年，天津市场输入外糖总量为 746 816 担，其中日本糖数量为 159 298.97 担，约占该年外糖输入总额的 21%；1917 年，外

① 在中国市场上，与日本糖商竞争的香港糖商太古、怡和两大洋行，因战争期间粮食禁运政策，一时间供给中国市场的糖品很少，而日本糖业界则全部活动起来。《欧洲战乱与世界糖业（一—十）》，《大阪朝日新闻》，1915 年 7 月 23 日—1915 年 8 月 5 日。

② 《世界砂糖供给变迁（一—二）》，《东京朝日新闻》1916 年 4 月 3 日—1916 年 4 月 4 日。

③ 《欧洲战乱与砂糖：台湾糖业的一大福音》，《台湾日日新报》1914 年 8 月 20 日。

④ 《时局与制糖业（上・下）：日本制糖董事长藤山雷太氏谈》，《福冈日日新闻》1914 年 11 月 29 日—1914 年 12 月 5 日。

⑤ 《南满甜菜糖（一—七）》，《台湾日日新报》1916 年 11 月 21 日—1916 年 12 月 1 日。

⑥ 台湾总督官房调查课：《中国的糖业》，台北：盛文社，1922 年，第 130 页。

⑦ 《冰砂糖输出有望》，《大阪朝日新闻》，1914 年 10 月 19 日。

⑧ 《天津的砂糖供给状况》，《通商汇纂》1912 年第 26 号，第 1 页。

糖输入总量为 763 311 担，其中日糖数量为 190 224.77 担，约占总外糖输入总量的 25%；1918 年，外糖输入总量为 927 390 担，其中日糖数量为 195 948.91 担，约占外糖输入总量的 22%。另外，在该市场上，日糖输入的主要糖品类型是精制糖，此种日糖糖品在天津市场精制糖输入量中占据较大比重，如 1918 年，在整个天津市场上，外国精制糖的输入总量为 50 万担，而其中日本精制糖就有 20 万担之多。①

另外，日本糖业在日本国内市场上也较强势，它们在政府的保护政策下，竭力阻止廉价外糖输入日本本土，同时，糖业界采取限制糖品供应的办法，迫使国民消费高价糖品，以维持日本国内糖市。对此，日本媒体不断揭露其专横、贪婪的嘴脸。②

总之，在第一次世界大战期间，日糖的市场开拓活动大获成功。日本各糖社不仅大力拓展了东亚的糖品市场，而且均获厚利，如台湾制糖公司获利 600 万日元，明治、盐水港、东洋各制糖公司获利 300 万日元③。

三、从第一次世界大战结束到世界经济大危机爆发（1919—1929 年）

第一次世界大战结束后，世界糖价暴涨，一方面因为俄罗斯、德国、奥地利等国的甜菜制糖业在战争中遭到严重破坏，古巴、印度、爪哇等甘蔗糖品供给不足；另一方面，战后各国先后撤销砂糖消费限制政策，世界砂糖需求激增。④糖价暴涨再次使日本制糖公司及糖商大获丰厚利润，据统计，1919 年日本糖商共获利达 1.2 亿日元。⑤日本糖商有感战后糖品不足，糖价上涨，而大量买进爪哇糖品，1920 年日本糖商买进了爪哇 3/4 的糖品，一共 45 万吨，价格是每担 35 盾，而转手将买进糖品的 3/4 以每担 45 盾价格卖于欧美各国，余下的 1/4 又以每担 60 盾的价格卖予上述各国，这样一担的平均利润为 13 盾到 13.7 盾，折合起来，一吨可获利 220 日元，45 万吨共获利 0.99 亿日元。⑥糖商中的三井、铃木、增田、阿部等大糖商均获得数百万日元的巨额利润，盐水港制糖公司 1918 年买回爪哇糖 80 多万担，每担盈利 6 日元，共获利 500 万日元。⑦

第一次世界大战后日本糖业界的成功，既与政友会内阁（1918 年 9 月成立）大

① 台湾总督官房调查课：《中国的糖业》，台北：盛文社，1922 年，第 124 页。
② 《糖业者的专横》，《报知新闻》1917 年 9 月 29 日。
③ 《制糖利益如何》，《台湾日日新报》1916 年 2 月 24 日。
④ 《糖价的暴涨》，《国民新闻》1919 年 7 月 10 日。
⑤ 《邦糖砂糖大转买》，《神户新闻》1920 年 5 月 23 日。
⑥ 《邦糖砂糖大转买》，《神户新闻》1920 年 5 月 23 日。
⑦ 《糖界的全胜时代》，《台湾日日新报》1919 年 7 月 16 日。

藏相高桥是清推行积极的财政金融政策有关，该政策维持了日本战时经济在第一次世界大战后的持续发展[①]；又与日本糖商对第一次世界大战后国际糖品市场形势的准确判断有关。

不过，世界糖品市场的乐观局面所持续时间并不长。从1920年10月份起，世界糖价急剧下跌，尤其是支配世界砂糖价格的古巴及爪哇两糖，糖价跌幅巨大。1920年5月，古巴糖价达到顶点价位22弗50仙，同年10月则落至8弗33仙；爪哇白双糖1920年5月份价格为74盾，而后渐落至27盾25仙。分析其原因不外乎两个方面：一方面，世界糖品供应日渐充盈，战后不久，以德国甜菜糖为主的欧洲糖业逐渐恢复并发展起来，满足欧洲各国糖品需要；印度糖业也快速发展起来；爪哇、古巴等甘蔗糖品产地进一步扩大生产。[②]另一方面，世界糖品需求疲软，战时的创伤在较短时间内难以复原，战后各国均出现了通货膨胀现象，国民的购买力下降。糖价骤落，糖商破产，引起了世界糖业界的恐慌[③]。

在这种情况下，日糖在中国市场上的开拓活动也受到较大影响。面对欧洲糖业恢复发展、印度糖业崛起、爪哇糖业大举进攻东亚市场的局势，台湾糖业却因自然条件的不利（土质、水利及暴风雨的侵害）、米作收益大于蔗作、糖品生产成本高等方面的压力[④]，而渐入悲观的境遇[⑤]。另外，1919年中国爆发的抵制日货运动以及第一次世界大战后横在日本糖界面前的糖业官营、水饴课税实施、消费税提高、中国关税修改等一系列重大问题[⑥]，均给日本糖业带来较大影响，导致日糖在中国市场上出现滞销。

在上述不利情况的影响下，日本糖业界一方面试图借助糖业统一来走出困境，主张统制台湾及本土的制糖公司，形成糖业托拉斯，以应对糖价低落及糖品市场上的激烈竞争。[⑦]同时，日本糖业联合会在1920年7月22日达成全国糖价调节协议中提出47.58万担的收买案，即1920年各制糖公司的分配额分别为台湾制糖公司18.8万担、450万日元；盐水港制糖公司5.4万担、226万日元；东洋制糖公司5.8万担、243万日元；明治制糖公司5万担、267万日元；帝国制糖公司4.5万担、187万日元；大日本制糖公司2.6万担、109万日元；新高制糖公司2.5万担、105万日元；台南制糖公司0.8万担、35.2万日元；林本源制糖公司1万担、44.8万日元；

① 社团法人糖业协会：《近代日本糖业史》下卷，东京：劲草书房，1997年，第99页。
② 《让人悲观的台湾制糖业的不足（上·下）》，《时事新报》1923年4月24—29日。
③ 篁处生：《糖价的悲观将来（上·下）：世界的供给过剩》，《台湾日日新报》，1921年3月19—20日。
④ 《让人悲观的台湾制糖业的不足（上·下）》，《时事新报》1923年4月24—29日。
⑤ 《糖业统一论（一—三）》，《台湾日日新报》1921年3月25—28日。
⑥ 《糖业界当下的诸问题（一—十）》，《大阪朝日新闻》1918年1月25日—2月5日。
⑦ 《糖业统一论（一—三）》，《台湾日日新报》1921年3月25—28日。

新兴制糖公司 0.9 万担、36.5 万日元；台东制糖公司 0.2 万担、9.3 万日元；新竹制糖公司 0.08 万担、7.9 万日元。①

另一方面，日本糖业界也试图在中国建立精制糖厂来降低生产成本。日本本土的精制糖工厂多利用爪哇糖做原料，这不仅要支付高额的加工及运输费用，同时输入中国的糖品还要缴纳 5%的关税及 2.5%的内地税，同香港糖相比劣势较为明显。因此，日本积极谋求在中国设立精制糖工厂，降低生产成本，以便同香港糖对抗。② 在这一竞争意识指导下，明治制糖公司在上海设立明华糖厂，日糖公司在扬子江畔选定砂糖工地，在济南设立日中合弁制糖公司。不过，因为厘金等问题，日糖会社对工厂建设犹豫不决，明华糖厂也出乎意料的不顺利，甚至趋于倒闭。③

1926 年春，世界糖业再次不振，各主要糖品生产国积极对本国糖业进行干预。1927 年，古巴总统发布糖品限产令，规定 1926—1927 年糖品限产数量为 450 万吨。④同年，古巴及德国、捷克、荷兰等国糖业代表在巴黎召开国际砂糖会议，意在维持砂糖价格、限制砂糖生产、承认古巴限产政策，并于会后发表组织成立国际砂糖委员会的声明。⑤

在国际砂糖实际需求不旺、行情低落的情况下，日糖对中国输出情况也极不乐观。就上海市场而言，在爪哇库存糖的压迫（日糖库存 8 万俵、爪哇糖库存 35 万俵，1 俵=60 千克）、公卖处对日本货物定以高价、长江沿线局势不安宁而导致砂糖向内地运输困难等因素的影响下，日糖在上海市场上的销售颇为不振。⑥并且，反日会⑦中的糖业者开始向政府施加压力，并以调查租界内糖商仓库为名，派员暗查日本糖，对可疑仓库实施封仓。这一危机不仅致使上海市场的日糖销售

---

① 《砂糖解决》，《大阪朝日新闻》1920 年 7 年 24 日。

② 《世界砂糖的供给与我国的糖业政策（一—十）》，《大阪时事新报》1922 年 7 月 21 日—1922 年 8 月 2 日。

③ 《本邦糖业与消费地中国》，《时事新报》1924 年 9 月 2 日。《近代上海日资工业史》（第二章各业发展状况）中简要地介绍了明华糖厂在上海建厂的始末。1921 年安田董事来上海筹措建厂；1923 年因关东大地震而停顿；1924 年 1 月重新开工，工厂资本 360 万日元，职工 110 人，每天生产能力为 150 吨；1928 年因抵制日货运动而停产；1929 年恢复生产；1931 年九一八事变后全部停产；1932 年一·二八事变后一直处于停产状态。参见许金生：《近代上海日资工业史（1884—1937）》，上海：学林出版社，2009 年，第 115—116 页。

④ 《古巴大总统发布砂糖限产令全文：限产 450 顿》，《国民新闻》1927 年 1 月 9 日。

⑤ 《以限产为目的的国际砂糖会议》，《大阪朝日新闻》1927 年 11 月 16 日。

⑥ 《砂糖对中国输出不活跃》，《中外商业新报》1927 年 12 月 18 日。

⑦ 1928 年 5 月，日本为了阻止南京国民政府的“二次北伐”，出兵山东，并制造了“济南惨案”；5 月 5 日以后，上海学生等不断举行集会、示威；5 月 7 日，国民党上海市党部召集总商会、商民协会、农民协会、学生会、妇女协会等 21 个团体代表举行会议，决定建立上海各界反对日军暴行委员会（一般称反日会）；9 日，以市民代表大会推荐的形式，成立了由各界代表 23 人组成的反日会执行委员会，下设 5 人组成的常务委员会，作为执行机构；常务委员会设立秘书处、财务委员会和设计委员会，秘书处内设立宣传委员会、经济绝交委员会、国货提倡委员会及外交后援会。

情况极为不佳，同时也波及爪哇糖、马尼拉糖及香港糖等糖品的销售，上海市场上糖品交易一度被中断，因此，破产者、休业者比比皆是，上海糖业界出现了未有的危机局面。①

在上述危机的情势下，日本糖业联合会为避免各精制糖公司盲目进行销售战，而提议建立糖品销售托拉斯组织，加盟者不仅有精制糖公司，而且还有代理店，如明治商店（明治精制糖）、三井物产（台湾精制糖）、铃木商店（盐水港、东洋各精制糖）、安部幸商店（帝国精制糖）等②。

另外，在这一时期，日糖与香港糖在销售策略及手段上的竞争也颇为激烈。日本糖商抓住中国人的消费及投机银圆汇兑的心理，以契约形式结成日元支付及期货买卖等交易方式，继续实行倾销政策，努力拓展市场，在行情、运销方面，渐次凌驾香港糖之上。例如，1927 年，在中国内战及排斥日货运动的影响下，日糖销售不旺，输出路线受阻，输出中国的糖品数量仅有 265 万担，而该年香港输入中国内地市场的糖品数量只有 24 万担，仅为日糖的 10%。这对于奉行现货仓库交易制度的香港糖来说，无疑是致命的打击，因为有投机银圆外汇兴趣的中国糖商，倾向于抛弃香港糖而选择日本糖。不过，香港太古、怡和两大洋行并未放弃反击，而是积极地调整营销策略，同日本糖商进行对抗。两大洋行在旧有运销策略的基础上也实行外币支付及期货交易制度；同时，改善工厂设备，降低生产成本，利用自己在船运方面的优势，争夺已失的市场份额③。

四、从世界经济大危机到抗日战争全面爆发（1930—1937 年）

1929 年世界主要资本国家爆发经济危机，1930 年这次经济危机逐渐向次发达国家及地区蔓延。在经济危机的阴影下，美国实行了砂糖保护政策，限制砂糖进口，给古巴及整个世界糖业带来巨大影响，这次糖业界危机程度远在 1920—1921 年糖业危机之上。就世界糖品消费而言，美国是最大的消费国，也是最富裕的顾客，其次是中国、印度、俄罗斯。因此，美国实施保护政策，对世界糖业产生了非常大的打击。④另外，英国 1930 年上半期砂糖统计显示，其消费减少 7.2 万担，输入减少 17.1 万吨。⑤

① 《上海砂糖市场的危机》，《台湾日日新报》1928 年 7 月 31 日。

② 《防止销路争夺的砂糖托拉斯计划》，《大阪朝日新闻》1926 年 9 月 26 日。

③ 《中国市场上的香港糖飞跃计划：与日本糖的激烈竞争》，《中外商业新报》1928 年 3 月 1 日。

④ 《古巴糖业窘状：美国保护政策的打击》，《神户新闻》1930 年 8 月 29 日。

⑤ 《英国上半期的糖业统计》，《台湾日日新报》1930 年 8 月 28 日。

在糖品消费不旺的影响下，主要产糖地的糖品均出现积压或过剩。1930 年古巴及欧洲积压糖品达 128 万吨[①]，台湾有过剩砂糖 180 万担[②]。另外，日本 1931 年估计有过剩砂糖 190 万担，预计 1932 年将有过剩糖品 400 万担[③]。

在消费不旺、生产过剩的情况下，1930 年 12 月 9 日，世界主要产糖国在布鲁塞尔召开国际砂糖会议，提议今后五年欧洲各产糖国输出数量，如荷兰 32 万吨、捷克 59 万吨、德国 20 万吨、匈牙利 8.7 万吨、比利时 3.1 万吨，合计 122.8 万吨，但是由于德国要求过多而导致会议无限期散会。[④]国际砂糖会议受挫，给世界糖业界带来动荡，糖价因之而骤落。例如，1928 年日糖价格高达每担 12 日元，而 1930 年则每担不到 4 日元，日本各制糖公司均遇到较大困境，于是采取整理节约活动：紧缩人员、物资及营业诸方面杂费的开支；从技术方面提高出糖率，以求降低生产成本。不过，此次整理节约活动的效果并不理想，因为节省的生产成本无法抵消糖价的急剧下跌。[⑤]

此时，苏联糖品也开始向印度及中国市场倾销，这对日糖在东亚市场上的销售地位构成了一大威胁[⑥]。苏联糖品以低价进入东亚市场，其每百斤糖品的售价为 18 日元 15 钱，比台湾产白糖的 18 日元 25 钱，便宜了 10 钱，这不仅威胁到日糖在中国市场上的地位，而且也在东亚市场上引起了新一轮销售战[⑦]。

1931 年 1 月 19 日，世界主要产糖国又在巴黎召开了国际砂糖会议，在会议上，爪哇委员就日本产糖限制问题就近会见了日本驻法国大使芳泽，要求日本参加国际砂糖协定，爪哇提议日糖对中国输出进行限制。日本则不承认自己是砂糖输出国，拒绝参加国际砂糖会议，其理由是日本输入爪哇粗糖，制成精制糖后再输出中国。[⑧]而实际上，日本向中国输出的糖品年均最低达 300 万担，最高达 500 万担。[⑨]

1931 年 5 月 9 日，古巴、爪哇、德国、比利时、匈牙利、荷兰及捷克 7 国代表在布鲁塞尔国际砂糖会议上签订以救济糖界危机为目的的《国际砂糖输出协定》。[⑩]

---

① 《世界砂糖的限产协定》，《时事新报》1930 年 7 月 12 日。

② 《过剩糖 180 万担的处置与收入限制案》，《台湾日日新报》1930 年 9 月 16 日。

③ 《义务输出的过剩糖处置》，《大阪朝日新闻》1931 年 6 月 14 日。

④ 《国际砂糖减产协定不成立》，《大阪时事新报》1930 年 12 月 18 日。

⑤ 《糖业的整理无法阻止世界性的暴跌》，《中外商业新报》1930 年 12 月 17—18 日。

⑥ 《俄国砂糖搅乱东亚市场》，《中外商业新报》1931 年 2 月 4 日。

⑦ 《东亚市场上的俄国砂糖：内地换 18.15 日元及日本白糖的威胁》，《台湾日日新报》1931 年 1 月 23 日。

⑧ 《既非出口国，不参会甚为妥当》，《神户又新日报》1933 年 7 月 16 日。

⑨ 《日本被拉入国际砂糖协定组织》，《大阪朝日新闻》1931 年 1 月 20 日。另据中国第二历史档案馆、中国海关总署办公厅：《中国旧海关史料（1859—1948）》第 110 册，北京：京华出版社，2007 年，第 337—347 页记载的数据与《大阪朝日新闻》所载数据相匹配，因此，可以认为该报所刊数据符合实际情况。

⑩ 《签订国际砂糖输出限制条款》，《国民新闻》1931 年 5 月 12 日。

但是，在世界经济恐慌、农业恐慌、协定本身存有矛盾等情况下，《国际砂糖输出协定》的前途大为暗淡。首先，这个协约主要是对砂糖输出问题进行限制，而未对欧洲诸国形成减产规约。其次，制糖生产力不均衡，使生产条件迥异的各产糖国在世界市场受阻的情况下，优秀生产条件的国家苦不堪言。再次，美国为了保护本国糖业而实施了高额关税，1930 年糖品产量 90 万吨，1931 年增加到 150 万吨。然后，协定签订以后，意大利、法国、比利时（白耳义）纷纷提高进口关税。最后，苏联未参加上述协定，其 1931 年产糖 200 万吨，输出 50 万—60 万吨，并且苏联第一个五年计划的最后一年计划生产糖品 260 万吨。①

1931 年 9 月，日本强占中国东北。受九一八事变影响，日本输出中国的糖品锐减，9 月仅 25 万担，10 月则只有 7.5 万担，11 月更减至 4.5 万—4.6 万担，12 月至次年 1 月输出额进一步锐减。受输出形势恶化影响，日糖大阪工厂关闭。②1932 年，自天津发生抵制日货运动以来，日货销售日渐呆滞。据大阪市产业部统计，向来日本糖占天津输入外糖的 60%，其他外国品是荷兰糖、爪哇糖、吕宋糖等，华商借助排斥日货运动压低糖价，努力拓展商路，结果日糖受到较大影响。③

不过，日本建立伪满洲国后与伪满洲国进行所谓经济提携，东北地区广阔市场无疑是台糖摆脱困境的出路④。台湾、明治、盐水港等制糖公司努力在该地开拓新商路，1931 年因九一八事变而封闭的大阪工厂重新开张，并发挥全部生产能力。⑤东北地区年输入砂糖 135 万担，价值 1000 万日元。其中，主要来自日本（占输入糖品总数的 35%），其次是中国国产红糖、中国香港糖、爪哇糖。⑥

综上所述，1903—1937 年，日糖在中国市场上拓殖活动是成功的。在中国市场上，日糖从无到有，从弱到强，在充分利用国际局势的同时，也成功渡过了几次危机，并在与老牌糖品销售者（香港糖商及爪哇糖商）的角逐中取得胜利，成为中国糖品市场上乃至东亚糖品市场上的一个重要竞争者。这既改变了传统的中日糖品贸易格局，即由中国向日本输入糖品及技术的格局转变为由日本向中国输入糖品及技术的局面；也改变了近代中国乃至整个东亚市场上的糖品竞争格局，即由爪哇糖及香港糖两糖统治的格局转变为日糖、中国香港糖两糖独大的局面。同时，可以肯定，这些转变对近代中国糖业的发展演变产生了较大的影响。

---

① 《国际砂糖协定前途大为暗淡》，《台湾日日新报》1931 年 5 月 15 日。

② 《近日日本大阪工厂关闭》，《大阪每日新闻》1932 年 1 月 31 日。

③ 《天津的日本威胁》，《神户新闻》1932 年 1 月 24 日。

④ 石川生：《台湾糖业的光明未来：与伪满洲国有密切关系》，《国民新闻》1932 年 3 月 29 日。

⑤ 《本年已达 200 万担：砂糖对伪满洲国出口持续畅旺》，《大阪每日新闻》1932 年 3 月 15 日。

⑥ 《制糖业与酿造业》，《大阪朝日新闻》1932 年 4 月 15 日。

第四节　日糖拓殖与中国糖业发展

相比较而言，糖业是个小行业，不如棉纺织业、丝织业、茶业、盐业等行业对国民经济那么重要，但无论是从中日贸易数额来看，还是从中日贸易货物的种类来看，糖品在中日贸易中的地位是突出的，颇值得重视，就中日之间贸易情况来看，糖品贸易不容小觑。大正五年（1916 年），日本对中国十大输出品进行调查，棉丝 63 842 489 日元、棉织品 34 813 963 日元、砂糖 12 620 626 日元、煤及焦炭 6 557 950 日元、火柴 5 213 681 日元、纸类 4 678 426 日元、木材 3 823 643 日元、铜（块、锭及线）2 813 273 日元、针织物制品 2 505 344 日元、昆布及刻昆布 2 308 384 日元①。砂糖在日本对华输出品中高居第三，可见其对日本对外贸易的重要性。1924 年前后，从日本输入中国的商品数额来看，棉货居第一位，为输入总值的 32.94%，而糖品则又高居第二位，为输入总值的 8.65%。②因此，日糖在中国市场上的拓殖活动，不仅仅对中国糖业发展产生较大影响，而且对中日之间的贸易产生深远影响。

19 世纪末至 20 世纪初，日本产品在国际市场上与中国产品展开了全面的市场争夺，可以说自此以后整个中国手工业均面临着来自日本同行的竞争。在竞争下，中国各行业均出现危机，如出现丝织业出口受阻、面粉业遭排挤、土布业销售不旺等情况。③“茶也，丝也，棉也，矿也，并吾国其他之大种实业，受外商之压迫，

---

①《糖业界当下的诸问题（一—十）》，《大阪朝日新闻》1918 年 1 月 25 日—1918 年 2 月 5 日。

②《中国国际贸易概论（二）》，张研、孙燕京：《民国史料丛刊》第 658 册，郑州：大型出版社，2009 年，第 215 页。

③ 如丝织业，当 19 世纪 70 年代和 19 世纪 80 年代日本蚕丝业尚处于形成阶段时，美国人仍更喜欢中国丝，但当华丝价格上涨得太高时也购买日丝。那时，美国顾客抱怨日丝规格不整、质量低劣，同时也抱怨中国商业活动不守信用。不过，日本人注意到了外国顾客的需要，并很快作出了标准化和机械化的努力。到 1909 年，日本已经取代了中国成为世界上最大的生丝出口国。方显廷：《中国的缫丝业发展及其分布的考察》，《中国经济月报》1934 年第 12 期，第 487 页。在世界经济大萧条的情况下，日本一方面利用货币贬值在美国市场低价竞销，另一方面，在生产上力求高质量、规格标准化以适应美国市场的需求，致使华丝在美国市场上失去了与日丝的竞争力。徐新吾主编：《中国近代缫丝工业史》，上海：上海人民出版社，1990 年，第 311 页。又如面粉业，日俄战争之后，日本商人曾于 1908 年以 100 万元资金在铁岭创办面粉厂。到 1934 年，在关东军的支持下由日本国内从事面粉制造的 12 个财团，集资 200 万，后增加到 1000 万，联合成立“日满制粉会社”，控制 11 个工厂，日生产能力 40 300 包。上海社会科学院经济研究所：《中国近代面粉工业》，北京：中华书局，1987 年，第 65 页。再如土布业，20 世纪 30 年代中国土布销售不旺的一个极其重要的全国性原因是帝国主义的压榨，主要是日本在中国设厂生产大量机制布，并大量仿制土布，这不仅严重打击了手织布，而且严重冲击了中国国内市场的既有格局，迫使原来为农村手织业生产原料的中国纱厂因机纱销路不振，为求生存而大量生产布匹，这就使原有的棉纺织业中的大机器工业与农村手工业之间的协调关系受到严重破坏，加剧了农村土布的市场困难。林刚：《1927—1937 年间中国手工棉纺织业新探》，《中国经济史研究》2002 年第 2 期，第 17—33 页。

无一不颓落不滞钝，将来且无不危险，吾固已言之矣。然以彼各项每岁多少，总尚有若干之输出可以稍作抵制，有现成之基础可以立图改良。未有如糖业有入无出，安受浸灌者，百道横流，万派冲激，而曾无拳石束藁之具，足以稍资捍卫，此坐毙之势也"①。与其他手工行业相比，糖业所面临的情况更差。在日糖大力开拓中国市场的情况下，中国糖业遭受了巨大的冲击，出现了严重的糖业危机。

一、中国糖品市场上的竞争日益激烈

主要的糖品销售市场如上海、天津、汉口等地均为外糖所占领，中国糖品的市场空间被严重挤压。据统计，1895 年前从爪哇输入中国的糖品占外糖总输入量的 80%②，截至 1905 年，香港糖品仍独霸着上海、天津、汉口等重要港口城市的糖品销售。日俄战争后，日本机器制糖业快速发展，逐渐打破了爪哇糖及香港糖统治中国糖品市场局面。日糖以其低廉价格及优良品质在天津、汉口及汕头等港口市场上博得一致的好评，第一次世界大战期间，由日本输入中国的糖品数量年均达 100 万担以上，约占输入外糖总额的 1/4③。第一次世界大战后，香港糖卷土重来，在中国糖品市场上形成了两强相争的局面。1918—1920 年，中国进口的车白糖主要为香港货及日本货，且二者不相上下。但是，"太古公司规模最大，有自备之船只以为运货之用，且于内地各埠广设支店，自置堆栈，肆行销售……以地理及其他关系立于有利之地位"④。相对于太古、怡和洋行而言，日本糖商虽为后起者，但它们奋起而与其角逐，在积极的糖业政策指导下，"日糖颇能蚕食香港糖之贩路，除福州以南各埠外，日糖之势力已渐与香港糖并驾齐驱"⑤。

荷兰、英国及日本三国糖商之间的争斗，加剧了中国糖品市场的竞争局势，致使国糖的市场占有份额急剧下降，出现了严重的销售危机。例如，1922 年前后，中国砂糖年度消费额大概为 1200 万—1300 万担，其中 500 万—600 万担是中国糖品，600 万—700 万担是外国糖品⑥。就 1922 年中国四大糖品市场外糖供给的消费量来看，上海 207.3 万担、汉口 88 万担、天津 80 万担、大连 30 万担，其中香港糖

---

① 《袁文钦关于振兴全国糖业意见书（1924 年 9 月）》，中国第二历史档案馆：《中华民国史档案资料汇编》第 3 辑《工矿业》，南京：江苏古籍出版社，1991 年，第 265 页。

② 东亚同文会：《中国省别全志》第一卷《广东省（附香港澳门）》，台北：南天书局，1988 年，第 879 页。

③ 《延边、天津、汉口、汕头的砂糖》，《通商汇纂》1910 年第 38 号，第 10 页。

④ 《今世中国贸易通志（二）》，张研、孙燕京：《民国史料丛刊》第 654 册，郑州：大象出版社，2009 年，第 194 页。

⑤ 《今世中国贸易通志（二）》，张研、孙燕京：《民国史料丛刊》第 654 册，郑州：大象出版社，2009 年，第 194 页。

⑥ 《中国砂糖与日本（上·中·下）》，《东京朝日新闻》1921 年 5 月 18—20 日。

占 2/3，日本糖占 1/3[①]。在这一时期，外糖不仅畅销于中国沿海贸易繁盛的港口码头，如上海、天津、芝罘等港，而且也深入中国腹地及东北地区，如湖南长沙[②]，湖北汉口，东北的奉天[③]、哈尔滨、新民等地方。更甚者，其竟在重要的砂糖经济区畅销，如广东的汕头、福建的厦门、江西的九江及四川的重庆均有大量的外糖销售。在外糖的一再打压下，国糖不仅其产量日渐减少，而且其长距离贸易额度逐渐萎缩，大多糖品均在本省内部消耗，无法与外糖相互竞争。如川糖，其主要输出地为两湖地区，并以汉口为其集散中心，但是“川糖的销路大部分为外国糖所侵夺，今在汉口其量不过 2 万—3 万桶。”[④]

另外，日本糖品走私问题也颇为严重。自 1931 年中国关税自主后，日本糖商向中国走私糖品日益猖獗，严重威胁到中国糖业的生存。1933 年日本有组织地向中国走私的砂糖数量达 20 万吨，而在账面上，爪哇、古巴输入中国糖品数量才 19 万吨。[⑤] 1936 年，据中国海关统计，进口之糖仅合 188.5 万公担（不及 1929 年的 1/5），其中由日本输入者为 56 万公担，占 1/3 强，而据调查，1936 年由大连输入华北的私糖实达 89 万余公担，中国因此项而损失达 2000 万元，并且其由台湾运入华南的私糖尚不在内。中国全体糖商联合起来就此情况向政府请愿，要求严定缉私法令，以杜绝私糖蔓延，而日本浪人不仅从中鼓动走私糖品活动，更甚者有干涉缉私、杀人越货之举。[⑥]

二、在一定程度上延缓了中国糖业近代转型的进程

从有关手工业史的研究成果来看，外国资本主义对中国手工业的影响问题是讨论中的一个热点，概括而言，不外乎三个方面：早期研究成果普遍认为外国资本主义对中国手工业主要起的是破坏作用；近年一些研究成果则论证外国资本主义有破坏及重建的双重作用；国外的一些研究成果则否认外国资本主义对中国手工业的破坏作用。[⑦]与同时期棉纺织业、丝织业等手工行业面临外国同行资本输出及商品倾销的双重压力有所不同，在这一时期的中国市场上，中外糖品之间的竞争形势依旧是洋糖同国糖之间的竞争，因此，我们相信对糖业的分析，将有利于上述讨论的深入。

---

① 《世界砂糖的供给与我国的糖业政策（一—十）》，《大阪时事新报》1922 年 7 月 21 日—1922 年 8 月 2 日。

② 日本大里糖及大阪精制糖占据大部分市场份额，且市况良好。《长沙的绵丝砂糖最近商业情况》，《通商汇纂》1908 年第 9 号，第 21 页。

③ 《奉天及辽阳的砂糖》，《通商汇纂》1910 年第 35 号，第 25 页。

④ 《延边、天津、汉口、汕头的砂糖》，《通商汇纂》1910 年第 38 号，第 10 页。

⑤ 《各国向中国市场走私砂糖》，《中外商业新报》1934 年 5 月 19 日。

⑥ 《中国糖产协会告日本糖业界》，《国货月刊》1937 年第 11 期，第 75 页。

⑦ 彭南生：《近 50 余年中国近代乡村手工业史研究述评》，《史学月刊》2005 年第 11 期，第 106—115 页。

实际上，中国糖业已于20世纪初开始转型，如甘蔗种植区向蔗糖经济区的转变、手工工场性质的制糖组织普遍存在、在手工制糖业中形成了以雇佣关系为主的生产关系等情况出现[①]，但是，糖业生产力的巨变（从手工制糖到机器制糖的转换）及生产方式的近代化（股份制工厂或企业的出现）则一直推迟到20世纪40年代[②]，那么，如何解释近代糖业转型中出现的30多年的停滞抑或衰退期？

当我们审视这段时间内中国境内机器制造糖业的发展情况时，有两个特征较为突出：洋商投资的机器制造糖厂不仅屈指可数，且经营状况不良；国内建立机器制造糖厂的努力相继受挫。

中国内地第一家制糖公司可以追溯到1880年英商怡和洋行在汕头建立的机器制糖厂，它自福建、广东、台湾大量搜购蔗糖原料或粗糖进行再加工，向中国市场供给土法不能制造的白糖，开办不久因受当地抵制而搬迁到香港。[③]1909年俄国人在哈尔滨阿什河地方设立阿什河糖厂，以甜菜制糖，后遭日方抵制而衰落。1920年德国人控制的溥益实业公司在山东济南设立甜菜制糖厂，经营数年，成绩甚佳，但自1926年以后，日渐不振，宣告停业。[④]日本先后在上海设立明华制糖株式会社，伪满洲国成立南满砂糖株式会社，实行机器制糖，但是，明华糖厂因厘金问题而出乎意料的不顺利[⑤]，南满砂糖株式会社则因难以获得甜菜种植土地而在经营上受阻[⑥]。这屈指可数的几个机器制糖厂，既未形成规模生产，也未达到进口替代而改变中国外糖的进口格局，中国市场上大部分的糖品依旧是从国外进口而来。

国内机器制糖厂的设立情况极不乐观。在一些重要的产糖省份，如四川、广东，地方政府的努力相继受挫。清末，四川官府委派官员赴产糖中枢县份，设立精制糖公司，以各糖户每年出糖额摊派股本，当时收入内江股本20余万元，并委派邓澍辉等4人，赴日考察新法制糖，预备回国后正式成立公司，后因辛亥革命而罢。1918年，省署委伍所南、廖亨九赴日购机，当买回大批制糖机，运到宜昌，但返川者仅最小三轮榨蔗机一部，试验未成功。1930年，蓝玉田在内江设立开源精制糖厂，以离心机制糖，后因成本高、无利润而停办。1933年，21军政务处长甘典夔亦计划改良糖业，遂与捷克糖商合组精制糖厂，资本定为250万元，糖户可以

① 赵国壮：《从日本调查资料所见清末民初中国砂糖业——以〈中国省别全志〉及〈领事报告资料〉为中心》，《中国经济史研究》2011年第1期。

② 1940年以后，在四川沱江流域迅速成立了一批采用机器与人工相结合的半机械化制糖厂，其中最重要的有华农糖厂、中国联合炼糖股份有限公司、四川华原糖厂等。

③ 孙毓棠：《中国近代工业史资料》第一辑上册，北京：科学出版社，1957年，第80—81页。

④ 杨寿标：《四川蔗糖产销调查》第一章，南京：中国农民银行经济研究处，1940年，第3页。

⑤ 《本邦糖业与消费地中国》，《时事新报》1924年9月2日。

⑥ 《南满制糖近况》，《满洲日日新闻》1919年9月5日。

甘蔗及生产品作资金入股，后因匪患而停办。1936 年，建源公司陈陶声会同建设厅罗诗言倡言成立精制糖厂，后因糖业公会反对而罢。①又如广东省政府计划于 1932—1934 年在广东地区开设 6 个机器制糖厂，合计总榨蔗能力为 5250 吨，最后，仅建成 3 个小厂。②

从国内机器制造糖厂的设立情况来看，外资建立的机器制糖厂并未形成规模，政府出资建设机器制糖厂的努力也相继失败。因此，可以认为，在这一时期的中国市场上，中外糖品之间的竞争形势依旧是进口机器制造洋糖同国糖之间的竞争。外国糖商通过商品输出手段控制中国绝大部分的糖品市场，同时，既然能够运用此种手段获得较大利润，它们也就没有必要在中国建立先进的机器制糖厂，把商业资本转换为工业资本。

同时，市场的萎缩（国外市场尽失，国内仅维持部分产地市场份额），直接伤害到中国糖业自身的资本积累及扩大再生产。在一些区域性的糖业研究成果中，学者们对中国糖业落后原因中外糖侵逼因素均有一定的论述，不过多限于在本区域内进行讨论，而未进一步讨论近代糖业转型问题。③因此，我们以近代广东省著名产糖地潮汕地区为例，对此问题加以初步的分析。近代以来，汕糖以运销内地、出口国外而著名④，但是，从 1858 年汕头开埠到 1938 年广州沦陷这一时间段内的砂糖销售情况来看，外糖侵逼带来伤害是惨重的。如果以 1867 年的 672 675 担（赤糖 356 023 担，白糖 316 652 担）为基准，之后，汕糖的出口大致呈增长趋势；赤糖在 1899 年达到最高峰，白糖在 1884 年达到顶点，此后出口（包括运销内地和出口国外两部分）逐渐减少，到 1926 年，赤糖出口跌至基准年的 1/4 到 1/5，白糖竟低至仅有基准年的 4.92%。⑤市场的萎缩给糖业领域带来了巨大的冲击。首先，糖商亏本破产，“旧日之糖，销路日微，销数日绌，糖商折阅，无可挽回”⑥。其次，糖

---

① 四川省甘蔗试验场：《四川省甘蔗试验场 1937 年度工作报告》第一章，1938 年，第 43—46 页。

② 徐建明：《中国糖业概况及建设计划》，《档案史料与研究》1999 年第 2 期，第 27 页。

③ 范毅军：《广东韩梅流域的糖业经济（1861—1931）》，《“中央研究院”近代史研究所集刊》第 12 期，台北：“中央研究院”近代史研究所，1983 年，第 127—161 页。冷东：《潮汕地区的制糖业》，《中国农史》1999 年第 4 期，第 74—80 页。胡刚：《20 世纪初闽南蔗糖业的衰落及其原因探析》，《厦门大学学报》（哲学社会科学版）1988 年第 2 期，第 95—103 页；张兆金：《清末民国时期洋糖冲击与赣南糖业应对措施分析》，《南昌高专学报》2010 年第 3 期，第 15—17 页。

④ 汕糖的国内市场以北方牛庄、天津、芝罘和长江流域之上海、镇江和汉口为主，国外市场开埠初期以日本最为重要，其后逐渐开拓英国和美国的市场，从 1870 年起，中国香港又成为进口汕头糖最多的地区。20 世纪初，在外国糖品占领中国市场前，汕头糖类的出口量一直高居中国各通商口岸出口量的首位。范毅军：《广东韩梅流域的糖业经济（1861—1931），》《“中央研究院”近代史研究所集刊》第 12 期，台北：“中央研究院”近代史研究所，1983 年。

⑤ 范毅军：《广东韩梅流域的糖业经济（1861—1931）》，《“中央研究院”近代史研究所集刊》第 12 期，台北：“中央研究院”近代史研究所，1983 年。

⑥（清）陈炽：《续富国策》卷一《种蔗制糖说》，清光绪二十二年（1896 年）刻本，第 8 页。

房纷纷倒闭，“近日洋糖大兴，邑（东莞）糖房大半倒闭”①；最后，蔗农改种他物，“糖业不足恃，蔗农不得已改种他物，以弥其缺”②。糖商、糖户及蔗农交相受困，中国糖业生产及销售的整个环节均受到严重伤害，引起了糖业危机，进而延缓了中国糖业近代转型的进程。

第五节　日糖拓殖与中国政府及糖业界的抗争

晚清时期，清政府已着意扶植糖业发展，同洋糖进行抗争。早在1898年，户部已在“议复各省自辟利源折”中强调“若合江西、浙江、江苏、安徽素常种蔗之地，广植丰收，购机制造，则岁增之利无算”③。20世纪初期，在洋糖进口日盛、国糖式微的情况下，商部章京廖世伦拟呈本部设种蔗试验场、设制糖讲习所、制糖试验厂、改良旧式糖厂、提倡新式糖厂、上海宜设精制糖厂、试制芦粟糖、试种西洋萝卜（即甜菜）等条陈八则，以求振兴糖业④。商部采纳了廖世伦的振兴糖业条陈，随后札文天津总商会劝导糖商种蔗制糖并设法改良，“行札到该商会，即便转知各糖商，详细劝导，体察地方情形，设法改良，并随时呈报本部，如有应行保护之处，本部自应力与维持，以图进步而辟利源”⑤。

1909年，四川省商务局对川糖提净方法进行试验，结果较为理想。在试验结果的激励下，赵尔巽积极提倡改良糖业技术，不过鉴于“商人狃于成法，惮于投资”，而主张在糖捐项下“提银二万两移交劝业道”，从事糖业改良事项。同时，他又考虑到资中、内江为产糖重镇，“应由糖捐局资州、内江地方官会同，劝令各糖户遣派聪敏子弟送赴日本及台湾制糖厂学习，以为学成自立，不假外材之计”，并且“学习调查之费，均在糖捐项下详明拨给”⑥。随后派邓澍辉等4人去日本考察新法制糖，预备回国后正式成立公司，后因辛亥革命而罢⑦。1910年10月1

① 宣统《东莞县志》卷一五，清宣统三年（1911年）铅印本，第13页。

② 《光绪三十一年汕头口华洋贸易情形略论》，上海通商海关造册处税务司：《通商各关华洋贸易总册》下卷，清宣统二年（1910年）铅印本，第78页。

③ （清）倚剑生：《光绪二十四年中外大事汇记·户部议复各省自辟利源折》，《中华文史丛书》第41册，台北：华文书局，1968年，第1564页。

④ 廖世伦：《振兴糖业议》，《商务官报》1906年第15期，第1—6页。

⑤ 《商部札天津商务总会劝导糖商种蔗制糖设法改良文》，（清）甘厚慈辑、罗澍伟点校：《北洋公牍类纂正续编》卷二十一，天津：天津古籍出版社，2013年，第868页。

⑥ 《督宪札提公款改良糖业并饬劝令各糖户遣派聪明子弟数人送赴日本及台湾制糖厂学习文》，《四川官报》1909年第11册，第7—8页。

⑦ 四川省甘蔗试验场：《沱江流域蔗糖业调查报告》第一章，1938年，第44页。

日，四川官府在资州城内开设精制糖公司筹备处，劝谕绅民纳捐办公司[①]。同年12月19日，四川总督奏请设糖务局，提议由糖务局总领糖业改良的各种事项，如“调查本省蔗糖情形，选购闽、粤、南洋及台湾各处蔗苗，设场试验，开会品评，并选聘技师、招生见习，以为改良基础”[②]。

民国建立后，袁世凯及北洋政府农商部起初对发展实业确实是比较重视的[③]。袁世凯在以临时大总统身份发布修订各项经济法规以利实业发达令时，首先声明要继承前清的制度遗产，“凡关于保护兴业各法令，业经前清规定者，但于民国国体毫无抵触，应即遵照前次布令概行适用，次第施行”[④]。农商部为录送整顿糖业办法暨批令事致鲁、豫、桂、黔、鄂、滇、湘、晋、闽、直（隶）、赣、奉（天）、吉、黑、川、粤、浙、皖、苏等省巡按使及京兆尹咨文，强调“现在欧洲多事，世界重要产糖地方大受影响，振兴糖业实以此时为难得可贵之机会”，要求对糖业进行整顿，“而整顿方法，尤以定区域、行检查二事为切要之图”[⑤]。1914 年，农商部为《农商公报》撰写“中国南部之糖业稿”，就中国南部糖业产制状况做详细介绍的同时，也呼吁“现今欲设立大规模制造工厂，亦颇困难，惟若设百吨程度之改良糖厂，则应不难成立也”[⑥]。同年，民国政府对制糖公司颁布了五厘保息条例，对甜菜种植颁布了每亩补助甜菜种银一角、肥料银一角之条例，后因战端骤起而未加实施。

1927 年，上海糖商采取仿造日糖商标及在日糖中混入廉价爪哇糖进行销售的办法打击日糖进口。同年10月22日上海电称：“上海约60家中国精制糖商把爪哇糖与日本糖按照 5 比 2 的比例混合制成劣等产品，仿造日本精制糖会社的商标进行出售，致使最近数月日糖输入上海市场的数量比平常剧减一半；前不久，中国精制糖商预见排日运动会导致日糖输入断绝，而以期货形式大量买进爪哇糖，并高价出售混合品以收回损失的利益。”[⑦]这种手段不仅使1927年同期的日糖输入额骤减一半，而且也严重损伤了日糖声誉，给日糖输入中国市场带来较大威胁。

1929 年，中国机器工业家发起国糖保护运动。伴随着中国兴办实业的高潮，华

---

① 《资州厘局兼糖捐分局白话告示》，《四川官报》1910 年第 28 册，第 1 页。

② 《本任督宪奏设糖务局片》，《四川官报》1911 年第 7 册，第 7 页。

③ 朱英：《辛亥革命与近代中国社会变迁》，武汉：华中师范大学出版社，2001 年，第 225 页。

④ 《袁世凯关于修订各项经济法规以利实业发达令》，中国第二历史档案馆：《中华民国史档案资料汇编》第 3 辑《工矿业》，南京：江苏古籍出版社，1991 年，第 15 页。

⑤ 《农商部为录送整顿糖业办法暨批令致鲁豫等巡按使请转饬遵照咨》，中国第二历史档案馆：《中华民国史档案资料汇编》第 3 辑《工矿业》，南京：江苏古籍出版社，1991 年，第 257—258 页。

⑥ 《农商部：中国南部之糖业稿》，中国第二历史档案馆：《中华民国史档案资料汇编》第 3 辑《工矿业》，南京：江苏古籍出版社，1994 年，第 258—262 页。

⑦ 《上海糖商的奸策》，《大阪朝日新闻》1927 年 10 月 23 日。

侨出身爪哇糖商河东号、国民制糖公司及建源号等糖号，计划以上海为中心筹设精制糖公司。国民政府给予这些企业家经营特权，并修改关税保护原料糖进口。中国现行砂糖进口关税使用荷兰标准，分 11 号未满及 11 号以上两种，前者每担征收海关两 5.75 文，后者征收 8 文。按照这样的关税标准，爪哇糖、古巴糖及日本精制糖均按同等标准征收关税。不过，中国实施国糖保护政策及以增加税收为目的的关税改革之后，糖税标准改为 11 号未满、18 号未满、18 号以上三种，这使原料糖类，如爪哇糖的黄双、中双，古巴糖及类似精制糖输入处于有利地位，而对于在中国砂糖输入中占第三位、年输入价值达 3300 万日元以上的日本精制糖来说，是一个严重的打击，日本输出商及精制糖会社为此而试图把日本本土的精制糖工厂移到中国。①

中外糖品贸易累年的巨额逆差，给予中国政府以巨大冲击，迫使它在政策上做出调整，以应付危局。1931 年，国民政府试图借助古巴糖业势力来完成“制糖国营计划”。一方面“制糖国营”的目的是同外糖进行抗争；另一方面试图奖励蔗种改良栽培，实施自给自足计划，进而在将来创造国糖向外输出的新时代②。1931 年 1 月 12 日，实业部长孔祥熙提议“兴办国营精制糖事业案”，从提案内容来看，国营计划的具体实施步骤是“拟从制炼精制糖入手，暂将进口粗糖（原料糖）免税，以期先将制造品输入国变为输入原料自造国”；选择古巴的原因有两点：一是“侨居古巴商人罗胞强为振兴本国糖业起见，特联络古巴糖商回国投资”。二是“古巴为美洲弱小国家，投资我国，政治上亦不至具有野心”③。5月9日，国民政府实业部与古巴夏湾拿国际制糖公司在南京签订了国际制糖公司有关合同④。5 月 24 日，经政治会议、立法院审查通过，获正式承认。根据协议，实业部接受古巴资本资助，建立国营制糖工厂，进而收买中国内地外国人经营的制糖公司，计划实行食糖专卖制度。中国以发行公债形式从古巴获得营业资金 500 万美元，在上海建立日产糖 1000 吨的大制糖工厂，500 万美元的公债年利 8 分，偿还期限为事业开始后 5 年。另外，古巴承诺贷与中国购买原料糖资本 1500 万美元，这也以公债形式贷入，年利 6 分，偿还期限为前 500 万偿还完后 15 年内结清。在营业方面，由古巴人充任会计副主任及技术副主任职位。⑤巴中合资的中华国际砂糖公司，拟在上海设立精制糖工厂，并渐次在汉口、广东、天津、奉天等地设立工厂，计划独占中国市场。政府这一糖业统制举动引起各方

---

① 《中国机械工业家的国糖保护运动》，《中外商业新报》1929 年 7 月 4 日。

② 《引人注目的中国制糖国营政策》，《大阪朝日新闻》1931 年 7 月 12—14 日。

③ 《实业部与古巴夏湾拿国际糖公司借款筹办国营制糖厂有关文件》，中国第二历史档案馆：《中华民国史档案资料汇编》第 5 辑第 1 编《财政经济（六）》，南京：江苏古籍出版社，1994 年，第 858 页。

④ 具体合同内容参见：《实业部呈》，中国第二历史档案馆：《中华民国史档案资料汇编》第 5 辑第 1 编《财政经济（六）》，南京：江苏古籍出版社，1994 年，第 860—864 页。

⑤ 《中国、古巴签订制糖协议》，《大阪朝日新闻》1931 年 6 月 26 日。

面的反对，爪哇糖商认为其是一大威胁加以抵制；日本糖商认为其是一个较大打击予以阻挠；而在中国方面，因古巴糖的进入妨碍了国糖的发展，合同见诸报端之后，立即引起上海市糖业同业公会的抵制，该公会对合约的内容逐条进行抨击，如用人权旁落、利息过高、进口原料及机器的高额回扣、质押过重等，得出结论是“纵观是项合同，人为刀俎，我为鱼肉，有百害而无一利，且最关紧要之买卖大权拱手让人，任其把持，实属违反国营之原则”①，最后致使这项计划不了了之②。

在制糖厚利的刺激下，广东陈济棠政府为了巩固自身地位，继 1931 年国民政府糖业统制努力失败后率先在广东地区实施糖业统制政策③。1934 年，广东省政府实施制糖事业直营计划，拟新设 4 个精制糖、粗糖工厂，极力防遏外糖输入。同年 5 月，广东省建设厅农林局局长冯锐发表广东省糖业统制计划④。1935 年，广东省划定广州、惠阳、潮汕、徐闻、琼崖 5 个甘蔗营造区域，先由广东省当局供给蔗本予农民，收获时再出资收买，使蔗农有利可图。其蔗种或购自菲律宾，或出自省立农业试验所，糖厂已成立 4 所，机器购自美国、捷克。⑤广东省糖业统制对日糖输入中国南方地区市场是一个重大打击，为此，三井物产收集情报，弄清广东省政府实施砂糖专卖的真相：

> （1）最近南洋华侨势力因日本产品的输入而衰退，以至于福建、广东、广西等地的侨汇减少，延及广东省政府的财政收入。（2）中国砂糖关税上调，自 1933 年以来中国沿海糖品走私猖獗，年约 300 万担。（3）广东砂糖关税输入，三成归广东省政府，其他解缴南京政府，南京政府把这部分糖税作为列强对华贷款的利息而偿还出去。有鉴于此，广东政府首先在珠江沿岸设立两个制糖工厂，与华侨通谋，从其手中秘密输入爪哇糖，由这两个公司进行包装，然后送到上海按国货销售，这样既增加了广东政府财政收入，也达到救济华侨

---

① 《上海市糖业同业公会呈》，中国第二历史档案馆：《中华民国史档案资料汇编》第 5 辑第 1 编《财政经济（六）》，南京：江苏古籍出版社，1994 年，第 865—867 页。

② 《古巴糖进出中国具体化》，《中外商业新报》1931 年 6 月 3 日。

③ 广东提出实施糖业统制之后，江西省政府亦发表大规模之建设计划，所拟举办之 9 个工厂，制糖厂亦列入其中，决定以 70 万元为资本，30 万为流动资金。四川省政府也聘请专家赴该省考察实业，对于制糖一项，亦颇具改进决心。产糖区域各省当局之重视制糖工业，概可想见，以上各项计划，除广东一省正在积极进行，并办有相当成效外，其余尚无充分的发展。朱博能：《中国之蔗糖业及其统制》，《东方杂志》1936 年第 3 号，第 59 页。

④ 生产计划：一般农民栽培甘蔗，省政府制糖，商人运输及贩卖糖品。在广州设立两个精制糖工厂（每日生产能力分别为 100 吨、50 吨），惠阳制糖工厂每日生产能力 100 吨，潮汕工厂每日生产能力 50 吨，此两个工厂为粗制糖厂，计划 8 月份开工。贩卖计划：省政府指定省内十家殷实糖商，组成砂糖贩卖所，并广州、汕头、江内、韶关、肇庆、水东、北海、海口、惠阳、英德、石岐等地。外糖输入限制：5 月 11 日以来，土糖税废止，外糖输入税提高。1934 年，广东全省每月输入外糖 24 万担，广东省地方当局设限制为 4 万担。《广东省制糖事业的省营计划》，《台湾日日新报》1934 年 6 月 9 日。

⑤ 朱博能：《中国之蔗糖业及其统制》，《东方杂志》1936 年第 3 号，第 59 页。

的目的[①]。

广东省政府订立振兴糖业计划，实施糖货统制，将一切制糖工业收归省营后，糖业稍有进步之势。[②]然而，限于国内政争、匪乱、苛刻的税捐以及制糖成本低廉的外糖挤兑，该计划成效极其有限。[③]

受到广东省政府糖业统制活动影响，1935 年，南京国民政府拟以上海市商会成立上海糖业合作股份有限公司为契机，再一次借助外糖势力实施糖业统制计划。1935年2月，上海市商会发起“由全体会员依照现行公司法，组织上海糖业合作股份有限公司，为推销国糖机关，以厚力量而利复兴，资本 30 万元，一次收足，业经开始营业”[④]，并呈请实业部早日实施国糖统制政策。南京国民政府以此为契机再次计划实施糖业统制，计划在中国各主要都市设立糖业合作所分店或代理店，铺设一个全国销售网络，而外糖输入则需本所许可。[⑤]5 月 15 日，南京国民政府出台统制法，实行糖业统制，规定糖品买卖需要得到财政部许可，禁止商人一切自由糖品贸易，并计划组织成立资本 300 万元（政府出资 25%，中外糖商融资 75%）的半官半民的中华食糖公司（总部设在上海，在中国各大城市设立办事机构）[⑥]，并设置食糖运销管理委员会来执行中央统制政策，委员长为梁和钧（广东籍，旧税关官僚），委员有建远公司董事黄江泉（福建籍，爪哇华侨）、冯锐（广东籍，广东省建设厅农林局局长）、周绍文（国定税则委员会副会长）等人[⑦]。然而这对于在中国市场上开拓多年的日本糖业者来说，无疑是一大打击。南京国民政府这一举措被日本糖商认为是“建远一派”排斥日本的阴谋[⑧]，随后，三井、三菱、安部幸、日本砂糖贸易、增幸及其他六家会社组织的糖商会，向代理公使及总领事陈情，反对该法案的实施；同时，又联合太古洋行及其他欧系糖商洋行共 12 家联名发表声明予以反对；另外，日本糖业联合会致

① 《中国专卖真相：官营秘密输出的基础》，《国民新闻》1935 年 1 月 22 日。

② 朱博能：《中国之蔗糖业及其统制》，《东方杂志》1936 年第 3 号，第 59 页。

③ 《中国的转向与我糖业者：大力协助推进糖品出口》，《台湾日日新报》1935 年 2 月 7 日。

④ 《上海市商会为希望政府早日实施统制糖货计划致实业部呈》，中国第二历史档案馆：《中华民国史档案资料汇编》第 5 辑第 1 编《财政经济（六）》，南京：江苏古籍出版社，1994 年，第 389 页。

⑤ 《国民政府砂糖专卖计划：本邦糖输出威胁》，《大阪每日新闻》1934 年 12 月 30 日。

⑥ 《国民政府号召中国糖业者：设立中华食糖公司推行糖业统制》，《台湾日日新报》1935 年 5 月 24 日。

⑦（韩）姜抮亚：《20 世纪初的东亚市场与中国制糖业》，朱荫贵、戴鞍钢主编：《近代中国：经济与社会研究》，上海：复旦大学出版社，2006 年，第 468 页。

⑧ 建远公司为拥有 8 个糖厂和 1 亿元以上资本的爪哇华侨企业，也是爪哇最大的制糖商，建远公司董事黄江泉出任食糖运销管理委员会委员一职，并且黄江泉为国民政府实业部长陈公博的朋友，他动员各种资源努力推广爪哇糖品，打开销路。

电日本外务省请其从中阻止①。与此同时，香港太古洋行就该公司成立问题向委员长梁和钧及财政部长孔祥熙提出抗议；上海华商也群起反对，在华商糖业会议上，就食糖专卖问题，有42票反对，2票弃权②。在中外糖商的抵制下，中华食糖公司胎死腹中。

综上所述，面对"外糖进、国糖退"的局面，无论是政府还是糖业界，均采取了一定的抗争措施，成效极微。碍于时局动荡及国力不济，政府的这些努力不仅是零敲碎打的，同时也带有投机取巧的成分。例如，借古巴糖业势力来对抗日本糖业的侵逼，而从未认真地去解决中国糖业所面临的根本问题，如蔗农贫困致使甘蔗所含糖分偏低、制糖方法因循守旧而导致的糖质不佳、捐税苛刻而带来的成本增加等问题。这就与日本政府大力扶植本国糖业发展、积极开拓亚洲糖品市场形成了鲜明对比。另外，就糖业界本身而言，面对日本糖商的大举抢占中国市场份额的拓殖活动，中国糖业界却依旧是一盘散沙的局面，既未组织起强大的行业攻守联盟，提出针对性的反击措施同日本糖商进行抗争；也并未积极着手从事糖业技术革新，组建新式机器制糖厂，从技术手段上弥补自身的不足，以期保住国糖市场份额。此一阶段的中国糖业界保守、迟钝的态度，与日本糖商积极向外拓殖的开放、敏锐性格，形成了较大的反差，值得深思。不过，这些努力为1942—1944年政府在大后方实施食糖专卖政策提供了实践经验，战时食糖统制政策的成功③在一定程度上与其不无关联。④

小结：日本糖业成为东亚糖业格局中的重要一极

近代以来，在一系列不平等条约的庇护下，洋货携其价格及质量优势同国货展开了全方位的市场争夺，并且这种中外竞争局势波及整个近代中国的手工业，如丝织业、瓷器业、茶业、棉纺织业、糖业等行业。在中外竞争格局下，各种手工业的

① 《国民政府砂糖销售统制：在上海日本糖商陈情日糖销售遭挤压》，《台湾日日新报》1935年5月18日。

② 《中国食糖公司因内外反对而中止》，《大阪朝日新闻》1935年6月1日。

③ 何思瞇认为战时消费品之专卖，其专卖利益属消费税一种，无论是专卖品中的火柴、盐、糖或烟，只要有消费，就必有专利利益之收入，税源相当稳定，从专卖利益收入统计来看，大抵皆能达其预算数，因之，专卖不失为增加财政收入的良方。参见何思瞇：《抗战时期的专卖事业：1941—1945》，台北："国史馆"，1997年，第521—522页。

④ 战前有关统制经济的讨论以及实践却为抗战全面爆发后政府及时将平时经济体制改变为战时经济体制，并全面实施统制经济奠定了基础，参见郑会欣：《战前"统制经济"学说的讨论及其实践》，《南京大学学报》（哲学·人文科学·社会科学版）2006年第1期。

境遇虽然均不容乐观，但却颇值得细细研读。例如棉纺织业，“大体说来，外洋机制纱布对于中国手工纺织业的分解作用……经过这样两个步骤：首先是洋纱代替了土纱，把手纺业强制割离手织业；其次是洋布代替了土布，把手织业又强制割离了农业”[①]；再如缫丝业，日本丝商到20世纪初已经开展蚕丝的直接出口业务，最后终于把外国商行从本国该业务中排挤出去；中国丝商跟他们的日本对手不同，仍然保持着外国商行、缫丝厂及内地供应者之间的中间人的地位；尽管这一地位使他们当中的多数人大发其财，但是归根结底，这使他们跟自己的日本竞争者相比，处于极为不利的地位，而日商直接推销商品的技术使他们对国外不断变化的爱好风尚极为敏感。[②]

就日糖在中国的拓殖情况来看，日本糖商和丝商等其他商人一样，积极关注外部经济形势的变化，适时调整自己的营销策略。在中国糖品市场上，相对于爪哇糖及香港糖而言，日糖起步较晚（在日俄战争后进军中国市场），然而，它却在较短时间内占据重要地位，并改变中国乃至东亚糖品市场上的竞争格局——爪哇糖及香港糖两糖统制的格局转变为日糖、中国香港糖两糖独大的局面。日糖拓殖成功的背后，有日本政府对糖业发展的扶植，也有日本糖业界人士不断向外进取的精神支撑。20世纪初，欧洲甜菜糖业兴起，日本随行仿植，在北海道、朝鲜、中国东北地区开发甜菜制糖，力图摆脱对单一原料糖的依赖。第一次世界大战期间，欧洲各主要甜菜制糖国均忙于战争，无暇顾及东亚及中国市场，日本糖商则趁机开拓中国市场。第一次世界大战结束后欧洲甜菜制糖恢复，世界糖价经历了先涨后落的过程，日本糖商积极整顿糖业，借助糖业统一来应对糖业危机。1929 年世界经济大萧条，世界糖业出现了较大危机，日本糖商借助日本占领中国东北的机遇而大力拓展伪满洲国市场。因此，在探讨中国糖业衰败之外糖侵逼原因时，如果我们仅从外糖输入数量角度来分析，势必仅能获得一个较为“生硬”的计量结果，而如果能从经济人活动视角去考察，势必将得到一些动态的、较具人性化的理解。

另外，在国外同行的竞争下，虽然中国传统手工业的缺点及不足日益暴露，部

① 严中平：《中国棉纺织史稿》，北京：科学出版社，1955年，第75页。林刚对土布业的分析是：“（20世纪）30 年代中国土布销售不旺的一个极其重要的全国性原因是帝国主义，主要是日本在中国设厂生产大量机制布，并大量仿制土布，这不仅严重打击了手织布，而且严重冲击了中国国内市场的既有格局，迫使原来为农村手织业生产原料的中国纱厂因机纱销路不振，为求生存而大量生产布匹，这就使原有的棉纺织业中的大机器工业与农村手工业之间的协调关系受到严重破坏，加剧了农村土布的市场困难。”参见林刚：《1927—1937 年间中国手工棉纺织业新探》，《中国经济史研究》2002 年第 2 期，第 17—33 页。

② Lillian M. Li, *China's Silk Trade: Traditional Industry in the Modern World, 1842-1937*, Cambridge: Harvard University Press, 1981；（美）李明珠著、徐秀丽译：《中国近代蚕丝业及外销（1842—1937）》，上海：上海社会科学院出版社，1996 年，第 101 页；（美）高家龙：《中国的大企业——烟草工业中的中外竞争 1890—1930》，北京：商务印书馆，2001 年。

分手工业在外国货物压迫下日益衰退，但是另外一部分手工业却在挣扎中前行，并且进行了生产技术的革新及引进，在一些行业中形成了多元生产力结构，如缫丝业中的机械缫丝工厂、土法手工缫丝与改良土法手工缫丝的并存[①]；近代中国面粉制造业中的大机器工厂、机器磨坊、手工磨坊和农民自己磨面四种磨法的长期并存[②]。手工业的近代转型问题，也即国民经济的工业化问题或近代化问题，是任何一个从事手工业史研究或经济史研究的学者均无法回避的问题，它历久而弥新，因为它本身就包含着对历史及现实的强烈关怀。手工制糖业在19世纪末至20世纪初已处在转型过程中，然而，在日本同行的竞争下，中国糖业的市场份额被侵夺，自身发展空间受到严重挤兑，使本应经历更深层次转型的中国糖业，出现了发展停滞的现象；一直到抗日战争全面爆发，中国糖业并未形成手工制糖与机器制糖并存的局面，这是手工业发展不平衡的常态，但却值得我们在研究近代糖业史及手工业史时特别加以留意。

① 王翔：《近代中国传统丝绸业转型研究》，天津：南开大学出版社，2005年，第300—301页。

② 上海市粮食局、上海市工商行政管理局、上海社会科学院经济研究所经济史研究室：《中国近代面粉工业史》，北京：中华书局，1987年，第12页。

第八章　东亚高寒纬度上的甜菜糖业崛起及发展

甜菜制糖业属于新兴经济产业，兴起于近代欧洲，到 19 世纪末至 20 世纪初时达到鼎盛，在世界糖业舞台上与传统甘蔗制糖业平分秋色。东亚甜菜制糖业兴起于近代日本，明治维新时期的日本推行殖产兴业政策，积极效仿欧洲在北海道地区种植甜菜，开启了东亚高寒纬度上的甜菜制糖业先河，不过，其成效并不显著，日本则逐渐将甜菜糖业推及同纬度的朝鲜半岛及中国东北地区，形成了自日本北海道地区到朝鲜半岛再到中国东北地区的连片甜菜种植区域及甜菜糖品产地。对东亚地区而言，甜菜属于新引进的经济作物，虽然其引进所产生的影响无法达到明清时期从美洲引进玉米、甘薯等新型农作物而产生“食物革命”的高度，但是，它的广泛种植对农业及其他副业生产均产生了重要影响；甜菜制糖业属于新兴经济产业，起点高且发展快，在东亚各国政府的扶持下用了不到 50 年的时间走完了欧洲甜菜制糖业近 150 年的发展历程，同时，作为甘蔗制糖业的重要竞争者，它既是东亚糖业新格局的重要组成部分，亦在东亚地缘政治经济新格局形成中扮演了重要角色。

甜菜，属于两年生植物，第一年储蓄营养物质，第二年长出根干。其根部内蓄有糖分，内部为白色或带淡红色，外皮呈白色、淡黄色、赤色几种，形状有圆锥形、心脏形、球形、尖轴形、细形及大头形等多种，长约一尺有余，每个重量在 0.9—1.2 千克。甜菜叶形状如匙，生长时期叶柄向上，成熟时期大半凋零，仅存中心数叶，呈黄色，平伏地上。甜菜茎高约三尺，开花结实，花形小，呈淡绿色，雌雄同体。甜菜制糖包括原料鉴定、洗涤切片、榨取糖汁、沉淀除杂、漂白、蒸发 6

个环节。①相对于有 2000 余年历史的甘蔗制糖而言，甜菜制糖的历史极短，如从 1799 年德国设立的第一个小型甜菜制糖厂算起，到现在为止也不过 200 余年②；东亚地区的甜菜制糖历史则更短，若从 1880 年日本政府在北海道胆振国纹鳖村设立官营甜菜制糖厂算起，到现在为止则不过 140 余年。③不过，甜菜制糖业在工业革命技术力量的助推下迅速崛起，19 世纪中期，无论是其甜菜育种，还是其制糖方法均有突破性发展，19 世纪末，欧洲甜菜糖品产量已呈磅礴增长之势，20 世纪初其产量已达到世界糖品产量的一半，与甘蔗糖品平分秋色。与此同时，在东亚高寒纬度上，甜菜种植逐渐形成了日本北海道地区、日殖朝鲜黄海道及平安南道、中国东北地区三个重点区域，甜菜制糖业亦深深嵌入东亚地区政治经济当中。

与甜菜制糖业在东亚政治经济中所处的地位及扮演的角色相比，中日学界对其研究的学术成果显得较为单薄。不过，从代表性糖业史研究成果来看，中日学界尽管未能深入分析这一经济现象背后的复杂动因及其重要影响，但是，均在不同程度上梳理了各自的甜菜糖业发展简史，在中国方面，《中国食糖史稿》简要地介绍中国甜菜糖业发展历程、栽培及储藏等情况④；《糖史》一书并未提及甜菜制糖业⑤；在日本方面，《日本的糖业》是近代较早介绍日本糖业发展情况的著作，该书简要地介绍了甜菜种植、制造方法和世界甜菜糖业发展情况，同时，简略地提及了 19 世

① （1）原料鉴定。甜菜制糖最为重要的是糖质（甜菜含糖量）的界定，工厂购入甜菜，即以糖质多寡为定价的标准，鉴定方法有杜博南福尔特法（Dubrunfoult）和费林（Fehling）滴定法。（2）洗涤切片。工厂周围设有急流小沟，各小沟集合处，设有一池及轮形升降机，轮边系 10 只桶，工人将甜菜投入沟中，以受水力冲动，均集合于池中，轮形升降机循环绕转，将甜菜送入洗涤机中，洗涤机为一大铁槽，内有一轴，并附有无数小轴，用蒸汽水力带轴转动，甜菜亦随之旋转，其外又有两个急流射入，遂将甜菜上附着的泥土洗涤干净，然后用升降机将甜菜升至摘选杂质床上，工人则留心除去石子及其他杂物，遂即送入截断机中切成长寸许宽二三分的菱形片。（3）榨取糖汁。之前，较多用压榨机获取糖汁，不过，此种榨取方法仅能取得 83%的糖汁，其余 17%的糖汁则不能取出。1930 年左右，采用溶解法，将菱形甜菜切片，运至溶解器内，用蒸汽水力作用，先溶解糖分，然后取其汁，较之榨取法效果更佳。溶解器为一长圆筒，上下各有一孔，在上孔所在处，有 3 个管子通入（蒸汽管、清水管及空气管），甜菜切片自上而下放入，受蒸汽与水的作用，其细胞组织则失去抵抗能力，糖汁得以溶解。随后，注入空气，液体受气体压力，则由下方侧管流入两大瓮中，以待沉淀各种杂质。（4）沉淀除杂。此项工作的首要目的在于除去一切杂质，如氮化物、磷酸氧化铁、磷酸氧化锰、硫化物等，各制糖工厂多用石灰除去杂质。沉淀共分两步骤：一是将甜浆加热至 40 度，加入石灰，用量为 2%—3%；二是用压榨滤清机过滤，然后加入 3‰的石灰，通以二氧化碳，则有白色沉淀发生，碳酸钙则与糖完全分离。（5）漂白。一种是亚硫酸漂白法，以硫黄燃烧于大管中，甜汁自管上流下，遇到此种气体则逐渐褪色；另一种是骨炭漂白法，骨炭为吸收色素物质，将其加入甜液中，则大部分之色素被其吸附。（6）蒸发。将漂白后的甜汁注入多效式蒸发器中，不与空气接触，以免氧化，然后加热蒸发。参见《法国阿望日糖厂之甜菜制糖法》，《实业杂志》1930 年第 115 号。

② 吴卓：《制糖新法及糖业》，上海：商务印书馆，1934 年，第 1 页。

③ 日本糖业专家木村增太郎认为此为日本甜菜制糖业的嚆矢。参见（日）木村增太郎：《日本的糖业》，台北：台湾日日新报社，1911 年，第 43 页。

④ 李治寰：《中国食糖史稿》，北京：农业出版社，1990 年；（美）穆素洁著、叶篱译：《中国：糖与社会——农民、技术和世界市场》，广州：广东人民出版社，2009 年；赵国壮、乔南：《近代东亚糖业格局的变动（1895—1937）——以中日糖业发展竞争为中心》，《历史教学》2013 年第 8 期。

⑤ 季羡林：《糖史（一）》，《季羡林文集》第 9 卷，南昌：江西教育出版社，1998 年。

纪末北海道的甜菜制糖业发展脉络①；《近代日本糖业史》讲述了明治初年日本甜菜制糖业的发轫，尤其是北海道地区甜菜制糖业的兴起及挫折②；《日本制糖技术史：1700—1900》以岩手县甜菜制糖试验及北海道纹鳖制糖所的发展历程为中心，分析了明治维新时期日本甜菜制糖技术的引入及展开③。有鉴于此，本书以神户大学附属图书馆新闻记事文库的日文资料为主体史料，并参酌相关中英文资料，从东亚区域宏观视角来分析甜菜制糖业深深嵌入东亚地缘政治经济格局中的这一经济现象，希望有助于推动东亚糖业历史及区域政治经济史研究的深入。

第一节　近代以来"甘菜二糖"竞争性发展

甜菜制糖业本为新兴产业，并且起初的甜菜糖品带有刺鼻性味道，并非消费者钟爱的产品④，但是，在德国、奥地利、比利时等国的大力奖励扶植下，甜菜制糖业在欧洲迅速发展起来，抢占了殖民地种植园甘蔗糖品在欧洲的市场份额，19世纪末已主导了欧洲糖品市场。与此同时，作为欧洲最大的甜菜糖品生产国的德国，其甜菜糖品已越出欧洲市场，积极开拓亚洲的印度及日本市场。归纳言之，19世纪 90年代，尽管甜菜糖业发展迅速，但是甘蔗糖业的优势仍在持续保有，且较为明显。20世纪初，甜菜糖业进一步发展，到1914年时，其产量已经接近甘蔗糖品产量，两糖相互角力，势均力敌，世界糖业发展已经呈现出甜菜糖业与甘蔗糖业竞争发展的格局。⑤

甜菜种植兴起于近代欧洲，"甜菜糖一项，近代隆盛异常，欧洲遍地皆是，北自俄罗斯，南暨伊（意）大利、西班牙，且远渡大西洋而发达于美国，甘蔗糖之市面几尽为所攘"⑥，近代的德国、奥地利、法国、荷兰、比利时等国均为甜菜制糖大国。甜菜糖的制造始于德国，1747 年德国化学家马葛富发现甜菜根含糖分5%—7%。此种发现在当时并无人注意，而其门徒安奇一直从事此项工作，并于1799 年设立一个小甜菜糖厂，年约生产甜菜糖 6 吨，德皇闻此新法制糖而予以褒奖。1801 年由政府提供资本，设甜菜制糖厂。1806 年，拿破仑下令封锁欧洲大

① （日）木村增太郎：《日本的糖业》，台北：台湾日日新报社，1911年。

② 社团法人糖业协会：《近代日本糖业史》，东京：劲草书房，1997年。

③ （日）植村正治：《日本制糖技术史：1700—1900》，东京：清文堂，1998年，第343—383页。

④ 《俄国甜菜糖在支那推销之说：警戒其抛售》，《大阪每日新闻》1931年2月20日。

⑤ 《世界糖业的分布》，《台湾日日新报》1914年7月17日。

⑥ 杨志洵：《德意志甜菜糖业》，《商务官报》1908年第4期。

陆，禁止各国与英国通商，糖品来源遂告断绝，于是，他下令奖励制糖工业，以谋求补救办法。1811 年，法国政府拨地 32 万亩，筹款 100 万法郎，设立化学学校培养制糖人才，并筹建 4 所制糖厂，欧洲甜菜制糖由此勃兴。但是，遗憾的是当时甜菜根部含糖分不高，且有杂质过多、制造手续烦琐、结晶困难等诸多问题。1830 年，法国人佛茂霖（Vilmorin）开始甜菜种植试验。其后，蒯定帛（Queding burg）及蓝鹏卿（Rabbethge）等人依据优生学原理，苦心研究试验，甜菜根部含糖分由 5%—7%增加到 20%，且品质优良。[①]甜菜经育种成功后，产量大增。1854 年，欧洲产出之甜菜糖品已达 20 万吨；1871 年超过 100 万吨；1881 年达 200 万吨，甘蔗糖品大受冲击，价格日落。1912—1913 年，世界糖品产量为 18 215 000 吨，甜菜糖品为 8 918 600 吨，占总产糖量的 48.96%，此时为甘蔗糖品与甜菜糖品竞争最为激烈的时候。第一次世界大战爆发后，产甜菜糖国家，如德、法、俄、奥皆为主要参战国，甜菜产量大减。爪哇、古巴及西印度群岛的甘蔗糖业，乘机复兴，又执世界糖业之牛耳。[②] 其中，以德国甜菜糖品产量为最多，其甜菜栽培面积竟占全国农作物面积之首位，欧洲糖业市场几乎全为其甜菜糖品所占有。在德国，一开始因担心甜菜种植会限制其他农作物产量及消耗地力，种植者甚少，后来，得知种植甜菜较之种植其他农作物为优，不仅可以增加土地收获，而且其根、叶及制糖后渣滓均可作为饲料供给家畜养殖，借此可以发展畜牧业。另外，收获甜菜之后，种植其他农作物，收获量不仅没有减少，反而提高了三倍。因此，在谷物和家畜价格与其他邻国相比日渐下落，发展甜菜种植业可以由此重振农业（农业发达与陆军强大有辅车唇齿之关系）的形势下，德国甜菜制糖业快速发展起来。1836 年，甜菜制糖工厂 122 家，产糖 14 吨；1850 年制糖工厂猛增到 403 家，产糖 13 362 吨；1850 年以后，德国甜菜糖业“国内生产益滋，供过于求，乃定输出之策”。1890 年，制糖工厂略有下降为 395 家，但是产糖量并未减少，达到了 19 791 吨；1895 年，制糖工厂锐减为 184 家，产糖量也锐减为 533 吨；1900 年时，制糖工厂达到近 400 家，产糖量恢复到 16 370 吨；1903 年，制糖工厂为 384 家，产糖 19 675 吨。[③]德国甜菜产量的持续增长主要得益于其甜菜制糖技术精良及德国政府大力保护奖励政策，而其精制甜菜糖品除了供给本国需求外，主要输出英国、日本、印度等国。[④]

19 世纪中期以降，伦敦糖品市场一度左右着世界糖品市场行情的走势。1870—

① 吴卓：《制糖新法及糖业》第一章，上海：商务印书馆，1934 年，第 1—2 页。
② 王耘生：《甜菜糖业之发展经过及其栽培法》，《西北农学社刊》1935 年第 1 期。
③ 《美德甜菜糖调查记》，《中国实业杂志》1915 年第 3 期。
④ （日）木村增太郎：《日本的糖业》，台北：台湾日日新报社，1911 年，第 352、354 页。

1906 年，该市场输入甘蔗、甜菜两种糖品的消长情况，在一定程度上反映了甘蔗、甜菜两种糖品在世界糖业格局中的竞争性变化，具体情况见表 8-1、表 8-2。

表 8-1 1870—1885 年英国输入甘蔗、甜菜两种糖品的消长情况表（单位：千斤）

年份	甘蔗糖品	甜菜糖品	合计
1870 年	941 800	269 800	1 211 600
1875 年	1 209 600	386 400	1 596 000
1880 年	1 008 000	672 000	1 680 000
1885 年	1 125 600	941 800	2 067 400

表 8-2 1890—1906 年英国输入甘蔗、甜菜两种糖品的消长情况表（单位：千斤）

年份	甘蔗糖品	甜菜糖品	合计
1890 年	487 200	1 646 400	2 133 600
1895 年	655 200	1 848 000	2 503 200
1900 年	252 000	2 352 000	2 604 000
1906 年	336 000	2 300 000	2 636 000

资料来源：（日）木村增太郎：《日本的糖业》，台北：台湾日日新报社，1911 年，第 372 页

从表 8-1、表 8-2 来看，1870 年时，英国输入的甘蔗糖品约占总输入数量的 77.73%，随后，低廉的甜菜糖品逐渐输入英国，到 1906 年时，英国输入的甜菜糖品数量已达到该年糖品输入总量的 87.25%。

19 世纪下半叶，欧洲大陆的甜菜糖业日渐兴盛，德国、奥地利等国的甜菜糖业在政府保护奖励之下积极与热带的甘蔗糖业相对抗，并在欧洲以外的市场上与甘蔗糖业进行竞争，这给予甘蔗糖业较大的冲击。[①]怡和洋行所属的中国制糖公司在 19 世纪八九十年代是东亚市场上的主要精制糖供应商，该公司的年度会议报告详细记录了欧洲甜菜糖品对东亚甘蔗糖品的冲击情况。1894 年，该公司纯收益为 250 838.12 美元，但是，经营情况遇到了前所未有的困难；与此同时，甜菜制糖业的繁荣发展，给糖品市场带来了极大冲击，同年 8 月份糖品价格剧降，达到有史以来的最低水平。[②]1896 年，世界糖品贸易形势依旧不乐观，东亚市场因大量廉价的

① Roger Munting and John Perkins，The Cane-Beet Sugar Rivalry in 19th Century，In Roger Munting and Tamás Szmrecsányi，*Competing for the Sugar Bowl*，St.Katharinen：Scripta Mercaturae Verlag，2000.

② *Report of Seventeenth Annual General Meeting on Thursday the 28th March 1895*，Minutes of the China Sugar Refinery Co.Ltd，Reference MS JM/I4/2，Archives of Jardine，Matheson Co.Ltd，Presented in Cambridge University Library Manuscripts Room.

欧洲甜菜糖品进入而竞争残酷。①1899 年，在日本市场上，日本精制糖厂规模较小，并未对该公司构成较大威胁，同时，新施行的关税政策也还能忍受，不过，欧洲甜菜糖品大量涌入日本市场，严重影响到该公司的销售业务，使其糖品不得已而赔本出售；在印度市场上，该公司糖品销售情况同样也不理想，尽管印度政府实施了反补贴税征税法，但是，仍有大量欧洲甜菜糖品进入印度市场，糖品价格并未因征收反补贴税而得到改观。② 1900 年，在日本及东亚其他市场上，该公司的糖品销售均受到甜菜糖品的影响，并且只要欧洲大陆国家继续补贴甜菜糖品，这种竞争情况仍将持续。③1901 年，该公司制糖厂全年大部分时间运营正常，但是，东亚的市场竞争更加严峻，1900 年全年接受政府补贴的欧洲甜菜糖品达到 3 300 000 吨，随着大量欧洲甜菜糖品输入东亚市场，中国制糖公司的糖品价格受到严重冲击。④1902 年，市场环境不佳，中国制糖公司惨淡经营，欧洲甜菜糖品的过量生产，打破了世界市场的糖品供求平衡，消费市场上堆积了大量欧洲各国政府补贴的甜菜糖品，供应远大于需求，糖品价格在长时间内维持低价。⑤

1902 年，作为欧洲重要糖品消费地的英国（其所需糖品绝大多数从国外市场输入），有鉴于世界糖业发展形势巨变，为了保护、救济其殖民地甘蔗糖业，与欧洲重要甜菜糖品生产国家协议废除糖业保护奖励政策，同意对输入的各种糖品统一课税。德奥等国政府认为该提议可以减去政府承担的巨额甜菜糖业保护奖励资金的负担而对此予以肯定。于是，欧洲各国（俄国除外）在布鲁塞尔召开会议，就糖业保护、征收糖品关税等事宜达成一致意见，签署了《布鲁塞尔糖品协约》，该协约有效期 5 年（自 1902 年 9 月 1 日到 1907 年 8 月 30 日），由此，欧洲各有关国家形成了“布鲁塞尔糖业同盟”。1904 年，英国政府内阁更替，自由党取代保守党主政，全面放弃前任内阁的糖品国产保护方针，实施绝对自由贸易主义，但是对英国

① *Report of nineteenth Annual General Meeting on Saturday the 27th March 1897*，Minutes of the China Sugar Refinery Co. Ltd，Reference MS JM/I4/2，Archives of Jardine，Matheson Co. Ltd，Presented in Cambridge University Library Manuscripts Room.

② *Report of Twenty second Annual General Meeting on Thursday the 29th March 1900*，Minutes of the China Sugar Refinery Co.Ltd，Reference MS JM/I4/2，Archives of Jardine，Matheson Co. Ltd，Presented in Cambridge University Library Manuscripts Room.

③ *Report of Twenty third Annual General Meeting on Wednesday the 27th March 1901*，Minutes of the China Sugar Refinery Co.Ltd，Reference MS JM/I4/2，Archives of Jardine，Matheson Co. Ltd，Presented in Cambridge University Library Manuscripts Room.

④ *Report of Twenty forth Annual General Meeting on Thursday the 27th March 1902*，Minutes of the China Sugar Refinery Co. Ltd，Reference MS JM/I4/2，Archives of Jardine，Matheson Co.Ltd，Presented in Cambridge University Library Manuscripts Room.

⑤ *Report of Twenty fifth Annual General Meeting on Tuesday the 17th March 1903*，Minutes of the China Sugar Refinery Co.Ltd，Reference MS JM/I4/2，Archives of Jardine，Matheson Co.Ltd，Presented in Cambridge University Library Manuscripts Room.

人民的高价必需品征收报复性关税。1906 年，有关各国在布鲁塞尔再次召开会议，商讨《布鲁塞尔糖品协约》具体执行事宜，英国提出对保护国的糖品征收报复性关税，事实上等于退出布鲁塞尔糖业同盟。之后，德国政府则转变扶植思路，以全力支持改良甜菜栽培事业来代替直接给予保护金措施，在改良种植技术的推动下，欧洲甜菜糖业更加发达。①

此外，另外一个明显的信号是盛销欧洲市场的爪哇甘蔗糖品的亚洲转向。在 1890 年以前，爪哇糖品以欧洲市场为主要流动方向，但是，随着甜菜育种成功，欧洲甜菜糖品产量大增，1854 年已有 20 万吨，1871 年超过 100 万吨，1881 年更达 200 万吨，甘蔗糖品倍受冲击，价格日落。②例如，根据 C.M.伍德豪斯对欧洲市场情况的调查报告，1884 年 1 月，爪哇糖品有 3555 篓运到伦敦、3290 篓运到安特卫普（比利时）、2000 吨运到地中海地区；但是，根据该年伦敦市场上糖价的不完全统计来看，爪哇糖品在伦敦市场上的销售情况并不好，与 1883 年的同期糖价相比，1884 年每英担白糖下降了 7—8 先令，黄糖下降了 6—8 先令，棕糖下降了 5—6 先令；1884 年 4—12 月，三种糖品价格均呈下降趋势，每英担（等于 50.8 千克）白糖由 4 月份的 18 先令 6 便士—20 先令下降到 12 月份的 15 先令—16 先令 6 便士。③爪哇糖品在欧洲市场上的滞销，迫使其不得不另寻出路。在 1890 年以后，爪哇糖品积极向美国市场流动，并开拓东亚市场；在 1900 年以后，因古巴糖品竞争，美国市场对爪哇糖品需求量锐减，爪哇糖品转而集中向印度、中国、日本及澳大利亚等亚洲市场寻求出路。④另据日本学者梶原保人调查，1891—1893 年，爪哇糖品输出欧洲的数量位列第一；1894—1897 年，输出中国与欧洲市场的数量为最多；1898—1901 年，输出美国最多；1904 年以后，中国香港和日本成为爪哇糖品的首要销售市场。⑤

1913 年，德、奥、法、荷、比 5 国甜菜糖产量已达 624 万吨⑥。但是，1914—1918 年，欧洲甜菜糖业因第一次世界大战破坏而受到重创。第一次世界大战中的 6 个交战国，其甜菜糖品产量占欧洲产糖总量的 87%，占全世界产糖总量的 38%，战争中数百万的人口从农田中被迫走上战场和战争对农业的破坏，致使糖品产量骤

① 《欧洲的砂糖同盟（上·下）》，《时事新报》1912 年 8 月 12—13 日。

② 王耘生：《甜菜糖业之发展经过及其栽培法》，《西北农学社刊》1935 年第 2 期。

③ *C.M.Woodhouse's Prices Current*，Prices Current and Market Report，Reference MS JM G33/2，Archives of Jardine，Matheson Co.Ltd，Presented in Cambridge University Library Manuscripts Room.

④（日）真室幸教：《爪哇的糖业》，台北：台湾总督府民政部殖产局，1912 年，第 57—58 页。

⑤（日）梶原保人：《爪哇糖业的发达乃自然乎人力乎》，东京：民友社，1913 年，第 94—96 页。

⑥ 《欧州甜菜糖产额》，《时事新报》1913 年 10 月 29 日。

减，即从第一次世界大战前的约 800 万吨锐减到约 259 万吨。[①]甘蔗糖业借机进一步发展。例如，1913—1914 年，欧洲甘蔗糖品输入量约为 1000 万吨，之后，甘蔗糖品产量逐年递增，1917—1918 年，欧洲甘蔗糖品输入量比第一次世界大战前多了 200 余万吨，是年度古巴糖品产量 330 万吨、爪哇 180 万吨，具体情况见表 8-3。[②]不过，第一次世界大战刚一结束，英法等国撤销糖品消费限制政策，积极恢复甜菜糖业发展，并努力驱逐外糖，到 1927—1928 年时，欧洲甜菜糖品产量已超过第一次世界大战前的产量，且增长势头强劲。甘蔗、甜菜两种糖品的地位发生了转换，古巴甘蔗糖品销路受阻，爪哇甘蔗糖品被逐出印度市场。[③]

表 8-3　第一次世界大战前后欧洲甘蔗糖品输入量、甜菜糖品产量及其所占比例表

（单位：千吨）

年份	欧洲糖品总量	欧洲甘蔗糖品输入量	欧洲甘蔗糖品输入量占欧洲糖品总量的比例（%）	欧洲甜菜糖品产量	欧洲甜菜糖品占欧洲糖品总量的比例（%）
1914—1915 年	18 497	10 273	55.5	8224	44.5
1915—1916 年	16 823	10 794	64.2	6029	35.8
1916—1917 年	17 043	11 265	66.1	5778	33.9
1917—1918 年	17 442	12 359	70.9	5083	29.1
1918—1919 年	16 393	11 971	73	4422	27
1919—1920 年	15 180	11 917	78.5	3263	21.5
1920—1921 年	16 566	11 843	71.5	4723	28.5
1921—1922 年	15 906	11 009	69.2	4897	30.8

注：原数据有误，本书略有修改

资料来源：《欧洲甜菜糖之恢复》，《银行周报》1922 年第 15 号

如表 8-3 所示，自 1903 年起，因得政府奖励金之补助，欧洲甜菜糖产量累年激增，至 1914—1915 年产量最盛，达 8 224 000 吨。随后第一次世界大战爆发，产量逐年递减，1919—1920 年，跌至最低，仅产 3 263 000 吨，与 1914—1915 年相差一半以上，同时在欧洲糖品总量中的比例也降至 21.5%。第一次世界大战结束后，欧洲甜菜糖产量缓慢升高，到 1921—1922 年其所占欧洲糖品总量比重已升到 30.8%。

1914—1922 年，欧洲甜菜糖品产量缓慢升高，具体情况参见表 8-4。

表 8-4　1914—1922 年欧洲主要甜菜糖品生产情况表　（单位：千吨）

国别＼年份	1914—1915 年	1918—1919 年	1919—1920 年	1920—1921 年	1921—1922 年
德国	2639	1350	739	1152	1330

① 《欧洲战乱与糖价》，《大阪朝日新闻》1914 年 9 月 11 日。

② 《甘菜两糖争霸：甜菜糖的激战与甘蔗糖的未来》，《大阪时事新报》1919 年 1 月 11 日。

③ 《甘蔗糖业者最担心的强敌：欧洲甜菜糖的大增产》，《台湾日日新报》1927 年 8 月 25 日。

续表

国别＼年份	1914—1915年	1918—1919年	1919—1920年	1920—1921年	1921—1922年
捷克	1602	606	492	705	585
奥地利			12	90	100
法国	302	110	154	305	285
比利时	204	74	146	242	280
荷兰	302	173	238	316	335
俄国	1967	336	86	65	100
波兰			140	189	225
瑞典	157	127	145	164	227
丹麦	153	144	152	134	120
意大利	150	107	181	135	200
西班牙	101	139	81	200	135
瑞士	12	10	8	3	5
匈牙利	21	2	10	7	22
罗马尼亚	30			5	25
合计	7640	3178	2584	3712	3974

资料来源：《欧洲甜菜糖之恢复》，《银行周报》1922年第15号

从表8-4来看，第一次世界大战后欧洲主要甜菜产糖国家的甜菜产糖量逐渐恢复，除了三个重要的产糖国家德国、奥地利（含捷克）、俄国（含波兰），以及丹麦、瑞士、罗马尼亚没有恢复到战前水平外，其他国家均基本恢复到战前水平。其中，法国遭受战祸最为惨烈，其大部分糖厂及甜菜产地被毁。第一次世界大战后，其恢复所需的机械仰给于捷克，法国接受的德国赔款大部分用于供给糖厂恢复之需要，并指定以德国赔款为担保，发行1000万法郎的公司债券，另外，法国政府为了保护国内甜菜制糖业，对输入外糖每吨课以500法郎的关税。

到1934年时，欧洲主要产糖国德国、捷克、奥地利、匈牙利、爱尔兰、比利时、意大利、波兰、丹麦、瑞典、芬兰、土耳其等国糖产量达3 885 631吨。1935年已达到4 133 445吨，超过欧洲战前的最高值。①1935年春，东欧各国干旱，不久气候转佳，对生长较为迟缓的甜菜影响不大，均复苏到相当程度，但是，德国、捷克、波兰、匈牙利因特殊原因，未能有良好收获。1935—1936年，欧洲甜菜种植面

① 《一九三四年及一九三五年欧洲主要国产糖成绩表》，《糖业月刊》1937年第1册，此表将土耳其纳入统计。

积 1 521 533 公顷，较 1934—1935 年的 1 588 438 公顷减少了 4.2%（66 905 公顷）。法国、西班牙、英国甜菜种植面积均大幅减少，其他各国并无太多变化。1935—1936 年，欧洲粗糖产量为 6 397 860 吨，较 1934—1935 年的 6 885 886 吨减少 488 026 吨。1935—1936 年欧洲甜菜糖之消费为 8 837 000 吨，较 1934—1935 年 8 597 000 吨，增加了 240 000 吨。自英国出口大宗精制糖行销世界各地及法国供给其非洲北部属地食糖后，欧洲本部之需要，除消费之外，尚缺 2 419 000 吨，加上出口的 450 000 吨，其缺少数量需要欧洲以外各地供给者共计 2 869 000 吨。除了其中一部分计 340 000 吨取给存货外，其余皆由英法统治国与其殖民地，以及古巴、爪哇、秘鲁、圣多明哥、巴西等地输入，共计 2 529 000 吨。①

近代以来，欧洲甜菜制糖业快速崛起，于 20 世纪初抢占了传统甘蔗糖业一半的市场份额，成为世界糖业经济中的重要一极。两者之间不可避免地存在着激烈的市场竞争情况，不过，在世界糖品消费数量猛增的大势下，“甘菜”两糖并非“势同水火”，反而在一定程度上形成了竞争性发展局面。比如，制糖业长期使用骨炭过滤方法制造白糖，此法成本较高，手续繁杂，颇为不便，1893 年，爪哇制糖业经过技术革新，从甘蔗榨汁中直接生产出白糖，为制糖方法开辟了一个新纪元；为了区别于骨炭过滤法制造的白糖，此法制造的白糖被称为“耕地白糖”；据说，印度实为糖品消费大国，每年从德国输入大量甜菜糖品，甜菜糖品从未使用骨炭过滤法，与印度的宗教信仰一致，颇受其欢迎，故而，爪哇将甜菜制糖法（即碳酸瓦斯法及亚硫酸瓦斯法）应用到甘蔗制糖上；20 世纪初，甘蔗制糖业已经广泛使用碳酸瓦斯法及亚硫酸瓦斯法来制造白糖。②受欧洲甜菜制糖业蓬勃发展的影响，近代东亚各国政府，尤其是日本政府，积极向欧洲甜菜糖业国家学习甜菜种植经验及甜菜糖品制造技术，筹划本国甜菜制糖发展事业，在本不适宜甘蔗种植的东亚高寒纬度地区大量种植甜菜，东亚的甜菜制糖业迅速发展起来，这对近代东亚糖业格局的变动和东亚的政治经济活动均产生了重要影响。

第二节　日本甜菜糖业的起步及发展

近代东亚甜菜糖业肇兴于明治维新时期日本的殖产兴业政策。明治维新以后，日本大力推行殖产兴业政策，而发展机器制糖业是其重要一环，即快速发展日本机

① 《一九三五年至一九三六年欧洲甜菜糖之产况》，《糖业月刊》1937 年第 3 册。

② （日）木村增太郎：《日本的糖业》，台北：台湾日日新报社，1911 年，第 33—34 页。

器制糖业，摆脱糖品输入国地位，进而向外开展糖品竞争，获取糖品贸易厚利，但是，较为遗憾的是日本国内气候并不适宜种植甘蔗，故而明治政府初始的糖业发展策略侧重于扶植甜菜制糖业。

日本甜菜制糖业发展历史可以追溯到明治维新初期。日本岩仓使团的出访考察以及参加世界博览会的观感，使日本逐步了解了甜菜糖品蕴藏厚利。为了减少大量糖品输入而造成的贸易逆差的漏卮，日本政府责令驻欧洲各国大使购买甜菜种子，在其东北地方进行试种，发现北海道地区气候及土质较易发展甜菜种植。①“明治维新时，日本政府于国内各种实业均力谋振兴，糖业亦在其列。不过，据调查所知，日本土地并不适宜种植甘蔗，于是改种甜菜，发展甜菜制糖。”②1875 年，日本政府将从欧洲购入的甜菜种子分发给东北各地方农民，同年又在岩手县岩田设立第一个小型甜菜制糖厂。1878 年，日本政府实业局长山县亲王率队赴法国巴黎参观博览会，会后，劝业局长松方正义滞留法国调查甜菜制糖业情况。经过详细考察后，松方正义认为该业有较大的发展前途，于是归国后他立即向日本政府报告考察所得，并着力推动日本甜菜制糖业的发展。1880 年，日本政府在北海道地区广植甜菜，并在北海道胆振国纹鳖村设立官营甜菜制糖厂，从法国购买甜菜制糖机器，开始制造甜菜糖品。③1880 年 1 月到 1881 年 1 月，该厂使用甜菜 4 189 259 斤，生产了 759 斤品质欠佳的甜菜糖品。1884 年，日本政府从德国购入机械，并雇佣 3 名德国技术人员进行指导，同年 10 月开始用“渗出法”（甜菜制糖的独特方法，有别于甘蔗制糖使用压榨法）新法制糖，但是，因收获季节北海道往往雨量过多而致使甜菜收获不佳，该厂甜菜糖品成本高昂、连年亏损。④1892 年，日本政府不得已将该厂委于民营，但是，该厂仍未获利，于 1895 年被迫宣布停产、解散。同一时期，该地区的另一家官营甜菜制糖厂亦困难重重，该厂由札幌制糖股份公司于 1888 年在札幌郡苗穗村成立，总资本为 80 万日元，一昼夜使用甜菜 53 248 贯（1 贯等于 3.75 千克），制糖机器由德国购入，并聘请德国熟练技师，一度年产甜菜糖品 3 万余贯，同样因甜菜收获等问题，该厂于 1901 年停产。⑤

日本第一次甜菜制糖尝试失败的原因很多，归结起来有以下诸般：地质关系、气候关系、耕作法不熟练、公司甜菜买入契约不完善、运输上的不足、工厂管理缓怠、制糖技术的拙劣及经营者不诚实等。⑥第一次尝试失败后，北海道地区的部分

---

① 社团法人糖业协会：《近代日本糖业史》，东京：劲草书房，1997 年，第 115—122 页。

② 《日本糖业经过情形述要》，《中外经济周刊》1925 年第 123 号。

③（日）木村增太郎：《日本的糖业》，台北：台湾日日新报社，1911 年，第 42—43 页。

④ 社团法人糖业协会：《近代日本糖业史》，东京：劲草书房，1997 年，第 182 页。

⑤ 木村增太郎：《日本的糖业》，台北：台湾日日新报社，1911 年，第 43 页。

⑥ 村越生：《北海道的经济界（一—十四）》，《中外商业新报》1920 年 11 月 20 日—1920 年 12 月 2 日。

糖业人士并未气馁，而是继续从同地域、同纬度、同气温的海外甜菜产地引进优良甜菜种子，又进行了数年试验，此次成绩颇为良好，尤其是以北海道的兆见及高地两处雨量最适宜。①

1919年，松方正熊继承其父松方正义的遗志，集资400万日元创立北海道制糖股份公司。同年6月11日，北海道制糖股份公司创立总会于帝国铁道协会内成立，创立委员长松方正熊报告了公司成立事宜，会议决议董事有松方正熊、山口诚太郎、安部幸之助、前川太基卫、栅濑军之佐、广濑德次郎、牧山清砂，监察委员有川上俊介、松元泰正、吉村铁之助，检查委员为高仓安次郎；公司资本总额为1000万日元，总部设于东京，制糖工厂设在北海道。公司业务为：（1）砂糖制造、贩卖，以及以砂糖、糖蜜、糖水为主要原料的商品制造、贩卖。（2）农业、林业及其产品的加工及贩卖。（3）电气事业。（4）以船舶及铁道为主的运输业。（5）其他附带事业。②该公司从美国达安公司购买制糖机械，1920年12月30日制糖厂试运营，1921年1月1日开始出糖。1920年，公司的甜菜种植面积为2000多町（一町约等于15亩），不过，该年因误购甜菜种子及受水灾影响，以至于每亩甜菜产量仅300斤，全年产糖仅4000担。随后逐年增加，到1924年时，种植面积已达1万余町，产糖30万担。③ 到1938—1939年，日本本土甘蔗、甜菜糖品产量分别为22 421吨和163 809吨，具体情况见表8-5。

表8-5　1929—1939年日本本土甘蔗、甜菜糖品产量　　（单位：吨）

年份	蔗糖					甜菜糖			糖蜜
	本州中区	本州西区	四国	九州	合计	冲绳	北海道	合计	
1929—1930年	1432	25	722	9645	11 824	61 840	25 460	87 300	5357
1930—1931年	704	27	595	8751	10 077	66 437	21 638	88 075	3742
1931—1932年	607	37	693	11 159	12 496	86 610	24 349	110 959	5365
1932—1933年	523	67	1017	13 033	14 640	88 317	24 168	112 485	4185
1933—1934年	741	101	1610	15 324	17 776	75 725	23 262	98 987	4002

① 《北海甜菜保护》，《大阪每日新闻》1922年12月8日。

② 《北海道制糖公司成立：资本额1000万日元及场地为十胜》，《北海时报》1919年6月14日。

③ 1936年10月15日，山东溥益糖厂技师长陆宝愈、农务部主任袁吉奉厂长之命，赴日本北海道考察甜菜制糖，11月7日返回山东。他们于10月16日从青岛出发，19日抵达东京，拜访了北海道制糖股份公司董事长松方正熊。松方正熊讲述该公司的创设情况，第一次世界大战之前，北海道有过甜菜制糖的尝试（松本正熊的父亲在北海道纹鳖村创设日本第一甜菜制糖厂，因天时不宜和制造技术不良，旋告失败；继之者堀宗一创办了北海道札幌糖厂，不过，因农事及制造等方面未能完善，也告失败），不过均以失败而告终。第一次世界大战结束后，糖价高企，一时间甘蔗及甜菜糖厂勃兴。《日本糖业经过情形述要》，《中外经济周刊》1925年第123号。

续表

年份	蔗糖					甜菜糖			糖蜜
	本州中区	本州西区	四国	九州	合计	冲绳	北海道	合计	
1934—1935 年	594	102	817	14 080	15 593	87 734	35 686	123 420	5039
1935—1936 年	535	77	735	15 497	16 844	100 843	31 354	132 197	4679
1936—1937 年	388	75	755	14 026	15 244	78 531	41 212	119 743	8103
1937—1938 年	494	43	917	16 271	17 725	86 178	42 210	128 388	7555
1938—1939 年	366	30	671	22 421	23 488	122 437	41 372	163 809	9041

注：原表单位为千克，本表经过四舍五入转换为吨

资料来源：《日本本国蔗糖及甜菜糖产量表》，《台湾糖业统计》1948 年第 2 期

从表 8-4 来看，1929—1939 年，日本本土糖品产量呈递增趋势（除了个别年份有所波动外），甜菜糖品年均产量约为甘蔗糖品年均产量的 8 倍。甜菜糖品生产地主要集中在冲绳及北海道两地，两地的甜菜糖产量亦呈递增趋势，其中冲绳地区年均甜菜糖产量约为北海道的 2—3 倍。1921 年后，世界糖品供求平衡，糖价回落，并且北海道甜菜因受褐斑病及夜盗虫影响，产量、糖分均未达到预期，是故此后十余年，均有亏无盈。1932 年，北海道各甜菜糖品生产企业均赤字上浮。①1933 年，北海道制糖股份公司流动资金日绌，乃减持旧股为 250 万日元，另招募新股 250 万元，添加新股后，业务蒸蒸日上，之后，纯利润达 100 万日元左右。②

在日本甜菜制糖业发展过程中，日本政府对于甜菜种植及制糖厂均予以大力扶持、奖励、补助。（1）就扶持、奖励农户而言，共计有肥料补助费、甜菜搬运费、增高产量奖励金、高产量标准奖励金及农具补助费诸项。在肥料补助方面，旧种区域，每反步补助 3.8 日元，初种区域，每反步补助 4.5 日元，政府补助北海道四个工厂的肥料费达 83 万日元；在甜菜搬运方面，日本政府对于农户甜菜地距离制糖厂达 3 日里（合中国 24.15 里）以上者，每千日斤（合中国 1200 斤）补助 0.3 元，但里数递增补助率递减；在增高产量奖励方面，以村为单位，以每反步 3000 日斤为标准，超出 1/10 每反步奖励 0.5 日元，超出 2/10 奖励 1 日元，超出 3/10 奖励 2 日元；在高产量标准奖励方面，以村为单位，考察以往的实际及自然要素状况，分为四级设立一个高标准，如果在未来 5 年内，其平均产量能达到这一标准，则一次奖励村农会奖励金；在农具补助方面，设立甜菜系的农事实行合作社，如因耕种甜菜而需共同购置心土犁、深耕犁、整地器、喷雾器及中耕除草等新式农具时，可向

① 《甜菜糖各公司赤字上浮》，《大阪朝日新闻》1932 年 10 月 14 日。

② 陆宝愈：《日本甜菜制糖考察记》，《糖业月刊》1937 年第 2 册。

政府申请，给予 30%—50%的补助金。[①]（2）就扶持、补助制糖厂而言，主要体现在甜菜种子费用补助及原料供应保障等方面。在种子费用补助方面，由政府设立的农事试验场直接供给厂方，培育至发给农户种植时为止，每升成本为 0.24 日元，而厂方卖给农户则每升 0.08 日元，短亏之处（0.16 日元）均由政府补助，按照每反步用种子 5 升，每年政府补助种子费用达 16 万元之巨；在原料供应保障方面，北海道制糖股份公司及明治制糖股份公司在北海道工厂之原料仰给区域，均由日本政府出面予以划定范围，推广种植，不相侵犯。北海道制糖股份公司带广厂[②]每天消耗原料 800 吨，明治制糖股份公司清水厂[③]（明治工厂，一个在北海道十胜河清水，于 1923 年 6 月与日本甜菜制糖公司合并而成；另一个在北海道天盐国上川郡士别町）达 1000 吨。每一个厂需要原料的生产面积为 5000 町步，据北海道带广工厂记载，每反步（10 反步等于 1 町步）平均甜菜产量可达 3561 斤，则 5000 町步可得原料 178 050 000 斤。北海道辖境内各工厂所需原种，均由道厅农事试验场供给，该试验场将育成的原种分配给各制糖公司，再由各制糖公司估计其工厂所需要原料面积的多寡，确定其培育、采种所需面积，由其收获种子，发给农民种植，供给制糖原料。经过多年的试验、培育，甜菜对于北海道自然环境确已显现其最大的适应性，并对其他农事发展等均有帮助，再加上日本整个糖业政策关系，遂形成其一贯而有计划的补助政策，北海道对于甜菜农事方面，如耕作、奖励、农具、补助及防治病、虫害药品等，全年给予 30%的补助金。[④]

① 袁吉：《视察日本北海道甜菜制糖农事概况》，《糖业月刊》1937 年第 3 册。

② 北海道制糖股份公司有甜菜工厂两所，一所在北海道带广市南郊约 2.5 里的十胜国河西郡西村字下稻田，于 1920 年 2 月成立，同年 12 月开始制糖；另一所在北海道钏网线的矶分内，于 1920 年夏成立。

③ 清水厂于 1921 年夏设立，属于日本甜菜糖股份有限公司。两公司各有耕地约 15.5 万亩，皆以廉价从北海道地方政府购买。1923 年时甜菜种植面积为 6.6 万亩，由农民租种，面积从 1 亩到六七十亩不等。公司与农户约定承种亩数及甜菜价值，并对每亩甜菜收获最多及所产甜菜含糖分最多者予以奖励。甜菜种子由公司从德国购入，分配给耕种农户。每年 4—9 月及收获季节，公司委派农业专家进行指导。北海道甜菜收获量，1923 年每亩约 2300 斤，含糖率为 15%—16%。两工厂所用机械皆来自美国俄亥俄州的克兰夫戴尔公司（Dyer & Co. of Cleveland），工厂建筑亦由美国工程师设计，机器用电力运转。工厂作业皆由美国工程师蒙孙（H.O.Munson）指导，两场各有一个美国人任助手。甜菜制糖时期自 10 月至来年正月，制造方法为：第一，将甜菜洗涤切片。第二，经过渗出机（Diffusion Battery）取其糖汁。第三，在糖汁中加入糖化石灰及石灰酸气使之澄清，反复多次直至成为稀薄略带黄色之汁。第四，蒸发此汁，使之成为浓液，澄清滤净，放入真空结晶器中，自真空结晶器所出之糖名为马色莒（Massecuite），即白色糖粒与糖汁所混合而成的棕色浓糖。第五，将此浓糖放入离心力摇动器，摇去白色糖粒上附着的糖汁，同时，用冷水冲洗干净。第六，放入干燥器中，干燥、筛净，即成精制糖。北海道工厂所制造的甜菜糖，皆用草席包装，每包重百斤，其销售仅限于日本国内。日本糖税甚重，精制糖品，如北海道工厂所制造甜菜糖，每担征税 9 元，与糖品出厂价格相等。日本糖品消费税：第一类，在荷兰标本糖色 11 号以下者，2—3 元；第二类，在荷兰标本糖色 15 号以下者，5 元；第三类，在荷兰标本糖色 18 号以下者，7 元；第四类，在荷兰标本糖色 21 号以下者，8 元；第五类，在荷兰标本糖色 21 号以上者，9 元。参阅《日本之甜菜糖工业》，《中外经济周刊》1923 年第 41 期。

④ 袁吉：《视察日本北海道甜菜制糖农事概况》，《糖业月刊》1937 年第 3 期。

综上所述，近代日本甜菜制糖业的起步与发展均得到了日本政府的大力扶持，发展甜菜制糖业是近代日本政府殖产兴业的重要内容之一。其发展过程颇为曲折，一度中断，所获成绩亦远无法与其依托爪哇原料糖品而发展起来的本土机器制造精制糖业及日据时期台湾甘蔗糖业所取得的巨大成就相比拟，不过，可以肯定的是，近代日本甜菜制糖业起步与发展开启了东亚甜菜制糖业的先河，对整个东亚地区的糖业经济产生了一定的影响，在日本北海道甜菜制糖业发展困顿之际，日本政府有意识地把目光投向同一纬度线上的朝鲜半岛及中国东北①，不仅将甜菜种植引入该地区，而且也推动了该区域甜菜制糖业的发展。

第三节　朝鲜甜菜糖业的兴起

朝鲜半岛本不产糖，早期所需糖品主要由中国供给，被日本占领后，糖品主要从日本本土输入。1906—1908 年，朝鲜糖品输入数额分别为 4 738 394 千克、5 363 700 千克、5 622 001.5 千克，按其人口总数折合后年人均消费数量仅分别为 0.45 千克、0.54 千克、0.565 千克②，远低于同时期的其他各国年人均糖品消费数量，不过，随着日本本土人口不断迁移过去，朝鲜地区的糖品消费数量有较大的增长空间。20 世纪初，自北海道甜菜制糖业初度失败后，日本政府开始将其注意力投向同纬度的朝鲜半岛，努力发展朝鲜半岛的甜菜制糖业。

朝鲜甜菜制糖业是在日本殖民政府扶植下才逐渐兴起的。1905 年，三泽罴多次到朝鲜调查该地各行业发展情况，他认为水产业、棉花栽培业、制茧业、养蚕业、制纸业及甜菜制糖业等是该地最适合发展的行业，其中，朝鲜的北部最适宜发展甜菜制糖业，他将调查情况呈报给朝鲜总督伊藤博文。1906 年，日本驻朝鲜总督府听取了三泽罴的意见，成立“朝鲜模范试验场”，从事甜菜试种工作。根据日本的韩国兴业公司专务员尾高次郎讲述，1907—1912 年，该公司在黄州农场进行了 5 年的实地试验，结果证明朝鲜半岛北纬 38 度以北地区（即黄海道、平安南北道及咸镜南北道）的气温、雨量、雨期、土壤等自然条件比较适宜种植甜菜，其甜菜制糖业虽然略逊于甜菜制糖业重镇德国，但是效果非常良好③。比如，在黄州农场

① 三沢羆：《有望的朝鲜砂糖业（一—四）》，《中央新闻》1912 年 5 月 26—30 日。

② 据统计，1908 年，输入朝鲜的糖品总价值约为 85 万日元，其中日本约为 67 万日元，所占比重达到 78.8%。（日）木村增太郎：《日本的糖业》，台北：台湾日日新报社，1911 年，第 259—260 页。

③ 三沢羆：《有望的朝鲜砂糖业（一—四）》，《中央新闻》1912 年 5 月 26—30 日。

试种的甜菜，在出长之幼稚时期同样遇到褐斑病，不过并未如同欧洲甜菜那样一旦遭遇褐斑病其糖分含量会降到 11%以下，反而在收获时期其糖分恢复到 16%—17%，每一反步收获量亦在 3 吨以上，出现这种情况主要得益于朝鲜特殊的气候条件。①归纳起来，经过勘察、试验后，在朝鲜发展甜菜制糖业有一定的优势：其一，与麦、大豆的种植相比较，其利益较优。其二，每 1000 斤甘薯仅出 100 斤糖，而每 1000 斤甜菜则出 140—160 斤糖。其三，朝鲜半岛工人工资低廉、燃料廉价易取。其四，从朝鲜半岛的土质及气候来看，平均每一町步可收甜菜高达 7000 贯，因此，多家媒体声称朝鲜半岛的甜菜是很有希望的。②不过，也有一些反对声音存在，他们认为台湾糖品过剩及甜菜病虫害等问题会导致朝鲜半岛甜菜制糖事业的前景极不乐观。③

1917 年 2 月，冈村左右松、藤山雷太等人在平壤创设了朝鲜制糖股份公司，计划募集股本总额 50 万日元、1918 年甜菜种植面积达 3500 町步。④1918 年，一方面，台湾甘蔗种植面积因米价上涨而减少，日本制糖商较难在台湾获得新的甘蔗种植园；另一方面，朝鲜制糖股份公司的运营遇到一定的困难，因时局影响其制糖机械输入较为困难，甜菜试种暂停，因扩大规模而贷入的银行资本的利息不得不转为股本，董事长藤山雷太决定将该公司并入其姊妹公司大日本制糖股份公司。1919 年 6 月，朝鲜制糖股份公司并入大日本制糖股份公司，起初两年的工作主要集中于甜菜试种。⑤1920 年，待制糖工厂筹建完毕，大日本制糖股份公司在朝鲜黄海道及平安南道两个地方与当地农户签订种植甜菜契约，具体内容如下：（1）收获之后的甜菜，每千斤以 6—8 日元价格全部售卖给公司，不能私自外销。（2）所需种子及堆肥之外的化学肥料由公司无偿给予。（3）公司给予耕作者每反步 3 日元以内的贷款，成绩良好者，另额外每反步贷给 2 日元，利息 1 分，按月计算。（4）甜菜根中糖分含量平均在 16%—17%，如果达到此平均数，每千斤给予奖金 30 钱（日元），含糖率每提高 1%，每千斤再给予 30 钱（日元）奖励。⑥是年，种植甜菜约为 2600 町步，此为朝鲜甜菜制糖事业的开端。

朝鲜甜菜制糖事业的发展同样离不开朝鲜总督府的大力推动。一方面，朝鲜总

① 《朝鲜与甜菜糖业》，《中外商业新报》1912 年 7 月 26 日。

② 《朝鲜甜菜糖有望》，《大阪新报》1912 年 8 月 14 日；《朝鲜甜菜制糖工业文件》，1923 年，外务省外交史料馆，Ref.B11091178700。

③ 例如甜菜多生褐斑病（雨季较多），致使糖分减少至 11%，不利于制糖。参阅《朝鲜と甜菜糖業》，《中外商业新报》1912 年 7 月 26 日。

④ 《朝鲜制糖进步：朝鲜甜菜制糖公司发起人冈村左右氏谈》，《京城日报》1917 年 4 月 23 日。

⑤ 《日糖鲜糖合并》，《福冈日日新闻》1918 年 10 月 3 日。

⑥ 《朝鲜甜菜制糖工业文件》，1923 年，外务省外交史料馆，Ref.B11091178700。

督府大力奖励甜菜种植，1919 年，朝鲜总督府从地方经费中划拨经费用于补助黄海道及平安南道两地的甜菜种子购入成本，1924 年时，黄海道与平安南道用于补助的费用为 87.5 万日元；另一方面，朝鲜总督府专门配备技术员，改良栽培方法，以图扩大栽种面积，积极推动劝业模范厂西朝鲜分厂研究褐斑病等病虫害的预防办法，1918 年，朝鲜总督府在平安道特设技师及技术员各 1 名，专司甜菜栽培及病虫害预防、驱除相关的试验与调查，并指导奖励工作；1925 年，技师移交劝业模范厂西朝鲜分厂管辖①，之后，朝鲜甜菜种植面积及糖生产量有所变化，具体见表 8-6。

表 8-6　朝鲜甜菜种植面积及糖生产量累计年表

年份	甜菜			产糖（斤）			副产糖蜜（斤）
	收获面积（町步）	收获量（斤）	原料使用量（斤）	荷兰标准 22 号以上	荷兰标准 22 号以下	合计	
1920—1921 年	2405.30	34 613 400		679 300	883 700	1 563 000	1 563 000
1921—1922 年	2824.80	38 339 325		1 395 050	151 200	1 546 250	1 440 709
1922—1923 年	1534.30	16 819 640		922 900	79 350	1 002 250	564 314
1923—1924 年	825.60	9 249 704		474 356	130 951	605 307	362 011
1924—1925 年	820.30	8 537 364		506 800	123 300	630 100	337 780
1925—1926 年	666.16	10 968 337	9 825 816	740 800	196 950	937 750	370 000
1926—1927 年	493.90	6 744 239	6 744 239	416 400	115 650	532 050	296 280
1927—1928 年	690.07	9 808 395	8 782 506	544 300	440 800	985 100	330 900
1928—1929 年	625.04	11 901 434				7 801 807	

资料来源：《朝鲜甜菜糖量累计年表》，《昭和财政史料》第 4 号第 222 册，1934 年，国立公文书馆，Ref.A08072678600

从表 8-6 来看，1920—1921 年，甜菜种植面积达 2405.30 町步，甜菜收获额 3461.34 万斤，产糖量有 156.3 万斤，之后，尽管部分年份受到灾害影响，但甜菜收获成绩依然不俗。1923—1924 年相对上一年度，平安南道及黄海道的甜菜种植面积为 825.6 町步，比上年的种植面积约少了一半，其减少的原因为政府补助经费锐减。尽管朝鲜半岛的甜菜种植面积大体上呈递减趋势，甜菜糖品产量也随之下降，但是，朝鲜半岛的甜菜制糖业还是在日本殖民政府的大力推动下逐渐发展起来，在 1927—1928 年及 1928—1929 年有所反弹。比如，1928 年，平安南道的甜菜在 8 月

① 《朝鲜总督府：第五十一回帝国会议说明资料·甜菜栽培状况及未来发展》，1926年，国立公文文书馆，Ref.A04017281400。

份前遭受了干旱、虫害等灾害影响而致使其发芽不良，8 月份后，气候调顺，甜菜长势回良，甜菜收获量完全超出预想，达到 5 694 124 斤。① 1931 年，大日本制糖股份有限公司朝鲜分公司制糖工厂占地面积达 16 万坪（1 坪合 3.3057 平方米），其中甜菜糖及精制糖制造的两套设备约占 3 万坪，铺设了 1 英里 50 链（大约 10 875.26 米）的专用铁路引入线，以及 6430 米的轻便铁路，是当时最新式的制糖工厂。朝鲜分公司年生产能力为甜菜糖 1200 万斤、精制糖 5800 万斤，共计 7000 万斤。朝鲜分公司的使命并非仅仅是一个制糖工厂而已，其担负着推动日本甜菜事业的发展，完成改良农业计划，充当通过开发朝鲜文化达到日朝两地“亲和”、融合的排头兵等一系列重任。朝鲜分公司的努力取得了很大成绩，1917 年公司所在地，即朝鲜平安南道大同郡大同江面船桥里，满目萧条，农户散落分布杨柳间，而在 1931 年时，此地已是工厂林立，俨然成为朝鲜的工业中心。② 1933 年时，其甜菜糖品产量则猛增到 24 904 担。③

19 世纪末至 20 世纪初，在北海道地区甜菜制糖事业初度失败后，日本政府在糖品贸易厚利和力争糖品自给自足等因素的驱动下，率先将注意力投向朝鲜地区。朝鲜地区的甜菜制糖业在日本驻朝鲜总督府大力资助及日本糖业公司具体运作下逐渐发展起来，取得了一定的成绩。不过，也不可否认，发展朝鲜地区甜菜制糖业是日本殖民政府进行经济统治的重要内容之一，日本方面寄希望于以此为契机，改进日殖朝鲜地区的农业发展情况，推动日朝两地经济、政治一体化进程。在推动朝鲜地区甜菜制糖业的同时，日本方面既建议伪满洲国政府重视中国东北地区发展甜菜制糖业的厚利，也积极推动该区域的甜菜制糖业发展，服务其“日满经济一体化”“满蒙是日本的生命线”的殖民扩张目的。

第四节　中国东北地区甜菜糖业的崛起

明清时期，中国北部的糖品消费主要依靠南部沿海地区的甘蔗糖品。据上海东亚同文书院调查，自古中国北部所需糖品皆由福建、广东及台湾三地供应，天津港为其集散市场；近代以后，外国商品贸易兴盛，爪哇原料糖及香港精制糖进入该区域市场，在 1905 年前，其外糖市场为香港太古及怡和所产精制糖垄

① 《甜菜的大增收：收获达 200 万斤》，《京城日报》1928 年 10 月 31 日。
② 大日本製糖朝鲜支店：《朝鲜与制糖：圆满完成重大使命》》，《大阪朝日新闻》1931 年 6 月 25 日。
③ 《日本全国食糖之生产消费与输出入》，《糖业月刊》1937 年第 1 册，第 105 页。

断[①]。19世纪末至20世纪初，随着国内甜菜糖业逐步发展壮大，俄国既从满洲里等地向东北地区输入甜菜糖品，也直接进行资本输出，1907 年，俄国在北满阿什河地区设立阿什河制糖厂，使用甜菜制造甜菜糖品[②]，这是东北地区最早的甜菜制糖厂。

一、南满地区的甜菜种植及制糖事业

南满甜菜种植始于 1906 年，时任奉天将军的赵尔巽采纳日本驻台湾总督儿玉源太郎的意见，招聘日本技师，在奉天设立农事试验场，试种甜菜，此为南满地区种植甜菜的开端。[③]据农事试验场研究报告，南满地区甜菜试种结果良好，尤其是南满的辽河地区，因其适当的干湿气候及其冲积层砂质土壤，适宜甜菜种植，成为重要的甜菜制糖区[④]；于是赵尔巽奏请清政府予以赞助，计划由中日合资兴办一个制糖工厂，后因遭到国人反对而未能办成，除了长春日本领事馆继续试种外，其他地方的试种均告停止。[⑤]

第一次世界大战期间，俄国因忙于战争而无暇顾及该地的甜菜制糖，日本则大力发展东北地区甜菜制糖业[⑥]。1914 年，日本创办“南满洲铁路产业试验场”，于各个分场试种甜菜。1915 年，扩大种植范围，在各地设立苗圃，并委托当地农户进行试种。所获成绩优良，每亩收获量平均为 78 贯，含糖量为 15.34%，略逊于比利时、德国，但是胜于法国、瑞典、俄罗斯等国；每亩甜菜的纯收益为 17.213 元，远高于大豆的 0.836 元、高粱的 6.638 元，以及粟的 0.171 元。[⑦]1916 年，日本满铁农事试验场试验种植甜菜，其糖分含有量达 15%；大日本制糖公司的土井昌逸考察朝鲜等地甜菜糖业，认为其前途较为光明；同年 12 月，涩泽荣一与其他日本实业家出资 1000 万日元成立南满制糖股份公司[⑧]。

南满制糖股份公司以栽培甜菜及炼制精制糖为目的，资本额原定为 1000 万日元，实收 500 万日元，于奉天成立年产量 20 万担的制糖工厂，每日使用甜菜 500 吨，炼制精制糖 100 吨，制糖机械设备来自英国和日本，早期的甜菜种子来自美国、德国。该公司自业务开展以后，各方面均取得一定进展：一方面西伯利亚

① 上海东亚同文书院：《中国经济全书》第 8 辑，东京：东亚同文会，1908 年，第 459 页。

② 另外一种说法是 1909 年，俄国人在阿什河设立阿什河制糖公司，开发甜菜制糖。《哈尔滨的砂糖状况》，《通商汇纂》1910 年第 44 号，第 5—7 页。

③ 《南满甜菜糖业（一—七）》，《台湾日日新报》1916 年 11 月 21 日—12 月 1 日。

④ 《南满洲的甜菜栽培》，《通商汇纂》1908 年第 49 号，第 45 页。

⑤ 《满洲甜菜糖之概况及其将来》，《中外经济周刊》1924 年第 53 期，第 1—5 页。

⑥ 《南满甜菜糖业（一—七）》，《台湾日日新报》1916 年 11 月 21 日—12 月 1 日。

⑦ 《满洲甜菜糖之概况及其将来》，《中外经济周刊》1924 年第 53 期，第 1—5 页。

⑧ 《满洲与糖业》，《满洲日日新闻》1916 年 10 月 12 日。

等地区糖品需求较旺；另一方面到 1918 年甜菜栽培面积已是 1916 年的两倍[①]，1918—1920 年制糖厂年均产糖 33 467 担。[②]1920 年 11 月 11 日，南满制糖股份公司为提倡栽种制糖原料甜菜，特制订栽种甜菜章程，指导、规范甜菜栽种事宜。该章程的主旨为用贷入资金形式管理栽种人，甜菜种子、肥料、租地费用均可无息贷款，前提是严格按照公司要求进行生产，公司也会全程跟进，以确保其付出有一定的收获。[③]1922 年，南满制糖股份公司在铁岭设立年产 30 万担的第二制糖厂。[④]南满制糖股份公司的甜菜买入代用金为每千斤 4 日元 89 钱，与北海道的 6 日元 80 钱相比，便宜了近 2 日元，同时，煤炭、工资等其他方面与北海道相比同样处于有利地位，另外，与大豆、高粱等普通农作物的种植收益相比，甜菜种植可以增收 5 成，故而，东北地区甜菜事业的发展势头良好。1923 年计划使用来自满铁农事试验场生产的甜菜种子，使其比例占到三四成，满铁农事试验场一直致力于甜菜种子的自给自足。[⑤] 1924 年，南满制糖股份公司在低息贷款辅助下，甜菜种植远超预期的 1.5 万—2 万株，达到了 3 万株。是故，南满制糖股份公司的优势极为突出：同我国山东地区及朝鲜相比，我国山东地区在甜菜播种期内雨量较少，且虫害严重；朝鲜则山地不便耕种，平原则米作胜于甜菜种植；南满地区雨量充沛，甜菜种植利益较胜于其他农作物种植，是故南满甜菜种植方面的优势较为明显。[⑥]

20 世纪 20 年代，南满制糖股份公司、阿什河制糖厂、呼兰制糖厂三家公司成为东北地区甜菜糖业的代表，但是，20 世纪 20 年代中期以后，各家公司出现了不同程度的危机。由于甜菜栽培失败、世界糖价下落、资金困难等因素，南满制糖股份公司的甜菜制糖事业业绩不振，后因土地使用问题与张作霖政权发生矛盾而失败，负债 470 余万日元，其铁岭及奉天工厂分别于 1926 年及 1927 年停产[⑦]，1928 年因皇姑屯事变而被关闭，其机械设备被昭和制糖公司董事长明石初太郎以 85 万日元价格购买。[⑧] 1930 年，呼兰制糖厂也面临着停产的命运。一时间，东北地区的甜菜糖业陷于困顿。

1932 年，伪满洲国成立之后，为了振兴东北甜菜制糖业，确定了以《甜菜栽

---

① 《南满制糖好成绩》，《满洲日日新闻》1918 年 12 月 11 日。。

② 《满洲甜菜糖之概况及其将来》，《中外经济周刊》1924 年第 53 期，第 7 页。

③ 《南满洲制糖股份有限公司栽种甜菜（糖萝卜）章程》，《奉天公报》1920 年第 3123 期，第 17—20 页。

④ 《制糖业与酿造业》，《大阪朝日新闻》1932 年 4 月 15 日。

⑤ 《满洲甜菜事业良好》，《满洲日日新闻》1922 年 7 月 21 日。

⑥ 《满洲甜菜糖之概况及其将来》，《中外经济周刊》1924 年第 53 期，第 1—5 页。

⑦ 另一说法是，1927 年，南满制糖股份公司因投机爪哇糖的操作失败而停产。参阅《制糖业与酿造业》，《大阪朝日新闻》1932 年 4 月 15 日。

⑧ 《近日五大制糖公司出资复活南满制糖：已在当地取得谅解》，《满洲日报》1935 年 5 月 12 日。

培奖励要纲》等为基本方略的甜菜糖业发展方针。在此方针指导下，日本糖业联合会加盟公司（企业）积极计划成立了新的制糖股份有限公司。[①]1934年3月，赤司初太郎、后宫信太郎代表日本糖业联合会与伪满洲国政府等东北关系者以及中国内地制糖公司商讨在东北成立制糖股份有限公司事宜：初始资本总额拟定为1000万日元，主要业务是生产甜菜糖品及精制糖品（对台湾及爪哇输入原料糖品进行精制加工）。业务计划分三期实行：（1）购买南满制糖股份公司的奉天工厂，并在北满哈尔滨郊外的呼兰设立新糖厂；（2）第一年，奉天精制糖部开始运行，甜菜糖部及呼兰工厂为翌年原料收集做好准备；（3）第二年，奉天工厂、呼兰工厂正式运行，并且为呼兰第一工厂添置新设备。[②]

1935年，赤司初太郎综合分析了东北地区制糖与台湾糖业之间的关系，认为伪满洲国糖业发展与台湾糖业并无冲突，台湾输出的耕地白糖受到香港精制糖及爪哇白糖的激烈竞争，然而向东北输入原料糖，在东北制成精制糖销售，则使其他糖品没有侵入余地；之后10年，东北地区的糖品需求量约为300万担，而该地的甜菜糖品生产仅为100万担，不足额尚达约200万担，这完全可以解决台湾糖业的糖品过剩问题。[③]他又居中联络，促成大日本、帝国、台湾、盐水港、昭和五大日本糖业联合会会员公司于是年年底召开满洲制糖股份有限公司成立大会，协议在南满地区共同筹设新的制糖厂，输入台湾地区过剩的粗糖，制成精制糖供应中国东北地区市场销售。[④]1936年4月15日，该公司获得奉天官方认可，4月16日开始营业。公司资本金500万日元，系双重法人代表（伪满洲国、日本），继承了南满制糖股份公司奉天工厂的机械设备，以粗糖加工及甜菜糖品制造为主要业务[⑤]，其首要目的是达到东北地区糖品供应的自给自足。[⑥]

二、北满地区的甜菜种植及制糖事业

初期的北满甜菜制糖事业主要集中于阿什河制糖厂及呼兰制糖厂。但是，北满地区天气较南满寒冽，且试验设备、调查研究远不如南满之完备，故而成绩远不如南满地区。自1910—1915年，阿什河制糖厂年平均生产甜菜糖品35 892担，呼兰制糖厂年平均生产甜菜糖品13 650担，加上南满地区的甜菜产量，合计年均生产甜

① 《跃进的奉天工业界明星》，《满洲日日新闻》1939年1月18日—3月25日。

② 《以赤司、后宫氏为中心创立满洲制糖公司》，《台湾日日新报》1934年3月26日。

③ 《满洲制糖与台湾糖的关系》，《台湾日日新报》1935年10月14日。

④ 《近日五大制糖公司出资复活南满制糖：已在当地取得谅解》，《满洲日报》1935年5月12日。

⑤ 《满洲制糖事业开始》，《满洲日日新闻》1936年4月17日。

⑥ 《砂糖自给自足的目标》，《时事新报》1936年8月26日。

菜糖品 8 万余担，约占整个东北地区输入糖品的 1/6。①

和日本北海道的甜菜种植情况极为相似，北满甜菜制糖厂与农户订立甜菜栽培契约，无偿给予甜菜种子，播种时以预借款方式贷给契约金额的半数，在栽培契约中明确甜菜收获价格以防止收获时期因价格波动而给农户造成损失。从 1933 年的契约价格来看，农户每亩甜菜种植的收入是种植其他农作物收益的 3—4 倍。②

阿什河制糖厂于 1907 年成立，起初系俄裔波兰人资本，1923 年又隶属于法国保护之下，相对而言资本较为充足，制糖设备较为齐备。该厂的制糖原料为甜菜，成立之初在中东路南线的双城附近租地 500 公顷，由制糖厂招徕农户种植甜菜，并派专业技术人员进行指导，收获后要求农户转卖于制糖厂，之后则向附近其他地区进行推广。1916—1926 年为其业务兴盛时期，年平均使用 1.5 万吨甜菜，年均生产甜菜糖品约为 1700 吨。1926 年，阿什河制糖厂再次易主，该厂由美国人喀干接手，该氏拟定新的发展计划，即以制造适合中国人口味的糖品为主业，兼及压榨甜菜粕、扩张酿酒工厂等副业，力求充分利用甜菜制糖废料，但是，事与愿违，制糖厂因资本不足、原料匮乏以及喀干的经营不善等原因而陷入停顿状态。③伪满洲国成立后，日本糖业资本进一步渗透到北满地区。1934 年 3 月 23 日，日本砂糖贸易公司购买美国人经营的阿什河制糖公司股份，成立了日美合营的制糖公司，命名为北满制糖有限公司，资本总额为 200 万日元，日方占 40%的股份，该公司的成立推动了阿什河地区甜菜种植事业的发展。④

呼兰制糖厂为李席珍于 1912 年在黑龙江傅家甸对岸创设⑤，该厂为东三省官营银号所有，系官营甜菜制糖工厂，其技术、设备由德国引进，起初因资本缺乏、技术欠精而致使其业务一直不振，所产糖品无法与舶来品相竞争，以至于累年亏损。1922 年，该厂厂长易人，增募资本、扩大业务，糖品始见于市场，不过，始终未有较大发展。⑥

到 1937 年时，东北地区有两家制糖公司及其所属的 4 个制糖工厂，南北满各一家制糖公司及两个制糖工厂（即奉天、哈尔滨附近各两个制糖工厂）。南满的制糖工厂由日本资本建设，北满的制糖工厂是九一八事变后由日本资本支配。4 个制糖工厂的年产能为五六十万担，约占每年东北地区输入糖品总量 156 万担的 1/3。不

① 《满洲甜菜糖之概况及其将来》，《中外经济周刊》1924 年第 53 期，第 7 页。

② 《北满的甜菜农业：满洲经济振兴政策之一》，《大阪朝日新闻》1933 年 11 月 5 日。

③ 玉福：《哈尔滨及中东路沿线之制糖业》，《中东半月刊》1931 年第 12 期。

④ 《北满制糖逐步发展》，《台湾日日新报》1934 年 3 月 26 日。

⑤ 《日人操纵东北糖业》，《工商半月刊》1930 年第 2 期。

⑥ 玉福：《哈尔滨及中东路沿线之制糖业》，《中东半月刊》1931 年第 12 期。

足的糖品，90%来自日本，日本糖品完全占有了东北市场。[①]

总的来看，与欧洲甜菜制糖业相比，东亚甜菜制糖业呈现出甜菜种植面积有限、制糖技术移植性等特征，同时，其体量亦较小，其影响远无法与欧洲比较；与历史较久的东亚甘蔗制糖业相比，东亚甜菜制糖业的历史极短，影响极其有限，但是，东亚甜菜制糖业属于新兴经济产业。首先，其为东亚糖业经济注入了一定的活力。甜菜种植区域主要分布在日本东北地区、朝鲜半岛及中国东北地区等高寒纬度上，这与东亚地区多生长在热带及亚热带地区的甘蔗种植在地域上形成了较为鲜明的对比，从地理分布上改变了东亚高寒纬度上无制糖业的局面，促进了东亚糖业二元格局的形成。其次，东亚甜菜制糖业的兴起与发展，优化了该区域的农业等行业的发展路径，对该区域的经济活动均产生了一定的积极影响。

第五节　作为新兴经济产业的东亚甜菜糖业

和明清时期的玉米、甘薯等农作物引进相比，19 世纪中期甜菜[②]（即制糖甜菜）作为新经济作物引入东亚却有着不同的历史发展轨迹。前者是当时为了解决人地矛盾而从美洲输入的，起初主要种植于中国江南地区，随即引起了“食物革命”[③]；后者是在近代糖品成为生活必需品及制糖厚利的诱导下而从欧洲引入的，种植区域主要分布于日本东北地区、朝鲜半岛及中国东北地区等高寒纬度区域，是东亚地区的重要经济活动之一。毫无疑问，甜菜对该区域的农业、机器制糖业等经济活动均产生了一定的影响。

一、甜菜作为新经济作物有着巨大的经济价值

制糖甜菜作为一种新经济作物，其种植意义较为宏大。甜菜种植对于改进农

---

① 《首先达到北满自给自足：满洲的甜菜糖工业》，《满洲日日新闻》1937 年 4 月 11 日。

② 历史时期，种植的甜菜为叶用甜菜，既可食用，亦可药用，就其原产地而言，关于最早栽培甜菜有两种观点：一是公元前 2000—前 1000 年，巴比伦和亚述地区开始种植甜菜，公元前 1000 年前，腓尼基人和希腊人将叶用甜菜从叙利亚和巴比伦带到欧洲南部的西西里和希腊，随后在罗马帝国时进一步传到西班牙、法国、瑞典等其他国家。二是公元前 2000 年，地中海诸岛开始栽种甜菜。公元前 6—前 5 世纪，根用甜菜开始在希腊、前亚细亚、罗马开始栽培；1 世纪中叶，根用甜菜由前亚细亚输入伊朗，后由伊朗传入阿富汗及中国。18—19 世纪，在俄国及西欧地区，根用甜菜进一步分化为食用、饲用及糖用三种类型。参阅张祖庆：《甜菜的起源与发展》，《中国甜菜》1982 年第 1 期；董一忱：《糖甜菜》，北京：科学出版社，1956 年。

③ 唐启宇：《中国作物栽培史》，北京：农业出版社，1986 年；王思明：《美洲作物在中国的传播及其影响》，北京：中国三峡出版社，2010 年；张箭：《新大陆农作物的传播和意义》，北京：科学出版社，2014 年等。

业、发展制糖业有较大影响。

甜菜引入东亚地区后迅速成为该区域的重要农作物。甜菜的这一特性在欧美国家早已得到验证，比如在美国，马铃薯、玉蜀黍、棉花等多种农作物不能在其北方生长良好，而甜菜是最能适应的精耕作物，美国北部各州及加利福尼亚南部，要么低于海面，要么海拔高，甜菜悉能生存，其碱性土壤抵抗能力最强，甜菜栽培使美国西部大量碱性过高的土壤重新被利用起来。[①]起初，东亚地区对其认知类似于初始时的欧洲，大多认为甜菜种植对地力保持有害，不过，经过试种以后，其轮作价值为人们所充分认识。东北地区的农作物并不多，主要有高粱、大豆、粟等几种，且耕作方法粗笨，以至于该地农业发展较为缓慢。同时，该地区大部分从事农业的农民多来自山东，他们租种富人田地，从不关心地力维持，仅仅关心从土地多收获农作物。[②]该地区在农作物轮作制度上的一大缺点是缺乏根类作物与高粱、大豆、粟等谷菽类作物进行轮作，甜菜种植不仅不会耗尽地力，反而有利于该地区的轮作种植活动。早在1916年时，调查者已指出在3年或4年内将甜菜与谷菽类农作物进行轮作，可以增加谷菽类作物的产量。[③]到 1933 年时，农业专家已肯定地指出，甜菜种植既促进了小麦、大豆等农作物的增收，又推动了畜牧业的发展（甜菜叶及其他不用制糖部分是家畜的上等饲料），它是振兴东北地区经济的重要举措。[④]

与此同时，甜菜亦成为重要的畜牧业饲料。甜菜叶子、切下的根冠、制糖之后的剩余物如能充分利用，完全可以促进当地畜牧业的发展。甜菜制糖的副产品甜菜根经过压榨后形成粕饼是牧场及屠宰场饲养各种家畜的最好饲料。根据研究农场的专门人员发表的各种统计、收支计算明细表、视察及试验报告来看，欧洲大部分的家畜饲料为甜菜根压榨而成的粕饼。这种粕饼被公认为是最低廉、最经济的饲料。在第一次世界大战前，瑞典农场管理局专家发布最权威的计算，一公顷甜菜根所压榨的粕饼相当于一公顷的马铃薯，德国有关专家经过计算后认为一公顷甜菜根所压榨的粕饼等于一公顷土地所产的优良牧草。[⑤]在中国，王雒文在《甘肃甜菜制糖事业之展望》一文中指出，其对于农业的作用在于：（1）同一土地，如甜菜加入轮种循环，则循环中所有其他作物之产量悉增。（2）甜菜栽培，可以改进农村经

---

① 王雒文：《甘肃甜菜制糖事业之展望》，《新甘肃》1947年第2期，第20页。

② 刘济满：《经济危机下的北满甜菜糖业：不可抛弃“产业开发的先驱者”》，《时事新报》1933 年 11 月 15 日。

③ 《南满甜菜糖业（一—七）》，《台湾日日新报》1916年11月21日—12月1日。

④ 《北满的甜菜农业：满洲经济振兴政策之一》，《大阪朝日新闻》1933年11月5日。

⑤ 刘济满：《经济危机下的北满甜菜糖业：不可抛弃“产业开发的先驱者”》，《时事新报》1933 年 11 月 15 日。

济。（3）甜菜栽培，在北部某种地区，为不可少者。甜菜于 6 个月内成熟（甘蔗最少需要 9—10 月），在农作物循环中有一正常位置（甘蔗种植多为单一作物经济），相对于甘蔗种植消耗地力较大，甜菜种植则反而有助于增加土地的肥力。在农作物轮作中加入甜菜种植，有助于农作物产量的增加。对于畜牧业而言，甘肃省多为风蚀黄土所覆，雨量较少，树木不易生长，民家燃料缺乏，常常收集野草或者掘其根来充当燃料，以至于童山濯濯，漫长冬季牲畜饲料极为匮乏，不得已入冬之前杀掉一批牲畜，剩下的牲畜到越冬之后体质也较虚弱，此为限制甘肃省畜牧业发展的主要原因，而种植甜菜以后，其叶、青头等切去部分（约占甜菜本身的 2/3）成为优良的越冬饲料，甜菜提糖后之残渣，还有大量的纤维素及碳水化合物，为普遍饲养牲畜的饲料，所以，甜菜种植为甘肃省发展畜牧业的救星。总之，甘肃省土壤碱性过重、地势较高、气候又寒，经济价值较高的农作物如棉花等不宜种植，农民收入过低，则民生遂苦。甜菜种植，既可增加其他农作物产量，又可增加农户收入，并且其副产品亦可救济该省畜牧业，甜菜制糖对甘肃省的裨益至深且大。①

二、作为新兴产业的甜菜制糖业推动了区域经济发展

对近代日本而言，发展甜菜制糖业是日本政府殖产兴业及其糖业政策中的重要一环，其主要目的为实现糖品自给自足，扶植朝鲜、伪满洲国经济发展，以及吸收台湾过剩的原料糖品等。

首先，日本政府发展北海道、朝鲜甜菜糖业的初衷是实现日本国民糖品消费自给自足。1914 年，三宅骥一（理学博士）认为，日本本土人均糖品消费数量大概为每年 11 斤，按照当时日本本土 5500 万人口计算，约需要 3.025 亿千克，加上朝鲜、库页岛等地之后约计 3.5 亿千克。此时，日本糖品产量共计 2.5 亿千克，其中产于台湾 2 亿千克，小笠原群岛及日本其他地区共计 0.5 亿千克。两相比较，有 1 亿千克的差距，尽管台湾制糖工厂生产能力逐年增加，但是，糖品消费数量亦与年递增。故而，发展朝鲜半岛、中国东北地区的甜菜糖业，可以弥补糖品供应的不足。②

其次，推动北海道地区经济腾飞。1936 年，根据《报知新闻》报道，北海道甜菜制糖业发展良好，北海道制糖股份公司是甜菜糖业界的佼佼者，甜菜糖业也将成为国家的事业。该公司的带广市工厂，每日消耗原料 700 余吨，产糖 100 余吨、纸

① 王雒文：《甘肃甜菜制糖事业之展望》，《新甘肃》1947 年第 2 期，第 20、23、31 页。

② 三宅驥一：《甜菜糖的奖励（上・下）》，《东京日日新闻》1914 年 12 月 10—12 日。

浆37.5吨，其他纸浆工厂、酒精工厂等附属设施一应俱全；经营范围包括精制糖制造、家畜饲料、纸浆、酒精制造与贩卖等事业；公司拥有10 340町步的水田、旱田（系租种），并经营造林事业；另外，该公司还在北见国的端野、女满别两村设立了采种苗圃，采取甜菜种子，并努力进行甜菜品种改良活动。公司业绩良好，社运昌隆，对于北海道经济发展做出了重要贡献。①。

再次，扶植、开发伪满洲国经济，达到日满经济社会一体化，维持其在中国东北的殖民统治。对于如何发展伪满洲国制糖业（甜菜糖业、精制糖加工业），日本早有较为系统的通盘规划：其一，最初增加糖品供应，避免受制于爪哇糖业，并积极与香港糖业进行竞争。其二，解决日据时期台湾原料糖过剩问题。其三，发展伪满洲国农业经济，达到其日满经济一体化目的。是故，开发北满甜菜制糖业，伪满洲国经济发展及繁荣可期。阿什河工厂经营者系统总结了其5个方面的利好之处：（1）增加农民收入，提高其购买能力。（2）增大其他日本商品输入量。（3）推动地方农民经济快速发展。（4）促进其他农作物增收。（5）收获奖励家畜饲养的好业绩。同时，甜菜糖业发展，一方面，既不会致使日本糖品在中国东北地区市场份额丧失：即日本本土精制糖业每年支付不菲的资金购买爪哇原料糖品，而日本业糖者输出每担糖品获利仅仅 20—30 钱（日元），此等加工利益往往因原料价格及汇率变动而常常未能达到预期，反之，如果北满甜菜糖业勃兴，业糖者可以直接从日本购买石灰、硫黄、过滤布等商品，该地区农民经济发展，可以增加对日本商品的需求②；另一方面，它还关乎日本移民的安定生活问题，1916 年，根据日本南满铁道公司产业部调查，一町步甜菜的收入约为高粱、大豆、粟等作物收入的3倍。③ 1931 年，根据阿什河制糖工厂调查，同等面积的大豆种植收获价值在 25—40 日元，而甜菜种植收获价值为 70—170 日元。故而，东北地区的日本移民若依靠种植大豆、高粱等低廉作物是无法与中国内地移民展开竞争的，而依靠甜菜种植才能获得高收入，进而维持其富裕的生活水平。④

1934 年，伪满洲国制定了实现东北地区糖品生产自给自足的制糖工业方策，同时，为了实施经济统制政策，伪满洲国政府与日本关东军军部一致认可日本糖业联合会在伪满洲国建立制糖股份有限公司。该公司最初的资本额协定为 1000 万日元，由伪满洲国及日本糖业联合会各出资500万日元，实际而言，该公司总股为20

① 《业绩优良的北海道制糖：大有希望的甜菜糖业》，《报知新闻》1936年8月25日。

② 刘济满：《经济危机下的北满甜菜糖业：不可抛弃“产业开发的先驱者”》，《时事新报》1933 年 11 月 15 日。

③ 《南满甜菜糖业（1-7）》，《台湾日日新报》1916年11月21日—12月1日。

④ 刘济满（音译），《经济危机下的北满甜菜糖业：不可抛弃“产业开发的先驱者”》，《时事新报》1933年11月15日。

万股，台湾制糖公司、大日本制糖公司、明治制糖公司、盐水港制糖公司各 2.5 万股，南洋 0.5 万股、昭和 0.3 万股、源成 0.1 万股、帝国 0.05 万股，台东、新兴、冲绳等三制糖公司各 0.01 万股，共计 10.98 万股，其余由发起人及公募资金补足，另外，伪满洲国所属的呼兰甜菜制糖工厂总资本 1000 万日元，第一次拨出 250 万日元进入新公司。①伪满洲国实业部糖务科与日本糖业联合会达成了公司成立的共识。一是北满地区，以新京、哈尔滨为中心，用甜菜代替大豆作为主要农作物，以救济农村经济；南满制糖公司整合奉天、铁岭及呼兰 3 个制糖工厂。二是新公司在北满地区生产甜菜糖品，在南满地区利用台湾过剩粗糖制造精制糖。②三是实施保护性精制糖品关税政策，保护东北地区甜菜制糖业的发展。伪满洲国政府与日本关东军军部达成一致意见，对于输入伪满洲国的精制糖品征收 6 元 90 钱（日元）的保护性关税，同时期的日本征收了 5 日元精白糖关税及附加税共计 7 元 10 钱（日元）的保护性关税。③ 1935 年，该公司的奉天工厂开始运营；1936 年，其哈尔滨工厂开始出糖，铁岭工厂迁移到范家屯；并计划在 1937、1938 年再各增设 1 家制糖工厂，实现伪满洲国糖品生产自给自足。④

最后，发展东北地区糖业亦成为解决台湾原料糖品过剩问题的新出路。伪满洲国有几千万人口，糖品消费持续增长，糖品消费市场发展前景较为乐观，就日本海外糖业拓殖而言，与中国中部、南部糖业竞争相比，该地区属于新拓展区域，糖品竞争不太激烈，是故，对伪满洲国糖业的推动和奖励是日本糖业发展政策的重要举措。⑤ 1919 年，台湾甘蔗糖业遇到了发展困境，即在蔗田面积无法增加的前提下，各个制糖公司不得不通过引进优良蔗种、添加灌溉设备等措施提高甘蔗亩产量，而这样将增加制糖公司的运营成本，故而迫使这些制糖公司开始关注中国东北地区的甜菜糖业。⑥1932 年，伪满洲国成立后，日本大小企业均认为这是一个快速发展企业的绝好机会，台湾糖业界也希望从中谋得进一步发展的空间，因为近 30 年来，台湾糖业一直受到日据时期台湾政府的关税保护，现在撤销保护性关税势在必行，台湾糖业如何发展，势必要引起重视，此外，爪哇糖品生产成本极低，且品质优良，该国的灌溉排水、铁道、试验场等均由政府统一经营，拓展东北地

① 《近日获认可的满洲制糖股份有限公司》，《台湾日日新报》1935 年 9 月 4 日。

② 《近日获认可的满洲制糖：三个工场依次由伪满洲国及糖业联合会出资》，《满洲日报》1935 年 8 月 1 日。

③ 赤司初太郎：《糖业联合会赞成创立满洲制糖股份有限公司并与政府方面达成谅解》，《台湾日日新报》1934 年 4 月 11 日。

④ 《首先达到北满自给自足：满洲的甜菜糖工业》，《满洲日日新闻》1937 年 4 月 11 日。

⑤ 《南满甜菜糖业（一—七）》，《台湾日日新报》1916 年 11 月 21 日—12 月 1 日。

⑥ 《满洲糖业前途》，《满洲日日新闻》1919 年 1 月 12 日。

区市场有助于应对爪哇糖品竞争及原料糖品生产过剩问题。[①]

中国的甘蔗制糖历史较为久远，可以追溯到汉唐时期，而甜菜制糖的历史则较短暂，一开始主要集中在东北地区，之后随着时间的推移及其经济价值逐渐被广泛认可，其地理分布亦随之展开，即20世纪初兴起于东北地区，20世纪20年代延展到山东地区，20世纪三四十年代辐射到西北地区。中国发展甜菜制糖业的目的首在堵塞漏卮、收回利权，其次在于发展区域经济。

1912年，山东、山西等省由德国输入甜菜种子，进行试种，成绩颇为显著。[②]第一次世界大战结束后，世界糖品价格一度高涨，北平的溥益实业股份有限公司于1920年在济南创立溥益实业公司山东制糖工厂（该厂系中国自主创办的甜菜糖厂），原定资本总额500万元，分批缴纳，实收250万元，公司举办各种实业如农矿、林垦、纺织等，糖厂乃为其事业的一部分。[③]制糖机器购自日美两国，原料采用济南附近的甜菜，每日用甜菜量为500吨，1921年开工制造甜菜糖品。[④]溥益实业股份有限公司的股东有前总统徐世昌、前国务总理钱能训、前湖南省督军傅良佐、国务院参议袁良等人。第一届公司总理为傅良佐，协理为袁良，董事长为钱能训。济南东关的地理位置颇为便利，“盖小清河横亘于厂外，胶济铁路支线直达厂内仓库，而津浦铁路则遥临小清河之隔岸”。该厂制糖以甜菜为主要原料，小清河两岸皆属平原，土壤肥沃，弥望田畴皆适宜栽种甜菜，推而广之，山东省黄河流域，因土质相宜，均为甜菜种植区。除此之外，该厂也从南洋购买原料炼制精制糖，并以糖蜜制造酒精为副业。民国时期北京政府曾派员实地考察，先后于1921年8月、10月两次核准免税（甜菜应征之落地税、所制糖及副产品酒精暂免税厘、所购南洋原料糖除完税外免征其他税厘）。每亩可产甜菜2500千克，以每500千克售洋8元计算，每亩年可得40元。[⑤]该厂先从劝种甜菜入手，由德国购买种子，无偿发给种植户，并先给予肥料及种植资本，同时派遣技师分区演讲，劝导指示。“一面订立合同，允为如数收集，逾格与值。分布种植地域至十九县，专用督察、技士至十余人，先后改良研究至四五岁，耗财费力，备历万难。犹幸赖地方文武长官，绅商领袖，破格维持，多方调护，拮据多年，仅而集事。”[⑥]该厂制成的白

① 《满蒙的开发与台湾糖业的将来》，《中外商业新报》1932年5月27日—5月29日。

② 王耘生：《甜菜糖业之发展经过及其栽培法》，《西北农学社刊》1935年第1期，第25页。

③ 吴逊三：《溥益制糖工厂之调查与甜菜虫害防治经过》，《农报》1937年第1期，第1页。厂址在济南东关外黄台桥北全福庄，占地300余亩。参见《溥益糖厂与中华国民制糖公司》，上海市档案馆藏，档案号：4275-1-2210。

④ 王雒文：《甘肃甜菜制糖事业之展望》，《新甘肃》1947年第2期，第20页。

⑤ 《溥益糖厂与中华国民制糖公司》，上海市档案馆藏，档案号：4275-1-2210。

⑥ 《袁文钦关于振兴全国糖业意见书》，中国第二历史档案馆：《中华民国史档案资料汇编》第3辑《工矿业》，南京：江苏古籍出版社，1991年，第266—267页。

糖，起初仅在山东一地销售，随后很快推销至河北、陕西、甘肃等省，颇受一般主顾欢迎，“只是时局动乱，不免波及，以致货价惨落，同时，又无关税保障，坐视外糖倾销，渐渐亏累不堪，屡濒危亡。总理袁良与协理钱能训都先后用个人名义担保，以自身之财产作抵押为公司借款，惨淡经营，至 1927 年济南惨案，而被迫停产”①。而其失败最大原因可以归咎于政治动荡，其次是经营不善。“1920 年至 1927 年间，连年南北战争，铁路常告梗阻，而制糖事业，亦因军事影响，时作时辍，遂致营业不振，环境困难。甜菜种子不佳，制出之糖，时有萝卜气味，有碍销路。”“则于兵祸之外，更因其收买甜菜手续不完备，而愈限于绝境。盖乡民远道输运甜菜前来，均欲速售，乃厂方未加注意，临时遂倍觉困难。有运到厂地侯（候）售而数日之久尚不得过秤者，不特旅费虚耗，而延误既久，则风耗霉烂，均所不免，农民与糖厂均受莫大损失。”②

抗日战争全面爆发后，在“开发西北”的大背景下，一些学者开始呼吁各级政府重视在中国西北地区发展甜菜制糖业的重大意义。《发展西北甜菜糖问题》一文的作者葛春霖（曾执教于河南大学，在该校开封农场试种甜菜两年后于 1937 年到西北农学院工作，并在陕西武功该校农场开始甜菜栽培试验），高度评价战时在西北发展甜菜糖业的经济利益及国防价值。第一，全面抗战爆发前中国食糖消费大部分依赖国外输入，每年漏卮恒在 1 亿元以上，全面抗战爆发后沿海各省相继沦陷，桂赣两省亦遭敌军蹂躏，国内糖业大受打击，唯有四川省糖业因竞争杜绝，糖价飞涨，独有发展；但是，供不应求，造成各地糖价奇涨之现象；以汉中而论，粗白糖涨至每斤 17、18 元，计合战前价格 100 倍，以至于走私货物中，糖品为重要一项。第二，制糖之副产品糖蜜，为制造酒精之主要原料，自公路运输燃料用酒精代替汽油后，糖蜜生产之重要更甚于食糖，其供不应求现象也更甚于食糖；各种新兴酒精厂对于糖蜜之竞争，成为市场之奇观。第三，四川省因受粮价飞涨之影响，甘蔗产量已达饱和点，不易扩充；陕西南部略有糖产，但是，蔗种不良，产量一时间难以扩充；而西北之陕西、宁夏、甘肃等地，近年水利灌溉事业进步，气候土壤适宜于种植甜菜，且地广人稀，易于扩大产量。是故，战时欲发展糖业，西北为唯一适宜的地区。同时，西北地区本身工业薄弱，且无特色，而甜菜制糖业则能凸显地区特色；战后食糖需求必然增加，制糖业前途光明；西北除了棉花和烟叶之外，缺少其他经济作物，种植甜菜有较大经济利益；甜菜制糖残渣可以供给西北畜牧业发展；西北碱土面积广阔，甜菜的适应性较其他作物为强。③另据西北各省农业机关对特

① 袁良：《山东溥益糖厂之过去现在与未来》，《糖业月刊》1937 年第 1 册，第 6 页。

② 《溥益糖厂与中华国民制糖公司》，上海市档案馆藏，档案号：4275-1-2210。

③ 葛春霖：《发展西北甜菜糖问题》，《工程》1943 年第 2 期，第 131 页。

种农作物研究结果，均认为甘肃、宁夏、新疆、绥远等省的土壤与气候，皆适合甜菜种植，且具有产量丰富、生长良好、经济价值较大等特性，唯一不足的是制糖方法不良，有碍推广。经济部中央工业试验所西北分所有鉴于此，着手研究简单制糖方法，以降低成本，达到农户自种自制，以便顺利推广甜菜种植。①

全面抗日战争时期，西北各省政府对发展甜菜制糖事业均有一定关注，尽管碍于资金、人才及制糖设备等方面的限制，但是，该区域的甜菜制糖业仍有一定发展，同时，这一发展势头一直继续到抗战结束后。西北的甘肃省素不生产糖，糖品消费多依赖于东南沿海地区输入。然而，自战时该省种植甜菜制糖以后，尽管所制糖品不如蔗糖（色黄、杂质多），但是，足以改变仰赖于外部糖品的局面；甘肃省甜菜制糖始自天主教神父艾霍夫，他于兰州天主教堂内设立甘肃省第一个制糖厂，初创时，该厂仅有巨釜 15 口、石灰窑 1 座、分液器具和榨汁机各 1 具。其后，设备逐渐改良，甜菜种植面积也日渐增加，12 年共产甜菜 45 吨，糖产量亦达相当数量，另有酒精饲料等副产物；试制成功后，甘肃省政府及教会方面，乃广发甜菜种子，鼓励农民种植甜菜，甜菜产量大增。②1944 年，甘肃武威首先从事商业性甜菜制糖工作，当时因种子有限，甜菜种植区域不广，到 1947 年达到 1000 亩。到 1948—1949 年有 9400 亩，具体分布情况为甘肃的武威、临洮、兰州甜菜种植面积为 7000 亩，绥远的五原、临河为 1200 亩，新疆的迪化为 300 亩，青海的乐都为 100 亩，宁夏的中宁为 800 亩。每亩平均能产粗糖 400 磅，给予农民的利益超过其他农作物。③ 1944 年 3 月，宁夏省农林处呈准动用事业经费 15 万元，在省城北部八里桥农林场设立制糖试验场，一方面从新疆运来甜菜种子数千斤，分发各所属农场及特约农户种植；另一方面，请中央工业试验所西北分所派技术人员到宁夏从事甜菜制糖试验。1945 年 1 月，全部试验工作圆满结束，制出的白糖结晶优美、味道纯正，与四川内江中国制糖厂生产的白糖不相上下。抗日战争胜利后，西北地区的甜菜制糖事业受到更多关注④，并获得进一步发展。比如，甘肃省农业改进所自推进甜菜制糖事业以后，已初见成绩，1947 年仅武威一县种植甜菜 400 余亩。到 1948 年时，武威种植面积已达 1100 余亩，另外，张掖种植 100 亩、临洮 500 亩，1948 年

① 盛洪泽、陶仲侃、侯敬民：《西北甜菜制糖之报告》，《工业月刊（西安）》1945 年第 5 期，第 28 页。

② 《甘肃以甜菜制糖》，《铎声月刊》1948 年第 8 期，第 429 页。

③ 《西北甜菜制糖》，《乡工》1949 年第 7 期，第 7 页。

④ 葛春霖：《豫省甜菜栽培研究与其前途之瞻望》，《河南大学农学院院刊》1936 年创刊号。葛占鳌：《甘肃甜菜制糖事业前瞻》，《新甘肃》1948 年第 2 期，第 85—88 页。1948 年春，甘肃省政府派指导专家，到河西地区指导发展甜菜制糖，并在兰州开设甜菜制糖培训班，参阅《河西发展甜菜制糖》，《台糖通讯》1948 年第 10 期，第 41 页；新疆建设辅导团 1949 年的中心工作，就是辅助新疆发展甜菜制糖，参阅《新疆发展甜菜制糖》，《台糖通讯》1949 年第 10 期。

甜菜发育情况良好，预计可收获甜菜350万千克，提制红糖40万千克，供给全省一半人口食用。[①]

甜菜制糖业是近代东亚地区的一个重要经济现象及经济活动，并在东亚区域经济发展史上留下浓墨重彩的一笔。从作物种植方面而言，制糖甜菜属于新引进的经济作物，虽然其引进所产生的影响无法达到明清时期从美洲引进玉米、甘薯等新型农作物而产生“食物革命”的高度，但是，它的引入及广泛种植对东亚地区的农业及其他副业生产均产生了重要影响。从新经济产业角度来看，甜菜制糖业属于新兴产业，起点高且发展快，在东亚各国政府的扶持下用了不到 50 年的时间走完了欧洲甜菜制糖业近 150 年的发展历程，同时，作为甘蔗制糖业的重要竞争者，它既是东亚糖业新格局的重要组成部分，亦在东亚地缘政治经济新格局形成中扮演了重要角色。

小结：政府扶植下的东亚甜菜制糖业

与欧洲甜菜制糖业的内生性发展历程相比，东亚甜菜糖业完全属于后发外缘型产业，其发展力量同前者一样主要源自政府的扶植。从欧洲甜菜糖业的发展历程来看，产糖各国为了本国甜菜产业的发展，均采取了一些扶植、保护措施，推动本国甜菜糖品向外拓展市场。例如，1850—1904 年，德国和奥地利通过政府津贴以低于生产成本销售约 6000 万—6500 万吨的甜菜糖，积极进入新市场或将竞争者挤出竞争市场；法国则通过订立高进口关税，保护国内甜菜生产者。[②]1901—1902 年，德国给予本国甜菜糖业的补助金达4070万马克，奥地利达1530万马克，法国8820万马克，荷兰410万马克，比利时490万马克。1925年英国通过糖业补助议案，对本国糖业进行补助，1924—1931 年累计由国库支出的补助达 3000 万英镑。而一些糖品输入大国，如美国则提高关税，限制外糖输入。“政府之运用政治力量以保护糖业，殆可谓无所不尽其极。”[③]东亚甜菜糖业完全是在东亚各国政府的扶植下逐步发展起来的，纵观其整个近代发展历史，在引进甜菜种子、奖励农户甜菜种植、甜菜制糖税收优惠等诸多方面，日中两国政府是推动东亚地区甜菜制糖业发展的主要力量。

---

① 《西北甜菜糖的发展》，《台糖通讯》1948 年第 17 期，第 20 页。

② Noel Deerr, *The History of Sugar*, Vol.2, London: Chapman and Hall, 1949-1950, pp.504-508.

③ 余捷琼：《中国之糖业问题》，《中国经济》1935 年第 8 期。

作为后发外缘型产业，东亚甜菜制糖业具有极高的起点，且发展较快。东亚甜菜制糖业跳过了欧洲甜菜制糖业的较长探索阶段，被日本政府直接嫁接到东亚地区，虽属嫁接、移植，但在起步、发展过程中其本土化发展路径也较为清晰。其一，积极向外借鉴制糖经验及技术，在甜菜品种方面，采购世界优良甜菜种子，北海道引进欧洲尤其是德国的甜菜种子，朝鲜、中国东北同样引进美国、德国优良品种；在制糖器械方面，引进世界最先进的制糖机械；延揽一流的制糖人才。其二，为了提高制糖的科学性，东亚甜菜制糖业均为调查、试种先行，然后逐渐推开。1917 年 2 月 10 日《京城日报》报道的《满铁甜菜试验成绩》一文中述及，南满制糖股份公司的成立即是建立在日本对南满甜菜栽培的系统试验基础上，这一试验既包括甜菜栽培试验（品种、肥料、播种期、收获期等），也包括甜菜种植的经济试验，即与该地的高粱、粟、大豆等三种主要经济作物种植情况进行比较。①其三，从模仿到创制，努力塑造东亚甜菜糖业地位，比如，建立种子采取场，力求甜菜种子自给。基于甜菜种子的能否自给与东亚甜菜糖业的兴衰有密切关系的认识，南满制糖股份公司成立之初就在新城子附近设立种子采取场，着手特种甜菜种子的采取工作；1917 年，该公司从新城子种子采取场移植 20 万个甜菜根到开原农场，辟出甜菜轮作区域进行试种，并成立甜菜分析所、储藏室等相关配套设施；1918 年，试种结果良好，1 个甜菜根可以获得约 150.36 克甜菜种子，于是该公司计划加大甜菜根的移植力度，预计在两三年内移植甜菜根数百万个，从而既能达到东北地区甜菜种子自给自足的目的，也能使开原农场成为东亚地区供应甜菜种子的一大基地。②考虑到种子自给与否关系到甜菜制糖业消长，伪满洲国制糖股份公司自 1934 年成立以来，从荷兰、德国、法国等三个国家向东北地区输入甜菜种子，供给农民使用，与此同时，该公司亦强调因东北地区独特的土质及气候，培育适合的甜菜品种成为发展甜菜制糖业的关键。伪满洲国政府亦资助甜菜种子自给事业，在哈尔滨、公主岭设立原种园，该原种园的采种圃交由伪满洲国制糖股份公司经营。③1934 年，北海道官厅获得日本大藏省 50 万日元奖励金用于该地甜菜制糖业增产计划，即将甜菜种植面积由 1 万町步增加到 2 万町步，精制糖制造厂由 2 家增加到 4 家，遗憾的是该增产计划未能考虑甜菜种子的配给问题，而酿成了较大的失误。④

纵观此一时段的东亚糖业经济，其呈现出的主要特征为：甘蔗糖业仍是糖业经

① 《满铁甜菜实验成绩》，《京城日报》1917 年 2 月 10 日。

② 《甜菜糖与采种：满洲开原农场进步》，《台湾新闻》1918 年 8 月 29 日。

③ 《跃进的奉天工业界明星》，《满洲日日新闻》1939 年 1 月 18 日—3 月 25 日。

④ 是年，北海道地方有明治制糖公司一个采种园、北海道制糖公司两个采种园，供给该地 1 万町步甜菜种植，而增产一倍计划未能考虑甜菜种子问题，使北海道道厅当局因种子供给困难而颇为狼狈。《甜菜增值计划有重大的疏忽：栽培奖励预算有了而种子如何处理呢？》，《中外商业新报》1934 年 12 月 4 日。

济中的主导产业；东亚的精制糖品生产由日本及中国香港的精制糖公司垄断，两地的精制糖业多以爪哇甘蔗糖品为原料，爪哇糖业对东亚糖业经济产生了既深远且巨大的影响；台湾在日本殖民政府的大力扶植下，成为东亚重要的糖业重镇；东亚区域间糖业竞争仍集中于中国甘蔗糖业、日本精制糖业（甘蔗糖品为原料）、中国香港精制糖业（甘蔗糖品为原料）、爪哇甘蔗糖业等糖业主体之间。很显然，甜菜糖业在东亚经济中的地位无法比拟于甘蔗糖业，另外，从全球视角来看，其在东亚经济中的地位远不及其在欧洲经济中的地位。不过，甜菜作为一种新经济作物，其进入东亚的价值及意义不仅仅在于推动糖业经济发展本身，以此为原料发展起来甜菜制糖业在东亚地缘政治格局形成中亦发挥了一定的作用。

余论：东亚糖业经济新格局的形成

19 世纪下半叶，世界糖业经济发展为以中国甘蔗糖业为主导的东亚地区注入了新的糖业元素。19 世纪中期，欧洲甜菜育种获得成功，欧洲甜菜糖业在各国政府的大力扶植下迅速崛起并快速发展，这不仅给传统甘蔗糖业带来了较大冲击，而且引起了东亚的日本明治政府注意，日本于 1880 年开始效仿欧洲发展甜菜制糖业，到 20 世纪初，甜菜种植区域逐渐扩展到朝鲜半岛及中国东北地区。19 世纪七八十年代，在糖品贸易厚利的刺激下，以贸易起家的怡和、太古集团分别于 1878 年、1881 年在东亚地区投资精制糖制造业，拉开了东亚地区精制糖制糖业的大幕。19 世纪 90 年代，爪哇甘蔗糖品的欧洲市场份额完全被甜菜糖品所取代，不得不向亚洲市场转向；巨量爪哇原料糖品输入东亚地区，不仅维持了爪哇糖业持续繁荣，而且推动了东亚精制糖业的快速发展。随着新糖业元素注入东亚地区，东亚地区的糖品消费数量急剧攀升，并兴起了精制糖消费的新主张，同时，糖品贸易获利丰厚，随之成为区域大宗贸易活动之一。各种糖业主体之间的竞争日趋激烈，以中国大陆甘蔗糖业为主导的传统东亚糖业格局于 20 世纪二三十年代完全解体，随之形成了以中国香港精制糖业、日本精制糖业（含日殖台湾地区）为主导，爪哇甘蔗糖业、中国大陆甘蔗糖业、古巴甘蔗糖业、欧洲甜菜糖业等糖业主体为参与者的新格局。

第一节　从一元独大到多元竞胜

明清时期是东亚地区糖品生产、消费的大扩张时代，在一定程度上可以认为是糖品全球化时代的开端。在这个时代中，东亚糖业经济中呈现出中国甘蔗糖业一家独大的局面。中国在甘蔗种植、制糖技术、中外交流、糖品贸易、糖品消费等方面均在东亚处于领先地位，是当之无愧的东亚糖业格局的绝对主导者，在东亚地区及世界上均有极其重要地位。在此时期内，以中国为代表的东亚糖业经济亦发生了一系列的革命性变革：甘蔗从名贵植物发展到普通经济作物，福建发展成为东亚蔗糖故乡，手工制糖技术基本定型，中国甘蔗糖品在全球范围内流动等。

清代中期以来，以中国为主的东亚糖品消费进入了大扩张时代，糖品消费完成了“商品化”与“庶民化”的过程，糖品逐渐成为日常消费品之一。但是，面对这样一个极具潜力的市场前景，在清末民初时，中国甘蔗糖业不仅未能得到长足的发展，反而不断从外国输入糖品甚至制糖技术，其生存危机日益严重。从向外输出糖品及技术到从外向内输入糖品及技术，中国甘蔗糖业自清末民初又经历了一个较大的转变。首先，国糖完全失去国外市场，与外糖竞争毫无优势可言。其次，到 20 世纪二三十年代，中国每年从国外输入糖品价值 1 亿两白银。再次，国内机器制糖业发展惨淡，无法形成进口替代。最后，20 世纪 30 年代，广东省政府及南京国民政府均有意实施糖业统制，以期挽救中国糖业发展，夺回利权，但是，碍于多方掣肘，所获成效极其微小。此时的中国糖业在东亚地区毫无优势可言，完全沦为二流竞争者，东亚旧格局完全解体，形成了日本精制糖业、中国香港精制糖业、爪哇甘蔗糖业、古巴甘蔗糖业、德国甜菜糖业等多元主体竞胜的局面。

在多元竞胜的新格局中，中国香港及日本的精制糖业成为东亚糖业格局新的主导者。以怡和集团所属的中国制糖公司及太古集团所属的太古车糖公司为代表的香港精制糖制造业在近代东亚糖业经济中享有其独特的历史地位，它们最早利用广东及爪哇原料粗糖制造精制糖，拉开了东亚机制精制糖业的序幕，1878—1905 年，怡和、太古精制糖品不仅独占中国、日本精制糖品市场，并远销印度、澳大利亚等市场。尽管 1928 年时中国制糖公司破产清算，但是，太古集团并未因此而陷入低谷，反而努力开拓东南亚及印度市场，成功走出困境，太古牌精制糖依旧畅销整个亚洲地区。日本自 1868 年明治维新开始，就制定糖品国产化方针，努力发展本土制糖业；1894 年中日甲午战争之后，日本以台湾糖业为基础，加快日本制糖业的发展；与此同时，日本也积极开拓中国市场，努力向外输出精制糖品。1903—1937 年，在中国市场上，日糖从无到有，从弱到强，在充分利用国际局势的同时，也成功渡过了几次危机，并在与老牌糖品销售者（香港糖商及爪哇糖商）的角逐中取得胜利，成为中国糖品市场上乃至东亚糖品市场上的一个重要竞争者。

爪哇糖业不仅是东亚糖业格局变迁与重构的重要推动者，而且是东亚糖业新格局的重要组成部分。首先，爪哇与东亚，尤其与中国，有较为久远的糖业联系，爪哇自 13 世纪由中国引进甘蔗种植后，两者之间的糖业关系从未中断。其次，爪哇糖业扮演了不可或缺的重要角色：爪哇廉价原料糖大批量涌入东亚市场，推动了日本及中国香港精制糖业的发展，加剧了东亚市场上各糖业主体之间的竞争；爪哇优良蔗种及先进蔗作技术引进东亚，影响了中国大陆、台湾的蔗种改良及甘蔗种植；爪哇糖品分类标准成为在采用糖品旋光度验糖标准之前东亚糖品税收的统一标准。

相对而言，中国内地甘蔗糖业沦落为一般参与者。20 世纪二三十年代的中国，尽管成为纯糖品输入国，但是，中国糖品消费的半数仍为国糖。中国手工制造糖品（亦有使用改良技术）主要来自福建、广东、四川等重要产地，尽管此类糖品无法在上海、广州、厦门、青岛、天津、大连、南京、镇江、汉口、芜湖、长沙等重要港口城市上与外糖相竞售，但是，在次一级市场上，尤其是县乡市场上，该类糖品仍为国人主要的消费对象。

第二节　东亚糖业地理上的二元分布

在世界范围内，20 世纪初世界糖业经济格局已形成了“甘菜二糖”竞争性发展格局。19 世纪中叶以来，欧洲甜菜制糖业快速崛起，几乎抢占了传统甘蔗糖品一半的市场份额，成就世界糖业经济中“甘菜二糖”的二元分布格局。不可否认，两者之间不可避免地存在着激烈的市场竞争情况，比如爪哇糖品的欧洲市场份额被甜菜糖品所侵占；再如，德国甜菜糖品进入日本、印度、澳大利亚等远东市场，与中国香港精制糖品展开激烈竞争。不过，在世界糖品消费数量猛增的大势下，“甘菜二糖”并非“相生相害”，反而在一定程度上形成了竞争性发展局面。

在东亚区域范围内，“甘菜二糖”更是较为和谐相处。东亚地区的甘蔗糖业历史悠久，可以追溯到中国的先秦时期，经过两千余年的积淀及发展，到明清时期，无论制糖技术，还是糖品消费均已达到极高水准。就其甘蔗种植区域来看，主要分布在东亚的热带、亚热带地区，比如台湾、广东、福建、四川等地，东亚的高寒纬度地区素来依靠这些产地供应糖品。

在 19 世纪中叶以前，东亚地区有过药用、食用甜菜种植的纪录，但是制糖甜菜未曾有过，1880 年，日本政府在北海道地区推广制糖甜菜种植，开启了近代东亚地区甜菜制糖业的先河。20 世纪初，甜菜种植区域越出日本东北地区，波及朝鲜半岛，并在中国东北地区呈现出规模化生产趋势；20 世纪二三十年代，甜菜种植区域形成了一个连片区域，即日本东北、朝鲜半岛及中国东北地区等高寒纬度地区，东亚甜菜制糖业已初具规模。20 世纪三四十年代，甜菜制糖业进一步延伸到中国西北地区。从种植区域来看，东亚高寒纬度地区的甜菜种植与东亚地区多生长在热带及亚热带地区的甘蔗种植在地域上形成了较为鲜明的对比，从地理分布上形成了东亚“甘菜二糖”的二元格局。

甜菜制糖业是近代东亚地区的一个重要经济现象及经济活动，并在东亚区域经济发展史上留下浓墨重彩的一笔。第一，东亚甜菜制糖业兴起及发展，改变了东亚高寒纬度上无制糖业的局面；第二，制糖甜菜作为新型农作物引进东亚地区，对该区域的农业等产业产生了较大影响；甜菜制糖业作为东亚地区新兴经济产业，对东亚地区新的政治经济格局的形成扮演了一定的角色。

第三节　糖业经济深深嵌入东亚区域政治经济当中

糖品是较早参与全球性商品流动及商品贸易的重要商品之一[①]。东亚糖品也是较早作为非竞争性的地方特产参与国际商品流动和商品贸易，并在其中扮演了一定的角色。在 1895 年以前，中国出产的糖品不仅垄断了东亚糖品市场，而且也是世界糖品贸易的重要参与者之一。例如，广东的汕头糖品一度畅销欧美各国[②]；中国向日本输出了大量糖品及制糖技术。之后，中国受甲午中日战争影响，其糖业呈低度发展状态，中国糖品在东亚糖品市场的主导地位日渐式微，中国香港精制糖品、日本精制糖品、欧洲甜菜糖品等，迅速抢占东亚市场上的糖品份额。

无论是同历史时期的盐业、丝业、茶业相比，还是与近代兴起的面粉业、卷烟业等相比较，糖业是个小行业，在国民经济中并不显得那么重要，然而作为经济产业中一个非常基础的部分，它不仅对国民经济结构优化、区域经济发展产生一定的影响，而且在饮食革命、中外交流中均扮演了重要角色。

外向型糖业经济的形成对日本对外贸易格局及经济近代化均产生一定的影响。从德川幕府时期开始，尤其是明治维新以后，日本政府一直致力于本国糖业经济的发展，然而，日本受自身自然条件的限制，并未能走上着力培育本土甘蔗种植，发展糖业经济，进而成为糖业大国的发展道路。19 世纪末至 20 世纪初，日本借助侵占中国台湾的机遇，逐渐发展成为东亚糖业大国。1895 年，日本占领东亚重要产糖地中国台湾以后，利用台湾的甘蔗种植基础，大力扶植台湾甘蔗种植，并投入巨

① （美）西敏司著，王超、朱健刚译：《甜与权力——糖在近代历史上的地位》，北京：商务印书馆，2010 年，第 17 页。

② 范毅军：《广东韩梅流域的糖业经济（1861—1931）》，《“中央研究院”近代史研究所集刊》第 12 期，台北：“中央研究院”近代史研究所，1983 年；林满红：《茶、糖、樟脑业与台湾之经济社会变迁（1860—1895）》，台北：联经出版事业公司，1997 年，第 24 页。

资在台湾建立一大批机器制糖厂，从而达到日本国内糖品供需平衡。与此同时，日本还利用爪哇大批量廉价原料糖，大力发展本土的精制糖业，积极向外开拓市场，尤其是中国市场，从而形成外向型糖业经济，进而成为东亚糖业大国。外向型的糖业经济不仅改变了日本在糖品贸易中的逆差地位，而且给近代日本挣得了巨额的外汇收入，为其经济近代化积累了发展资本。

一直到 19 世纪末，日本国内糖品生产大部分来自琉球群岛，不过仅能满足 18%的需求，其余由中国香港、台湾供应甘蔗糖品，以及由德国和匈牙利供应甜菜糖品。1894 年，横滨 54%的糖品需求及神户 40%的糖品需求由香港怡和及太古洋行供应；19 世纪 90 年代，日本每年进口糖品价值达 2000 万—3000 万日元①。然而，日本自占领中国台湾后，一方面对台湾蔗糖业进行殖民掠夺；另一方面运用关税保护手段②增补其食糖国际贸易的劣势，使日本精制糖产品迅速进入中国内陆市场。

从中日贸易数额及种类来看，糖品在中日贸易中的地位是极其显著的。1916 年，在日本对华十大输出品调查中，棉丝 63 842 489 日元、棉织品 34 813 963 日元、糖品 12 620 626 日元、煤及焦炭 6 557 950 日元、火柴 5 213 681 日元、纸类 4 678 426 日元、木材 3 823 643 日元、铜（块、锭及线）2 813 273 日元、针织品 2 505 344 日元、海带及精加工海带 2 308 384 日元③，糖品在日本对华输出品中高居第三。1924 年前后，从日本输入中国的商品数额来看，棉货居第一位，为输入总值的 32.94%，而糖品则又高居第二位，为输入总值的 8.65%④。日糖倾销中国，并保持持续增长的势头，推动了日本对中国贸易连年顺差的趋势，使其成为日本以国家贸易促进经济发展战略的组成部分。1895—1937 年中日贸易之间的格局转换，可以上溯到 18 世纪，明末清初中国的手工业，尤其是蚕丝生产、纺织业、制糖业等方面，较之日本是处于绝对领先地位的，但是在 18 世纪以后，这种状况开始转变。日本的蚕丝生产和纺织业有了长足的进步，制糖业也开始发展，加上比较发达的采矿业，迅速改变了自己在东亚贸易中的地位。⑤因此，东亚糖业格局的变动，不仅仅对中国糖业发展产生较大影响，而且也对中日之间贸易格局的转变，以及日本国内产业格局优化、经济近代化等方面均产生深远影响。

中国糖业地位变动给中国外贸格局及政府的糖业政策均带来较大的冲击。从中

① （美）穆素洁著、叶篱译：《中国：糖与社会——农民、技术和世界市场》，广州：广东人民出版社，2009 年，第 376 页。

② （日）木村增太郎：《日本的糖业》，台湾日日新报社，1911 年，第 430、433、434 页。

③ 《糖业界当下的诸问题（一—十）》，《大阪朝日新闻》1918 年 1 月 25 日—2 月 5 日。

④ 《中国国际贸易概论（二）》，张研、孙燕京：《民国史料丛刊》第 658 册，郑州：大象出版社，2009 年，第 215 页。

⑤ 魏能涛：《明清时期中日长崎商船贸易》，《中国史研究》1986 年第 2 期，第 49—64 页。

外贸易角度来看，糖品贸易一直在中外贸易中占据着重要地位，尤其是在近代中日贸易之中，其地位更加显著。从中外贸易角度来看，20 世纪以后，中国外糖进口数量剧增，每年均有巨额资财流失。1914 年，农商总长张謇在报告中指出中国糖业日渐衰落，年进口糖品价值达 3000 万两，以致巨额资财流失。[①]又据调查，1920 年外糖进口为 500 万担，而 10 年之后的 1930 年外糖进口数量已达 1220 余万担，"查民国十九年（1930 年）糖品进口值一万三千三百余万元，居中国进口货之第二位……现在中国人每人所消耗之糖量，为世界各国之最低者，故在未来十年之中（至民国二十九年）所需之糖量，或再加倍，亦在意料之中，是时每年糖品（进口）之价值可达二亿七千万元之巨数，所以兴办糖业为救国之治本办法，不言自明矣"[②]。1931 年 6 月 24 日，国民党中央政治会议讨论并通过实业部长孔祥熙的"制糖国营案"提案，该提案指出糖、蚕丝、茶向为中国的大宗输出品，糖在输入洋货中仅次于棉布，排在第二位，价值突破 1 亿元[③]。1933 年，又据财政部食糖运销管理委员会主席梁和钧称，历年来外糖输入统计可达六七千万元，位居进口贸易的第三位。

因此，无论是从糖品贸易角度来看，还是从东亚社会经济视角来分析，糖业在近代东亚的地位都是十分重要的，东亚糖业格局的大变动是近代东亚社会经济发展变化的一个重要组成部分，可以从一个侧面加深我们对近代东亚大变局的理解。

① 《中国糖业奖励：农商总长为抵制输入的训话》，《时事新报》1914 年 3 月 6 日。

② 吴卓：《振兴中国糖业之先决问题》，《工商半月刊》1932 年第 1 期，第 5 页。

③ 《引人注目的中国制糖国营政策》，《大阪朝日新闻》1931 年 7 月 12—14 日。

参考文献

一、中文文献

（一）专著

（唐）释玄奘译、释辩机撰：《宋思溪藏本大唐西域记》，北京：国家图书馆出版社，2017 年。

陈宝良：《明代社会生活史》，北京：中国社会科学出版社，2004 年。

陈初尧、袁幼菊：《四川土法制糖工艺》，北京：轻工业出版社，1958 年。

陈慈玉：《近代中国茶业之发展》，北京：中国人民大学出版社，2013 年。

陈栋梁、李明生：《内江糖业史》，成都：四川科学技术出版社，1990 年。

（日）川北稔著、郑渠译：《砂糖的世界史》，天津：百花文艺出版社，2007 年。

戴国辉：《中国甘蔗糖业之发展》，封德屏主编：《戴国辉全集》第 10 册，台北：文讯杂志社，2011 年。

（唐）道宣撰，郭绍林点校：《续高僧传》，北京：中华书局，2014 年。

丁世良、赵放：《中国地方志民俗资料汇编》，北京：国家图书馆出版社，2014 年。

（清）傅崇矩：《成都通览》上册，成都：巴蜀书社，1987 年。

（清）傅崇矩：《成都通览》下册，成都：巴蜀书社，1987 年。

（明）何良俊：《四友斋丛说》，北京：中华书局，1959 年。

（宋）洪迈撰、孔凡礼点校：《容斋随笔》，北京：中华书局，2005 年。

（清）黄遵宪：《日本国志》，沈云龙主编：《近代中国史料丛刊续编》第 10 辑，台北：文海出版社，1973 年。

（唐）惠立、彦悰著，孙毓棠、谢方点校：《大慈恩寺三藏法师传》，北京：中华书局，1983 年。

（晋）嵇含：《南方草木状》，清雍正三年（1725 年）刻本。

（日）吉原久仁夫主编、周南京译：《黄仲涵财团——东南亚第一企业帝国》，北京：中国华侨出版公司，1993 年。

季羡林：《糖史》，南昌：江西教育出版社，2009 年。

蒋竹山：《人参帝国：清代人参的生产、消费与医疗》，杭州：浙江大学出版社，2015 年。
（宋）乐史撰、王文楚等点校：《太平寰宇记》，北京：中华书局，2007 年。
（清）李调元：《南越笔记》，北京：中华书局，1985 年。
（明）李时珍：《本草纲目》，上海：商务印书馆，1930 年。
（宋）李焘：《续资治通鉴长编》，北京：中华书局，1980 年。
李学民、黄昆章：《印尼华侨史（古代至 1949 年）》，广州：广东高等教育出版社，2005 年。
李治寰：《中国食糖史稿》，北京：农业出版社，1990 年。
连玲玲：《打造消费天堂——百货公司与近代上海城市文化》，北京：社会科学文献出版社，2018 年。
林满红：《茶、糖、樟脑业与台湾之社会经济变迁（1860—1895）》，台北：联经出版事业公司，1997 年。
刘琳等校点：《宋会要辑稿》，上海：上海古籍出版社，2014 年。
（宋）马端临：《文献通考》，北京：中华书局，2011 年。
（美）马士著、区宗华译：《东印度公司对华贸易编年史（1635—1934 年）》，广东：中山大学出版社，1991 年。
（宋）孟元老：《东京梦华录》，北京：中华书局，1982 年。
内江地区档案馆：《民国时期内江蔗糖档案资料选编》上册，1984 年。
（新西兰）尼古拉斯·塔林主编、贺圣达等译：《剑桥东南亚史》，昆明：云南人民出版社，2003 年。
彭泽益：《中国近代手工业史资料》，北京：生活·读书·新知三联书店，1957 年。
（清）屈大均：《广东新语》，北京：中华书局，1985 年。
上海商业储蓄银行调查部：《上海之糖与糖业》，上海：上海商业储蓄银行信托部，1932 年。
（明）申时行等：《明会典》，北京：中华书局，1989 年。
（明）沈榜：《宛署杂记》，北京：北京古籍出版社，1982 年。
（明）沈德符：《万历野获编》，北京：中华书局，1959 年。
（元）司农司：《农桑辑要》，《景印文渊阁四库全书》第 703 册，台北：商务印书馆，1986 年。
四川省甘蔗试验场：《沱江流域蔗糖业调查报告》，1938 年。
（明）宋应星著、钟广言注释：《天工开物》，广州：广东人民出版社，1976 年。
孙毓棠：《中国近代工业史资料》第一辑上册，北京：科学出版社，1957 年。
（宋）唐慎微：《证类本草》，上海：上海古籍出版社，1991 年。
（元）脱脱等：《宋史》，北京：中华书局，1977 年。
（明）王圻、王思义：《三才图会》，上海：上海古籍出版社，1988 年。
（明）王世贞撰、魏连科点校：《弇山堂别集》，北京：中华书局，1985 年。

（明）王象晋：《二如亭群芳谱》，明天启元年（1621 年）刻本。
（宋）王灼：《糖霜谱》，《景印文渊阁四库全书·子部·谱录类二十六》，台北：商务印书馆，1986 年。
（晋）魏完：《南中八郡志》，方国瑜：《云南史料丛刊》第 1 卷，昆明：云南大学出版社，1998 年。
（清）吴其濬：《植物名实图考》，北京：商务印书馆，1957 年。
（宋）吴自牧：《梦粱录》，杭州：浙江人民出版社，1980 年。
（美）西敏司著、林为正译：《饮食人类学：漫话餐桌上的权力和影响力》，北京：电子工业出版社，2015 年。
（清）徐珂：《清稗类钞》，北京：中华书局，1986 年。
（德）薛凤著，吴秀杰、白岚玲译：《工开万物：17 世纪中国的知识与技术》，南京：江苏人民出版社，2015 年。
（清）杨米人：《清代北京竹枝词（十三种）》，北京：北京古籍出版社，1982 年。
杨寿标：《四川蔗糖产销调查》，南京：中国农民银行经济研究处，1941 年。
（清）叶梦珠撰、来新夏点校：《阅世编》，北京：中华书局，2007 年。
（唐）义净原著，王邦维校注：《南海寄归内法传校注》，北京：中华书局，1995 年。
（清）余文仪：《续修台湾府志》，台北：大通书局，1984 年。
（明）张天复：《皇舆考》，1941 年。
张肖梅：《四川经济参考资料》，上海：中国国民经济研究所，1939 年。
章有义：《中国近代农业史资料》第三辑（1927—1937），北京：生活·读书·新知三联书店，1957 年。
赵德馨：《黄奕住传》，长沙：湖南人民出版社，1998 年。
赵国壮：《抗日战争时期大后方糖业统制研究——基于四川糖业经济的考察》，北京：科学出版社，2015 年。
赵国壮：《抗战时期四川手工行业融资问题研究》，重庆：重庆出版社，2015 年。
（唐）真人元开著、汪向荣校注：《唐大和上东征传》，北京：中华书局，1979 年。
郑尊法：《糖》，上海：商务印书馆，1930 年。
中国第二历史档案馆、中国海关总署办公厅：《中国旧海关史料》，北京：京华出版社，2001 年。
中国第二历史档案馆：《中华民国史档案资料汇编》第五辑第二编，南京：江苏古籍出版社，1994 年。
（宋）周密：《武林旧事》，杭州：浙江人民出版社，1980 年。
周正庆：《中国糖业的发展与社会生活研究——16 世纪中叶至 20 世纪 30 年代》，上海：上海古籍出版社，2006 年。

（宋）朱熹撰、蒋立甫校点：《楚辞集注》，上海、合肥：上海古籍出版社、安徽教育出版社，2001年。

（二）论文

蔡仁龙：《黄仲涵家族与建源公司》，《南洋问题》1983年第1期。

陈广胜：《宋代已经开始生产白沙糖》，《史学月刊》1991年第3期。

陈绍刚：《十七世纪上半期的中国糖业及对外蔗糖贸易》，《中国社会经济史研究》1994年第2期。

陈祥云：《近代四川商品农业的经营：以甘蔗生产为例》，《辅仁历史学报》1998年第9期。

陈祥云：《蔗糖经济与地域社会：四川糖帮的研究（1929—1949）》，《辅仁历史学报》2008年第21期。

范毅军：《广东韩梅流域的糖业经济（1861—1931）》，《“中央研究院”近代史研究所集刊》第12期，台北：“中央研究院”近代史研究所，1983年。

高红霞：《同乡与同业、传统与现代——上海糖商业同业公会的历史考察》，《中国经济史研究》2006年第1期。

韩振华：《荷兰东印度公司时代巴达维亚蔗糖业的中国人雇工》，《南洋问题》1982年第2期。

胡刚：《二十世纪初闽南蔗糖业的衰落及其原因探析》，《厦门大学学报》（哲学社会科学版）1988年第2期。

吉敦谕：《糖辨》，《社会科学战线》1980年第4期。

吉敦谕：《糖和蔗糖的制造在中国起于何时》，《江汉学报》1962年第9期。

季羡林：《cīnī问题——中印文化交流的一个例证》，《社会科学战线》1987年第4期。

季羡林：《白糖问题》，《历史研究》1995年第1期。

姜抮亚：《1930年代广东陈济棠政权的制糖业建设》，《近邻》1996年第30号。

姜抮亚：《20世纪初的东亚市场和中国制糖业》，朱荫贵、戴鞍钢主编：《近代中国：经济与社会研究》，上海：复旦大学出版社，2006年。

冷东：《潮汕地区的制糖业》，《中国农史》1999年第4期。

冷东：《中国制糖业在日本》，《学术研究》1999年第1期。

李长莉：《大变局下的生活世界：洋货流行与生活启蒙》，王建朗、黄克武：《两岸新编中国近代史·晚清卷》下册，北京：社会科学文献出版社，2016年。

李治寰：《从制糖史谈石蜜和冰糖》，《历史研究》1981年第2期。

梁诸英：《晚清制糖工艺落后因素考》，《农业考古》2009年第1期。

林诗维：《近代西爪哇华人蔗糖业探源——兼论福建蔗糖业对巴达维亚蔗糖业的影响》，《西南民族大学学报》（人文社会科学版）2013年第4期。

林晓蕾：《清代番禺糖业研究》，《农业考古》2016 年第 4 期。
伦纳德·鲍乐史：《荷兰东印度公司时期中国对巴达维亚的贸易》，《南洋资料译丛》1984 年第 4 期。
石嘉：《清末民初江西省的砂糖业》，《中国农史》2015 年第 1 期。
唐咸明：《晚清民国时期广西蔗糖城镇运销网络探析》，《广西民族研究》2008 年第 3 期。
王宏宇、张亚辉：《从西敏司〈甜与权力〉看世界体系的权力文化网络》，《民族学刊》2015 年第 6 期。
吴德铎：《答〈糖辨〉——再与吉敦谕先生商榷》，《社会科学战线》1981 年第 2 期。
吴德铎：《关于“蔗糖的制造在中国起于何时”——与吉敦谕先生商榷》，《江汉学报》1962 年第 11 期。
吴敏超：《抗战变局中的朱家骅与侨商黄氏家族》，《抗日战争研究》2014 年第 4 期。
习五一：《1895—1931 年台湾食糖贸易研究——台湾、日本、大陆三角贸易考察》，《近代史研究》1995 年第 5 期。
许桂霞：《民国时期广西制糖业的发展》，《广西民族大学学报》（自然科学版）2007 年第 4 期。
长冈新治郎：《十七、十八世纪巴达维亚的糖业与华侨》，《南洋资料译丛》1983 年第 3 期。
赵国壮、柳晓飞：《四川沱江流域近代糖业史研究综述——兼论糖业史研究的资料问题》，《西南交通大学学报》（社会科学版）2013 年 2 期。
赵国壮、乔南：《近代东亚糖业格局的变动（1895—1937）——以中日糖业发展竞争为中心》，《历史教学》2013 年第 8 期。
赵国壮、徐岚：《中国糖业史研究的新开拓》，《历史研究》2019 年第 3 期。
赵国壮：《“经济惯性”与“政策承续”：辛亥革命前后四川糖业极度繁荣的原因新释》，《四川师范大学学报》（社会科学版）2011 年第 6 期。
赵国壮：《二十世纪三四十年代四川沱江流域蔗农农家经营模式研究》，马敏主编：《近代史学刊》第七辑，北京：社会科学文献出版社，2010 年。
赵国壮：《抗战时期大后方酒精糖料问题》，《社会科学研究》2014 年第 1 期。
赵国壮：《略论近代四川沱江流域糖业经营方式》，《西华师范大学学报》（哲学社会科学版）2012 年第 6 期。
赵国壮：《日本调查资料中清末民初的中国砂糖业——以〈中国省别全志〉及〈领事报告资料〉为中心》，《中国经济史研究》2011 年第 1 期。
赵国壮：《日本糖业在中国市场上的开拓及竞争（1903—1937）》，《中国经济史研究》2012 年第 4 期。
赵国壮：《试论清末民初手工制糖业的近代转型》，《求索》2011 年第 1 期。

赵国壮：《太古洋行糖品营销活动研究（1884—1941）》，《中国经济史研究》2018年第6期。
赵国壮：《糖业融资与近代金融资本市场——以近代四川业糖者融资问题为中心》，《中国社会经济史研究》2013年第2期。
赵国壮：《沱江流域与潮汕地区的糖业比较（1858—1938）》，《或问》2009年第17号。
赵国壮：《爪哇糖业发展与近代东亚糖业格局转变》，《历史研究》2017年第3期。
周南京：《论黄仲涵财团的兴衰》，《华侨华人历史研究》1993年第4期。
朱英、赵国壮：《试论四川沱江流域的糖品流动（1900—1949）》，《安徽史学》2011年第2期。

二、日文文献

（一）专著

（日）大塚令三：《中国的制糖公司》，南京：中支建设资料整备事务所，1940年。
东亚同文会：《中国省别全志》，台北：南天书局，1988年。
（日）久保文克：《近代制糖业的发展与糖业联合会：基于竞争的合作之道》，东京：日本经济评论社，2009年。
（日）木村增太郎：《日本的糖业》，台北：台湾日日新报社，1911年。
（日）木村增太郎：《中国的糖业贸易》，东京：东京糖业研究会，1914年。
（日）平井健介：《砂糖帝国：日本殖民地与亚洲市场》，东京：东京大学出版会，2017年。
日本拓殖局：《台湾的糖业》，东京：内阁文库，1911年。
（日）杉野嘉助：《台湾糖业年鉴》，台北：台湾通讯社，1930年。
上海东亚同文书院：《中国经济全书》第8辑，东京：东亚同文会，1908年。
社团法人糖业协会：《近代日本糖业史》上卷，东京：劲草书房，1997年。
台糖株式会社：《台糖90年通史》，东京：日经事业出版社，1990年。
台湾总督府殖产局：《台湾的糖业》，东京：明治文献资料刊行会，1971年。
台湾总督官房调查课：《中国的糖业》，台北：盛文社，1922年。
（日）梶原保人：《爪哇糖业的发达乃自然乎人力乎》，东京：民友社，1913年。
（日）小野文英：《台湾糖业与糖业公司》，东京：东洋经济新报社，1930年。
（日）永积洋子：《中国船输出入品数量一览（1637—1883年）——复原中国船进口货物清册·返航所购货物清册》，东京：创文社，1987年。
（日）真室幸教：《爪哇的糖业》，台湾总督府民政部殖产局，1912年。
（日）植村正治：《日本制糖技术史：1700—1900》，大阪：清文堂，1998年。

（二）论文

冈部史：《日本砂糖的故乡——中国福建省》，《糖业资报季刊》2009 年第 182 号。

鬼头宏：《日本甜味社会的成立——前近代的砂糖供给》，《上智经济论集》2008 年第 1—2 号。

落合功：《近世砂糖贸易的发展与砂糖国产化》，《修道商学》2001 年第 1 号。

平井健介：《1900—1920 年代東アジアにおける砂糖貿易と台湾糖》，《社会经济史学》2007 年第 1 号。

松浦章：《江户时期唐船带来的砂糖与国内消费的展开》，《东亚文化交流研究》2010 年第 3 号。

三、英文文献

（一）专著

Alexander Claver，*Dutch Commerce and Chinese Merchants in Java：Colonial Relationships in Trade and Finance，1800-1942*，Leiden：Brill，2014.

Andrew F. Smith，*Sugar：A Global History*，London：Reaktion Books，2015.

Bill Albert and Adrian Graves，*The World Sugar Economy in War and Depression（1914-1940）*，Worcester：Great Britain by Billing & Sons Ltd.，1988.

Emily M. Hill，*Smokeless Sugar：The Death of a Provincial Bureaucrat and the Construction of China's National Economy*，Berkeley：University of California Press，2010.

G.Roger Knight，*Commodities and Colonialism：The Story of Big Sugar in Indonesia，1880-1942*，Leiden：Brill，2013.

G.Roger Knight，*Sugar，Steam and Steel：The Industrial Project in Colonial Java，1830-1885*，Adelaide：University of Adelaide Press，2014

J.H.Galloway，*The Sugar Cane Industry：An Historical Geography from Its Origins to 1914*，New York：Cambridge University Press，1989.

Jon Stobart，*Sugar and Spice：Grocers and Groceries in Provincial England，1650-1830*，Oxford：Oxford University Press，2013.

Matthew Parker，*The Sugar Barons：Family，Corruption，Empire，and War in the West Indies*，New York：Walker & Co.，2011.

Sidney W. Mintz，*Sweetness and Power：The Place of Sugar in Modern History*，New York：Penguin Book，1986.

Sucheta Mazumdar，*Sugar and Society in China：Peasants，Technology and the World Market*，Cambridge：Harvard University Press，1998.

（二）论文

Christopher M. Isett, Sugar Manufacture and the Agrarian Economy of Nineteenth-Century Taiwan, *Modern China*, Vol.21, No.2, 1995, pp.233-259.

G.Roger Knight, The Sugar Industry of Colonial Java and Its Global Trajectory, *South East Asia Research*, Vol.8, No.3, 2000, pp.213-238.

John Daniels and Christian Daniels, The Origin of the Sugar Cane Roller Mill, *Technology and Culture*, Vol.29, No.2, 1988, pp.493-535.

后　　记

糖业史研究是我的学术兴趣所在。从2008年9月到2018年6月，近10年里我一直从事该方向的研究，研究范围由内陆四川扩展到中国全境再到整个东亚区域，研究对象也从甘蔗糖到甜菜糖再到椰糖，被戏称从事着一个“甜蜜的事业”。此书得以完成，受到很多学者、老师及研究机构工作人员的帮助，其间有满满的幸运、幸福，但也有浓浓的辛劳、辛酸。

2008年春，硕士毕业在即，在众多毕业生为找工作而日夜奔波时，我的确是比较幸运的一个人，当时的我面临两个比较好的选择：一是去华侨大学工作（辅导员）；二是跟着朱英教授攻读博士学位，我选择了不被看好的后者（不过，也正如当时大家所预言的，博士毕业不一定能进入华侨大学工作，2011年博士毕业时，华侨大学仅招985院校毕业的历史学博士）。2008年9月入校后，恩师朱英教授建议我在中国行业史研究范畴内确定博士论文选题，经过反复权衡之后，我决定以“近代四川糖业经济研究”作为博士论文的选题。感谢台湾辅仁大学陈祥云教授、西南大学刘志英教授在资料及选题上的大力支持，也感谢内江师范学院邹作圣教授、内江市政协文史和学习委员会办公室毛建威主任、内江市市中区政协文史委员会刘玉江秘书、内江市档案馆叶自明，也感谢重庆、内江等地档案馆的工作人员，给予学生时代的我大力帮助，这为我的糖业史研究奠定了厚实的基础。

2009年春，在陶德民老师的帮助下，我获得了涩泽荣一纪念财团资助去日本留学一年，感谢涩泽荣一纪念财团的资助，让我有机会系统地接触大批量的日文糖业资料。2010年春，在恩师朱英教授的协助下，我申请到了“久保田文次奖学金”，该奖学金资助我完成了东京查阅资料之行；到东京之后，陶德民教授带着我拜见了久保田文次教授，他温文尔雅，待人宽厚，感谢他为中日交流做出的贡献。到关西大学以后，在日方指导老师陶德民教授的建议下，我选修了松浦章教授的经济史课程。在了解了我的研究兴趣之后，松浦教授建议我做一些比较研究，尤其是中日糖业历史比较研究。我欣然接受了松浦教授的建议，一方面试着做广东的潮汕地区与四川的沱江流域两者之间的糖业经济比较，并于同年 10 月在《或问》（日本关西大学文学部主办）第 17 号上发表了《沱江流域与潮汕地区的糖业比较（1858—1938）》一文；另一方面，在关西大学、神户大学、立命馆大学等大学图书馆，东洋文库、日本国立国会图书馆等文献机构，收集了大量日文糖业资料，并于 2011 年 3 月在《中国经济史研究》（2011 年第 1 期）发表了《日本调查资料中清末民初的中国砂糖业——以〈中国省别全志〉及〈领事报告资料〉为中心》一文，初步利用日文资料研究近代中国糖业历史，特别感谢《中国经济史研究》杂志社的高超群研究员的辅助成长之功。

2011 年 6 月，我以“四川沱江流域蔗糖经济研究（1900—1949）”为题进行了毕业论文答辩，顺利获得历史学博士学位。同年 9 月，到西南大学历史文化学院博士后流动站工作，结合所在单位学术研究特点及合作老师刘志英教授的建议，我一方面集中研究战时大后方糖业问题，围绕抗战大后方的“糖业融资”“酒精制糖原料”等问题，在《中国社会经济史研究》《社会科学研究》《西南大学学报》等刊物上发表一系列学术文章，并于 2015 年出版《抗日战争时期大后方糖业统制研究——基于四川糖业经济的考察》（科学出版社，2015 年）及《抗战时期四川手工行业融资问题研究》（重庆出版社，2015 年）两本专著；另一方面，我利用手头上掌握的日文资料，分别于 2012 年发表了《日本糖业在中国市场上的开拓及竞争（1903—1937）》（《中国经济史研究》2012 年第 4 期），2013 年发表了《近代东亚糖业格局的变动（1895—1937）——以中日糖业发展竞争为中心》（《历史教学》2013 年第 8 期）。经过几年的积累，初步厘清了进一步拓展东亚糖业史研究的基本方向——东亚糖业格局变迁及重构研究：19 世纪末至 20 世纪初，世界糖业进入了一个大发展、大繁荣时期，受其影响，东亚糖业格局发生了较大变动，即由中国主导的东亚糖业旧格局解体，以日本及中国香港糖业为主导，欧洲（甜菜）、爪哇、古巴、中国香港等糖业主体竞相角逐的东亚糖业新格局逐渐形成。

2014 年，我以“东亚糖业格局变迁及重构研究 1895—1937”为题申报国家社科基金项目，很荣幸获得立项，这为我开展东亚糖业史研究提供了充足的资金支持。同年 12 月，得知云南档案馆有糖业资料，在幼女芊芊未满月时，我就急急忙忙赶到昆明，去查阅民国云南糖业档案资料。

2015—2016 年，在繁重的教学、事务性工作之余，我完成了“爪哇糖业与东亚糖业格局变动”一文的撰写，厘清了爪哇糖业对东亚糖业格局变动的影响问题。2015 年岁末，从张守广教授那里得知上海市图书馆徐家汇藏书楼有大批日文资料之后，我于四川外国语大学英语培训结束后急急忙忙奔赴上海，很幸运查到了大量爪哇糖业资料，感谢藏书楼工作人员在春节前一直为我提供便利的查阅条件。不过，春节前的上海特别冷清，多家餐馆打烊，只能在便利店凑合着吃点快餐，除夕才返回重庆。随后，该文提交到“史学功能与历史书写：第三届青年史学家论坛”参与讨论（南京，2016 年 6 月，中国社会科学杂志社《历史研究》编辑部、南京大学历史学院共同主办）。会后，感谢《历史研究》编辑部路育松编审的大力提携，也感谢武雪彬编辑的辛苦工作，该文有幸于 2017 年 6 月在《历史研究》2017 年第 3 期上刊发。

2015 年春，美国学者罗丹妮教授到重庆查阅民生公司档案资料，潘洵教授邀请她到重庆中国抗战大后方历史文化研究中心做一次沙龙活动，我经其得知怡和、太古洋行档案典藏于英国剑桥大学、伦敦大学图书馆。2015 年底，我决心申请国家留学基金资助，以完成查阅资料的心愿。我很幸运于 2016 年 3 月拿到了国家留学基金委员会的资助名额，感谢国家留学基金委员会对青年教师的大力扶持。

2016 年 12 月—2017 年 12 月，在国家留学基金委员会的资助下，我很荣幸到牛津大学中国中心访学一年，在此一年中，一方面，我利用手头上日文资料及牛津大学图书馆的丰富馆藏资料，完成了东亚甜菜糖业部分内容的撰写；另一方面，我也先后到剑桥大学图书馆、伦敦大学亚非学院图书馆查阅怡和、太古集团糖业档案资料，完成了香港精制糖业与东亚糖业格局变迁部分内容的撰写，至此，整个书稿的撰写工作告竣。其中也特别感谢牛津大学中国中心主任米德教授的邀请，他是我在牛津大学访学的指导老师，给予了我很多无私的帮助，同时也感谢中国中心的奥查德・克莱尔（Orchard Clare）女士及聂洪萍教授的帮助，感谢牛津大学博德利图书馆、剑桥大学图书馆、伦敦大学亚非学院图书馆工作人员的帮助。

2017 年底从英国返回学校后，我立即向学校社科处提交了国家社科基金项目结项报告及书稿，2018 年 3 月份获准结项。结项至今，一年多的时间内做了几项重要事情，这些努力均有助于本书的进一步完善。首先，我很荣幸获批国家社科基金重点项目一项“英国藏怡和、太古集团糖业档案资料整理与研究”，这个项目的立项，实际上确立了我以后几年的主要研究方向，同时，我的糖业研究重点开始向科技史和企业史侧重。其次，我相继完成了《太古洋行糖品营销活动研究（1884—1941）》《明清时期中国糖业的发展与转型》《“精洁化”：近代中国精制糖消费的兴起》等学术论文，这几篇小论文的完成使我对相关问题的理解更加准确和全面。最后，在北京用友公益基金的资助下，我开始着手进行中国糖业历史遗址、遗迹调研活动，在四川省内江市政协、内江市档案馆、内江投资控股集团等单位的领导和朋友，暨南大学的周正庆副教授、黄忠鑫副教授，中山大学的柯伟明副教授，以及汕头电视台的雨杭编导、袁少雄编导等人的大力帮助下，中国糖业史研究团队先后实地调研四川、广东等地的糖业遗址、遗迹，形成厚实的调研报告，希望这些调研报告能够助推“中国糖业历史文化博物馆”“中国制糖工业遗址景观园”等项目落地，也希冀我们的学术成果能够更好地服务于地方社会发展。

最应追忆、感谢的是我的家人，在这一段漫长的学术旅程中，他们给予了我太多无私的爱和帮助。2011 年夏天，博士毕业的我和新婚爱人徐岚来到陌生而又“偏远”的北碚，以博士后身份厕身、寄寓于西南大学。2012 年、2014 年在宥、晴芊出生，生活、事业步入正轨；不幸的是，2015 年 5 月，父亲骤然离世，成为永远的伤痛。

此书献给我远去的父亲。

赵国壮

2017 年 11 月 17 日初稿谨记于牛津大学中国中心

2018 年 6 月 30 日二稿完善于西南大学重庆中国抗战大后方研究中心

2019 年 6 月 6 日三稿进一步完善于西南大学重庆中国抗战大后方研究中心